BRIDGE

桥梁检测与维修

主　编　朱小辉　颜炳玲

副主编　曹宝栋　原心红　张文华

参　编　王春建　张晓鹏　韩青松

主　审　王建军

上海交通大学出版社

SHANGHAI JIAO TONG UNIVERSITY PRESS

内容提要

　　本书为桥隧系列教材之一,讲述桥梁检测与维修。本书共 11 个项目,主要内容包括绪论,桥梁工程质量检测评定及养护管理检查,桥梁工程结构试验检测仪器设备,凄凉检查,桥梁工程原材料试验检测,桥梁工程制品检测,桥梁工程地基与基础检测,构件材质状况与耐久性检测评定,桥梁静载试验,桥梁动载试验,桥梁结构缺陷修复技术等。

　　本书可作为高职高专桥隧专业、土木工程专业、建筑类专业教材,也可作为桥隧建筑企业职工培训教材。

图书在版编目(CIP)数据

桥梁检测与维修/ 朱小辉,颜炳玲主编. —上海:
上海交通大学出版社,2018(2020重印)
ISBN 978－7－313－19576－0

Ⅰ.①桥… Ⅱ.①朱… ②颜… Ⅲ.①桥梁工程－检
测－高等职业教育－教材 ②桥梁工程－维修－高等职业教
育－教材 Ⅳ.①U44

中国版本图书馆 CIP 数据核字(2018)第 129168 号

桥梁检测与维修

主　　编：朱小辉　　颜炳玲
出版发行：上海交通大学出版社　　　　　　　地　　址：上海市番禺路 951 号
邮政编码：200030　　　　　　　　　　　　　电　　话：021－64071208
印　　制：上海天地海设计印刷有限公司　　　经　　销：全国新华书店
开　　本：787mm×1092mm　1／16　　　　　印　　张：17.5
字　　数：465 千字
版　　次：2018 年 8 月第 1 版　　　　　　　　印　　次：2020 年 9 月第 2 次印刷
书　　号：ISBN 978－7－313－19576－0
定　　价：43.00 元

前　　言

随着经济的快速发展,我国公路建设也突飞猛进,通车里程日益增长,桥梁更是随处可见,然而随着汽车工业的发展和公路桥梁使用年限的增加,桥梁结构的一些病害也逐渐呈现出日益加重的趋势。为此,对桥梁结构进行检测、养护和加固显得愈加重要。

本书编委会按照职业岗位能力要求,构建了突出职业能力培养的教学标准和课程标准,积极推行职业教育与生产劳动相结合的教学模式,在此基础上,参照现行的《公路桥涵施工技术规范》和《公路桥涵养护规范》,介绍各种桥梁检测与加固的方法,对学习具有现实的指导意义。

本教材由内蒙古交通职业技术学院道路桥梁工程系主任朱小辉、副主任颜炳玲主编。具体分工如下:项目一、项目二由韩青松编写;项目三、项目十由张晓鹏编写;项目四、项目六由朱小辉、颜炳玲、曹宝栋、原心红编写;项目五、项目九由王春建编写;项目七、项目十一由张文华编写;项目八由原心红、曹宝栋编写。

本教材编委会邀请内蒙古交通职业技术学院副院长王建军教授担任主审。

限于编者知识水平和实践经验,书中存在的不妥之处,恳请读者不吝赐教。

目　　录

项目一 绪 论

项目导读

　　本项目主要介绍桥梁检测与维修加固的意义；桥梁检测的工作内容；桥梁养护维修加固的一般原则。

学习目标

　　1. 了解桥梁检测与维修加固的意义。
　　2. 熟悉桥梁检测的工作内容。
　　3. 掌握桥梁养护的一般原则。
　　4. 了解桥梁病害的特征。

任务 1.1　桥梁检测与维修加固的意义

　　在科学技术发展中,科学实验起着非常重要的作用。从土木工程设计计算理论的演变历史来看,每一种理论体系和发展,一般都和大量的科学实验、生产实践密切相关。实验研究在推动和发展结构设计计算理论、解决生产实践中出现的疑难问题等方面起到重要的作用。

　　在桥梁工程的发展中,桥梁实验也起到了同样重要的作用。大量的研究成为促进桥梁结构设计计算理论、设计方法不断发展的推动力之一。桥梁实验是对桥梁原型结构或桥梁模型结构直接进行的科学实验,包括实验准备、理论计算、现场试验、分析整理等一系列工作。桥梁原型实验也称之为桥梁检测,其目的是通过实验,掌握桥梁结构在试验荷载作用下的实际工作状态,判定桥梁结构的承载能力和使用性能,检验设计与施工质量。桥梁模型试验的目的是研究结构的受力行为,探索结构的内在规律,为设计施工服务。随着交通产业的蓬勃发展,新结构、新材料、新工艺的不断涌现,桥梁检测试验技术备受青睐,并不断得到发展和提高。

　　桥梁试验的任务主要包括以下几个方面:

　　(1)确定新建桥梁结构的承载能力和使用性能。对于重要的桥梁结构,在建成竣工后,需要通过桥梁检测考察该桥梁的施工质量与结构性能,判定桥梁结构的实际承载能力,为竣工验收、投入运营提供科学的依据。对于新型或复杂的桥梁结构,通过系统的桥梁静动载试验或长期监测,可以掌握结构在荷载作用下的实际受力状态,探索结构受力的一般规律,为充实和发展桥梁结构设计理论积累资料。

（2）评估既有桥梁的使用性能与承载能力。对于既有桥梁结构在运营期间，因受水灾、地震等自然灾害而损伤，或因设计施工不当而产生严重缺陷，或因使用荷载大幅度增长、严重超过设计荷载等级，通常通过桥梁检测来评估其使用性能与承载能力，为其养护、加固、改建或限载提供科学的依据。这对于缺乏完整技术资料的既有桥梁非常必要。

（3）研究结构（构件）的受力行为，总结结构受力行为的一般规律。随着桥梁工程的不断发展，新结构、新材料、新工艺的推广应用，原有的规范、规程往往不能适应工程实践的要求，为了修改、完善既有的规范、规程，指导设计与施工，需要大量的研究性试验。

在实践工作中，桥梁试验的种类很多，按照试验的目的与要求分类，可分为科学研究性试验和生产鉴定性试验。研究性试验的目的是为了建立或验证结构设计计算理论和经验公式，或验证某一结构理论体系中的科学假设判定的可靠性。研究性试验一般把对结构件的主要影响因素作为试验参数，试验结构的设计与数量均应根据具体研究目的的需要确定。根据实际情况，研究性试验一般多采用模型结构，在专门的试验室内进行，利用特定的加载装置，以消除或减少外界因素的干扰，同时突出主要的影响因素。通过系统的模型试验，对测试资料数据加以分析论证，从而揭示出具有普遍意义的规律。生产鉴定性试验也称为桥梁检测，具有直接服务于生产实践的意义，一般以原型结构作为试验对象，在现场进行试验，根据一定的规范、标准的要求，按照有关设计文件，通过试验来确定结构的实际承载能力、实用性能和使用条件，检验设计、施工质量，提出桥梁养护、加固、改建、限载对策，有效的保护桥梁结构的安全使用。桥梁检测包括静载试验、动载试验、无损检测与长期监控测试四个方面。在桥梁试验中，原型试验存在费用高、期限长、测试环境多变等不利影响因素，如对一些大型桥梁进行多因素的研究性试验，有时候是难以实现的。因此，结合原型桥梁进行模型试验往往成为科技工作者的一种有效手段，可以更方便全面地研究主要影响因素之间的关系，探索结构行为的普遍规律，推动新结构、新材料、新工艺的发展与应用。

根据试验荷载作用的性质，桥梁试验可分为静荷载试验和动荷载试验。桥梁静荷载试验是将静止的荷载作用在桥梁上指定位置而测试结构的静力位移、静力应变、裂缝等参量，从而推断桥梁结构在荷载作用下的工作性能及使用性能。桥梁动载试验是利用某种激振方法激起桥梁结构的振动，测定桥梁结构的固有频率、阻尼比、振型、动力冲击系数、行车响应等参量，从而判断桥梁结构的整体刚度与行车性能。静载试验与动载试验虽然在试验目的、测试内容等方面不同，是两种性质的试验，但对于全面分析掌握桥梁结构的工作性能是同等重要的。

就试验对结构产生的后果来说，桥梁试验可分为破坏性试验和非破坏性试验。一般情况下，原型结构的破坏性试验，不论在费用上还是在方法上都存在一些具体的问题，特别是在结构进入破坏阶段后试验比较困难，因此，鉴定性试验多为非破坏性试验。但在某些情况下，为了达到预定的试验目的，往往需要进行破坏性试验，以掌握试验结构由弹性阶段进入塑性阶段甚至破坏阶段时的结构行为、破坏形态等试验资料，此时多以模型结构为对象，在试验室内进行，以便能够方便可行地进行加载、控制、量测、分析，从而总结出具有普遍意义的规律，推广应用于原型结构。

按试验持续的长短，可分为长期试验和短期试验。鉴定性试验与一般性的研究试验多采用短期试验方法，只有那些必须进行长期观测的影响因素，如混凝土结构的收缩和徐变性能、桥梁基础的沉降等，才采用长期试验方法。此外，对于大型桥梁结构或新型桥梁结构常常采用长期观测或组织定期检测，以积累这些结构长期使用性能的资料。

总之，结合具体的试验目的及时间情况，可选用一种或几种试验方法来检测桥梁结构的性能。在选择时应力求节约成本，一般能用模型代替的，就不搞大规模的原型试验，通过非破坏性试验可以达到试验的目的，就不做破坏性试验。

在桥梁使用过程中,由于自然界各种因素的影响、荷载的反复作用特别是超载车辆的作用,桥梁结构会产生各种损伤或局部破坏。随着桥梁服役时间的增长,损伤也会越来越严重,为保障桥梁的安全运营,延长其使用寿命,就要在检测评估的基础上,对于那些承载能力不足、使用性能较差或耐久性能不能满足要求的结构或构件,进行有针对性的维修加固。桥梁维修加固可分为一般性维修和结构性加固。一般性维修如桥面铺装层的维修、油漆涂装更新、裂缝封闭与灌浆处理、支座更换等是桥梁养护的日常内容,按维修规模又可分为小修、中修、大修,其主要目的是保证桥梁结构的使用性能或耐久性不受大的影响。结构性加固如提高地基基础承载力和上部结构承载能力等,以弥补桥梁结构先天缺陷、灾后桥梁结构承载力恢复或满足新的使用条件下的功能要求。桥梁加固涉及的内容十分广泛,包含了桥梁实际情况的检测鉴定、加固理论与加固技术,以及加固方案的比较选择与投资效益的优化等方面。可以说,桥梁检查检测与桥梁维修加固的关系密不可分,是一个问题的两个方面。

任务 1.2 桥梁检测的工作内容

桥梁检测的内容比较多,涉及很多方面。从方法上来讲,分为静载试验、动载试验和无损试验;从时间上来看,可分为短期试验和长期试验;从进行时期来看,可分为桥试验和施工检测阶段控制。一般情况下,桥梁检测可分为三个阶段,即准备规划阶段、加载与观测阶段、分析总结阶段。

准备规划阶段是桥梁检测顺利进行的必要条件。该阶段工作包括桥梁设计文件,施工记录、监理记录、原试验资料、桥梁养护与维修记录等桥梁技术的收集;桥梁现状如桥面系、承重结构构件、支座、基础等部位的表观检查;设计内力计算、加载方案制定、量测方案制定、仪器仪表选用等方面也包括搭设工作手脚架、设置测量仪表支架、设置测量仪表支架、测点放样及表面处理、测试原件布置、测量仪器仪表安装调试等现场准备工作。可以说,检测工作的顺利与否很大程度上取决于检测前的准备工作。

加载与观测阶段是整个检测工作的中心环。这一阶段的工作是在各项准备工作就绪的基础上,按照预定的试验方案与试验程序,利用适宜的加载设备进行加载,运用各种测试仪器,观测试验结构受力后的各项性能指标,如扰度、应变、裂缝宽度、加速度等,并采用人工记录或仪器自动记录手段记录各种观测数据和资料。有时,为了使某一加载、观测方案更为完善,可先进行试探性试验,以便更完善的达到原定的试验目的。需要强调的是,对于静载试验,应根据当前所测得各种技术数据与理论计算结果进行现场分析比较,以判断受力后结构行为是否正常,是否可以进行下一级加载,以确保试验结构、仪器设备及试验人员的安全,这在对存在病害的既有桥梁结构进行试验时,尤为重要。

分析总结阶段是对原始测试资料进行综合分析的过程。原始测试资料包括大量的观测数据、文字记载和图片等,受各种因素的影响,一般显得缺乏条理性和规律性,未必能深刻揭示试验结构的内在行为规律,因此,应对它们进行科学的分析处理,去伪存真、去粗取精,综合分析比较,从中提取有价值的资料。对于一些数据或信号,有时还需要按照数理统计的方法进行分析,或依靠专门的分析仪器和分析软件进行分析处理,或按照有关规程的方法进行计算或判断。这一阶段的工作,直接反映整个检测工作的质量。测试数据经分析处理后,按照相关规范、规程以及检测的目的要求,对检测对象做出科学的判断与评价。全部检测工作体现在最后提交的试验研究报告中。

综上所述,桥梁检测是一门直接服务于工程实践的技术学科,涉及桥梁的设计计算理论、试验测试技术、仪器仪表性能、数理统计分析、现场试验组织等方面,具有较强的综合性、应用性和复杂性。

任务 1.3 桥梁养护维修加固

随着交通运输业的发展,交通量的增加,荷载等级的提高以及外界环境的影响,桥梁在使用过程中会出现各种各样的病害。从桥梁的承载力、适用性和耐久性方面看,桥梁病害主要表现为承载能力不足、桥梁整体或局部变形、材料强度降低和局部损伤、基础变位或不均匀沉降,混凝土桥梁还会产生混凝土的开裂、腐蚀和碳化等病态,这些病害的发生发展直接影响结构的使用性能和桥梁耐久性,严重时直接危及桥梁运营安全。

为了满足桥梁的正常的运行要求,尽量保持和延长桥梁的使用寿命,对桥梁结构进行经常性的养护维修是非常必要的。桥梁的养护维修,主要是进行日常检修和对危害桥梁正常运行的部分就行修缮工作,如对桥面铺装层、伸缩缝、防排水设施、桥梁主体结构的各种缺陷进行养护维修。在桥梁使用过程中,进行经常性的维修整理是保护其正常使用的前提和关键。

了解桥梁的病害特征,加强日常养护,并对日常养护中发现可能影响桥梁结构功能和耐久性的病害进行及时维修加固,以免病害发展危机桥梁安全,是管理和养护部门的主要职责。桥梁维修的一般原则是贯彻"预防为主,防治结合"的方针,使桥梁经常处于完好的技术状态,达到安全、耐久的目的。若有病害,则通过维修加固及时消除病害,恢复原设计功能。桥梁加固设计的内容十分广泛,包含了桥梁实际状况的检测鉴定、加固计算与加固技术以及加固方案的比较选择与投资效益的优化等方面。

近20年来,随着新结构、新材料、新工艺的飞速发展,桥梁荷载的不断增大,以及大批既有桥梁结构进入老化期,桥梁检测工作显得越来越重要,并提出了更高、更全面的要求,而自动化技术的发展及计算机的普及应用,使得测试技术、分析手段取得了长足的进步,也对桥梁检测工作提供了更好的技术支持。另一方面,随着桥梁服役期的增长,使用养护不当,病桥、危桥的数量越来越多,在生产实践的推动下,桥梁结构的维修加固改造技术得以迅速发展,正在形成一门新的科学。因此,桥梁检测与维修必将进一步地推动桥梁建设事业的发展,并在确保桥梁安全运营、延长桥梁使用寿命方面起到更加重要的作用。

项目二　桥梁工程质量检测评定及养护管理检查

项目导读

本项目主要介绍桥梁工程检测的依据；工程质量等级评定单元的划分；工程质量的评分方法；工程质量等级的评定；桥梁养护检查与评定。

学习目标

1. 了解桥梁工程检测的依据。
2. 熟悉工程质量检测评定标注的目的和适用范围。
3. 掌握工程质量评分的方法。
4. 掌握桥梁检查的分类。
5. 桥梁养护的对策。

任务 2.1　桥梁工程检测依据

公路桥梁工程试验检测应以国家和交通运输部颁布的有关公路工程的法规、技术标准、设计施工规范和材料试验规程为依据进行，对于某些新结构及采用新材料和新工艺的桥梁，有关的公路工程规范、规程暂无相关条款规定时，可以借鉴国外或国内其他行业相关规范、规程的有关规定。

我国结构工程的标准和规范分为四个层次。

第一个层次：综合基础标准，如《工程结构可靠性设计统一标准》(GB 50153 - 2008)，是指导制定专业基础标准的国家统一标准。

第二个层次：专业基础标准，如《公路工程技术标准》(JTG B01 - 2014)、《公路工程结构可靠度设计统一标准》(GB/T 50283 - 1999)，是指导专业通用标准和专业专用标准的行业统一标准。

第三个层次：专业通用标准。

第四个层次：专业专用标准。

公路工程标准体系包括：综合、基础、勘测、设计、检测、施工、监理、养护与管理八大类。

公路桥梁工程设计、施工和试验检测主要涉及的规范、规程、标准较多，现罗列如下：

《公路勘测规范》(JTG C10 - 2007)、《公路工程水文勘测设计规范》(JTG C30 - 2015)、《公路桥涵设计通用规范》(JTG D60 - 2015)、《公路圬工桥涵设计规范》(JTG D61 - 2005)、《公路钢筋混凝土及预应力混凝土桥涵设计规范》(JTG D62-2004),《公路桥涵地基与基础设计规范》(JTG D63-2007),《公路钢结构桥梁设计规范》(JTG D64-2015),《公路桥涵施工技术规范》(JTG/T F50-2011),《公路工程质量检验评定标准 第一册 土建工程》(JTG F80/1-2004),《公路工程岩石试验规程》(JTG E41-2005),《公路桥涵养护规范》(JTG H11-2004),《公路桥梁技术状况评定标准》(JTG/T H21-2011),《公路桥梁承载能力检测评定规程》(JTG/T J21-2011),《普通混凝土力学性能试验方法标准》(GB/T 50081-2002),《公路工程基桩动测技术规程》(JTG/T F81-01-2004),《回弹法检测混凝土抗压强度技术规程》(JGJ/T 23-2011),《钻芯法检测混凝土强度技术规程》(CECS 03-2007),《超声回弹综合法检测混凝土强度技术规程》(CECS 02-2005),《公路斜拉桥设计细则》(JTG/T D65-01-2007),《公路桥梁抗风设计规范》(JTG/T D60-01-2004),《公路桥梁板式橡胶支座》(JT/T 4-2004),《公路桥梁盆式支座》(JT/T 391-2009),《桥梁球型支座》(GB/T 17955-2009),《公路桥梁伸缩装置通用技术条件》(JT/T 327-2016),《预应力混凝土用钢绞线》(GB/T 5224-2003),《预应力混凝土用钢丝》(GB/T 5223-2014),《预应力筋用锚具、夹具和连接器》(GB/T 14370-2015),《金属材料拉伸试验 第1部分:室温试验方法》(GB/T 228.1-2010),《金属材料线材反复弯曲试验方法》(GB/T 238-2013),《钢筋混凝土用钢 第2部分:热轧带肋钢筋》(GB 1499.2-2007),《钢筋混凝土用钢 第1部分:热轧光圆钢筋》(GB 1499.1-2008),《金属材料弯曲试验方法》(GB/T 232-2010),《预应力混凝土用钢棒》(GB/T 5223.3-2017),《金属材料拉伸应力松弛试验方法》(GB/T 10120-2013),《预应力混凝土用螺纹钢筋》(GB/T 20065-2016),《金属材料夏比摆锤冲击试验方法》(GB/T 229-2007),《低合金高强度结构钢》(GB/T 1591-2008),《桥梁用结构钢》(GB/T 714-2015),《钢筋焊接及验收规程》(JGJ 18-2012),《钢筋焊接接头试验方法标准》(JGJ/T 27-2014),《钢筋机械连接技术规程》(JGJ 107-2016),《预应力混凝土桥梁用塑料波纹管》(JT/T 529-2016),《预应力混凝土用金属波纹管》(JG 225-2007),《超声法检测混凝土缺陷技术规程》(CECS 21-2000)。

任务 2.2　桥梁质量检测评定

一、制定工程质量检测评定标注的目的和适用范围

1. 目的

为了加强公路工程质量管理,统一公路工程质量检验标准和评定标准,保证工程质量,制定该标准。

2. 适用范围

《公路工程质量检验评定标准》(JTG F80/1-2014)(以下简称《评定标准》)适用于四级及四级以上公路新建、改建工程的质量检验评定,其环保、机电工程部分按相应具体规定执行。

《评定标准》适用于公路工程施工单位、工程监理单位、建设单位、质量检测机构和质量监督部门对公路工程质量的管理、监控和检验评定。

对特大桥梁、特长隧道、特殊地区,或采用新材料、新结构、新工艺的工程,在本标准中缺乏适宜的技术规定时,在确保工程质量的前提下,可参照相关标准或按照实际情况制定相应的技术标准,并按规定报主管部门批准。

二、工程质量等级评定单元的划分

《评定标准》根据建设任务、施工管理和质量检验评定的需要,应在施工准备阶段按《评定标准》附录 A 将建设项目划分为单位工程、分部工程和分项工程。施工单位、工程监理单位和建设单位应按相同的工程项目划分进行工程质量的监控和管理。

（1）单位工程:在建设项目中,根据签订的合同,具有独立施工条件的工程。如桥梁工程(特大、大、中桥)、互通式立交工程等。

（2）分部工程:在单位工程中,应按结构部位、路段长度及施工特点或施工任务划分为若干个分部工程。如桥梁工程(特大、大、中桥)可划分为基础及下部构造、上部构造预制和安装等。

（3）分项工程:在分部工程中,应按不同的施工方法、材料、工序及路段长度等划分为若干个分项工程。

桥梁工程质量等级评定单元划分的规定如表 2-1、表 2-2 所示。其中小桥和涵洞被划分为路基单位工程中的分部工程。

表 2-1　一般建设项目的工程划分

单 位 工 程	分 部 工 程	分 项 工 程
路基工程	小桥及符合小桥标准的通道*,人行天桥,渡槽(每座)	基础及下部构造*,上部构造预测、安装或浇筑*,桥面*,栏杆,人行道等
	涵洞、通道(1～3 km 路段)	基础及下部构造*,主要构件预制、安装或浇筑*,填土,总体等
桥梁工程 (特大、大、中桥)	基础及下部构造*(每桥或每墩、台)	扩大基础,桩基,地下连续墙*,承台,沉井*
	上部构造预制和安装*	主要构件预制*,其他构件预制,钢筋加工及安装,预应力筋的加工和张拉*,梁板安装,悬臂拼装*,顶推施工梁*,拱圈节段预制,拱的安装,转体施工拱*,劲性骨架拱肋安装*,钢管拱肋制作*,钢管拱肋安装*,吊杆制作和安装*,钢梁制作*,钢梁安装,钢梁防护*等
	上部构造现场浇筑*	钢筋加工及安装,预应力筋的加工和张拉*,主要构件浇筑*,其他构件浇筑,悬臂浇筑*,劲性骨架混凝土*,钢管混凝土拱*等
	总体、桥面系和附属工程	桥梁总体*,桥面防水层施工,桥面铺装*,钢桥面铺装*,支座安装,搭板,伸缩缝安装,大型伸缩缝安装*,栏杆安装,混凝土护栏,人行道铺设,灯柱安装等
	防护工程	护坡,护岸*,导流工程*,石笼防护,砌石工程等
	引道工程	路基*,路面*,挡土墙*,小桥*,涵洞*,护栏等
互通立交工程	桥梁工程*(每座)	桥梁总体,基础及下部构造*,上部构造预制、安装或浇筑*,支座安装,支座垫石,桥面铺装*,护栏,人行道等
	主线路基路面工程*(1～3 km 路段)	见路基、路面等分项工程
	匝道工程(每条)	路基*,路面*,通道*,护坡,挡土墙*,护栏等
交通安全设施 (每 20 km 或 每路段标段)	标志*(5～10 km 路段)	标志*
	标线、突起路标(5～10 km 路段)	标线*,突起路标等
	护栏*、轮廓标(5～10 km)	波形梁护栏*,缆索护栏*,混凝土护栏*,轮廓标等

(续表)

单 位 工 程	分 部 工 程	分 项 工 程
交通安全设施 (每 20 km 或 每路段标段)	防眩设施(5~10 km 路段)	防眩板、网等
	隔离栅、防落网(5~10 km 路段)	隔离栅、防落网等

注：(1) 表内 * 表示主要工程，评分时给以 2 的权值；不带 * 则为一般工程，权值为 1。
(2) 按路段长度划分的分部工程，高速公路、一级公路宜取低值，二级及二级以下公路可取高值。
(3) 斜拉桥和悬索桥按表 2-2 划分。

表 2-2　特大斜拉桥和悬索桥为主体建设项目的工程划分

单 位 工 程	分 部 工 程	分 项 工 程
塔及辅助、 过度墩(每座)	塔基础*	钢筋加工及安装，扩大基础，桩基*，地下连续墙*，沉井* 等
	塔承台*	钢筋加工及安装，双壁钢围堰*，封底，承台浇筑* 等
	索塔*	索塔*
	辅助墩	钢筋加工，基础，墩台身浇(砌)筑，墩台身安装，墩台帽，盖梁等
	过渡墩	
锚碇	锚碇基础*	钢筋加工及安装，扩大基础，桩基*，地下连续墙*，沉井*，大体积混凝土构件* 等
	锚体*	锚固体系制作*，锚固体系安装*，锚碇块体，预应力锚索的张拉与压浆* 等
上部结构制作 与防护(钢结构)	斜拉索*	斜拉索制作与防护*
	主缆(索股)*	索股和锚头的制作与防护*
	索鞍*	主索鞍和散索鞍制作与防护*
	索夹	索夹制作与防护
	吊索	吊索和锚头制作与防护* 等
	加劲梁*	加劲梁段制作*，加劲肋梁防护等
上部结构 浇筑与安装	悬浇*	梁段浇筑*
	安装*	加劲梁安装*，索鞍安装*，主缆架设*，索夹和吊索安装* 等
	工地防护*	工地防护*
	桥面系及附属工程	桥面防水层的施工，桥面铺装，钢桥面板上防水黏结层的洒布，钢桥面板上沥青混凝土铺装*，支座安装*，抗风支座安装，伸缩缝安装，人行道铺设，栏杆安装，防撞护栏等
	桥梁总体	桥梁总体*
引桥		参考表 2-1
互通立交工程		参考表 2-1
交通安全设施		参考表 2-1

注：(1) 表内 * 表示主要工程，评分时给以 2 的权值；不带 * 则为一般工程，权值为 1。
(2) 施工单位应对各项分项工程按《评定标准》所列基本要求，实测项目和外观鉴定进行自检，按评定标准附录 J 中"分项工程质量检验评定表"及相关施工技术规范提交真实、完整的自检资料，对工程质量进行自我评定。
(3) 工程监理单位应按规定要求对工程质量进行独立抽检，对施工单位检评资料进行签认，对工程质量进行评定。
(4) 建设单位根据对工程质量的检查及平时掌握的情况，对工程监理单位所做的工程质量评分等级进行审定。
(5) 质量监督部门、质量检测机构可依据《评定标准》对公路工程质量进行检测、鉴定。

三、工程质量评分

1. 分项工程质量评分

工程质量检验评分以分项工程为单元,采用 100 分制进行。在分项工程评分的基础上,逐级计算各相应分部工程、单位工程、合同段和建设项目评分值。

分项工程质量检验内容包括基本要求、实测项目、外观鉴定和质量保证资料四个部分。只有在其使用的原材料、半成品、成品及施工工艺符合基本要求的规定,且无严重外观缺陷和质量保证资料真实并基本齐全时,才能对分项工程质量进行检验评定。

涉及结构安全和使用功能的重要实测项目为关键项目(在文中以"△"标识),其合格率不得低于 90%(属于工厂加工制造的交通工程安全设施及桥梁金属构件不低于 95%,机电工程为 100%),且检测值不得超过规定极值,否则必须进行返工处理。

实测项目的规定极值是指任意单个检测值都不能突破的极限值,不符合要求时该实测项目为不合格。

分项工程的评分值满分为 100 分,按实测项目采用加权平均法计算。存在外观缺陷或资料不全时,须予减分。即

$$分项工程得分 = \frac{\sum(检查项目得分 \times 权值)}{\sum 检查项目权值}$$

$$分项工程评分值 = 分项工程得分 - 外观缺陷减分 - 资料不全减分$$

1)基本要求检查

分项工程所列基本要求,对施工质量优劣具有关键作用,应按基本要求对工程进行认真检查。经检查不符合基本要求规定时,不得进行工程质量的检验和评定。

2)实测项目计分

对规定检查项目采用现场抽样方法,按照规定频率和下列计分方法对分项工程的施工质量直接进行检测计分。

检查项目除按数理统计方法评定的项目以外,均应按单点(组)测定值是否符合标准要求进行评定,并按合格率计分。即

$$检查项目合格率(\%) = \frac{检查合格的点(组)数}{该检测项目的全部检查点(组)数} \times 100\%$$

$$检查项目得分 = 检查项目合格率 \times 100$$

3)外观缺陷减分

对工程外表状况应逐项进行全面检查,如发现外观缺陷,应进行减分。对于较严重的外观缺陷,施工单位须采取措施进行整修处理。

4)资料不全减分

分项工程的施工资料和图表残缺,缺乏最基本的数据,或有伪造涂改者,不予检验和评定。资料不全者应予减分,减分幅度可按《评定标准》3.2.4 条所列各款逐款检查,视资料不全情况,每款减 1~3 分。

2. 分部工程和单位工程质量评分

表 2-1 所列分项工程和分部工程包含一般工程和主要(主体)工程,分别给以 1 和 2 的权值。进行分部工程和单位工程评分时,采用加权平均值计算法确定相应的评分值。即

$$分部（单位）工程评分值 = \frac{\sum[分项（分部）工程评分值 \times 相应权值]}{\sum 分项（分部）工程权值}$$

3. 合同段和建设项目工程质量评分

合同段和建设项目工程质量评分值按《公路工程竣（交）工验收办法》计算。

4. 质量保证资料

施工单位应有完整的施工原始记录、试验数据、分项工程自查数据等质量保证资料，并进行整理分析，负责提交齐全、真实和系统的施工资料和图表。工程监理单位负责提交齐全、真实和系统的监理资料。质量保证资料应包括以下六个方面：

（1）所有原始资料、半成品和成品质量检验结果。

（2）材料配比、拌和加工控制检验和试验数据。

（3）地基处理、隐蔽工程施工记录和大桥隧道施工监控资料。

（4）各项质量控制指标的试验记录和质量检验汇总图表。

（5）施工过程中遇到的非正常情况记录及其对工程质量影响分析。

（6）施工过程中如发生质量事故，经处理补救后，达到设计要求的认可证明文件等。

四、工程质量等级评定

1. 分项工程质量等级评定

分项工程评分值不低于 75 分为合格，低于 75 分为不合格；机电工程、属于工厂加工制造的桥梁金属构件不低于 90 分为合格，低于 90 分为不合格。

评定为不合格的分项工程，经加固、补强或返工、调测，满足设计要求后，可以重新评定其质量等级，但计算分部工程评分值时按其复评分值的 90% 计算。

2. 分部工程质量等级评定

所属各分项工程全部合格，则该分部工程评为合格；所属任一分项工程不合格，则该分部工程不合格。

3. 单位工程质量等级评定

所属各分部工程全部合格，则该单位工程评为合格；所属任一分部工程不合格，则该单位工程为不合格。

4. 合同段和建设项目质量等级评定

合同段和建设项目所含单位工程全部合格，其工程质量等级为合格；所属任一单位工程不合格，则合同段和建设项目为不合格。

任务 2.3 桥梁养护检查与评定

一、桥梁养护检查的一般规定

桥梁检查分为经常检查、定期检查和特殊检查。

（1）经常检查：主要指对桥面设施、上部结构、下部结构及附属构造物的技术状况进行的检查。

（2）定期检查：指为评定桥梁使用功能，制定管理养护计划，提供基本数据，对桥梁主体结构及其附属构造物的技术状况进行的全面检查，它为桥梁养护管理系统搜集结构技术状态提供了动态数据。

（3）特殊检查：指查清桥梁的病害原因、破损程度、承载能力、抗灾能力，确定桥梁技术状况的工作。

特殊检查分为专门检查和应急检查。① 专门检查：根据经常检查和定期检查的结果，对需要进一步判明损坏原因、缺损程度或使用能力的桥梁，针对病害进行专门的现场试验检测、验算与分析等鉴定工作；② 应急检查：当桥梁受到灾害性损伤后，为了查明破损状况，采取应急措施，组织恢复交通，对结构进行详细检查和鉴定工作。

二、经常检查

（1）经常检查的周期一般每月不得少于一次，汛期应加强不定期检查。

（2）经常检查主要采用目测法，也可配以简单工具进行测量。

（3）经常检查内容包括：

① 外观是否整洁，有无杂物堆积，杂草蔓生；构件表面的涂装层是否完好，有无损伤、老化变色、开裂、起皮、剥落、锈迹等。

② 桥面铺装是否平整，有无裂缝、局部坑槽、积水等；混凝土桥面是否有剥离、渗漏，钢筋是否露筋、锈蚀，缝料是否老化、损坏，桥头有无跳车。

③ 排水设施是否良好，桥面泄水管是否堵塞和破损。

④ 伸缩缝是否堵塞卡死，连接部件有无松动、脱落、局部破损。

⑤ 人行道、缘石、栏杆、扶手、防撞护栏和引道护栏有无撞坏、断裂、松动、错位、缺件、剥落、锈蚀等。

⑥ 观察桥梁结构有无异常变形、异常的竖向振动、横向摆动等情况，然后检查各部件的技术状况，查找异常原因。

⑦ 支座是否有明显缺陷，活动支座是否灵活，位移量是否正常；支座的检查一般为每季度一次。

⑧ 桥位区段河床冲淤变化情况。

⑨ 基础是否受到冲刷损坏、外露、悬空、下沉，墩台及基础是否受到生物腐蚀。

⑩ 墩台是否受到船只或漂流物撞击而受损。

⑪ 翼墙（侧墙、耳墙）有无开裂、倾斜、滑移、沉降、分化剥落和异常变形。

⑫ 锥坡、护坡、调治构造物有无塌陷，铺砌面有无破损，勾缝脱落，灌木杂草丛生。

⑬ 交通信号、标志、标线、照明设施以及桥梁其他附属设施是否完好。

⑭ 其他显而易见的损坏或病害。

三、定期检查

（1）定期检查的时间要求：

① 定期检查周期根据技术状况确定，最长不得超过三年。新建桥梁交付使用一年后，进行第

一次全面检查。临时桥梁每年检查不少于一次。

② 在经常检查中发现重要部(构)件的缺损明显达到三、四、五类技术状况时,应立即安排一次定期检查。

(2) 定期检查以目测观察结合仪器观测进行,必须接近各部件仔细检查其缺损情况。定期检查的主要内容:

① 按照桥梁基本情况卡片现场校核桥梁基本数据。

② 当场填写"桥梁定期检查记录表",记录各部件缺损状况并做出技术状况评分。

③ 实地判断缺损原因,确定维修范围及方式。

④ 对难以判断损坏原因和程度的部件,提出特殊检查(专门检查)的要求。

⑤ 对损坏严重,危及安全运行的危桥,提出限制交通或改建的建议。

⑥ 根据桥梁的技术状况,确定下次检查时间。

(3) 特大型、大型桥梁的控制检测。

① 设立永久性观测点,定期进行控制检测。

② 新建桥梁交付使用前,公路管理机构应事先要求桥梁建设单位在竣工时设置便于检测的永久性观测点;大桥、特大桥必须设置永久性观测点;测点的编号、位置(距离、高程和地物的特征)和竣工测量资料,均应在竣工图中标明,作为验收文件中必要的竣工资料予以归档。

③ 应设而没有设置永久性观测点的桥梁,应在定期检查时按规定补设。

④ 桥梁主体结构维修、加固或改造前后,必须进行控制测量,以保持观测资料的连续性;若控制点有变动,应及时检测,建立基准数据。

⑤ 桥梁永久性观测点的设置要牢固可靠。

⑥ 特大、大、中桥墩(台)旁,必要时可设置水尺或标志,以观测水位和冲刷情况。

(4) 桥面系构造的检查。

(5) 钢筋混凝土和预应力混凝土桥梁的检查。

(6) 拱桥的检查。

(7) 钢桥的检查。

(8) 通道、跨线桥与高架桥的检查。

(9) 悬索桥和斜拉桥的检查:检测索体振动频率、索力有无异常变化,索体振动频率观测应在多种典型气候下进行;观测周期不超过六年。

(10) 支座的检查。

(11) 墩台及基础的检查。

(12) 调治构造物检查。

(13) 桥梁检查中发现的各种缺陷均应在现场用油漆等将其范围及日期标记清楚。发现三类以上桥梁有严重缺损和难以判明损坏原因和程度的桥梁,应做影像记录,并附病害状况说明。

四、特殊检查

(1) 特殊检查应委托有相应资质和能力的单位承担。

(2) 下列情况应做特殊检查:

① 定期检查中难以判明损坏原因及程度的桥梁。

② 桥梁技术状况为四、五类者。

③ 拟通过加固手段提高荷载等级的桥梁。

④ 条件许可时,特殊重要的桥梁在正常使用期间可周期性进行荷载试验;桥梁遭受洪水、流冰、滑坡、地震、风灾、漂流物或船舶撞击,以及超重车辆通过或其他异常情况影响造成损害时,应进行应急检查。

(3)桥梁特殊检查应根据需要对以下三个方面问题做出鉴定:

① 桥梁结构材料缺损状况:包括对材料物理、化学性能退化程度及原因的测试鉴定;结构或构件开裂状态的检测及评定。

② 桥梁结构承载能力:包括对结构强度、稳定性和刚度的检算、试验和鉴定。

③ 桥梁防灾能力:包括桥梁抵抗洪水、流水、风、地震及其地质灾害等能力的检测鉴定。

五、桥梁评定

桥梁评定,分为一般评定和适应性评定。

(1)一般评定是依据桥梁定期检查资料,通过对桥梁各部件技术状况的综合评定,确定桥梁的技术状况等级,提出各类桥梁的养护措施。

(2)桥梁适应性评定包括依据桥梁定期及特殊检查资料,结合试验与结构受力分析,评定桥梁的实际承载能力、通行能力、抗洪能力,提出桥梁养护、改造方案。

一般评定由负责定期检查者进行;适应性评定应委托有相应资质及能力的单位进行。

1. 一般评定

全桥总体技术状况等级评定,宜采用考虑桥梁各部件权重的综合评定方法,亦可按重要部件最差的缺陷状况评定,或对照桥梁技术状况评定标准,即《公路桥涵养护规范》(JTG H11 - 2004)表1 - 3 - 5、1 - 2 - 3进行评定。

(1)根据缺损程度(大小、多少或轻重)、缺损对结构使用功能的影响程度(无、小、大)和缺损发展变化状况(趋向稳定、发展缓慢、发展较快)三个方面,以累加评分方法对各部件缺损状况做出等级评定。评分方法参考《公路桥涵养护规范》(JTG H11 - 2004)表1 - 3 - 5、1 - 2 - 1。

(2)重要部件,如墩台与基础、上部承重构件、支座等,以其中缺损最严重的构件评分;其他部件,根据多数构件缺损状况评分。

(3)推荐的各部件权重参考《公路桥涵养护规范》(JTG H11 - 2004)表1 - 3 - 5、1 - 2 - 2,各地区也可根据本地区的环境条件和养护要求,采用专家评估法修订各部件的权重。

(4)桥梁技术状况评定等级分为一类、二类、三类、四类、五类,桥梁总体及部件技术状况评定标准参考《公路桥涵养护规范》(JTG H11 - 2004)表1 - 3 - 5、1 - 2 - 3。

2. 适应性评定

对桥梁的承载能力、通行能力、抗洪能力应周期性进行评定。评定周期一般为3～6年。评定工作可与桥梁的定期检查、特殊检查结合进行。

承载能力、通行能力的评定一般采用现行荷载标准及交通量,也可考虑使用预测交通量。

3. 养护对策

(1)对一般评定计划的各类桥梁,分别采取不同的养护措施。

一类桥梁进行正常保养;二类桥梁需进行小修;三类桥梁需进行中修,酌情进行交通管制;四类桥梁需进行大修或改造,及时进行交通管制,如限载、限速通过,当缺损较严重时要关闭交通;五类桥梁需要进行改建或重建,及时关闭交通。

(2)对适应性不能满足的桥梁,应采取提高承载力、加宽、加长、基础防护等改造措施。

项目三　桥梁工程结构试验检测仪器设备

项目导读

电阻应变测量技术的基本原理尽管简单,但它非常重要。现代电阻应变测量技术无论是其技术本身,还是由它派生出的其他测试技术,几乎可以涵盖土木工程结构电测技术的所有领域,在工程上的应用也极其广泛。必须强调,应变测试技术中最重要的部分其实是应变计的粘贴、连接或温度补偿等技术,有时候应变测试数据产生飘移、不稳定等,问题往往出现在上述环节,而即便计算机数字化程度再高,也无法涵盖这类问题的。

目前桥梁变位测试高性能仪器设备比较多,选用时除了需要注重仪器性能、精度外,应以其能否满足实际工程相对精度的要求为最高原则。

桥梁测振技术的难点是它的超低频特性,所以测振仪器系统,特别在选择测振传感器时要注意它的频响特性和灵敏度,能够正确选择、使用各类测振传感器及其配套仪器是学习振动测试仪器设备的最低要求。

学习目标

1. 掌握桥梁静动载试验仪器设备及相关使用知识。
2. 掌握振动试验仪器相关知识。
3. 了解几种常用的桥梁无损检测仪器。

任务 3.1　概　　述

桥梁试验检测的目的是获得桥梁结构作用与响应的各种参数,如图 3-1 所示。

为了得到这些参数,需要使用各种各样的专业仪器设备。桥梁检测工程师的主要任务或者说首要问题,是如何选用合适的仪器设备,并正确地使用它们以满足试验检测要求,所以必须了解和掌握桥梁试验中一些常用测试仪器的基本性能和使用方法。

我国桥梁(特别是实桥)试验检测的历史,可以追溯到 20 世纪 70 年代。那时野外测试桥梁应变使用千分表引伸仪(或手持应变仪),其原理是最简单的 $\varepsilon = \Delta L / L$,在一个固定标距($L$)上用千分表读出微伸长($\Delta L$),求得应变。结构变形测试则基本靠精度有限的水准仪或经纬仪和各类直读式仪表器具。现代科学技术特别是计算机技术的发展,给桥梁试验检测带来了全新的内容,其中

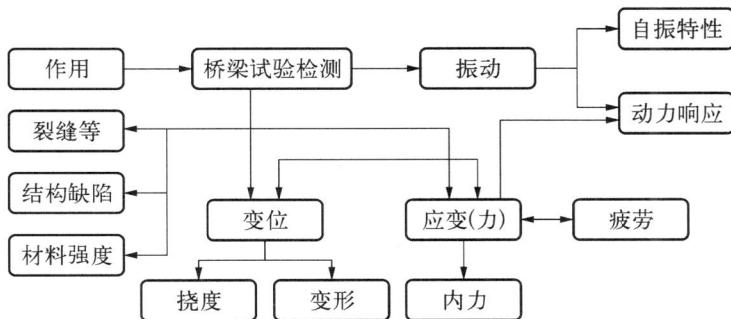

图 3-1　桥梁试验检测

当然包括仪器设备和测试手段的更新。同时,大多数沿用至今的仪器设备(包括上述机械式设备器具)还是有它应有的地位,有的甚至仍不可或缺。

本项目主要介绍桥梁静动载试验仪器设备及相关使用知识,其中振动试验仪器因比较特殊,单独介绍,几种常用的桥梁无损检测仪器一起介绍。

任务 3.2　仪器基本技术指标

对仪器基本技术指标的了解是正确选用仪器的基础,本节简要介绍桥梁检测常用仪器的基本技术指标。

一、精度和分辨力

仪器的精度是反映仪器误差大小的术语,它一般指观测结果、计算值或估计值与真值之间的接近程度。作为仪器设备固有属性的分辨力是测量装置最小可检出的单位,即仪器所具有的可读数能力。分辨力通常以测量或分类的单位表示,如千分表的精度为 0.001 mm,某静态电阻应变仪的最小可读数为 1 $\mu\varepsilon$(10^{-6}应变)等。

精度和分辨力不是一个概念,相互之间没有关系。

二、量程

量程指仪器的最大测量范围,在动态测试中称作动态范围。如一种千分表的量程是 1 mm,某静态电阻应变仪的最大测量值是 30 000 $\mu\varepsilon$ 等。

三、灵敏度

被测物理量的单位变化引起的仪器读数值的变化叫作灵敏度,灵敏度的量纲是输出、输入量的量纲之比。例如,电测位移计的灵敏度 S_d=输出电压／输入位移,当位移变化 1 mm 时,输出电压变化为 200 mV,则其灵敏度应表示为 200 mV/mm,当仪器的输出、输入量的量纲相同时,灵敏度可理解为放大倍数。

提高仪器灵敏度,可得到较高的测量精度。但灵敏度愈高,测量范围愈窄,稳定性也往往愈差。

四、信噪比(S/N)

仪器测得的信号中信号(Signal)与同时测得的噪声(Noise)的比值,称为信噪比。一般来说信噪比越大,说明混在信号里的噪声越小,测量效果越好。

五、稳定性

仪器稳定性指仪器较长时间使用或受环境条件干扰影响时,其指示值的稳定程度。如应变测量中应变的零漂问题:稳定性好的设备不会偏离零位,反之为零漂。

六、误差

试验离不开对物理量的测量,测量有直接的,也有间接的。由于仪器、试验条件、环境等因素的限制,测量不可能无限精确,物理量的测量值与客观存在的真实值之间总会存在着一定的差异,这种测量值与真值之间的差异就是测量误差,简称误差。

1. 绝对误差

测量值偏离真值大小的误差称为绝对误差,它反映一个测量结果的可靠程度。如设被测量的真值为 a,测得值为 X,误差为 ε,则 $\varepsilon = X - a$,误差 ε 和测量值 X 具有相同的单位。

2. 相对误差

相对误差是一种误差的表示方法,它是绝对误差与测量值或多次测量的平均值的比值。如设多次测量的平均值为 $\overline{X}$,绝对误差为 $|\varepsilon|$,则相对误差 $\varepsilon_d = |\varepsilon| / \overline{X}$。

3. 误差分析

如果说绝对误差可以反映一个测量结果的可靠程度,那么相对误差则可以比较不同测量结果的可靠性。

误差与错误不同,错误是应该而且可以避免的,而误差是不可能绝对避免的。试验时,往往采用精度高一级的计量设备所复现的被测值来代表约定真值,并以此来衡量实际误差。

七、试验仪器标定和校准

试验仪器设备的出厂必须经过国家认可的计量论证或检测标定,并出具仪器性能指标说明。具体在使用过程中还需要定期(每年一次或半年一次)对仪器主要技术指标进行检验性标定或校准。对一些特别重要的测试,试验前要求做专门标定或校准。

八、桥梁试验检测对仪器的特殊要求

(1)性能指标能够满足桥梁试验检测的具体要求。
(2)仪器使用时不影响原结构的受力性能和工作状态。

（3）使用方便、结构可靠、经济耐用。

每种仪器不一定能同时满足试验检测的特殊要求，有些甚至会相互矛盾，所以选用时应该根据具体情况决定。

任务 3.3　桥梁荷载试验仪器

桥梁静、动荷载试验仪器按测试对象分类，如表 3-1 所示。

表 3-1　桥梁静、动荷载试验仪器分类

序　号	参　数	机械式仪器	电(声、光)测仪器
1	应变	千分表引伸计、手持应变仪	电阻应变计、电阻应变仪、数据采集器、数据采集系统
2	变位	千分表、百分表、挠度计	位移计、水准仪、经纬仪、全站仪、测距仪
3	裂缝	读数尺	超声波探测仪、读数显微镜、数码裂缝检测仪

机械式测试仪器被用在桥梁试验中已有相当长的历史。一般所说机械式测试仪器是指各种用于非电量测试的仪表、器具或设备，其基本特点：准确度高，对环境适应性强，读数有一定的灵敏度，工作可靠直观，可重复使用，其性能在许多方面能满足桥梁试验检测要求，实桥被测对象一般尺寸都比较大，在精度要求可满足的情况下，往往也使用如百分表（测量支座位移）、引伸计（测试混凝土应变）这类简单的仪器。机械式测试仪器的不足之处是灵敏度较差，不便于远距离操纵，难以自动测量与记录。

当今桥梁结构试验中使用的仪器设备绝大部分都是电测仪器，或者说与电测技术有关，如许多现代光学仪器设备。电测仪器的特点是发展更新快，精度比较高，量程也比机械式大得多。目前在许多方面已基本取代机械式仪器。

近年来，无损检测技术逐步进入桥梁试验领域，许多早年建造的混凝土桥梁的质量，如混凝土碳化、强度变化、开裂情况等需要鉴定，有时一些桥梁梁体的施工质量也需要检测。在这些方面，无损检测技术已逐渐得到重视，并获得广泛应用。

下面对应变、变位和裂缝测试仪器设备加以叙述。

一、应变测试仪器设备

应变（应力）是桥梁结构构件强度指标，也是桥梁试验检测最重要的参数之一。桥梁测试技术中很大一部分都与应变测试技术有关，本节将介绍应变测试技术原理及应变测试仪器设备。

1. 千分表引伸计

利用千分表 0.001 mm 的读数精度，可将其装配成检测大型结构构件应变的千分表引伸计。

如图 3-2 所示，当被测物受拉（或受压）时，L 会发生变化，应变 $e = \pm \Delta L/L$。显然，被测应变的精度与引伸计的标距有关，当 L 等于 100 mm 和 200 mm 时，对应引伸计的测量分辨力分别为 10 $\mu\varepsilon$ 和 5 $\mu\varepsilon$，量程分别可达到 $\pm 5\,000$ $\mu\varepsilon$ 和 $\pm 2\,500$ $\mu\varepsilon$，千分表引伸计在实桥测试中有较多的应用，因为它使用起来非常方便，标距 L 任意可调：最大到 500 mm，测量精度可达 2 $\mu\varepsilon$，量程为 $\pm 1\,000$ $\mu\varepsilon$。所以在精度能满足要求的情况下，千分表引伸计对测量实际（如混凝土）构件表面应变有独到之处。

图3-3是一种电子引伸计,其实质就是将千分表引伸计一端的千分表换成了电子应变感应装置。其与千分表引伸计的主要区别是使用了电阻应变技术(相关原理下面再详细介绍)。这类引伸计提高了测量精度,且将千分表人工读数转换成自动读数。

千分表引伸计和电子引伸计分别属于机械式和半机械式应变测试仪器。

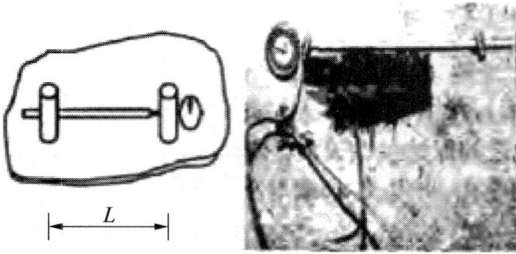

图3-2　千分表引伸计

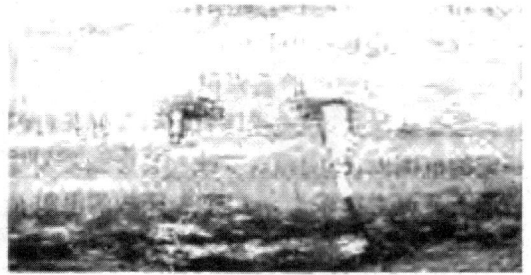

图3-3　电子引伸计

2. 电阻应变计

电阻应变测量技术是了解、使用电阻应变测量仪器的基础。电阻应变测量技术是用电阻应变计测量构件的应变,再根据应力、应变的关系,确定构件应力状态的一种实验应力分析方法。它的基本原理是:将电阻应变计粘贴在被测构件上,当构件变形时,应变计与构件一起变形,致使应变计的电阻值发生相应的变化;通过电阻应变测量装置,可将这种变化测量出来,换算成应变值或输出与应变成正比的模拟电信号,用记录仪器记录下来或直接存入计算机进行处理,得到所需要的应力、应变值。

相对机械式应变测量仪器来说,电阻应变测量技术的优点是:

(1) 应变计(也称应变片)尺寸小(最小栅长0.2 mm),质量轻,粘贴方便,能满足一般结构构件的应变梯度变化,同时也不会对构件的变形产生任何影响。

(2) 测量灵敏度高,最小应变读数可达5~10应变($1 \mu \varepsilon$)。

(3) 测量应变的量程大,一般可达到$\pm 20\ 000 \sim 30\ 000\ \mu \varepsilon$。

(4) 采取一定的措施,可测量水下构件(如桩身)、高温高压等特殊环境下的应变。

(5) 测量结果是电信号,便于实现长距离测量和采集记录自动化。

(6) 可制成各种各样精度很高的传感器,以测量力、位移、加速度等量。

基于以上优点,电阻应变测量技术已成为桥梁测试中应用最广和最有效的方法之一,作为从事桥梁检测工作的工程师,有必要从原理到应用全面了解并掌握电阻应变测量技术。

目前,各种不同规格及品种的电阻应变计和应变测量仪器种类繁多,但电阻应变测量的原理基本相同,其工作过程也大同小异。

电阻应变计是电阻应变测量技术中最重要的基本元件。早期的电阻应变计构造比较简单,把一根很细的高电阻率的金属丝放在两层薄纸中间,两头焊上较粗的引出线,后来为了提高灵敏度,又把金属丝排绕在纸基上,形成丝栅。电阻应变计一般由敏感栅(金属丝)、基底及引出线三部分组成。将电阻应变计粘贴在被测构件表面时,敏感栅随着构件一起变形,引起电阻变化,而这种变化与构件的应变有着确定的线性关系,这正是人们能用电阻应变计进行应变测量的依据。

1) 工作原理

每一段有确定长度和截面的金属丝都有一个电阻值R,即有

$$R = \rho \cdot \frac{L}{A} \tag{3-1}$$

式中：ρ —— 金属丝的电阻率；

$\quad L$ —— 金属丝的长度；

$\quad A$ —— 金属丝的截面积。

当金属丝受拉（或受压）以后，L 伸长（或缩短），A 缩小（或扩大），此时 R 就会有变化。在一定的范围内，R 的相对变化与长度的相对变化之间保持线性关系，现在假定这种变化很小，数学上就可求得作为 ρ、L 和 A 函数的电阻 R 的变化，将式(3-1)取对数再微分，得：

$$\frac{\mathrm{d}R}{R} = \frac{\mathrm{d}\rho}{\rho} + \frac{\mathrm{d}L}{L} - \frac{\mathrm{d}A}{A} \tag{3-2}$$

式(3-2)中的 $\mathrm{d}A$ 表示金属丝变化时，由泊松效应引起的横截面积的改变。可以证明，对于圆形或矩形截面都有

$$\frac{\mathrm{d}A}{A} = -2\mu\,\frac{\mathrm{d}L}{L} \tag{3-3}$$

式中：$\mathrm{d}L/L$ —— 金属丝的纵向应变；

$\quad \mu$ —— 材料的泊松比。

把式(3-3)代入式(3-2)得：

$$\frac{\mathrm{d}R}{R} = (1 + 2\mu)\,\frac{\mathrm{d}L}{L} + \frac{\mathrm{d}\rho}{\rho}$$

或

$$\frac{\mathrm{d}R}{R} = \left[(1 + 2\mu) + \frac{\dfrac{\mathrm{d}\rho}{\rho}}{\dfrac{\mathrm{d}L}{L}} \right] \frac{\mathrm{d}L}{L}$$

令

$$k = 1 + 2\mu + \frac{\mathrm{d}\rho}{\rho} \Big/ \frac{\mathrm{d}L}{L} \tag{3-4}$$

式(3-4)变成

$$\frac{\mathrm{d}R}{R} = k \cdot \frac{\mathrm{d}L}{L} = k \cdot \varepsilon \tag{3-5}$$

或

$$\mathrm{d}R = k \cdot \varepsilon \cdot R \tag{3-6}$$

由式(3-4)或式(3-5)知 k 的物理意义是单位应变所造成的相对电阻变化，它反映了金属丝材料电阻的效应，故称为金属丝电阻变化率对应变的灵敏度，简称灵敏度。k 表示电阻应变计输出信号与输入信号在数量上的关系，是应变计的主要工作特性之一。

式(3-4)中 $1 + 2\mu$ 项表达的是几何尺寸的改变,对一般金属材料该项约为 1.6;$(\mathrm{d}\rho/\rho)/(\mathrm{d}L/L)$ 项表达了电阻率随应变发生的变化,对于某种指定的丝材它是一个常数,其值为 0.4 左右。综上所述,k 是一个由金属丝材料本身确定的系数,它与金属丝材料的成分、工艺等都有关系。各种材料的灵敏度均由实验测定,因为一般应变计不能重复使用,因此实际应变计灵敏度的测定,采用抽样方法,以样本的平均值为一批应变计的灵敏度。实际应变计的灵敏度一般在 1.9~2.3 之间。

公式(3-6)是一个很重要的关系式,它的意义不只在于揭示了电阻变化率与机械应变之间确定的线性关系,更重要的是,它建立了机械量与电量之间的相互转换关系。

现代电阻应变计,虽然原理很简单,但其实际上是一种高级复杂的测量工具。后文中会讲到,这种应变与导电体电阻之间的关系,以及其与先进的测试技术结合,给工程测试带来的便利。

2) 种类

在市面上销售的应变计中,最常用的有丝式应变计和箔式应变计两种。

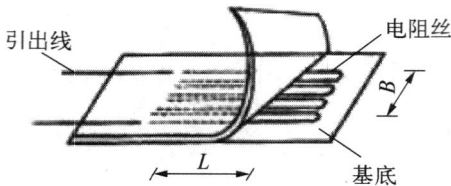

图 3-4 丝式电阻应变计

(1) 丝式电阻应变计的敏感元件是丝栅电阻丝,如图 3-4 所示。丝式应变计的尺寸从几毫米到上百毫米不等,阻值一般为 50~400 Ω。丝式应变计的基底层有纸质和胶质,目前市面上丝式应变计已比较少,且多为大标距的。

(2) 箔式电阻应变计的敏感元件是通过光刻技术、腐蚀工艺制成的一种很薄的金属箔栅,如图 3-5(a)所示。箔式应变计的尺寸从零点几毫米到几十毫米不等,阻值一般为 60~1 000 Ω。由于金属箔栅极薄,同样截面积的箔材粘贴层的接触面比丝式要大,所以传递变形能力也优于丝式。另外,箔式应变计的模拟效应、通过电流的能力、散热性和防潮绝缘性均比丝式强,由于箔式应变计的上述优点,现在工程上用的大多数都是箔式应变计。

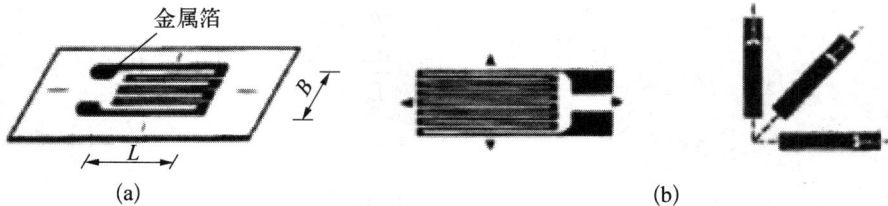

(a) (b)

图 3-5 箔式电阻应变计和应变花

(3) 应变花。将单轴电阻应变计按不同角度(一般有 45°、60°、120° 等,桥梁多用 45°)组合成应变花,测试构件的平面应力或平面应变,实桥上也可直接将三片大标距普通应变计组合起来使用,如图 3-5(b)所示。

3) 选用

应变计品种和规格很多,选用时必须从满足测试要求、使用方便和尽可能节省费用等原则出发,结合被测试件所处的环境条件、被测材料的匀质程度、测点部位的重要程度以及应变范围等多方面因素综合考虑。这里最需要把握的是标距和种类。

(1) 标距:当结构材料为匀质(如钢材)或局部应力集中梯度比较大时,宜选用小标距应变计;当结构材料为非匀质(如混凝土)或应变梯度小又均匀时,可选用大标距应变计,混凝土标距 $L \geqslant$

4～5倍最大集料直径。

（2）种类

箔式应变计适用于各种场合,且性能较丝式优越,是目前使用最多的一种应变计。

综合起来说,测钢构件（或混凝土内钢筋）应变,一般选用2 mm×3 mm（$B×L$）或2 mm×6 mm的箔式应变计;测混凝土结构表面应变,一般选用10 mm×（80～100）mm（$B×L$）的丝式纸基片或胶基片。测试桥梁构件平面应力可选用45°应变花。

4）电阻应变计的粘贴和连接

用测试术语来说,电阻应变计是一次仪表（传感元件）,而一次仪表的能量转换或传感能力的好坏将直接影响整体测试质量。测试质量好坏很大程度上取决于电阻应变计的粘贴质量,必须对电阻应变计的粘贴和连接环节有足够的重视。下面将简述该技术的一般步骤及应注意的事项。

（1）电阻应变计的选片：

① 首先检查电阻应变计的外观质量,好的应变计丝栅平直整齐,均匀、无气泡、无霉、无锈蚀,基底和覆盖层无破损。

② 其次用惠斯顿电桥测定应变计的电阻值,准确度应达到0.1 Ω,以便按阻值的大小进行编组配对。工作片与补偿片之间的电阻值之差不宜大于0.2 Ω（现在计算机采集系统类仪器已放宽到0.5 Ω）,以免桥臂阻值不能调整至平衡。

（2）试件的表面处理：

被测表面与电阻应变计之间是否能牢固地粘在一起,是直接影响被测物与应变计变形传递的关键。为使应变计贴得牢固,能完全与构件共同伸缩,应对被测表面进行专门处理。

① 钢（或其他金属）试件：可用砂轮片,钢丝刷等对试件去锈,去锈的长度比应变计长2～3倍,螺纹钢筋在不损伤有效面积的条件下,磨去几个螺纹,去锈以后,需用砂纸（先粗后细）或各向磨光机抛光,使光洁度达到要求;抛光结束前的砂削方向应与贴片方向斜交（不要平行）,最后用丙酮棉花擦净贴片处。

② 混凝土试件：用砂轮磨平欲测的混凝土表面部位,然后用环氧树脂胶薄薄地涂刮一层隔层,待干（一般要1天）;等底层完全干燥后,用细铁砂纸或各向磨光机将表面磨平,注意砂磨方向应与贴片方向斜交;最后用无水酒精棉花擦净贴片处。

（3）粘贴电阻应变计：

① 目前适用于金属或混凝土的贴片,且较常用的胶黏剂为502胶（氰基丙烯酸乙酯类粘贴剂）,502胶在常温下吸收空气中的散量水分并固化,便用时仅用手指加压0.5～1.0 min便能初步固化,现场使用特别方便,环氧树脂类粘贴剂也可用来贴应变计。

② 贴片时,先看清贴片的位置和方向,把502胶水滴在应变计粘贴面上（注意应变计的正反面）,片子贴上去以后,盖上一张塑料薄膜,用大拇指轻轻按住片子,挤出气泡和多余的胶水。注意电阻片的位置和方向不能移动。由于502胶是一种快干型粘贴剂,所以操作过程中需要熟练的技术和经验。

（4）电阻应变计的干燥处理和质量检查：

① 应变计粘贴后必须使粘贴剂充分干燥,以保证应变计能够传递试件的变形,同时保证应变计的绝缘度,不致引起读数飘移。

应变计的干燥方法可以分为自然干燥和人工干燥。当温度大于15℃,相对湿度低于60%时,可用自然干燥,干燥时间一般需要24 h;人工干燥就是用红外灯泡或电吹风烘烤,温度控制在50℃以下,干燥时间一般只需12 h。

② 应变计的粘贴质量主要是指粘贴层的好坏、几何位置是否正确、粘贴层是否有气泡、引出线是否完好等,还有粘贴质量有关的试件与应变计引出线之间的绝缘度(绝缘度达不到要求会使仪器产生飘移),这个绝缘度至少要大于 100 MΩ,对测量时间较长的情况,应在 200 MΩ 以上。

(5) 应变计的防潮处理:对应变计进行干燥处理和质量检查后,应及时对应变计进行防潮处理,这对野外试验是必需的;应变计的短期防潮处理比较简单,只需采用普通凡士林,或市售 703 胶等,对于应变计的长期防潮,一般采用环氧树脂配固化剂。

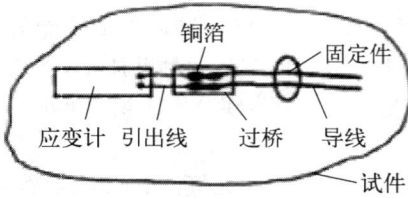

图 3-6 应变计的导线连接

(6) 应变计的导线连接:在每片应变计的引出线下面贴一条接线端子(或称"过桥",可用铜箔板制成),把应变计的引出线和后续接线一起焊在过桥上,如图 3-6 所示。

应变计的连接导线与采用的应变仪器和测试内容有关,一般情况下的静、动态应变测试用线要求如表 3-2 所示。

表 3-2　一般情况下的静、动态应变测试用线要求

仪 器　　用 线　　测试内容	静 态 应 变	动 态 应 变
交流过桥	10 m 普通平行塑料线	多芯屏蔽线
	多芯屏蔽线	
直流过桥	普通平行塑料线	

3. 应变测量的仪器和设备

由机械应变引起的电阻应变计阻值的变化通常很小。例如,如果用 $R=120\ \Omega$、$k=2\ \Omega$ 的电阻应变计来测量钢结构($\varepsilon_g=200\,000$ MPa)的应变,当某点应力为 100 MPa 时,应变计电阻值的变化 ΔR 为:

$$\Delta R = k \cdot R \cdot \varepsilon = 2 \times 120 \times 100/200\,000 = 0.12\ \Omega$$

如果要求测量的相对误差为 1%,那么测量电阻变化的仪器的刻度值要求不大于 0.001 Ω,如果同样以 0.001 Ω 的精度去测量 1 MPa 的应力,误差会偏大,这样就产生了对测量灵敏度要求高而且又要求量程大的矛盾。

可见,由应变计产生的电信号十分微弱,而且应变值还有拉、压和动、静之分,所以必须有专门测量应变的仪器才能获得信号结果,这种专门的仪器设备系统如图 3-7 所示。

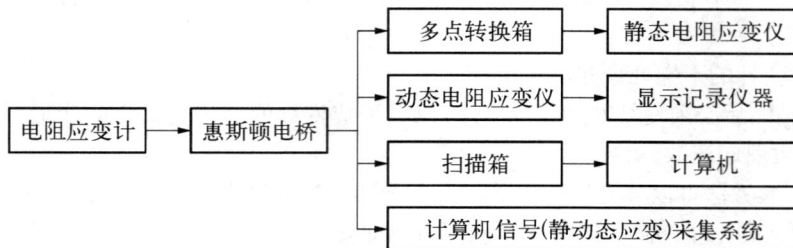

图 3-7　应变测试仪器系统

测量应变的仪器设备类型比较多，有静态和动态的，有模拟的和数字式的。由图 3-7 可以看出，无论采用何种仪器设备，都要通过惠斯顿电桥得到电信号。

惠斯顿电桥是一种常用的电阻-电压转换装置，它能把应变计电阻的微小变化转换为适合放大和处理的电压。图 3-8 是标准惠斯顿电桥，下面研究它与应变计有关的输入输出特性。

图中 R_1、R_2、R_3 和 R_4 分别为电阻器，U_{in} 为输入电压，U_{out} 为输出电压，R_1 和 R_2 串联，R_3 和 R_4 串联，两组并联于 A、C 两点。当 B、D 开路时，即与电压桥输出端高阻抗等价时，B、D 之间的电位差为

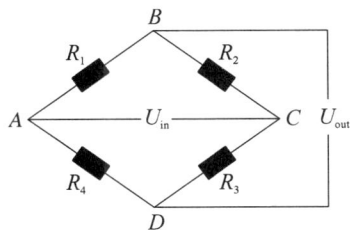

图 3-8　惠斯顿电桥

$$U_{out} = U_{AB} - U_{AD} = \left(\frac{R_1}{R_1 + R_2} - \frac{R_4}{R_3 - R_4} \right) U_{in} = \frac{R_1 R_3 - R_2 R_4}{(R_1 + R_2)(R_3 + R_4)} U_{in} \qquad (3-7)$$

当 $U_{out} = 0$，表示电桥处于平衡状态，得 $R_1 R_3 = R_2 R_4$，即电压桥的平衡条件，桥路中任何一个电阻的变化都会使电桥失去平衡（$U_{out} \neq 0$），如果各臂阻值分别都发生了变化，R_1 变成了 $R_1 + \Delta R_1$，R_2 变成了 $R_2 + \Delta R_2$，以此类推，将它们代入式(3-7)，得

$$U_{out} = \frac{(R_1 + \Delta R_1)(R_3 + \Delta R_3) - (R_2 + \Delta R_2)(R_4 + \Delta R_4)}{(R_1 + \Delta R_1 + R_2 + \Delta R_2)(R_3 + \Delta R_3 + R_4 + \Delta R_4)} U_{in} \qquad (3-8)$$

将此式展开，注意到 $R_1 R_3 = R_2 R_4$，并略去二次项和非线性误差项，可得

$$U_{out} = \frac{1}{4} \left(\frac{\Delta R_1}{R_1} - \frac{\Delta R_2}{R_2} + \frac{\Delta R_3}{R_3} - \frac{\Delta R_4}{R_4} \right) U_{in} \qquad (3-9)$$

如果 R_i 是电阻应变计，注意到 $\Delta R / R = k\varepsilon$，则式(3-9)可写成

$$U_{out} = \frac{1}{4} (\varepsilon_1 - \varepsilon_2 + \varepsilon_3 - \varepsilon_4) k U_{in} \qquad (3-10)$$

如果各电阻应变计的电阻值都一样，即 $R_i = R$，则有

$$U_{out} = \frac{1}{4} Nk\varepsilon U_{in} \qquad (3-11)$$

式中：N——电桥有源工作臂的数目，也称桥臂系数。

由式(3-11)可见，电桥的输出与应变计本身的电阻值无关，并且是线性的。

下面结合图 3-8 和式(3-9)、式(3-11)对电桥的输出特性作进一步的讨论。当阻值 R_1 发生变化时，电桥的输出 $U_{out} \neq 0$，如果相邻臂上的 R_4 也同时产生一个大小和极性都相同的变化，则仍能使 $U_{out} = 0$，如果 R_4 产生一个大小相同、极性相反的变化，则电桥的输出 U_{out} 将是 R_1 一个臂上阻值产生电压的两倍（$N = 2$）。如果 R_1 变化时，R_4 不变，R_4 相对的桥臂上的 R_3 发生一个大小相同、极性相反的变化，则电桥的输出 $U_{out} = 0$；如果 R_3 发生一个与 R_1 大小和极性都相同的变化，则电桥的输出 U_{out} 将是 R_1 一个臂上阻值产生电压的两倍（$N = 2$），可见应变电桥有一个重要特性：电桥的输出电压与相邻两臂的电阻变化率之差，或相对两臂的电阻变化率之和成正比。如果相邻两臂的电阻变化率，大小相等、方向相同，或相对两臂的电阻变化率，大小相等、方向相反，则电桥将

不会改变其平衡状态。式(3-10)中电桥的输出电压与相邻两臂的电阻变化之间的关系,可以简单地归纳为一句话:相对之和,相邻之差。

1)温度补偿

接入电桥的电阻应变计的电阻值随温度变化,这一变化当然要引起电桥输出电压,一般每升温1℃,应变放大器输出的变量可达几十微应变。显然,这是非受力应变,需要排除,这种排除温度影响的措施,叫温度补偿。

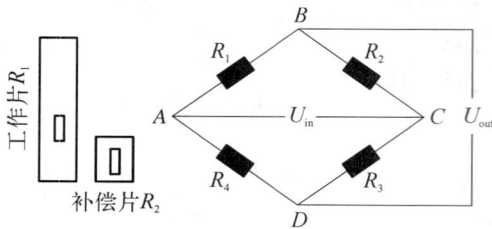

图3-9 温度补偿

根据应变电桥的输出特性,应用上不难对温度进行补偿,只要用一片和工作片(贴在被测件上的应变计)阻值、灵敏系数和电阻温度系数都相同的应变计,贴在一块与被测件材料相同而不受力的试件上,并使它们处于同一温度场,电桥连接时使工作片和补偿片处在相邻桥臂中,如图3-9所示,这样温度变化就不会造成电桥的输出电压。

补偿片可采用单点补偿多点的办法,具体补多少点要根据被测物的材料特性、测点位置及环境条件决定。一般(钢结构或混凝土)桥梁应变测量,可以一点补多点。野外应变测试温度补偿时必须注意大、小范围温度场的不同或变化,如迎风面和背风面、桥面上方和下方等,对这种特殊场合的温度补偿一般要求一对一。有些实桥应变测试时,出现数据回零差、重复性差或飘移不稳等问题,很可能是温度补偿不到位,所以实桥温度补偿时要求是很严格的。

补偿片也可参与机械应变,只要知道补偿片与工作片所感受应变之间的比例关系,采取适当的桥路接法,就能起到温度补偿的作用,有时还能提高电桥的灵敏度,这种方法称为温度自补偿。

2)桥路组合

由上文可知,电桥桥路的灵敏系数与电桥的有源工作臂数目 N 有关,N 越大,灵敏度愈高,电桥的这一特性在实用中非常重要。结合材料力学的有关知识,我们可以通过合理选择贴应变计的位置和方位,并调整应变计在桥臂上的组合,以便从比较复杂的组合应变中测出需求的成分而排除其他成分。这一调整的原则是,在满足特殊要求的条件下,选择测量电桥组合形式时,要优先选用输出电压较高、能实现温度互补偿且便于分析的组合。

实用上,利用电桥的桥臂特性,可以把不同数量的应变计接入电桥构成1/4桥、半桥和全桥等,其中最常用的是半桥和全桥,如图3-10所示。

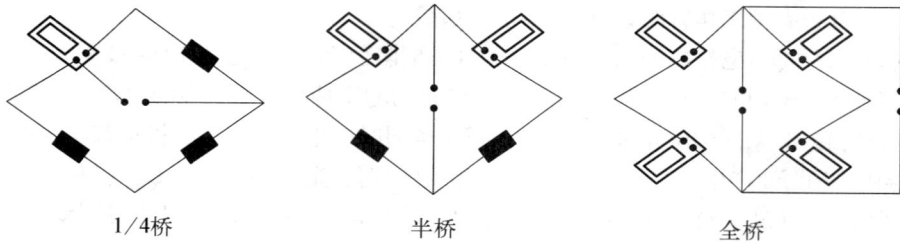

1/4桥　　　　半桥　　　　全桥

图3-10 电桥桥路

下面举两个例子,说明应变计在构件上的布置和在桥路上的接法。

【例2-1】 试测图3-11(a)所示构件表面由弯矩引起的应变。

方法1：如图3-11(a)所示，工作应变计R_1的应变变化由弯矩M和温度T引起的两部分变化组成，$\varepsilon_1 = \varepsilon_M + \varepsilon_T$；补偿应变计$R_2$（假定与工作应变计$R_1$是同一批产品）不受力，它的应变变化只是由温度$T$而致，$\varepsilon_2 = \varepsilon_T$。根据式(3-11)，电桥的输出电压为

$$U_{\text{out}} = \frac{k}{4}(\varepsilon_M + \varepsilon_T - \varepsilon_T)U_{\text{in}} = \frac{k}{4}\varepsilon_M U_{\text{in}}$$

这里，温度影响被排除了，通过电阻应变仪可测得构件上缘的拉应变ε_M。

方法2：如图3-11(b)所示，将温度补偿应变计R_2布置在构件下缘表面且轴线与R_1平行的位置上，仍按方法1方式接桥，温度效应可以排除，但构件在承受弯矩时R_1感受拉应变ε_M，R_2受的却是压应变ε_M，假定构件截面有水平对称轴，两个应变只差一个负号。根据式(3-10)，电桥的输出电压为

$$U_{\text{out}} = \frac{k}{4}[\varepsilon_M - (-\varepsilon_M)]U_{\text{in}} = \frac{2}{4}\varepsilon_M U_{\text{in}}$$

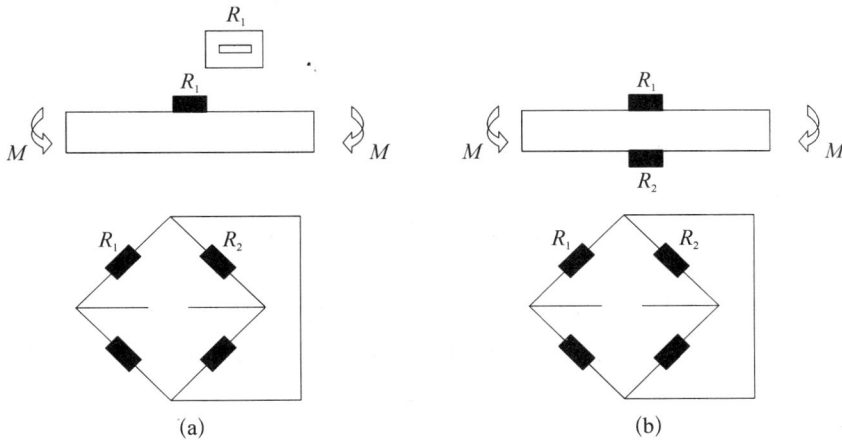

图3-11　桥路组合

这里，既消除了温度效应的影响又使电桥的输出电压增加了一倍，实际要求的构件表面应变即为被测应变的一半。

【例2-2】　图3-12(a)为一圆形受拉构件（钢筋），在钢筋上对称粘贴4枚应变计。

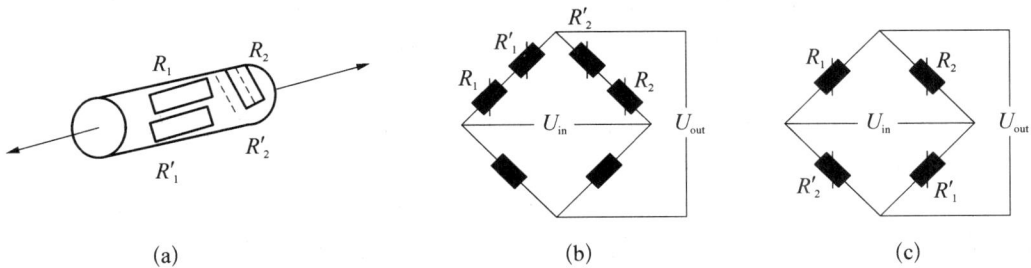

图3-12　桥路组合

方法 1：构件受拉力后，R_1 和 R'_1 感应的是轴向拉应变 ε_p，R_2 和 R'_2 感应的是构件受拉后由泊松效应引起的横向应变 $-\mu\varepsilon_p$。按图 3-12(b)中桥路方式接桥，根据式(3-10)，电桥的输出电压为

$$U_{out} = \frac{k}{4}[\varepsilon_p - (-\mu\varepsilon_p)]U_{in} = \frac{k}{4}(1+\mu)\varepsilon_p U_{in}$$

这里，电桥的输出电压增加了 $(1+\mu)$ 倍，实际要求的构件表面应变为被测应变 $(1/1+\mu)$ 倍。

方法 2：仍是图 3-12(a)钢筋受拉情况，在桥路接法上稍加变化，按图 3-12(c)中桥路方式接桥。根据式(3-10)，电桥的输出电压为

$$U_{out} = \frac{k}{4}[\varepsilon_p - (-\mu\varepsilon_p) + \varepsilon_p - (-\mu\varepsilon_p)]U_{in} = \frac{2}{4}(1+\mu)k\varepsilon_p U_{in}$$

这里，电桥的输出电压较方法 1 增加了一倍。

比较方法 1 和方法 2 可以得到一种认识，在构件上一样的应变计布置，不一样的桥路组合会产生不一样的放大倍数，就是说它们的工作效率不一样。实际应用上为了提高信噪比，减少误差，往往利用桥路的这种特性，采取扩大读教的方法。

3) 电阻应变仪

电阻应变仪是一种专用应变测量放大器，一般具有三个功用：① 装有几个电桥补充电阻，以适用于1/4桥和半桥测量，并提供电桥电源；② 能把微弱的电信号放大；③ 把放大后的信号变换显示出来或送给后续设备。

按测量对象的不同应变仪分成静态电阻应变仪和动态电阻应变仪，也有把静动态电阻应变仪做在一起的。静动态电阻应变仪从原理上讲没有本质不同，其主要区别在于：静态应变仪的信号与时间无关，可由应变仪直接读取应变值，多点测量只需通过多点转换箱(也称平衡箱)切换而不增加放大单元；而动态应变仪测量的信号与时间有关，应变仪本身无法读值，要靠后续显示记录设备得到应变值，多点测量一般需一对一地配置放大单元。

早期的静态电阻应变仪使用零读数法，此时的应变仪实质上是一台电桥平衡的指示器，按电阻变化→桥路不平衡→调节平衡装置→电桥重新平衡→产生读数差→被测应变值。后来，随着电子数显技术的发展，静态电阻应变仪又装上数显管，变成了直读式。

动态电阻应变测量，因为应变值是变化的，零读数法或直读式都无法读出应变值，所以要把动应变信号记录下来，再取值。显然它需要与后续记录仪器一起工作，于是又发展了各式后续仪器。

上述电阻应变仪本质上都属于模拟电子仪器，在计算机数字化时代再讲模拟电阻应变仪的目的，主要是希望读者能了解电阻应变测试仪器技术发展的历史过程，并能从源头上对电阻应变技术加深认识。

在静动态应变采集处理计算机虚拟仪器技术之前，20 世纪 80～90 年代静态应变测量有一种基于单板计算机技术的静态数据采集器。用该类采集器测量静态应变的特点是硬件(特别是扫描箱等)质量好、测点多、速度快，同时也能对应变数据进行简单处理，除测量应变以外，它们还可以测量和处理其他物理量，成百上千个通道可以单独设定被测物理量的单位和常数，如应力、温度、压力、荷载、角度、电压、功率等，这类装置已不再仅仅为应变而设计，因此称为数据采集器，典型的如 7V08 和 3530 Data Logger。

受当时计算机技术发展的制约,这种采集器不能测量动态信号,主要是同时进行多路数据采集,要满足采样、速度、精度、信号再现等方面要求,当时的计算机能力不够,那时,对测量动态应变方法的主要改进是在动态电阻应变仪输出端,后接 A/D 转换箱,再用计算机进行采集处理。

目前,计算机虚拟仪器技术已基本替代上述模拟电阻应变仪和采集器。

4) 静动态数据采集处理系统

静动态数据采集处理系统是基于计算机虚拟仪器技术,既能进行数据采集又能实时处理数据的测试仪器系统,它以计算机接口直接按多点转换箱,由计算机编程对静动态数据进行采样、分析处理,当然包括了上述静态数据采集器具有的所有功能。在计算机友好的操作界面下,完成所有的功能操作,如桥路平衡,定时采样,灵敏度修正、应变计算等。采样速率不等,一台计算机可以控制几百个甚至上千个测点的测量和计算。

这类静动态采集处理系统实际分成静态数据采集处理系统、动态数据采集处理系统和静动态数据采集处理系统。

目前在市面上销售的静态数据采集处理系统一般量程为±20 000～30 000 $\mu\varepsilon$,A/D 转换分辨率 12 bit,可连接多个接口扫描箱。一些型号的数据采集箱前的电阻应变计也可以更换成其他传感元件,可对如温度、电压等参数测量,使用和携带都比较方便。

在动态数据采集处理方面,计算机软硬件技术的发展早已克服了前述动态测量的难度,或者说是颠覆了传统动态信号测试的方式方法。对桥梁等自振频率较低的土木工程结构物来说,它甚至可以不区分静动态信号,直接采样,显现或回放,开放式数据可作任意再处理。

在硬件配置上的数据采集箱配一台笔记本计算机即可,所以它也称为便携式多通道动态应变测试分析系统。

市面的动态数据采集处理系统一般量程达到 30 000 $\mu\varepsilon$,A/D 转换分辨率 16 bit,采样频率超过 100 kHz,可同时测量几百个通道数据,和静态数据采集器一样,数据采集箱前的电阻应变计也可以更换成其他参数传感器。

静动态数据采集处理系统尽管在使用上给应变测试带来了很大的方便,但实桥测量中有时会出现各种抗干扰性差的问题,如应变飘移、信噪比降低等,应引起重视,个中原因也有待进一步研究解决。

4. 基于应变测量技术的传感器

1) 力(或荷重)传感器

力(或荷重)电测传感器多数都是基于应变计技术,在圆柱形弹性元件上粘贴应变计(加以特殊固化处理),已知元件截面积和实测应变值,通过标定就可求出拉、压力和荷重。图 3-13 是一种环形截面圆筒状的应变式力传感器,在它的内部筒壁上粘贴应变计。结合"桥路组合"内容不难看出,这里为消除偏心和提高放大倍数所采用的应变计布置方式以及桥路接法上的特点。该方法制成的力传感器,量程一般在 1～2 000 kN。

2) 钢筋应力计

钢筋应力计比较简单,在一根普通钢筋上粘贴 4 片应变计,接成全桥,接线桥路可参考图 3-13。在试验机上对输入力和输出应变进行率定,得到该传感器的灵敏系数。钢筋应力计一般用作钢筋混凝土构件应力测试的预埋,使用时可直接焊在钢筋网上(见图 3-14)。应力计随构件一起受拉(压)时,其输出应变除以灵敏系数就可得到被测应力。

钢筋应力计在实际工程上应用得比较广泛,它的优点是可以直接测量钢筋混凝土构件内部钢筋的应力,使用成本较低;缺点是只能一次性使用,不能连续长期读数,事实上这也是所有基于电阻应变计测试技术仪器的共性问题。

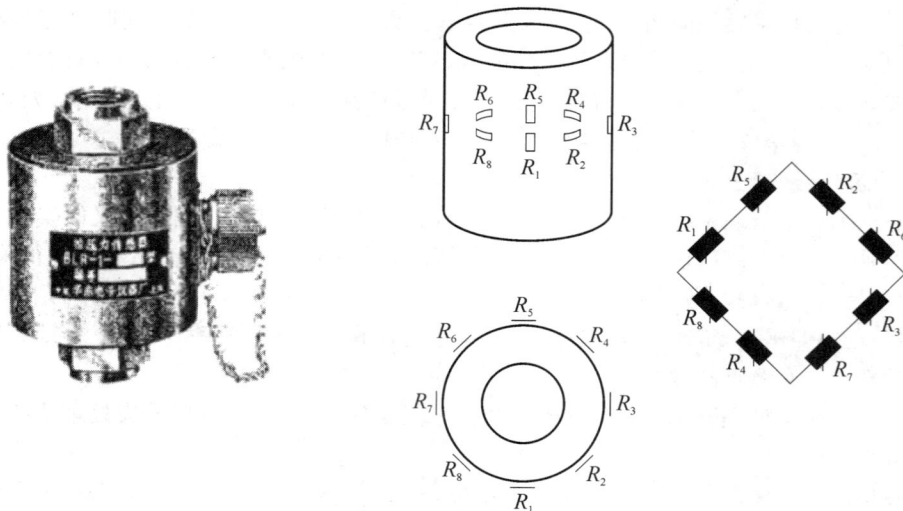

图 3-13 应变式力传感器

图 3-14 钢筋应力计

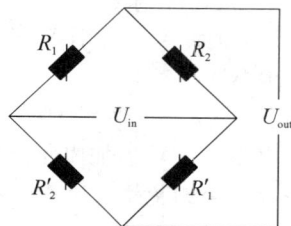

图 3-15 弓形应变传感器

3）弓形应变传感器

弓形应变传感器设计的思路并不复杂,在一片弹性特别好的弓形钢质元件上粘贴 4 片应变计(弓形上、下方各一纵一横),接成全桥(见图 3-15)。在试验机(或标准梁)上对输入应变和输出应变进行率定,得到该传感器的灵敏系数。该应变传感器在受拉轴线上有一个固定标距(8 cm 或 10 cm),使用时将传感器固定在被测构件上,当应变计随构件一起变形时,其输出应变除以灵敏系数就可以得到被测应变。

弓形应变传感器的优点是灵敏度比较高,可以避免现场贴片,传感器能被重复使用;但它对传感器元件材质本身弹性性能和制作加工工艺要求比较高,另外因为是全桥接线,增加了测量导线的数量。

4）电阻式位移传感器

应变计电测位移传感器种类很多,其做法基本是在弹性很好的位移传感元件(如悬臂梁)上粘贴应变计,对输入位移和输出应变进行率定,得到该传感器的灵敏度,使用时读出应变就可算出位移。

这里介绍一种使用简单方便的滑线电阻式位移传感器(见图3-16),这类位移计的工作原理是利用应变电桥进行测量。仪器内部设有4个无感电阻 R_1、R_2、R_3 和 R_4,在 R_1 和 R_2 之间串有一根电阻丝,当位移计的测杆沿导向槽移动时,带动触点在电阻丝上滑动,使桥臂上产生电阻变化,这样就把机械位移转换成了电量输出。

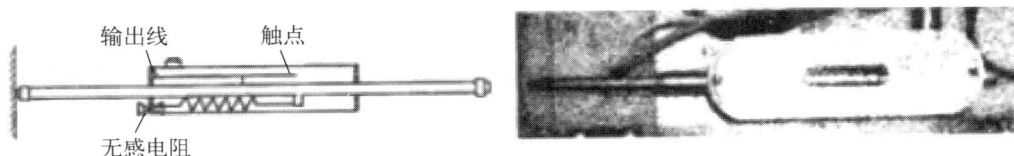

图3-16　滑线电阻式位移传感器

这种滑线电阻式位移计的量程为1~20 cm,精度一般高于百分表2~3倍。

电阻式位移计的特点是结构简单,输出信号大,但因存在活动测点,使用寿命受磨损影响。

5. 振弦式应力计

振弦式应力计是一种与前面所述应变测试技术原理完全不同的应力传感器,它的实质是一种振弦式换能器。振弦式应力计主要元件是一根长度、面积和质量都确定的张紧的钢丝(振弦),在一定的预拉力情形下该振弦有一个基本频率。其工作过程是:当传感器受拉(压)力后,其钢丝的拉力产生变化,钢弦的自振频率会发生相应的变化,电脉冲信号通过传感器内的激振线圈产生电磁力,激发钢弦作正弦机械振动,该振动使钢弦一侧的拾振线圈感应出同频的正弦电信号,通过导线传输到钢弦频率测定仪,显示出振动频率值。按照预先标定的力-频率关系曲线,即可得出作用在应力计上的拉(压)力 ε:

$$\varepsilon = \alpha f^2 \tag{3-12}$$

式中:α ——与钢丝特性有关的灵敏系数;

　　　f ——钢弦计的频率,按下式计算:

$$f = \frac{1}{2L}\sqrt{\frac{F}{m}} \tag{3-13}$$

式中:L ——钢丝的长度;

　　　F ——拉力;

　　　m ——钢丝单位长度的质量。

振弦式传感器的测量范围一般可达几千 $\mu\varepsilon$,测量精度1 $\mu\varepsilon$,有时可达0.1 $\mu\varepsilon$。该类传感器使用也比较方便,测钢或混凝土构件的应变时可直接安装在它们的表面(和引伸仪差不多),也可预埋在混凝土内部,如图3-17所示。

国外也有产品做成图3-18式样的,注意它的测距 L [2 in(约0.05 m)]一节是可调的,相当于引伸仪的标距。

单个振弦式传感器的读数可用一台计算器大小的便携式读数仪测读。现在比较先进的振弦式应力计已做成数字式,使用中与计算机直接通信并处理数据。

从原理上可以看出,振弦式应力计有一个初始固有频率,当应力计被安装在结构内部不受力

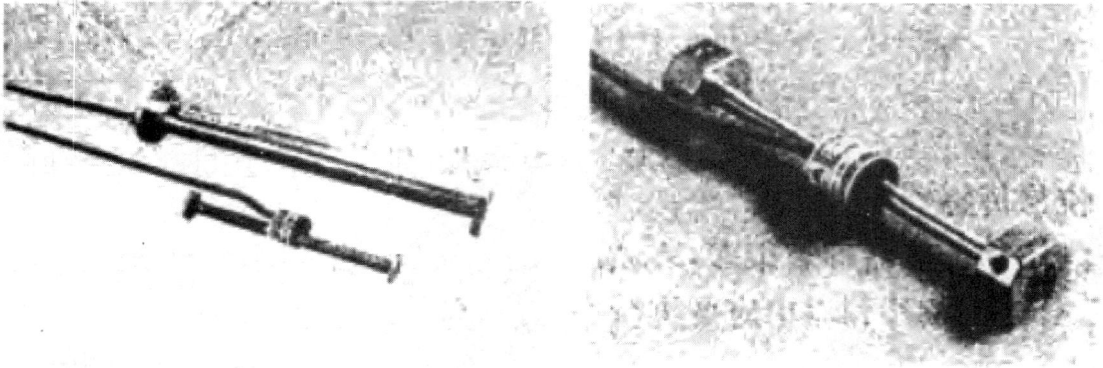

图 3 - 17　振弦式成力计

图 3 - 18　可调测距的振弦式应变计

时,它有一个对应其固有频率的初读数,这个初读数不需要电源维持,所以是一种无源传感器。使用过程中,随时读取的应力变化均有源可循。由于振弦式应力计的初始值(记忆)特性,它被称为智能传感器(Intelligent Sensor),并已成为目前桥梁结构应力监测中的首选。

　　6. 光纤传感器

　　早先,人们认知光纤的用途是一种传送信息的媒介或工具,殊不知光纤还可当作传感器使用,自从 1978 年美国人 K. O. Hill 发现掺锗光纤中的光纤光栅特性以来,到 1989 年诞生光纤布拉格光栅(FBG),经过 20 多年的发展,光纤传感器本身及其应用已有长足的进步。20 世纪 90 年代开始,这项新技术在国外已开始应用于土木工程界,人们从探索光纤传感器埋入混凝土构件和结构中进行结构完整性无损评估和内部应力状态的检测开始,目前已有光纤传感器用于各种材料、结构和环境的工程实践和最新发展。

　　下面简单介绍光纤传感器的基本原理、类型及其应用。

　　1) 光纤光栅传感器的原理

　　光纤是光导纤维(Fiber Optic)的简称,其结构和同轴电缆很类似,也是中心为一根由玻璃或透明塑料制成的光导纤维芯,周围包裹着保护材料,根据需要还可以多根光纤并合在一根光缆里面,其基本构造如图 3 - 19 所示,光纤利用光的全反射原理引导光波,光纤光栅是指光纤纤芯中周期性

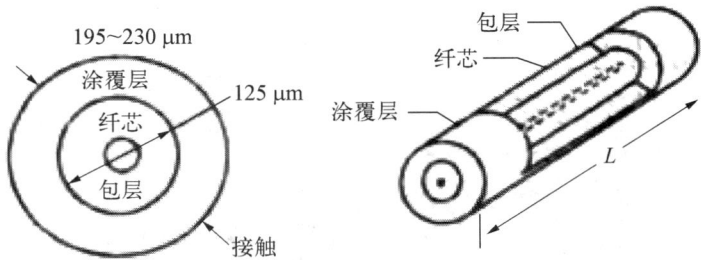

图 3-19　光纤构造

的折射率变化所形成的光栅效应,当激光通过光纤时,光纤的折射率将随光强的空间分布发生相应变化,并在纤芯内形成空间相位光栅。对于光纤光栅,满足条件的入射光波长(中心波长)被光纤光栅反射:

$$\lambda = n\Lambda \tag{3-14}$$

式中:λ——光栅中心波长;

　　　n——纤芯有效折射率;

　　　Λ——纤芯折射率的调制周期。

当光纤光栅所处环境的物理量发生变化时,光栅周期或纤芯折射率会随之发生变化,使得光纤光栅反射光的布拉格波长发生变化,借助某种装置测量变化前后反射光波长的变化,并通过建立并标定光纤光栅的响应与被测参量变化关系,就可以获得待测物理量的变化情况。

根据光纤光栅的弹光效应和弹性效应,当光纤光栅在纵向受到应变时会引起布拉格波氏的变化,其满足以下关系:

$$\frac{\Delta\lambda_B}{\lambda_B} = (1 - P_c)\varepsilon \tag{3-15}$$

式中:P_c——光纤光栅的有效弹光系数;

　　　ε——光栅在轴向的应变;

　　　λ_B——光纤光栅的布拉格波长;

　　　$\Delta\lambda_B$——布拉格波长变化量。

式(3-15)为光纤光栅传感器的应变传感机理,光纤光栅传感器的设计就是利用此原理,通过光纤应变与 Bragg 波长的对应关系,把应变量转化为波长的变化,使精确测量应变成为可能。

2)光纤光栅传感器的结构分类

光纤光栅主要分两大类:一是 Bragg 光栅,也称为反射或短周期光栅;二是透射光栅,也称为长周期光栅。光纤光栅从结构上可分为周期性结构和非周期性结构,从功能上还可分为滤波型光栅和色散补偿型光栅,色散补偿型光栅是非周期光栅,又称为 chirp 光栅。

目前,已经商业化的光纤传感器主要有基于光栅反射原理的光纤传感器(可测量应变和温度),基于 Michelson 干涉原理的位移传感器和基于 Fabry-Perot 干涉原理的应变传感器。

3)光纤传感器的安装

光纤传感器的安装方式基本可分为:外表粘贴式和内部埋入式,两种方式适用于不同情况,如图 3-20 所示。对于那些在建或者将要兴建的大型工程,用于监测施工过程中材料内部的变化过程或者建成后结构使用期间的状态,用内部埋入式较好。而对于已经存在的工程结构,通常用外表粘贴式,将光纤传感器用胶粘贴在那些对结构中感兴趣参数最敏感的部位,与通常在结构上固定加速度传感器或者应变计相似,来进行结构的安全监测。

图 3-20 光纤传感器安装

光纤光栅传感器同传统的电子传感器相比,具有抗电磁干扰、尺寸小(标准裸光纤为 125 μm,尤其适合于埋入材料内部构成所谓的智能材料或结构)、质量轻、耐温性好(工作温度上限可达 400~600℃)、复用能力强、传输距离远、耐腐蚀、高灵敏度、无源器件等优点,而且作为传感元件,它有一个最为突出的优点,即感应的信息用波长编码,而波长这个绝对参量不受光源功率的波动及连接或耦合损耗的影响,传感信号可长距离传输且不受电磁信号的干扰。它的特别之处还在于易在一根光纤中连续制作多个光栅,所制得的光栅阵列轻巧柔软,与时分复用和波分复用技术相结合,非常适于作为分布式传感元件埋入材料和结构内部或贴装在其表面实现多点监测。如大型桥梁应变监测需要长距离沿跨度布置测点时,只要在沿跨分布光纤上对应部位写入不同栅距的光纤光栅,就可以同时测定这些部位相应的应变及其变化,实现分布式应变光纤传感。

4) 光纤光栅传感器的发展和应用现状

1989 年,美国布朗大学的门德斯(Mendez)等人首先提出了把光纤传感器用于混凝土结构的健康监测,此后,加拿大等国家的研究人员也对光纤传感系统在土木工程中的应用做了大量的研究工作。在土木工程结构中,现应用光纤光栅传感器最多的是桥梁的监测,最早的报道是在 1989 年,美国开始用光纤传感器测试一座州际公路桥的振动频率,而后加拿大 1993 年在一座钢桁架桥上应用光纤传感器进行运营状态下的动应力监测,1994 年德国在第一座预应力碳纤维复合材料桥应用光纤光栅应变传感器,检测碳纤维预应力的损失。1996 年,瑞士在一对碳纤维增强塑料(CFRP)索上安装光纤传感器和传统的电阻应变计。温度传感器,监测并比较施工荷载、日常和季节性风等作用下拉索的特性。1997 年美国在一座全复合材料的桥梁中预埋光纤光栅应变传感器,通过互联网技术监测桥梁的荷载响应,1999 年美国又在一座钢结构桥梁上安装了 120 个光纤光栅传感器,创下当时一座桥梁上设置光纤光栅传感器最多的纪录。同前国外光纤光栅传感器基本已商品化,如埋有横向光纤光栅传感器的桥梁支座和各式应变、振动传感器。

20 世纪 90 年代,我国开始研究光纤传感技术的应用,在土木工程领域比较有代表性的主要是一些高校、科研单位,且主要集中在理论分析和误差计算方面,也有少量关于系统和技术研究方面的报道。这几年国内光纤光栅传感器的发展比较快,有的光纤光栅传感器也已经商品化。比较有代表性的有:2000 年哈尔滨工程大学依据白光干涉原理设计的光纤传感器,通过比较光程差的方法来间接地测量斜拉桥模型拉索索力的变化特性,同年该技术还被清华大学应用在大型水坝的健康监测上;哈尔滨工业大学在黑龙江省呼兰河大桥(预应力钢筋混凝土箱形梁桥)上成功地将15个裸光纤光栅布设到主梁上,监测箱梁施工阶段与成桥状态的受力应变,研究光纤光栅现场布设技术;2004年武汉理工大学建成"光纤传感器高科技产业化示范工程项目",之前他们研制的光纤压力传感器被成功应用在汉江二桥实桥斜拉索索力测试上;2005年同济大学在东海大桥主通航道斜拉桥上应用光纤光栅传感器测试桥梁动荷载试验时的动应力,并被用作大桥长期监测的测点。

光纤光栅传感技术尽管发展迅速,其系统研究仍然面临诸多技术问题,目前对光纤光栅传感器的研究进展主要集中在以下几个方面:① 对传感器本身及能力进行横向应变感测和高灵敏度、高分辨,且能保持光纤光栅的时间稳定性研究,解决应变与温度的交差敏感性问题;② 光纤光栅传感头封装和贴附新技术新工艺的研究,包括多点分布、分离和处理技术等;③ 对光栅反射信号或透射信号分析和测试系统的研究,目标是开发低成本、小型化、可靠且灵敏的探测技术,以适应未来光纤光栅传感系统网络化、大范围、准分布式测量,发展传感器网络技术。

二、变位测试仪器

1. 线位移测量仪表

桥梁测试中最常用的位移测量仪表是千分表、百分表和挠度计(见表3-3),这类仪表一般是机械式的,可以非常方便直接地测读结构的位移;另外由这类不同精度和量程的仪表再配以其他机械装置可组成各种测量其他参数的仪器:如测量应变的千分表引伸仪,测量拉压力的拉压式测力计等。

表3-3　常用机械式位移测量仪表的主要性能指标

名　称	精度/mm	量程/mm
千分表	0.001	1～30
百分表	0.01	10～50
挠度计	0.1	不限

位移测量仪表是利用精密齿条齿轮机构制成的通用长度测量工具。其工作原理都是利用顶杆、齿轮、滑轮、弹簧、指针和刻度盘等,将被测尺寸引起的测杆微小直线移动,经过齿轮传动放大,变为指计在刻度盘上的转动,从而读出被测尺寸的大小。它一般由三大部分组成:① 传感机构,直接感受被测量的变化;② 转换机构,把传感机构受到的变化转换成可直接读取的量;③ 指示机构,用指针在刻度盘或其他读数装置上指示出被测量的大小。

百分表和千分表是比较大众的仪表,在桥梁模型测试中有十分广泛的应用。百分表的圆表盘上印制有100个等分刻度,即每一分度值相当于量杆移动0.01 mm。若在圆表盘上印制有1 000个或500个等分刻度,则每一分度值为0.001 mm或0.002 mm。

图3-21(a)为典型机械式千分表和百分表;图3-21(b)是一种数字显示的千分表。百分表和千分表历经纯机械和机械电子结合的发展,目前市售种类较多,纯机械表仍在生产,有的在保持机械式传动机构功能的情况下,加入了电子感应元件,保留原表盘,同时具备原有的直读功能和电子测量功能;也有的为纯数显,且可外接计算机。多数表具的量程也较以前传统仪表大很多,一些百分表和千分表最大分别可测到50 mm和30 mm。

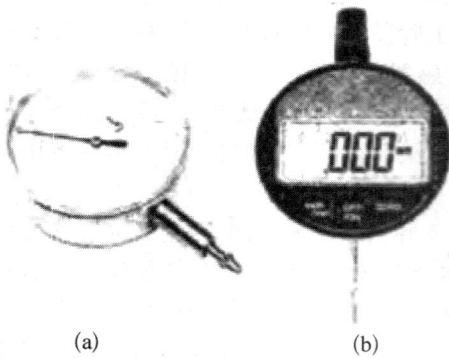

图 3-21 机械、电子位移测量仪表
(a) 机械式千分表和百分表　(b) 数字显示曲千分表

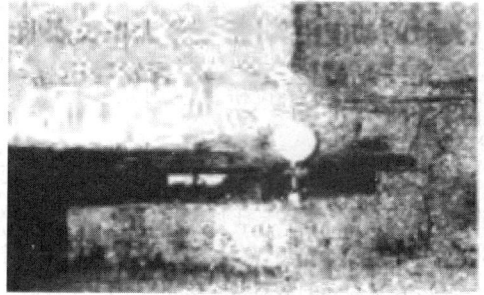

图 3-22 测量支座位移

无论是传统千分表、百分表，还是具有较大量程的机械电子仪表，都需要相对(结构)不动的支架，实桥上一般较难实现，但该类仪表可较方便地用来测量支座位移(见图 3-22)。

图 3-23 是一种适用于中小桥挠度测量的绕丝式挠度计。使用时可将参考系设在地面(或河床)的相对固定物上：这是其与千分表、百分表使用方法上的最大区别，也解决了上述"相对不动支架"的难题。通过细钢丝与结构物联系，细钢丝随着结构物的位移变化而变化并带动表面指针运动。

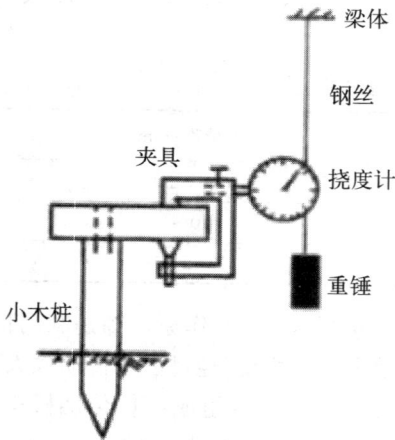

图 3-23 绕丝式位移计

2. 连通管

连通管是一种可用来测量桥梁结构挠度的简单装置，利用物理学上"连通器中处于水平平面上的静止液体的压强相同"的原理，如图 3-24 所示，$p_a=p_1+\gamma h_1=p_2+\gamma h_2$，即 $p_2-p_1=\gamma h$，表示压强相同，$p_2=p_1$ 时，连通器两柱的液面高度相同，$h=0$。连通管临时用在桥上测挠度，可用 $\phi10\sim15$ mm 的白塑料软管和三通，配普通(毫米刻度的)钢卷尺，人工可测读到 1 mm 精度，十分方便。

使用前先沿桥梁跨度方向布置管子，然后在每个测点位置剪断管子，接上三通，把三通开口的一端管子竖起来绑在支架上，最后灌水(或其他有色液体)至标尺位置，如图 3-25 所示。

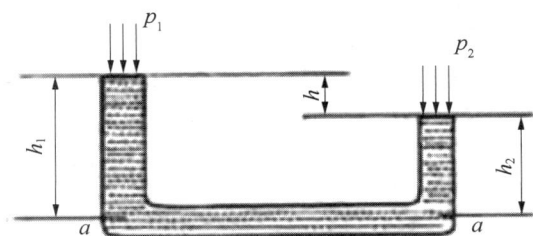

图 3 - 24 连通器

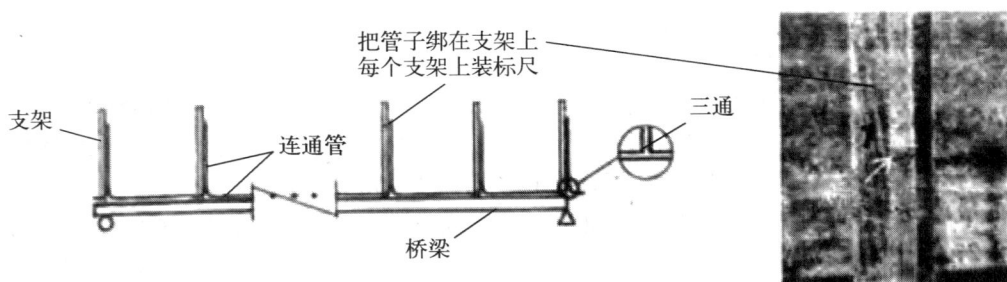

图 3 - 25 用连通管测桥量挠度

桥梁试验时加、卸荷载会引起桥梁结构下挠,此时水管中的水平液面仍需持平,但每个测点的相对水位会发生变化,注意下挠前后的水位线都必须在所安装标尺的有效范围内,读取这个变化值,经简单计算即可得到桥梁的挠度。

连通管用来测量桥梁挠度的优点是可靠、易行,当挠度的绝对值大于 20 mm 时,其中 1 mm 的最小读数至少可有 5% 的相对精度。这个精度对小跨度桥梁显然是不合适的,所以选用前须对挠度的期望值有所了解。为了提高连通管测量挠度的精度,还可以利用声反射原理在连通管顶部安装超声波液位计,该类设备的分辨率可达到 0.1 mm。

3. 光学(光电)仪器

可用以测量桥梁变形的光学仪器设备比较多,这里主要介绍目前比较适合桥梁变位测量的几种光学(光电)测量仪器,如测量静态变位的高精度全站仪、精密水准仪和测量桥梁动态变位的光电测量仪等。普通水准仪或经纬仪因目前在桥梁试验检测中使用率较低,不作专门介绍。

1) 高精度全站仪

(1) 全站仪的类型。全站仪是集电子经纬仪、光电测距仪和数据记录装置于一体的测量仪器、所谓"全站仪"是指在测站上观测,能一站测得被测对象的斜距、竖角、水平角,所有数据均能自动显示记录。现在全站仪一般都可以与计算机通信,利用全站仪专用软件可以进行水平角测量、竖直角测量、距离测量、坐标测量结果的计算。

测量桥梁变形,特别是静力荷载作用下的变形,要求用高精度全站仪。这里的高精度是指测距精度达到毫米级,测角精度不大于 $1''$ 的全站仪。必须指出,工程上测桥梁变形,主要关注相对精度,以 5% 相对精度计,如桥梁绝对位移有 10 cm,仪器至少应有 5 mm 精度;有些中小桥绝对位移几毫米,即使选用再高精度的全站仪,其测量精度还是存在问题。

(2) 全站仪的应用。全站仪最早作为施工测量仪器出现在桥梁工程上,一般测角精度 $2''\sim3''$ 的机器居多,这种测角精度一般不能用来测桥梁结构试检变形。选用全站仪前除应该全面了解所选用全站仪的能力及适用性,还必须考虑所测桥梁变形的相对精度,即通过估算确定其实际能力是否能满足待测桥梁变形的相对精度要求。

目前,高精度全站仪被应用在一些大桥成桥状态坐标或变形测量方面,桥梁跨径越大,变形绝对值越大,其优势越明显,相对精度越高。另一方面,类似TCA2003这类智能型全站仪所具有的预学习、360°旋转自寻目标、自动测读记录数据等功能,对大桥挠度测量无论是保证数据质量还是提高现场测量效率、减轻劳作强度,都是非常有用的。

2)精密水准仪

(1)精密水准仪和电子水准仪。精密水准仪与一般水准仪比较,其特点是能够精密地整平视线和精确地读取数据。为此在结构上应满足:水准仪具有较高的灵敏度;望远镜具有良好的光学性能;具有光学测微器装置;视准轴与水准轴之间的联系相对稳定;受温度变化影响小。此外精密水准仪必须配有精密水准尺。

目前已发展的数字电子水准仪是结合计算机电子与精密水准仪光学技术的新型精密水准仪。电子水准仪的观测精度高,如莱卡新一代数字水准仪DNA03型的分辨力为0.01 mm,测距150 m,每千米往返测得高差中数的偶然误差为0.3 mm。

电子水准仪要求有一根能与其配套使用的条形编码尺,该水准尺通常由玻璃纤维或铟钢制成。在电子水准仪中装有行阵传感器,它可识别水准标尺上的条形编码。电子水准仪摄入条形编码后,经处理器转变为相应的数字,再通过信号转换和数据化,在显示屏上直接显示中丝读数和视距。

电子水准仪的主要优点是:操作简捷,自动观测和记录,并立即用数字显示测量结果。整个观测过程几秒钟即可完成,从而大大减少观测错误和误差。仪器还附有数据处理器及与之配套的软件,从而可将观测结果输入计算机进行后处理,实现测量工作自动化和流水线作业。

(2)数字电子水准仪的使用。数字电子水准仪的应用领域十分广泛,在快速测量高程、高差和放样,以及一等、二等精密水准测量等领域,其外业使用方便、高效和内业处理计算机化的特点得到充分发挥,使测量效率大大提高。

3)桥梁动挠度检测仪

桥梁动挠度的检测是实桥测试技术的一个难点,前面列举的高级光学仪器都因为采样频率跟不上而无法测读结构动挠度。

目前已有能够在几百米范围测量桥跨动挠度的BJQN型桥梁挠度检测仪,桥梁动挠度检测仪硬件由检测仪主机和目标靶组成。其工作原理是:在桥梁的测试点上安装一个测点目标靶,在靶上制作一个光学标志点,通过光学系统把标志点成像在CCD(电荷耦合固体成像器件)的接收面上,当桥梁在动载作用下产生振动时,测试靶也跟着发生振动,通过测出靶上标志点在CCD接收面上图像位置的变化值,就可以得到桥梁振动的位移值,其最小可测动态范围由CCD器件像元的分辨率决定,最大测量范围由镜头的视场角、光学系统放大率和CCD有效像元阵列长度决定。

桥梁动挠度检测仪可同时实施二维测量,测量范围垂直不小于0.80 m,水平不小于0~3 m(最大测量距离处),并具有自动旋转等功能;检测距离5~500 m,频率响应0~20 Hz,分辨率达到测量范围的3‰;软件功能可完成对桥梁动态挠度最大值、最小值、挠度曲线等分析。

桥梁动挠度检测仪已经在一些桥梁实测上得到应用,以后的发展要求其在硬件和使用稳定性方面有进一步的改进。

4. 全球定位系统

近年来全球定位系统(Global Positioning System,GPS)已被引入桥梁变形测量,并有很好的应用前景。

1）GPS系统的组成

GPS系统包括三大部分：空间部分——GPS卫星星座，地面控制部分——地面监控系统，用户设备部分——GPS信号接收机。

（1）GPS卫星星座。GPS系统的空间部分由24颗卫星组成，均匀分布在6个轨道面上，地面高度为20 000余千米，轨道倾角为55°，偏心率约为0，周期约为12 h，卫星向地面发射两个波段的载波信号，载波信号频率分别为1 575.442 MHz（L_1波段）和1 227.6 MHz（L_2波段），卫星上安装了精度很高的原子钟，以确保频率的稳定性，在载波上调制有表示卫星位置的广播星历，用于测距的C/A码和P码，以及其他系统信息，能在全球范围内，向任意多用户提供高精度、全天候、连续、实时的三维测速、三维定位和授时。

（2）地面监控系统。GPS系统的控制部分由设在美国本土的5个监控站组成，这些站不间断地对GPS卫星进行观测，并将计算和预报的信息由注入站对卫星进行信息更新。卫星上的各种设备是否正常工作，以及卫星是否一直沿着预定轨道运行，都要由地面设备进行监测和控制。地面监控系统另一重要作用是保持各颗卫星处于同一时间标准GPS时间系统。这就需要地面站监测各颗卫星的时间，求出钟差，然后由地面注入站发给卫星，卫星再由导航电文发给用户设备。GPS工作卫星的地面监控系统包括一个主控站、三个注入站和五个监测站。

（3）GPS信号接收机。GPS信号接收机的任务：能够捕获到按一定卫星高度截止角所选择的待测卫星的信号，并跟踪这些卫星的运行，对所接收到的GPS信号进行变换、放大和处理，从而测量出GPS信号从卫星到接收机天线的传播时间，解译出GPS卫星所发送的导航电文，实时计算出测站的三维位置、速度和时间。

GPS的用户系统是一种单程系统，用户只接收而不必发射信号，因此用户的数量也是不受限制的。对于广大用户，只要拥有能够接收、跟踪、变换和测量GPS信号的接收设备，即GPS信号接收机，就可以在任何时候用GPS信号进行定位测量。根据使用目的的不同，用户所需的GPS信号接收机也各有差异。目前世界上已有数百种GPS接收机产品，这些产品的主要区别在于用途和功能方面。

接收机硬件和机内软件以及GPS数据的后处理软件包，构成完整的GPS用户系统，GPS接收机的结构分为天线单元和接收单元两大部分。对于测地型接收机来说，两个单元一般分成两个独立的部件，观测时将天线单元安置在测站上，接收单元置于测站附近的适当地方，用电缆线将两者连接成一个整机；也有的将天线单元和接收单元制作成一个整体，观测时将其安置在测站点上。

近几年，国内引进了许多种类型的GPS测地型接收机，这类测地型接收机用于精密相对定位时，其双频接收机精度可达5 mm＋1 ppm/D。各类GPS接收机体积也越来越小，重量越来越轻，便于野外观测。

2）GPS技术在工程上的应用

GPS作为野外定位的最佳工具，在户外运动中有广泛的应用，并为测绘界带来革命性的变化，目前，范围上数千米至几千千米的控制网或形变监测网，精度上从百米至毫米级的定位，一般都将GPS作为首选。

近年来，随着技术发展和应用需求，卫星定位系统发展了多项实用技术，其中特别值得一提的是实时动态RTK(Real Time Kinematic)定位技术。

RTK定位技术是以载波相位观测值为根据的实时差分GPS技术，系统由基准站和流动站组成，测量时还需建立无线数据通信。它的工作原理是取精度较高且有已知坐标的控制点作为基准点,安置一台接收机作为基准站进行连续观测,基准站接收机在接收(流动站)卫星信号的同时,接收基准站上的观测数据,监测站解算结果随即传至服务器显示终端,实时计算显示出流动站的三维坐标和测量精度,同时,管理系统完成结构物计算、评估或预警。

RTK定位技术目前在桥梁测量中的应用主要有:大跨度桥梁施工放样、线形控制和结构变形测量等,其在公路桥梁工程中有广阔的应用前景。

如采用常规经纬仪或全站仪等做工程放样,一般要放样出一个设计点位时,往往需要来回移动目标,而且要2~3人操作,同时在放样过程中还要求点间通视情况良好。如果采用RTK技术放样,仅需把设计好的点位坐标输入到电子手簿中,背着GPS接收机,它会提醒你走到要放样点的位置,既迅速又方便。由于GPS是通过坐标来直接放样的,精度很高很均匀,因而在外业放样中效率会大大提高,且只需一个人操作。

英国的Humber悬索桥,日本的明石海峡大桥,我国香港青马大桥、汀九大桥,广东虎门大桥和江阴长江大桥上都安装GPS,并采用RTK工作模式进行检测和监测。

GPS测量规范的版本比较多,国内有《全球定位系统(GPS)测量规范》(GB/T 18314-2009),这几年RTK方法也有了技术规范,有《全球定位系统实时动态测量(PTK)技术规范》(CH/T 2009-2010)等。

三、裂缝量测仪器

桥梁工程上混凝土出现裂缝的情况十分普遍,这里提到的裂缝均指可视性裂缝。对可视性裂缝的检测主要包括裂缝的长度、宽度和深度,还有裂缝的分布和走向,裂缝的长度、分布和走向等只需通过普通丈量即可得到,下面主要介绍裂缝宽度和深度测量仪器设备。

1. 读数显微镜和裂缝读数尺

读数显微镜是可以用来测量裂缝宽度的常用光学仪器,读数显微镜种类很多,图3-26为一种便携式读数显微镜。该类显微镜读数精度一般为0.01 mm,量程几毫米,它主要由物镜、目镜、刻度分划板和测微机械装置等组成,体积小,质量轻,便于现场使用。

图3-26 读数显微镜　　　　图3-27 裂缝读数尺

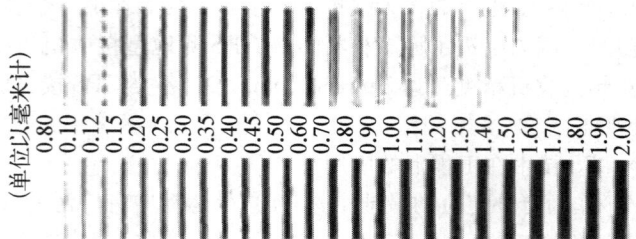

裂缝读数尺,实质可以是一张硬质的纸片,上面刻印有许多大小不等的标准线条(见图3-27)。在现场测试中,只要再配一块放大镜,用比照的方法即可方便地量测裂缝宽度,为提高卡片使用寿命,有人将裂缝读数尺制作成磁卡大小的厚塑料片,这类裂缝尺在实际使用时要注意视角误差。

2. 数显式裂缝测宽仪

数显式裂缝宽度测试仪是近年来随着计算机数码技术发展起来的新型测裂缝设备,它属于非接触式检测仪器,该类裂缝宽度测试仪主要由主机、探头(摄像头)及信号线等组成,适用于检测人员无法靠近(如用显微镜)测读的桥梁构件的裂缝宽度检测。

测量时程序自动扫描捕获(智能判读)裂缝并在显示屏上实时显示裂缝的宽度数值,也可以对需要的裂缝进行拍照,裂缝照片中同时保存裂缝图像、宽度数据、刻度尺、放大倍数和裂缝编号等图像信息,裂缝照片为标准 BMP 格式,方便用户进一步进行图像分析或打印存档。

对那些不易接触、远距离结构表面(如桥体、墙体、隧道等)裂缝的检测,有一种远距离裂缝检测系统,由长焦数码相机、角架、照明灯具等组成,可以在一定距离(2~25 m)外对被测物体进行拍照并保存,再由软件做进一步分析,可得所拍摄裂缝的长度和宽度,精度为 0.01 mm,还可用颜色标明图像中裂缝发展、分布的形状。

这类远距离裂缝检测系统解决了非接触乃至较远距离裂缝测量问题,目前已有商品化的产品。

目前数显式裂缝测宽仪实际测试摄像镜头成像清晰度对测量精度的影响比较大,其实际检测精度和使用效果还有待进一步改进和提高,但它的设计思路和应用前景理应被看好。

3. 裂缝深度测试仪

超声波脉冲法可以测量裂缝深度。用非金属超声波检测仪测量裂缝深度的原理比较简单,当混凝土无裂缝时,如采用平测法检测,超声波发射探头发射的信号沿着混凝土上表面行进,被接收探头接收;当混凝土有裂缝时,超声波发射探头发射的信号绕过裂缝行进,被接收探头接收。为测得裂缝深度,要求分别测量不过缝混凝土声时和跨缝混凝土声时,再进行相应计算。具体测试方法在后文详细讲解。

基于平测法的超声波仪器设备很多,国内较典型的有 PTS-D20 型智能裂缝测深仪和 NM 型非金属超声检测分析仪等;国外产品有 TICO 数字超声探测仪等。

由于声传播距离有限,实际使用中,超声波探测仪测量混凝土裂缝深度有限:超声法检测规程规定仅适用于深度 500 mm 之内的裂缝。当裂缝深度过深,或受条件限制不能采用平测法时,还可采用钻孔法,此时超声波发射探头和接收探头分置一边,沿空洞往下行进,根据接收信号的变化判断裂缝深度。

任务 3.4　桥梁振动试验仪器设备

桥梁振动试验用的仪器设备,既有其他工程振动测量的一般性,又有自己独特的一些要求。如实桥振动经常遇到超低频、低加速度的情况,要求选择适合测量低频、微振的仪器,振动测试仪器一般以电测为主,一套完整的测振仪器系统应包括激振设备、测振传感器、放大器、记录和分析设备等。

激振设备是产生人为振源的设备;测振传感器是将非电量机械振动转换成电信号的电器元件,是振动测量仪器中起关键作用的一次仪表;放大器用来放大测振传感器转换的电信号,是使微小信号得以记录或显现的二次仪表;记录、储存信号是传统三次仪表—记录仪器的任务,记录仪器有各种类型,它们记录振动信号的方式也不一样,称作四次仪表的分析设备可直接与二次仪表(或一次仪装)连接,也可接收来自记录仪器(回放)的信号。

电子工业和计算机技术的飞速发展已经模糊了传统三、四次仪表的任务分工,同时与计算机发展相适应的数据采集、存储和处理技术也已基本淘汰一些陈旧的记录设备和记录方式,这部分设备发展得非常快。

一套完整的振动试验仪器是一个复杂的系统,为了保证测试质量,每一部分仪器除了要满足特定的要求外,还要求各部分仪器能够相互匹配。

下面分别介绍振动试验仪器的各个部分。

一、桥梁测振仪器系统

1. 激振设备

桥梁振动试验使用的激振设备有两种:一种是适用于实桥试验的大型机械式激振器,另一种是适用于模型试验的小型电磁式激振器。

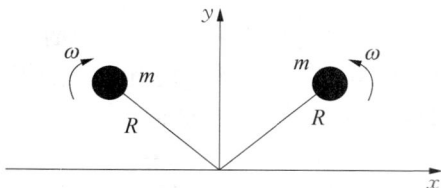

图 3-28 机械式激振器作用原理

1)机械式激振器

机械式激振器的机械部分一般都是根据偏心质量块绕定轴旋转产生离心力的原理制作,其作用原理如图 3-28 所示。

两偏心质量绕轴心相向旋转,转至 y 方向时产生合力、x 方向则相互抵消,其转动过程出力大小为

$$F = 2 mR\omega^2 \sin(\omega t) \tag{3-16}$$

最大值为:

$$F = 2 mR\omega^2 \tag{3-17}$$

式中:m ——偏心块质量(大小可以调整);

R ——质量块重心到轴心的距离;

ω ——偏心块旋转的角速度。

激振器的主要技术指标是出力的大小和激振频率范围,显然,出力随着质量的加大或频率的上升而增加,实际这类激振器有两种形式:一种是质量不变,出力随频率的变化而变化,这种激振器构造简单,电路控制方便,但在低频时出力偏小,使用范围有限;另一种是当激振频率改变时,随时调整质量的大小,使出力保持为常数,这种激振器的出力和频率范围主要受制于电路控制设备。

20 世纪 70 年代我国曾生产过大型同步水平激振器,其最大出力为 20~30 kN,频率范围在 10 Hz 以下。由于桥梁建设、施工和科研的运营体制制约,目前国内建设的大桥极少使用大型机械激振器做振动试验。日本建设省研制使用的大型激振器,出力已超过 300 kN,如日本多多拉大桥实桥振动试验时采用的大型机械激振器,该激振器可竖向、水平向加振。其主要技术参数:重约 370 kN(包括 200 kN 质量块),振幅±100 cm,2 台 200 kVA 发电机、同周期、同相、反向,AC 伺服电机(2 台 55 kW)驱动、盘式紧急制动。

机械式激振器的体积和质量均比较大,实际使用时运输、安装都有一定的工作量。

2)电磁式激振系统

电磁式激振系统是利用电磁换能原理产生机械振动的装置,主要由三部分组成:信号发生器、功率放大器和电磁激振器。

信号发生器的任务是产生一种符合使用要求的电信号,如正弦信号、随机信号等;功率放大器

的作用是把信号发生器产生的控制信号放大并推动电磁激振器工作;电磁激振器则是将电信号转换成相应的机械振动信号。

电磁式激振器出力都比较小,一般不适合做实桥振动试验,这里不做详细介绍。

2. 测振传感器

测振传感器具有把振动物理量(振动加速度、位移等)转换成电量的功能,它的性能好坏,直接关系到是否能真实反映原振动参数,所以在整个测振系统中测振传感器占有非常重要的地位。工程上将能够把振动位移、速度和加速度转换为电参量的测振动传感器分别称为位移计、速度计和加速度计。

1) 常用的测振传感器

桥梁测振试验中常用测振传感器有磁电式、压电式和伺服式三种。

(1) 磁电式测振传感器。当仪器系统的固有频率远低于被测物的频率时,说明仪器系统相对于基座的振动可以代表基座的振动。根据这一力学原理可以制成如图 3-29 所示的磁电式测振传感器。

图 3-29　磁电式测振传感器

磁电式测振传感器基本测量原理为:测量时,将传感器与被测物体刚性连接,传感器与被测物体一起振动,传感器振动时,带动内部的摆体运动,摆体处在磁场中,摆体运动时缠绕在摆体上的线圈(称为动圈)切割磁力线产生感应电动势,通过合理控制可以使该电动势与被测振动形成确定的函数关系,这样就能检测出外界振动,通过不同的控制,传感器可以测量速度、加速度,经积分变换还可以测量位移。

图 3-29 中主线圈用于输出传感器信号,标定线圈用于标定传感器参数,m_1 为摆体的质量,k 为弹性元件的刚度,b_1 为包括空气阻尼在内的机械阻尼力系数,S 为动圈的机电耦合系数,x 为被测振动的运动位移,U_o 为传感器的输出电压。

设计良好的磁电式测振传感器的频响特性在特定范围内相当好,输出灵敏度也比较高,频率范围一般在 0.5~100 Hz(也可以做到 0.2 Hz),适用于测量一般桥梁的振动。

(2) 压电式测振传感器。压电式测振传感器是一种加速度计,它的原理是利用某些晶体(如石英)的压电效应,将机械能转化为电能,如图 3-30(a)所示。当被测物的频率远低于测振传感器的固有频率时,惯性质量块相对于基座的振幅,近似地与被测物的振动加速度峰值成正比,此时压电材料受到压力作用,致使加速度计产生与被测物加速度成正比的电荷。

压电加速度计可以做得很小(几克),也可以做得较大(几百克);其突出优点是构造简单,频响范围宽;缺点是因阻抗太高,噪声偏大使其超低频特性不好。桥梁室内模型(因频响合适)测振中广泛采用上述压电式加速度计。

41

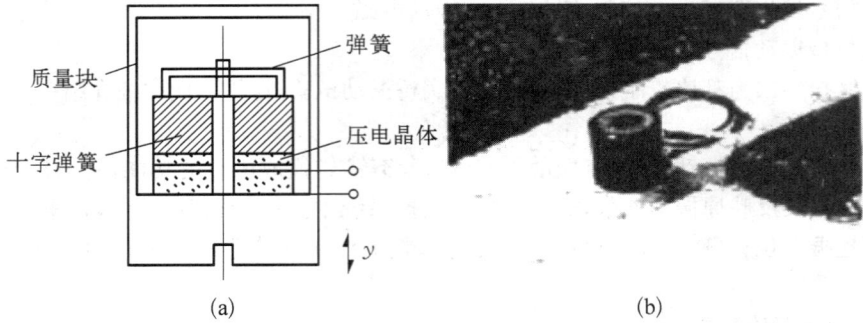

图 3 - 30　压力式测振传感器

适用于实桥的则是改进型的大质量压电式加速度计,如图 3 - 30(b)所示。该类传感器与普通压电式加速度计的主要区别首先是质量加大,一般为 $400 \sim 500$ g,其次是直接在传感器内部设置阻抗变换电路,把压电产生的电荷直接先转换成电压,再输出接电压放大器。这一转换降低了传感器电荷输出、放大过程的噪声,提高了加速度计的信噪比。另一方面由于传感器质量加大,其压电效应增加,不仅提高了传感器灵敏度,同时也较好地降低了频率响应下限。

大质量压电式加速度计以其较好的超低频特性和高灵敏度等优点,已成为大跨度桥梁振动测试传感器的首选。

(3)伺服式测振传感器。

伺服式测振传感器是一种高灵敏度的加速度计,它的基本原理是一个受感振质量激励的机电反馈系统,如图 3 - 31 所示。当加速度计受到沿灵敏轴方向输入的加速度时,感振质量就有运动趋势,定位探测器把它转换成电信号,由此引起伺服放大器的输出电流变化,由电流反馈到位于永久磁场中的恢复线圈,使线圈产生与感振质量经受的初始惯性力大小相等、方向相反的恢复力,因此伺服式测振传感器也称力平衡式加速度计。

图 3 - 31　伺服式测振传感器

整个伺服电路的作用就好像是一个刚硬的机械弹簧,因原始加速度是用正比于恢复力的恢复电流来度量的,所以在输出端以一个电阻两端的电压降来测量加速度。

伺服式测振传感器的优点是超低频响应性能好(几乎从零开始,比前述大质量压电式加速度计更好),特别适用于长周期、低加速度的大跨度桥梁的振动测试,另一方面因伺服传感器的输出能够精确地反映传感器灵敏轴与重力加速度方向的夹角,它还可用于水准角和倾斜角的精确测量,它的缺点是需提供一个直流电源,在大跨度桥上设置多点长导线使用时不很方便,另外其价格也偏高。

表 3-4 是实桥测振试验常用的测振传感器,原理相近的测振传感器的性能可直接参考。

表 3-4　桥梁测振试验常用测振传感器

性能型号	磁电式(941B 型)	伺服式(ASQ-1CA)	压电式(大质量)
频响范围/Hz	1～100	0～100	0.03～250
量程	≤20 mm;0.125 V/(cm·s⁻¹)	±1 g	±0.3 g
灵敏度	23 V/(cm·s⁻¹)	5 V/g	8 mV/g(可放大 1 000 倍)
抗干扰性	好	好	好
后续仪器	电压放大器	专用放大器	直流放大器
质量/g	1 000	240	452
同类产品	891 型	AKASHI V401 型	B/K 8306,V935

2)测振传感器的选用原则。

在桥梁振动测试仪器中测振传感器是关键性的一次仪表,它的性能好坏,以及选择的恰当与否是整个振动测试成败之所在,一定要引起重视。合理选用测振传感器要遵循以下几点原则。

(1)灵敏度。测振传感器灵敏度当然越高越好,但在要求高灵敏度传感器的同时,应考虑到与测量无关的噪声混入(有时它同样会被放大),所以还要求测振传感器的信噪比越大越好。

(2)频率响应。测振传感器的频率响应特性是传感器选用技术的核心。实际选用时,除了需要了解传感器本身的频率响应特性及其适用范围外,还需要估计(或计算出)被测桥梁的自振特性,原则是被测对象的频率期望值必须在传感器适用范围之内。

(3)线性度。任何测振传感器都有一定的线性范围,线性范围宽,工作量程大(注意量程范围与灵敏度密切相关),当输入量超出测振传感器标定的线性范围时,除非有专门的非线性校正措施,否则测振传感器不应进入非线性区域,更不能进入饱和区。

(4)稳定性。这里说的稳定性包括两方面:一是测振传感器受现场环境影响时使用性能的稳定;二是测振传感器使用一段时间后,受各种因素的影响,其性能指标是否变化。

(5)工作方式。测振传感器的工作方式,首先要看它的安装方式是惯性式还是非惯性式,是接触式还是非接触式等;其次要结合测振传感器与被测物的传感关系,选择能使测振传感器恰当工作的方式安装测量。

(6)另外,测振传感器的选用还需结合桥梁结构的特殊性:

① 摆式测振传感器性能稳定、灵敏度高、使用方便可靠,对一般自振频率在 1 Hz 以上的桥梁结构都适用。类似测振传感器的不足是下限可测频率有限制(幅频特性下落),现在有些改进型的产品频率下限有所下降,但要注意它的实际频响曲线。

② 加速度计是振动测试中用得最多的测振传感器,从原理上讲,利用它零响应、响应频带宽的优势可满足各种振动测试对象的要求,对大跨径桥梁的超低频($f<0.5$ Hz)振动可选用伺服式或大质量压电式加速度计,对室内模型振动试验,一般压电式加速度计都能满足要求。

3. 测振放大器

测振放大器的种类很多,其输入和输出特性、频响特性等往往都是根据所配测振传感器而定。如磁电式传感器通常只要求匹配带有微积分电路的电压放大器,以便求得速度、加速度等力学量,压电式加速度计因为它的输出阻抗相当高,一般配电荷放大器,但大质量的压电式加速度计因已在传感器内部实施了阻抗变换,所以可接电压放大器。所有测振放大器都是从电学原理出发,达到使测振传感器传来的信号真实地放大、输出,又能适应各种下一级仪器要求的目的。

4. 滤波器

在测试系统中,测振传感器拾取的信号一般会有比较宽的频带,有时也会包含许多与测量无关的信号(噪声)成分,采用对信号滤波的方法是提取感兴趣的频率以及去掉噪声信号的有效手段之一,而滤波器就是实现电信号滤波的装置。

滤波器可以使信号中有用的成分通过,滤去不需要的成分。根据它的选频特点,滤波器有低通(通带 $0 \sim f_c$)、高通(通带 $f_c \sim \infty$)、带通(通带 $f_{c1} \sim f_{c2}$)、带阻(通带 $0 \sim f_{c1} \cdot f_{c2} \sim \infty$)四种,桥梁测振中最常用的是低通滤波器,有时也用带通滤波器。滤波器根据处理信号的不同,分成模拟式和数字式两类,测试仪器中使用较多的是模拟滤波,目前一些数据处理设备往往带有数字滤波功能。

上述的滤波概念是常规的滤波方法,即把滤波器作为二次仪表的后续仪器,滤波是为后续信号分析服务的,桥梁测振仪器中,还用一种把滤波器置于放大器之前并与放大器合为一体的滤波放大器,其低通滤波频率可以设到很低(1 Hz)。测振时,先把测振传感器感应的信号按需要的频率进行滤波,再把获取的感兴趣的低频信号进行放大,这对提高超低频信号的信噪比很有用处。目前该类滤波放大器应用较为普遍。

5. 显示记录仪器

各种显示记录仪器是测振系统人机联系的纽带。一套由测振传感器测到,放大器放大的振动信号,必须通过显示记录,才能供人们观察、分析,并对其作进一步的处理。

国内早先用得比较多的现场显示型记录仪器是光线示波器,光线示波器是利用细光束(包括紫外线光束)在感光胶感、相纸上记录、显示被测信号的。它的频响范围为 DC~50 kHz,当时许多二次仪表(如动态应变仪)都按光线示波器的输入要求设计了低电阻输出的匹配电路。由于光线示波器技术本身的局限性,随着电子技术的发展,现基本上已遭淘汰。

在各类测振记录仪器中,磁带记录仪的应用曾极为普及,目前另一种数字式磁记录器,即计算机直接采样、存储方法已逐步取代磁带记录仪。但在某些比较特殊且重要的场合,为保证原始数据的完整性,磁带记录仪仍有其实用价值。

6. 信号分析处理设备

20 世纪 80 年代以后,信号分析处理设备应用于土建结构测试,从提高测试水平的意义上说,它不亚于桥梁结构分析中计算机有限元的应用。

通用的信号分析处理设备一般都是以快速傅里叶(FFT)变换为核心,它的数字化精度为 12 bit,能高速采样,频带极宽(DC~上百 kHz),其处理功能分成硬件和软件控制,前者速度快,后者任意性强。多年来,这类专用信号分析处理设备遍布振动测试的各行各业,但几乎全部是国外产品。

20 世纪 90 年代后期开始,计算机软硬件技术的发展给信号处理技术带来全新的变革,由于计算机硬盘的容量很大,总体价格也远在专用信号分析仪之下,动态信号处理分析系统取代专用信号分析仪成为必然趋势。此后,国外一些著名厂商推出以 Windows 为操作平台的信号处理设备,该类设备秉承了原有信号分析处理设备的优点,使振动分析技术与当今最流行的软件趋于一体,使用十分方便。同时,国内一些单位也相继推出了一些基于计算机 Windows 操作系统编制的动态信号处理分析系统软件,不仅具有专用信号分析仪的几乎全部功能,且价格上远低于同类进口产品。

7. 动态信号采集分析系统

现今计算机动态信号采集分析系统已方便地将显示、记录和处理分析(前述 5、6 两部分)功能集合在了一起,该类动态信号采集分析系统由数据采集箱(图中为 16ch 的 A/D 转换箱)加一台笔记本计算机组成(见图 3 - 32),其便携性和使用功能均远胜于上述信号分析仪。

目前国内动态信号采集分析系统的研制和发展,其性能和价格均已优于国外同类产品。

图 3 - 32　DASP 动态信号
采集分析系统

二、测定仪器的标定

标定工作是整个测振过程中极重要的一环,任何一次试验在使用单台或是整套仪器系统前都有标定问题。标定分为系统标定和分部标定,考虑到实际工作中对测振仪器一般以系统标定居多,这里介绍系统标定的内容和方法。

1. 标定内容

标定的内容比较多,仪器出厂时提供的各种性能指标一般都是经厂家标定得到的,用户在使用中主要有灵敏度、频率响应、线性度三方面指标需要标定。把测振传感器安装在振动台上,仪器按正常工作状态接好,就可以做系统标定了。

1) 灵敏度

一套好的测振仪器,在它的频响范围内,整个系统的灵敏度应该是一个常数。

仪器系统的灵敏度为输出信号与相应输入信号的比值,如系统输出分析以电压或幅值表示,则灵敏度为 s。

位移计:

$$S_d = \frac{U}{d}(\text{mV/mm}) \qquad 或 \qquad S_d = \frac{A}{d}(\text{mm/mm}) \qquad (3-18)$$

加速度计:

$$S_a = \frac{U}{a}(\text{mV/cm} \cdot \text{s}^{-2}) \qquad 或 \qquad S_a = \frac{A}{g}(\text{mm/cm} \cdot \text{s}^{-2}) \qquad (3-19)$$

速度计:

$$S_v = \frac{U}{v}(\text{mV/cm} \cdot \text{s}^{-1}) \qquad 或 \qquad S_v = \frac{A}{v}(\text{mm/cm} \cdot \text{s}^{-1}) \qquad (3-20)$$

式中:d、$a(g)$、v ——分别代表输入位移量、加速度值和速度值;

　　U、A ——分别代表输出电压和幅值。

2) 频率响应

频率响应包括幅频响应和相频响应,用得较多的是幅频特性,就是在输入振幅不变、频率变化时,系统输出的变化。幅频特性用以确定仪器(系统)的频响范围,标定曲线如图 3 - 33(a)所示。

3) 线性度

线性度是输入频率不变幅值变化时仪器(系统)输出的变化,用以确定仪器动态幅值的工作范围和误差,曲线如图 3 - 33(b)所示。

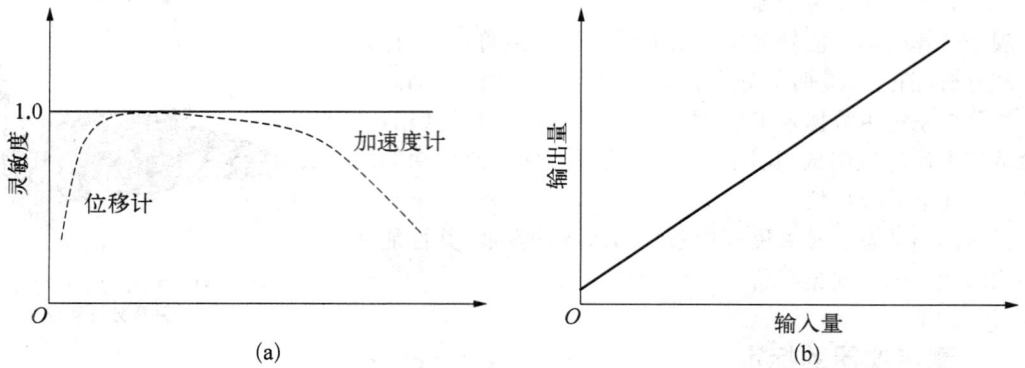

图 3-33 测振仪器系统标定曲线

(a) 频率响应 (b) 线性度

2. 标定方法

1）振动台标定

试验室振动台系统标定是把选定的测振传感器、放大器和记录仪器连接好，标定整套仪器的系统灵敏度、频响特性和线性度，整个顺序为控制台、振动台、测振传感器、放大器、记录或采样、定量分析。

系统标定的准备工作要做细做好，所有仪器的编号、通道、衰减挡等都要一一记录清楚，然后以振动台的信号作输入信号，根据不同的使用要求，相应不同的增益、量级都要标定。实测回来后按实际使用情况最好再标定一次。

2）非振动台标定法

在没有振动台的情况下，标定有时也采用所谓背靠背标定法，把一枚已知其性能指标且精度高一级的测振传感器和要求标定的测振传感器背靠背安装在某个振动构件上（如标准梁）。当构件振动时，两测试通道同时测出该振动信号，找出要求标定的测振传感器和标准测振传感器之间的比例关系，确定整个测试系统的灵敏度等。

这种方法不能标定测试仪器系统的幅频特性。

3）现场标定法

采用参考点标定法，在桥梁现场做系统标定，把多个测振传感器集中在某参考点上一起测量，得到整个测振系统各通道信号之间的相互关系，这对测量振型特别需要，而且相当方便，是实际工作中经常采用的方法。

现场标定法和背靠背标定法特别适合于一些常用的测试仪器的系统标定，因为一般测振传感器及后续仪器一经制成，其幅频特性和相频特性不会再出现大的变化，而真正感兴趣的往往只是每次测试时仪器系统各通道之间的相对灵敏度等指标。

标定工作的好坏直接影响振动测试的成败，一次试验在现场做起来往往比较快，大量工作用在准备、标定和数据分析上，此外，不同精度的标定设备会影响标定的结果，一般视试验本身内容和重要性而定。

项目四　桥　梁　检　查

项目导读

近年来,随着桥梁病害的增长,交通量的增大,桥梁的维护维修工作越来越繁重,为了满足养护需求和资金缺乏之间的矛盾,延长桥梁使用寿命,为科学的检查管理提出了新的要求。

学习目标

1. 了解桥梁检查的内容。
2. 掌握桥梁检查的方法及适用情况。
3. 熟悉桥梁常见的病害及其成因。

为了客观地评价桥梁的技术状况,全面了解桥梁使用情况,必须对桥梁的技术状况及其缺陷进行全面而细致的现场检查,及时进行维修养护,使其经常处于完好的技术状态,保证或延长桥涵的使用年限。桥梁检查的目的在于,对运营中的桥梁进行分类管理,通过对桥梁的技术状况的检查,建立健全的桥梁技术档案;对有缺陷和损伤的桥梁进行全面而深入的现场检查,查明缺陷或潜在缺陷和损伤的性质、部位、严重程度及发展趋势,弄清出现缺陷和损伤的主要原因,分析和评价既有缺陷和损伤对桥梁技术状况和承载能力的影响,并为桥梁维修养护和加固设计提供可靠的技术参数。

桥梁检查是进行桥梁评定、维修和改造的前期工作。桥梁检查工作的内容主要是与桥梁有关的技术资料调查和桥梁现场的外观检查。桥梁检查是一项全面了解桥梁历史与现状的工作,内容比较多,因而必须周密计划,各项调查工作应细致认真进行,并且在调查中要做好原始记录。桥梁技术资料调查的目的是了解桥梁从建桥开始直至现在的全过程。反映这个过程的主要依据是桥梁设计、施工和养护工作的有关文件资料。这些文件资料既能帮助探测某些隐藏的桥梁缺陷、判断桥梁结构的适用性,又能为桥梁评定提供可靠的依据。一般认为,桥梁检查需要收集如下技术资料。

(1) 设计资料:包括桥梁设计图纸、计算书、桥位地质钻探资料等。

(2) 施工资料:包括施工记录和材料试验报告,桥梁竣工图纸及说明书等。

(3) 维修及养护资料:包括历次桥梁检查记录、维修养护记录及有关图纸。

(4) 交通量调查和使用荷载调查资料:包括经常通过车辆的车型、载重量及交通量资料;历史上通过特殊车辆的记录。另外对于一些桥梁还应调查桥梁周围环境、桥跨水流状态和通航的资料等。

任务 4.1 桥梁检查的分类

在我国,按照桥梁的使用用途来划分,在役桥梁分属公路、市政、铁路三个主要行业。一般的,根据行业管理的要求,考虑到桥梁结构的用途、重要性差异等因素,各个行业管理部门制订了相应的养护规范。目前,我国关于桥梁检查检测的规范主要有交通部颁布的《公路桥涵养护规范》(JTG H11-2004)、建设部颁布的《城市桥梁养护技术标准》(CIT 99-2017)。《公路桥涵养护规范》和《城市桥梁养护技术标准》都根据桥梁检测的深度、内容不同将桥梁检测分为三大类别。具体说来,《公路桥涵养护规范》按照桥梁检查的范围、方式和检查结果的用途,分为经常检查、定期检查和特殊检查三大类;《城市桥梁养护技术标准》按照桥梁检查的内容、周期、评估要求,分为经常性检查、定期检测和特殊检测。

一、《公路桥涵养护规范》中的分类

1. 经常检查

经常检查是对桥梁构筑物及附属设施进行日常巡视检查,一般采用目测方法,也可配以简单工具进行测量。经常检查应由专职桥梁养护管理人员或有一定经验的工程技术人员负责。

按桥梁类别、技术状态等级分别确定经常检查周期。一般结构的桥梁,其经常检查一月一次,最长周期每季度至少一次,遇恶劣天气、汛期、冰冻等特殊情况周期宜缩短,特殊情况可设专人看护。当场填写"桥梁经常检查记录表",登记所检查项目的缺损类型,估计缺损范围,为养护维修计划的制订提供依据。

经常性检查过程中发现重要病害或病害发展较快、影响桥梁的正常使用、危及车辆与行人安全时,应及时采取相应措施并立即向主管部门报告,以便桥梁结构得到及时的养护、保养或紧急处理,对需要检修和一些重大问题提出专门报告。

2. 定期检查

定期检查是按规定的周期,对桥梁主体结构及其附属构造物跟踪的全面检查。定期检查要求具有丰富的实践经验、受过专门桥梁检查培训并熟悉桥梁设计、施工等方面知识的工程师来进行。桥梁定期检查采集的数据作为桥梁养护管理系统中结构技术状况动态参数,为评定桥梁使用性能提供基本数据,并据此来确定结构维修、加固或更换的先后次序。

定期检查以目测为主,辅以必要的测量仪器、探查工具、望远镜、照相机和现场用器材等设备进行。通过对结构物及其材料进行彻底的、视觉的和系统的检查,建立和完善桥梁管理与养护档案。

定期检查的时间应符合下列规定:

(1) 新建桥梁交付使用1年后,进行一次全面检查。

(2) 桥梁定期检查周期一般为3年,桥梁检查工程师可视被检查桥梁的技术状况,适当调整定期检查周期。

(3) 非永久性桥梁1年检查一次。

(4) 根据养护工程师的报告,对于在经常检查中发现重要部位(构件)有严重病害的桥梁,应立即安排一次定期检查。

尽管经常检查和定期检查必要时可辅助以简单手持工具进行检查,但是由于桥梁外观检查是以目测为主的,检查结果的评定大多是基于经验,所以这两类检查比较适合于桥梁管理与养护部门。

3. 特殊检查

桥梁特殊检查是采用特定的物理、化学或无破损检测手段对桥梁一个或多个组成部分进行的全面察看、测强、测伤或测缺,旨在找出损坏的明确原因、程度和范围,分析损坏所造成的后果以及潜在缺陷可能给桥梁结构带来的危险,为评定桥梁耐久性和承载能力以及确定维修加固工作的实施提供依据。桥梁特殊检查分为应急检查和专门检验。

1) 应急检查

应急检查是指桥梁遭受地震、洪水、风灾、车辆撞击或超重车辆自行通过等紧急情况或发生突发性严重病害时,为及时得到构筑物状态的信息而进行的检查。应急检查由上级管理机构的专职桥梁养护工程师主持。应急检查应首先进行现场勘查,根据桥梁是否破损,必要时采用专门的仪器设备或试验等特殊手段和科学分析方法,查明桥梁病害原因、破损程度和承载能力,以便采取相应的加固、改造措施。

2) 专门检查

专门检查是对桥梁结构及部件的材料质量和工作性能所存在的缺损状况进行详细检测、试验、判断和评价的过程。如遇到下列情况,应进行专门检查:

(1) 定期检查中难以判明桥梁损坏程度和原因。

(2) 不能确定承载能力和要求提高载重等级的桥梁。

(3) 技术状况为四、五类的桥梁。

(4) 超过设计年限,需延长使用的桥梁。

(5) 常规定期检查发现加速退化的桥梁构件,需要补充检测的桥梁。

专门检查的准备工作应收集以下材料:竣工文件、历次桥梁定期检查和应急检查报告、历次维修资料以及交通统计资料等。当原资料不全或有疑问时,可现场测绘构造尺寸,测试构件材料组成及性能,勘查水文地质情况。

特殊检查一般由现场检测和实验室测试分析两大部分构成。现场检测可分为一般检查和详细检查两个阶段,一般检查如同定期检查那样对结构及其附属设施的所有构件或部位进行彻底、视觉和系统的检查,记录所有损坏的部位、范围和程度。一般检查的结果是构成是否进行详细检查的依据,详细检查主要是对一些重点部位或典型桥孔采用一些专门技术和设备进行深入而细致的检测。

二、《城市桥梁养护技术标准》中的分类

1. 经常性检查

经常性检查应对结构变异、桥及桥区施工作业情况、桥面系、限载标志、交通标志及其他附属设施等状况进行日常巡检。经常性检查以目测为主,现场填写"城市桥梁日常巡检日报表",登记所检查城市桥梁的缺损类型、维修工程量,提出相应的养护措施。经常性检查应按桥梁的类别、级别、技术等级分别制定巡检周期。对重要桥梁,或恶劣天气、汛期、雨季、冰冻等特殊情况,周期宜短,特殊情况可设专人看护。

2. 定期检测

定期检测分为常规定期检测和结构定期检测。常规定期检测一般每一年一次,可根据城市桥

梁实际运行状况、机构类型和周边环境等适当增加检测次数。结构定期检测是在规定的时间间隔进行，Ⅰ类养护的城市桥梁宜为1～2年，关键部位可设仪器监控测试；Ⅱ～Ⅴ类养护的城市桥梁间隔宜为6～10年。

常规定期检测要对每座桥梁制定相应的定期检测计划和实施方案，以目测为主，并配备如照相机、裂缝观测仪、探查工具及现场的辅助器材与设备等必要的量测仪器。Ⅰ类养护的城市桥梁，结构定期检测应根据桥梁检测技术方案和细节分组，并加以标识，确定相应的检测频率；Ⅱ～Ⅴ类养护的城市桥梁，结构定期检测应包括桥梁结构中的所有构件。

3. 特殊检测

特殊检测是由专业人员采用专门技术手段，并辅以现场和实验室测试等特殊手段进行详细检测和综合分析。下列情况下，城市桥梁应进行特殊检测：

（1）遭受洪水冲刷、流冰、漂流物、船舶或车辆撞击、滑坡、地震、风灾、火灾、化学剂腐蚀、超载车辆通过等特殊灾害造成结构损伤的城市桥梁。

（2）常规定期检测中难以判明是否安全的城市桥梁。

（3）为提高或达到设计承载等级而需要进行修复加固、改建、扩建的城市桥梁。

（4）超过设计年限，需延长使用的城市桥梁。

（5）常规定期检测中桥梁技术状况Ⅰ类养护的城市桥梁被评定为不合格级，Ⅱ～Ⅴ类养护的城市桥梁被评定为D级或E级。

（6）常规定期检测发现加速退化的桥梁构件需要补充检测的城市桥梁。

总体说来，《公路桥涵养护规范》和《城市桥梁养护技术标准》对检测类别划分的出发点、检查手段、检查层次基本一致，规定的各类别检测深度、内容也基本相同，其实质都是要深入地检查桥梁缺陷和损伤状况，全面把握桥梁总体状况，为桥梁养护、进一步检测提供依据。不同之处在于，在检查周期、具体表述、评价规定等方面有所不同，同时，《城市桥梁养护技术标准》提出了结构定期检测的概念，对于一些特殊、复杂且重要的结构提供了更有针对性、可操作性的检测手段。

任务 4.2　桥梁检查内容与方法

不同阶段桥梁检查侧重点不尽相同，所涉及的检查内容亦有差别，经常检查主要从外观方面目测主体结构及附属设施有无明显的病害特征；定期检查是按细部结构对桥梁进行全面的技术检查，并依此建立和修正桥梁技术档案；特殊检查针对桥梁存在的具体问题或为满足特殊要求而进行的，并借助检测仪器对结构材料等进行定性或定量分析。

桥梁结构应首先观察是否有异常变形、振动或摆动，如上部结构竖向线是否平顺、拱轴线变位状况、桥垮结构有无异常振动或摆动等状况；然后检查各部位的技术状况，寻找发生异常的原因。

评定结构、构件的损坏和总体使用状况在现场完成下列工作：

（1）现场校核桥梁基本数据。

（2）当场填写"桥梁定期检查数据表"，记录各部件缺损状况并做出技术状况评分。

（3）实地判断缺损原因，估计维修范围及方式。

（4）对难以判断损坏原因和程度的部件，提出特殊检查的要求。

（5）对损坏严重、危及运营安全的危险桥梁，提出暂时限制交通的建议。

（6）根据桥梁技术状况，确定下次检查时间。

一、桥梁检查内容

桥梁外观检查通常应包括下列内容:

(1) 桥面是否平整,有无裂缝、局部坑槽、波浪、碎边,桥头是否跳车。

(2) 桥面和地道泄水孔、管是否损坏、堵塞。

(3) 桥面是否整洁,有无杂物堆积。

(4) 伸缩装置是否存在堵塞变形、漏水、跳车、连接件松动等现象。

(5) 人行道铺装是否破损,栏杆、护栏是否破损、断裂,装饰材料有无损坏。

(6) 上下部结构位置是否有异常变化。

(7) 墩台、锥坡、翼墙、桥台后背墙,有无局部开裂、破损、坍塌等;桥头排水沟、人行台阶是否完好。

(8) 声屏障是否倾斜、破损,屏板、隔音板、安全网的固定端是否松动。

(9) 交通信号、标志、标线、照明设施是否完好。

(10) 其他部位是否有较明显的损坏。

为了客观地评价桥梁的技术状况,从而正确地制订桥梁加固改造的方案,必须对桥梁的技术状况及其缺陷进行全面而细致的现场检查。同时还应全面了解桥梁的设计、施工、使用和养护等方面的情况,以便对桥梁的质量和承载能力进行分析,做出评价。桥梁检查必须包括但不局限于如图 4-1 所示的项目。

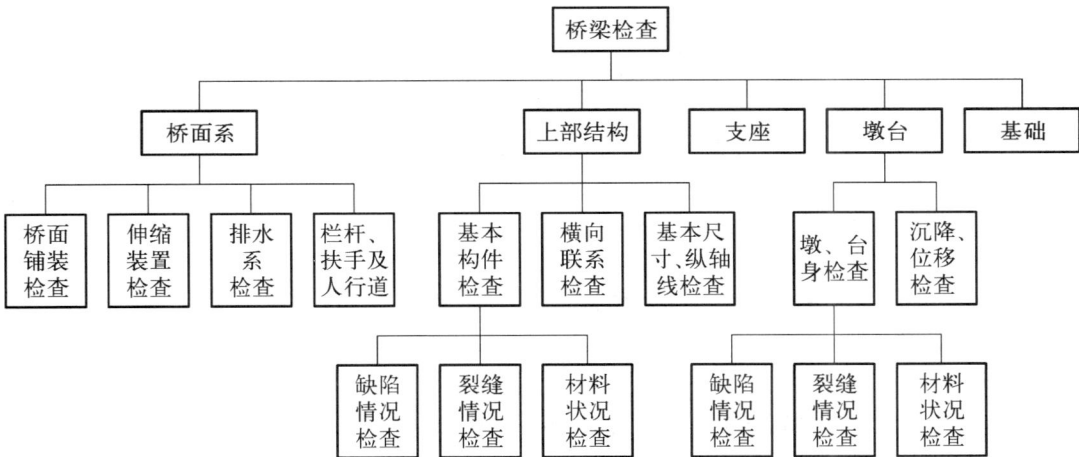

图 4-1　桥梁检查内容

受人力、仪器和其他条件的限制,桥梁检查时,应根据结构的受力特性进行重点检查。重点检查的部位一般包括:应力集中处、截面突变的部位、构件的薄弱部位、结构的控制截面或控制构件等。桥梁上述部位的缺陷,对桥梁的安全及耐久性起着关键的作用,容易产生裂缝和导致其他缺陷的产生。这些部位的缺陷往往会发展成为结构的重大缺陷,危及整座桥梁的安全和耐久性。

二、桥梁检查的方法

桥梁检查工作依据桥梁结构,分部件、有次序、按规定进行。一般的,桥梁检查按照桥面系、上部结构、下部结构三大部分进行。

1. 桥面系检查

桥面系的外观检查,可以按桥面系组成部分依次检查,具体内容:

(1) 桥面铺装层裂缝与破损程度、桥头跳车、防水层漏水以及其他病害,人行道及铺砌破损情况。

(2) 伸缩缝破损、变形、脱落、淤塞、填料变形、漏水程度、跳车原因。

(3) 人行道构件、栏杆和护栏有无断裂、错位、缺件、剥落、锈蚀等状况。

(4) 桥面横坡、纵坡顺适度,积水状况;排水设施完好程度。

桥面铺装是最容易产生损坏的部位之一,桥面铺装产生缺陷或损伤后易导致行车打滑,桥面凹凸会引起车辆对桥梁的冲击效应增大,使桥面行车道板等的耐久性降低。在伸缩缝的附近,桥面铺装与伸缩缝之间的高低差容易引起伸缩缝装置的破坏。

桥面铺装的检查首先是调查桥面铺装的类型,然后检查铺装层存在的主要缺陷。沥青桥面铺装主要缺陷与损伤现象有:轻微裂缝(发状或条状)、严重裂缝(龟裂、纵、横裂缝)、坑槽、车辙、拥包、磨光和起皮等。混凝土桥面铺装的主要缺陷及损伤现象有:裂缝、剥落、坑洞、磨光等。

各种伸缩缝装置的缺陷往往表现在伸缩缝本身的破坏损伤、锚固件损坏、接头周围部位后铺筑料的剥落、凹凸不平等,这些缺陷导致伸缩缝漏水,加速主梁支座和盖梁的恶化。在具体检查时可目测,必要时采用水准仪测量。

桥面排水设施的损坏以及尘土、淤泥等堵塞泄水孔致使桥面排水不畅,往往导致桥面积水,影响桥梁主要承重结构构件的耐久性能,降雨时引起车辆滑移,导致交通事故。桥面排水是否顺畅、设施有无缺陷,在降雨和化雪时表现得很明显,检查最好在降雨或化雪后进行。

栏杆扶手及人行道的检查,主要检查部件本身破坏情况,以及相互连接处是否脱落。对于人行道,检查路缘石是否有破碎,人行道与桥面板连接的牢固程度等。

2. 支座的检查

支座的检查内容包括检查支座功能是否完好,组件是否完整、清洁,有无断裂、错位和脱空现象,具体内容如下:

(1) 简易支座的油毡是否老化、破裂或失效。

(2) 钢板滑动支座和弧形支座是否干湿、锈蚀。

(3) 摆柱支座各组件相对位置是否正确,受力是否均匀。

(4) 四氟板支座是否脏污、老化。

(5) 橡胶支座是否老化、变形。

(6) 盆式橡胶支座的固定螺栓是否有剪断,螺母是否松动。

(7) 辊轴支座的辊轴是否出现不允许的错位。

(8) 探轴支座的辊轴是否倾斜。

(9) 活动支座是否灵活,实际位移是否正常。

(10) 支座上、下钢垫块是否有锈蚀。

(11) 球形支座是否灵活、有效。

(12) 支座垫石是否有破碎、腐蚀。

3. 桥梁上部结构的检查

上部结构,应首先观察是否有异常变形、振动或摆动,如上部结构线形是否平顺,拱轴线是否变形,桥跨有无异常的竖向振动或横向摆动等状况;然后检查各部件的技术状况和异常原因。重点检查部位按表 4-1 进行。

表 4-1　桥梁上部结构重点检查部位

结构形式	重点部位(加〇处)	备　注
简支梁		① 跨中处 ② 1/4 跨径处 ③ 支座处
连续梁 悬臂梁 (有效)	横截面	① 跨中处 ② 反弯点(约 1/3 跨径处) ③ 最大负距初 ④ 支座处
钢架		① 跨中处 ② 角隔处 ③ 立柱和墙身
拱桥		① 拱圈顶部下缘 ② 拱脚 ③ 1/4 点处
悬索桥		① 锁塔　② 主缆 ③ 吊杆　④ 锚锭 ⑤ 主梁
斜拉桥		① 塔柱　② 主梁 ③ 斜拉索 ④ 上锚头 ⑤ 下锚头

1) 钢筋混凝土与预应力混凝土桥上部结构的检查。

(1) 混凝土构件有无大于 0.2 mm 的裂缝;是否存在腐蚀、渗水、表面风化、疏松、剥落、露筋和钢筋锈蚀等现象;有无整体龟裂和混凝土强度降低现象。

(2) 预应力钢束锚固区段混凝土有无开裂,沿预应力筋的混凝土表面有无纵向裂缝或水侵害。

(3) 梁(板)式结构主要检查梁(板)跨中、支点、变截面处、悬臂端牛腿或中间铰部位;刚构和桁架结构主要检查刚构固结处和桁架节点部位的混凝土开裂和钢筋锈蚀等缺损状况。

(4) 连接部位的缺损状况:梁与梁之间的接头处以及纵向接缝处混凝土表面有无裂缝;梁(板)接缝混凝土有无开裂和钢筋锈蚀;横向连接构件有无开裂;连接钢板的焊缝有无锈蚀、断裂;边梁有无横移或向外倾斜;预应力拼装结构拼装缝有无较大开裂等方面。

(5) 拱桥主要检查主拱圈的拱脚、L/4、拱顶和拱上结构的变形,混凝土开裂与钢筋锈蚀情况,以及有无缺损。具体包括拱上立柱上下端、盖梁和横系梁以及拱腹的混凝土有无开裂、剥落、露筋和锈蚀;下、中承式拱桥的吊杆上下锚固区的混凝土有无开裂、渗水等,吊杆锚头附近有否锈蚀或断裂现象;双曲拱桥应检查拱肋间横向连接是否松动或缺损,拱波与拱肋结合处是否开裂,拱波之间砂浆有否松散脱落,拱肋及拱波顶是否开裂、渗水等。

（6）刚构桥梁主要检查各部位产生的裂缝,如跨中处、角隅处、支座处。

（7）连续梁和连续刚构桥主要检查跨中下挠变形,桥墩处梁顶部开裂。

（8）带有平曲线的梁式桥应每年对横向偏移进行检测。

2）刚构桥上部结构的检查。

（1）构件、特别是受压构件是否有扭曲变形、局部损伤。

（2）铆钉和螺栓有无松动、脱落、锈蚀或断裂,节点是否滑动错裂。

（3）焊缝及边缘（热影响区）有无脱焊或裂纹。

（4）防腐涂装层有无裂纹、起皮、脱落,构件是否腐蚀。

（5）钢结构表面是否有污垢、灰尘堆积和污水滴漏。

（6）主要节点高强螺栓的扭矩抽样检测。

3）钢-混凝土结合桥梁上部结构的检查。

（1）钢-混凝土结合梁桥检查的相关内容应符合钢筋混凝土桥梁相应的规定要求。

（2）桥面板纵、横向裂缝的位置、宽度、长度、密度及发展程度,必要时应局部拆除铺装层观测。

（3）支座附近桥面板的渗漏水情况。

（4）钢梁与混凝土结合桥面板之间的剪力连接件是否有破损、纵向滑移及掀起;桥面混凝土铺装层是否有鼓起、破损等现象。

4）悬索桥上部结构的检查。

（1）索塔有无异常的沉降、倾斜,柱身、横系梁有无开裂、渗水和锈蚀。

（2）主索、吊杆和拉锁的防护层是否有破损、老化和漏水。

（3）悬索桥的索鞍、缆索股锚头和吊杆锚头及钢索出口密封处是否有漏水、积水和脱漆、锈蚀,拉索及阻尼垫圈式减振器是否有漏水、漏胶和老化。

（4）主梁应按其结构类型进行相应的检查。

（5）每年一次定期对主缆的索力和索箍高强螺栓紧固力进行测试,如测试结果异常,应查明原因,研究对策。

（6）每年雷雨季节到来之前,应对防雷系统——包括避雷器、避雷针、连接装置、线路、接地装置、地组等进行全面检查、维护,若检测不合格,应立即调整和处理,达到有关要求,确保使用安全。

5）系杆拱桥上部结构的检查。

（1）吊杆及横梁节点区是否有滴水现象或产生铁锈臭味,套管或吊杆钢的外包防护层是否破损,吊杆钢丝束的防水情况及阻尼垫圈式减振器橡胶的老化变质情况。

（2）吊杆钢丝有否锈蚀,吊杆、特别是短吊杆钢丝束受力是否正常。

（3）锚具的封锚混凝土有否裂缝、腐蚀、表面积水,系杆锚固区附近的混凝土是否有开裂、剥落,锚固端结构是否异常,吊杆的锚夹具是否有松弛和锈蚀;吊杆锚头及吊杆与横梁节点区密封处是否漏水、积水和脱漆、锈蚀。

（4）桥面高程、拱肋轴线有无变化,桥墩桥台有无沉降。

（5）对于钢拱肋或钢管混凝土拱肋,应检查钢管与混凝土是否存在脱空现象,涂装层是否脱落。

（6）斜拉索的保护层上部结构的检查:

① 斜拉索的保护层,通车后前两年内每季度检查一次,以后每半年检查一次,并在损坏处做出

标记,做好记录,及时予以处治。

② 斜拉索受力是否正常,减振器的防水情况和橡胶老化变质情况。斜拉索两端的锚固处及锚头、拉索出口密封处、主梁纵、横向限位装置等部件,一般每年检查一次,发现有漏水、积水和脱漆、锈蚀时,应及时处理。

③ 设有辅助墩时,应检查基础有无不均匀沉降,以防止结构产生附加内力。

④ 主梁部分的检查,参照相同或相近的结构进行。

⑤ 索塔应检查变位情况、结构表面的破损情况,必要时可进行强度检测。

⑥ 索塔的扒梯、工作电梯、斜拉索检查设备,应每半年重点检查一次。

⑦ 索塔顶端避雷系统的检查按照有关规定执行。

4. 墩台与基础检查的内容

(1) 墩台基础是否有滑动、倾斜、下沉。

(2) 台背填土有无沉降裂缝或挤压隆起。

(3) 混凝土墩台及盖梁有无冻胀、风化、腐蚀、开裂、剥落、露筋等,空心墩的水下通水孔是否堵塞。

(4) 石砌墩台有无砌块断裂、脱开、变形,砌体泄水孔是否堵塞,防水层是否破坏。

(5) 墩台顶面是否清洁,有无积水、泥土、杂物管理、滋生草木等。

(6) 横系梁连接处是否开裂、破损。

(7) 墩台防震设施是否有效。

(8) 基础是否发生冲刷或掏空现象;扩大基础有无侵蚀;桩柱在水位涨落、干湿交替变化处有无磨损、露筋,环裂和水的腐蚀现象。

桥墩重点检查部位按表 4-2 进行。

表 4-2 桥墩重点检查部位

结 构 形 式	重点检查部位(加○处)	备 注
单柱桥墩		① 支座底板 ② 墩柱表面
T 型桥墩		① 支座底板 ② 悬臂根部 ③ 墩柱表面
Y 型桥墩		① 支座底板 ② 悬臂根部 ③ Y 型交接处 ④ 墩柱表面

结 构 形 式	重点检查部位(加〇处)	备 注
双悬臂梁式框架桥墩		① 支座底板 ② 悬臂根部 ③ 梁柱交接处 ④ 角隅处 ⑤ 墩柱表面 ⑥ 跨中部
双柱式桥墩		① 支座底板 ② 盖梁底跨中处 ③ 悬臂根部 ④ 墩柱表面 ⑤ 横系梁跨中处 ⑥ 系梁与墩柱连接处

任务 4.3　桥梁常见病害

随着交通运输业的蓬勃发展,桥梁的数量迅速增长。在桥梁使用过程中,由于交通量的增长,运营荷载的增大,加上随着服役年限的增长,外界环境对桥梁的侵蚀影响会逐步增大,此外,还有一些桥梁存在着不同的设计或施工或先天性的缺陷,上述因素导致桥梁在使用过程中会出现各种各样的病害,这些病害严重影响着桥梁的安全和正常使用。了解桥梁的病害特征,加强日常养护、维修,可以保证桥梁的使用安全和维修正常,满足桥梁的耐久性要求。据不完全统计,至 2010 年我国公路桥梁有 63 万座左右,而存在各种病害、承载能力不适应运营荷载要求的桥梁比例高达 15％左右。为了可持续发展与节约社会资源,世界各国均视既有桥梁为一笔巨大的财富,采取各种制度、政策、技术手段,力图通过加强日常维修养护、承载能力评定、适用性评价、加固改造等方法来延长既有桥梁的使用寿命。

桥梁维修加固的一般原则是预防为主,防治结合,使桥梁经常处于完好的技术状态,达到安全、耐久的目的。桥梁维修加固可分为一般性维修和结构性加固,一般性维修如桥面铺装层的维修、油漆涂装更新,裂缝封闭与灌浆处理,支座更换等是桥梁养护的日常内容,按维修规模又可分为小修、中修、大修,其主要目的是保证桥梁结构的使用性和耐久性不受大的影响;结构性加固有上部结构承载能力加固、地基基础承载力提高等,用来弥补桥梁结构先天缺陷、病害发展演变、灾后桥梁结构承载能力受损所带来的承载能力不足,使桥梁恢复或满足新的使用条件下的受力性能与安全要求。桥梁病害处理加固涉及的内容十分广泛,包含了桥梁实际状况的检测鉴定、加固理论与加固技术以及加固方案的比较选择与投资效益的优化等。可以说,桥梁病害分析诊断与桥梁维修加固的关系密不可分,是一个问题的两个方面。近 20 年来,随着桥梁服役期的增长,实际运营荷载的不断增大,病桥、危桥的数量日益增多,在生产实践需要的推动下,桥梁结构的检测诊断技术,维修加固改造技术得以迅速发展。可以相信,随着管理部门、工程界、学术界对既有桥梁检测与维修加固的重视,必将推动既有桥梁健康、可持续地发挥作用。

一般说来,桥梁的病害大致可分为承载能力不足、使用性能较差和耐久性不足三类。承载能力不足的桥梁主要表现为受力裂缝宽度过大,桥梁整体或局部刚度不足,材料强度降低和局部损伤,基础冲刷掏空、变位或不均匀沉降等;使用性能较差的桥梁主要表现为变形及震动响应过大,桥面破损,行车性能不佳,伸缩缝破损,支座脱空等;耐久性不足的桥梁主要表现为混凝土结构裂缝过大、温度裂缝、收缩裂缝、混凝土碳化深度过大、混凝土发生碱骨料反应、混凝土保护层厚度不足、混凝土表面存在蜂窝麻面,钢结构、钢筋锈蚀,结构或构件局部破损过大等。以上三种病害的发生、发展直接影响桥梁结构的承载能力、使用性能及耐久性,严重时危及桥梁运营安全,会造成重大安全事故。

一、影响桥梁使用性能的病害

1. 桥面不平整,线型不平顺,桥梁振动过大

在车辆轮胎的不断作用下,许多桥梁的桥面铺装层容易破损,特别是使用了数十年以上旧桥,桥面铺装病害表现为坑洼不平、开裂、破损。例如,一些结构体系如 T 型刚构、连续梁桥在使用荷载、收缩徐变及预应力损失等综合因素的作用下,跨中桥面下挠,导致桥面线型不平顺;又如在简支梁桥的梁端接头处和悬臂梁挂梁支点处的填缝材料,由于缺乏养护而产生脱落,且易遭受车轮的磨耗,从而出现较大沟槽,引起跳车及临近梁段的振动,加剧构件的疲劳损伤。此外,桥面不清洁,泄水孔堵塞,下雨造成桥面积水、渗漏甚至于冻胀,车辆过桥时泥浆飞溅,不仅会影响使用性能,也会降低耐久性。这些病害如不及时进行维护,势必缩短桥梁的使用寿命(见图 4 - 2)。

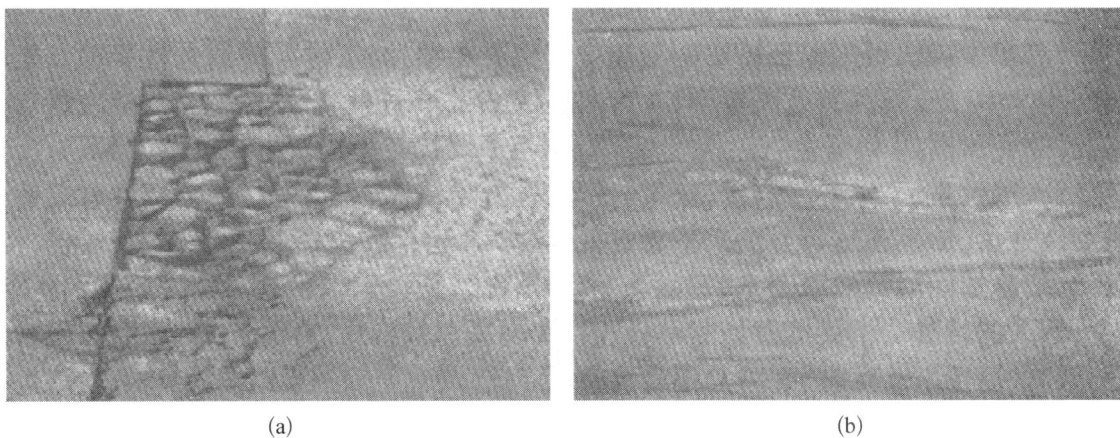

(a)   (b)

图 4 - 2　桥面坑槽破损

2. 桥头跳车

由于桥头引道刚度相对较低,在车辆荷载作用下容易产生沉降,致使桥面与引道连接处不平整、不顺适,从而使车辆驶过桥头时产生跳车。桥头跳车不但影响车速,降低行车质量,而且影响司乘人员的心理状态。同时跳车产生的附加冲击效应也会影响桥梁使用寿命。

3. 桥下过水不畅,桥面排水性能不良

一些桥梁由于养护不当,导致桥孔淤塞严重。在日常维修养护中又没有及时清理疏浚河道,汛前也很少做泄洪准备,因此汛期一到,桥孔泄洪能力不足,可能出现桥梁被洪水冲垮等问题。另一方面,一些桥梁的排水坡度不够、桥面不清洁或泄水管堵塞,导致雨后桥面积水较多、渗漏甚至于冻胀,桥面积水往往导致车辆过桥时泥浆飞溅,影响车辆行人的正常通过,严重时会加大桥梁的负荷,如遇梁体上缘开裂破损,还会使桥面积水渗透到箱梁内部,导致箱梁积水严重,影响到桥梁的安全性与耐久性。

4. 伸缩缝破损，支座脱空

一些桥梁尤其是中小跨度梁桥，由于构造或维护不当，桥梁的伸缩缝容易出现破损、堵塞、顶死现象，如未能及时处理，最终会丧失伸缩功能，导致桥梁在环境温度作用下会产生附加内力。此外，中小跨度梁桥、斜弯桥的支座经常出现脱空、移位、拍击变形过大、活动支座失去活动能力等病害。伸缩缝丧失功能、支座性能不良，轻则会导致结构受力行为与设计图式不符，影响到桥梁的使用性能；重则会使梁体产生附加内力或产生内力重分布，影响桥梁安全使用。

5. 栏杆或防撞栏破损、缺失，失去防护功能

栏杆或防撞栏损坏后，如未及时修复，不但影响桥梁的美观，更重要的是使行车或行人产生不安全感，引发交通事故，在一些极端情况下也会造成重大安全事故。此外，人行道或人行搭板存在的一些隐患，如搭板搭接构造不当、人行道分隔设施功能不足等也会引发安全事故。桥梁栏杆或防撞栏局部损坏的原因多数是由机动车交通事故造成的，少数是人为损坏或盗窃所致，但均与养护维护不及时有关。

6. 桥梁与道路不匹配

许多桥梁由于建成年限较长，设计标准较低，在道路的改扩建过程中，道路拓宽后，没有进行相应的拓宽改造、荷载升级，或与既有道路衔接不够顺畅，如转弯半径过小，导致桥梁与道路等级或现行不匹配，形成瓶颈，既影响通行能力，又增加了行车的危险性，尤其是夜间行车，容易引发交通事故。

二、影响结构耐久性的病害

混凝土结构的耐久性是指混凝土结构在自然环境、使用环境及材料内部因素的作用下，在设计要求的目标使用期内，不需要花费大量资金加固处理而保持其安全、使用功能和外观要求的能力。它是钢筋混凝土结构应具有的基本功能之一，是关于可靠性三个环节（安全性、适用性与耐久性）中研究的比较薄弱的一个环节。耐久性的好坏，决定着结构的使用存命。大量研究资料和实践表明，影响混凝结构耐久性的因素很多，可分为内部因素和外部因素两大类。内部因素主要为结构构造型式，钢筋保护层厚度和直径的大小，选用的水泥和骨料种类，混凝土的水灰比和密实度等；外部因素主要指环境因素包括冷热、干湿、冻融、化学介质侵蚀等。

早期建设的公路桥梁混凝土强度等级（标号）普遍偏低，质量相对较差。通常基础多采用 15 号混凝土，上部桥跨结构大量采用 20 号或 25 号混凝土，混凝土中水泥用量少，以至于经过十年至数十年的使用，混凝土腐蚀、碳化现象普遍，强度退化严重，加固改造、重新利用价值不大。此外，由于施工质量控制不够严格，导致结构尺寸偏差过大、混凝土密实性较差，加之保护层厚度不足，导致钢筋锈蚀严重，混凝土构件普遍存在蜂窝、麻面、孔洞的现象，这些病害不仅严重影响着桥梁的承载能力，而且对桥梁耐久性也构成严重威胁。

1. 混凝土结构非受力裂缝

混凝土结构非受力裂缝是钢筋混凝土桥梁普遍存在的一种病害。非受力裂缝一般与结构构造不当、混凝土材料质量不佳、施工养护条件不当、施工工艺质量存在缺陷、环境温度变化等因素有关。裂缝是桥梁的重大病害之一，若裂缝的宽度超出规范允许的范围，会显著地影响到桥梁的使用寿命和耐久性，混凝土结构非受力裂缝应引起高度重视，并应根据裂缝宽度的大小，及时进行化学灌浆或表面封闭的措施予以修补。一般来说，结构非受力裂缝的影响主要有材料因素、施工因素、环境因素三大类。

1) 材料因素

材料质量差或养护不当会产生裂缝,当水泥质量有问题时,在混凝土浇筑后会产生不规则裂缝(龟裂),如图4-3所示。此外,骨料不适宜也会引起裂缝,当骨料含泥量过大时,随着混凝土的结硬、收缩,出现不规则花纹状裂缝;当骨料是碱骨料或风化骨料时,在混凝土硬化后将出现裂缝,裂缝往往以骨料为中心,在骨料周围出现,有时也会带圆锥形剥离的,如图4-4所示。

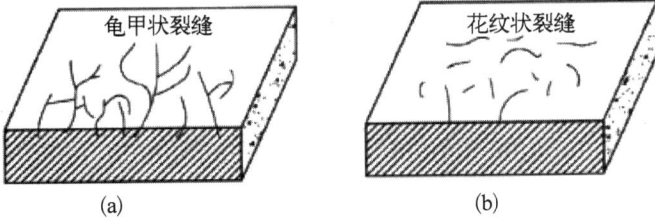

图4-3　混凝土质量问题引起的裂缝

图4-4　骨料问题

2) 施工因素

施工质量、施工工序、施工材料及模板支架不当引起的混凝土裂缝比较普遍,归纳起来,主要有以下几种:

(1) 混凝土搅拌时间过长,运输时间过长,致使混凝土凝固速度加快,在整个结构上产生不规则的细裂缝。

(2) 模板固定不牢固,致使混凝土在浇筑后不久产生与模板移动方向平行的裂缝,如图4-5所示。

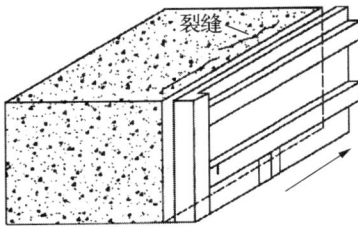

图4-5　模板问题

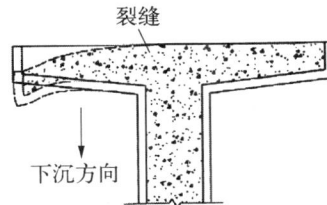

图4-6　支架下沉、脱模过早引起的裂缝

(3) 支架不均匀下沉、脱模过早,也会在支点或刚度变化部位等处产生裂缝,如图4-6所示。

(4) 接头或接缝部位处理得不好,造成混凝土预制构件装配时,施工接缝处现浇混凝土的新旧混凝土浇筑缝变成通缝(见图4-7);或由于支座安装不当,使支点处形成斜裂缝。

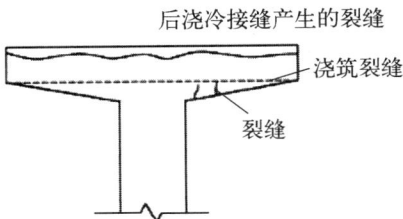

图4-7　接头部位处理不好产生的裂缝

图4-8　养护缺陷引起的塑性收缩裂缝

(5) 混凝土养护不当或失水产生收缩裂缝,这类裂缝常出现在混凝土刚刚浇筑之后。分布方向比较杂乱,深度较浅,约为钢筋保护厚度,特别是在风大的天气,空气干燥时浇筑的混凝土更容易产生裂缝,如图 4-8 所示。

(6) 当振捣不充分或析水多时,在断面高度急剧变化的部位,以及钢筋、导管等保护层小的部位,常因混凝土的沉降,导致在混凝土刚浇筑之后产生较浅的裂缝,通常裂缝沿钢筋或导管方向产生。由于钢筋沉降小,周围混凝土沉降大,所以在钢筋下部形成空隙,如图 4-9 所示。

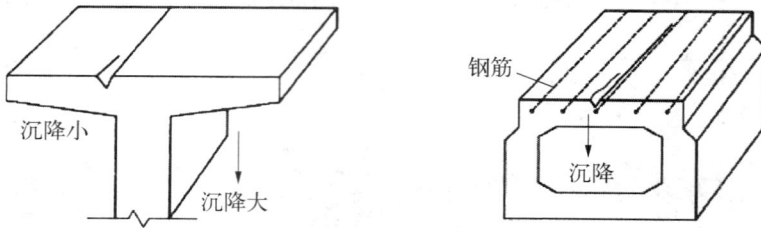

图 4-9 混凝土沉降产生的裂缝

(7) 大体积混凝土或使用了早强水泥的混凝土,在冬季养护保温不够时,常因水化热作用,构件内部产生量值较大的自平衡应力,在浇筑后 2~3 天导致混凝土结构中产生裂缝。裂缝经常以直线等间距方式出现,如图 4-10 所示。

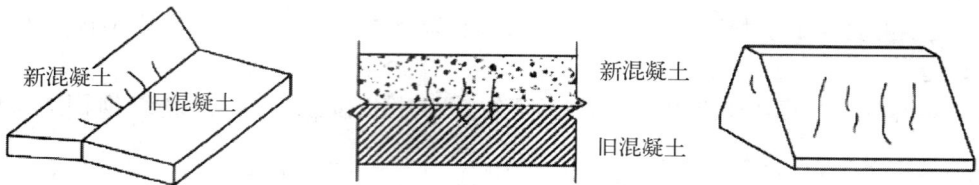

图 4-10 混凝土水化热引起的裂缝

(8) 水灰比大的混凝土,由于干燥收缩,在龄期 2~3 个月内容易产生裂缝。这类裂缝易在开口、角隅等部位产生,特别是当浇筑断面很薄,硬化后经过较长一段时间,更容易产生由于约束引起的混凝土收缩裂缝。对钢架桥等刚度差异较大的结构等,后浇筑桥面板受其他构件的约束、混凝土收缩徐变性能差异较大,也容易产生水平方间的裂缝,如图 4-11 所示。

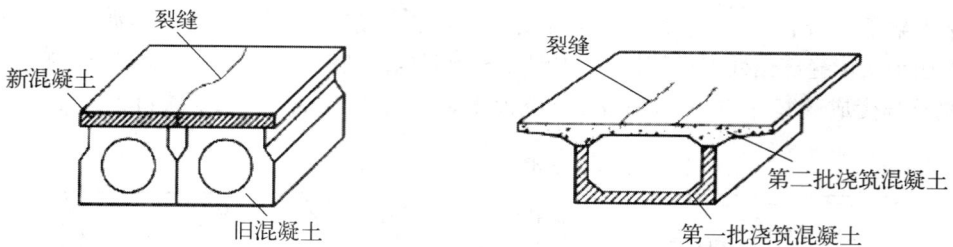

图 4-11 干燥、收缩产生的裂缝

3) 环境因素

温度裂缝与结构体系、结构构造、所处环境等因素相关,产生的原因不同,表现形式也有不同,可能出现在混凝土构件的表层、深层或贯穿整个构件。桥梁构件的表层裂缝的走向一般没有规律性,钢筋混凝土的深层或贯穿裂缝的走向,一般与主筋方向平行或接近于平行,裂缝的宽度受温度的变化影响大,裂缝宽度随温度变化而扩张或闭合,防止或减小温度裂缝比较有校的措施是合理布置钢筋网,选择比较合理的结构形式。此外,钢筋锈蚀后体积膨胀,会使混凝土构件产生顺着钢筋的裂缝,一些桥梁因构造不当也会产生非受力裂缝。

2. 混凝土腐蚀

混凝土腐蚀是混凝土桥梁的"癌症",一些使用年限较长的桥梁或结构往往因受压区混凝土腐蚀而破坏。一般来说,混凝土材料是耐水材料,在潮湿环境或水中能保持强度的稳定性,潮湿也是混凝土材料早期强度形成和发展不可缺少的条件。但是长期处于潮湿条件下,尤其在干湿交替循环状态下,混凝土的耐久性问题会受到影响。很多桥梁墩台,往往在水位浮动的部位首先破坏,尤其是在具有腐蚀介质的水中。空气中的水和雨水成分很复杂,在混入桥面的污物,常含有溶解的气体、矿物质和有机质等,常见的有酸性物质、有氧离子、氯离子、氮、碳酸、硫化氢及其他酸性离子,以及碱金属和碱土金属离子,这些酸、碱物质超过一定限度时,会侵蚀、损害桥梁的混凝土和金属材料,如图 4-12 所示。

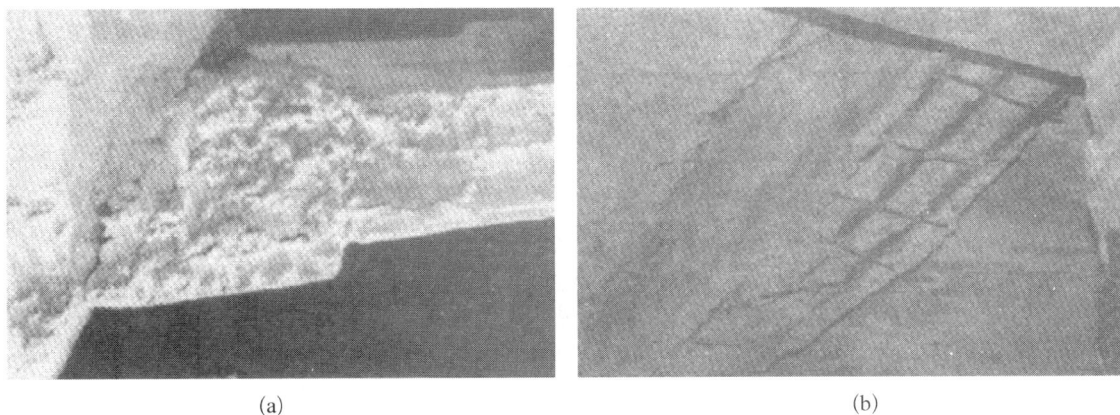

(a)   (b)

图 4-12 混凝土表面腐蚀

混凝土的腐蚀一般都与水有关,主要体现在碱骨料反应、盐腐蚀和冻融三个主要的、不可逆的破坏现象,无论碱骨料反应、盐腐蚀、还是冻融作用,只要没有水就可以减缓或避免,所以必须设置完善的桥梁防排水系统,将混凝土与水隔离开来,使其不具备发生反应的条件,就将达到延长桥梁使用寿命的要求。

1) 碱骨料反应

混凝土碱骨料反应是指来自水泥、外加剂和环境中的碱金属离子与砂石等骨料中的活性组分发生膨胀性化学反应,在水泥砂浆与粗集料的界面处生成白色凝胶物质,这种物质在潮湿环境中吸水膨胀,从而造成混凝土结构从内部开始的胀裂,在表面上出现龟裂或地图状裂纹,直至整体性开裂或破坏,这种病害称为混凝土的"癌症"。碱骨料反应少则几年,多则十几年就可以使混凝土结构承载力明显下降。这种破坏具有不可修复性,具体表现为混凝土表面龟裂、突出、酥松,然后剥离。碱骨料反应发生和对混凝土的破坏需要三个条件:混凝土中的高碱性、碎石中的富含碱活性成分以及水、水泥和外加剂中的高碱性,很多地区的砂石资源含有不同程度的碱活性成分,再加上桥梁防水系统的不完善,就构成了碱骨料反应的必要条件。

2) 盐腐蚀

沿海地区,空气中和雨水中都含有一定的氯盐成分,尤其在近海地区浓度更大。在寒冷地区的冬季,为消除桥面的冰冻和积雪,经常采用喷洒盐水的方法,盐水通过伸缩缝流向墩台,通过桥面系渗透到混凝土的缝隙里,不仅会引起碱骨料反应,还会引起盐腐蚀。盐水进入混凝土体中达到饱和,当外界环境非常干燥时,混凝土中的水分发生逆向流转,通过小孔隙向外蒸发,盐分浓度增加,又使其向混凝土内部扩散,因为在干燥条件下,高浓度化冰盐水产生足够高的盐结晶压,造成混凝土的膨胀破坏,比一般的碱骨料反应更为严重。

3) 混凝土冻融

寒冷地区,有较长的冰冻期,渗入到混凝土中的水结冰又融化,如此反复,使混凝土的裂缝不断扩大,导致结构慢性破坏作用。冻融的结果,加剧了碱骨料反应和盐腐蚀的破坏作用。混凝土结构是多孔的,在塑性期或硬化初期会因为水分蒸发造成早期开裂。在以后的使用过程中,早期产生的裂缝会随着车辆反复荷载的冲击逐渐扩展。如果没有完善的防水排水系统,带有腐蚀性物质的水就会从孔隙渗入到混凝土中或从裂缝中流入到混凝土中。若是碱性骨料混凝土将产生碱骨料反应,酸性物质则会对混凝土进行腐蚀。

对于碱骨料反应、盐的腐蚀、冻融作用应以防止和抑制为主。减少混凝土中的碱含量是解决办法之一,使用低碱水泥、低碱外加剂,可以减缓问题的发生。此外,无论碱骨料反应、盐腐蚀,还是冻融作用,只要没有水,就可以减缓或避免,所以必须设置完善的桥梁防水排水系统,将混凝土与水隔离开来,使其不具备发生混凝土腐蚀反应的条件,则可达到延长桥梁使用寿命的要求。

3. 混凝土碳化

混凝土碳化,指水泥石中的水化产物与周围环境中的二氧化碳作用生成碳酸盐或其他物质的现象。碳化将直接影响结构的性质及耐久性。混凝土的碳化是随着二氧化碳气体向混凝土内部侵入,溶解于混凝土内部孔隙中的水,形成碳酸再与各水化产物发生碳化反应的一个物理化学过程,混凝土碳化是一个缓慢过程,取决于混凝土的密实性、水泥品种,水化物中氢氧化钙的含量等内部因素,以及大气的二氧化碳浓度、压力、混凝土的湿度等外部因素。一般说来,一座桥梁建成以后,影响碳化的因素就已经确定,为了降低碳化速度就只能从如何保护混凝土不受或少受侵害来考虑。概括起来,混凝土碳化影响因素主要有水泥品种、混凝土密实度、环境条件三个方面。

1) 水泥品种

不同品种的水泥对混凝土的碳化速度影响不同,一般说来矿渣水泥比普通硅酸盐水泥快,普通硅酸盐水泥比早强硅酸盐水泥碳化速度稍快。碳化速度与混凝土结构中水泥的氧化钙含量有关,氧化钙含量越大,硬化的水泥石生成的氢氧化钙就越多,吸收二氧化碳的能力越强,碳化的速度就越慢。

2) 混凝土密实度

混凝土的碳化速度与密实度有关,密实度大的碳化速度慢,因为密实度大孔隙就小,进入的二氧化碳就少。加大水泥用量、降低水灰比可以增强密实性,掺用优质减水剂或引气剂,可以改善混凝土的和易性,减小水灰比,增强密实性,使碳化速度减慢。施工时如果振捣不密实、养护不合理,会造成混凝土内部毛细孔粗大,并相互连通,进入的二氧化碳就多,碳化速度就快。

3) 环境条件

环境条件恶劣会加速碳化速度。环境湿度对混凝土的碳化速度影响很大,在相对湿度低于25%的空气环境下,混凝土很难碳化;在空气湿度为50%～75%的大气中,混凝土最容易碳化;但在相对湿度大于95%或在水中碳化反而难进行。这是因为混凝土的碳化与透气性有关,透气性越大,越容易碳化。另外相同湿度条件下,温度越高、风速越大,混凝土的碳化速度就越快。

4. 混凝土保护层厚度不足,钢筋锈蚀

钢筋在混凝土的保护下才能正常发挥受力作用。混凝土具有碱性,钢筋在碱性环境中形成钝化膜,阻止金属阳极与电解质的接触,使钢筋难于锈蚀,钝化膜一旦破坏,在有水和氧的条件下就会发生钢筋的氧化锈蚀。一旦混凝土保护层厚度不足或产生裂缝,就破坏了钢筋所处的碱环境,产生了钢筋锈蚀的条件,钢筋锈蚀时体积膨胀,又会进一步促使混凝土保护层脱落,最终导致桥梁结构耐久性能严重削弱,使用寿命大大缩短,如图4-13所示。

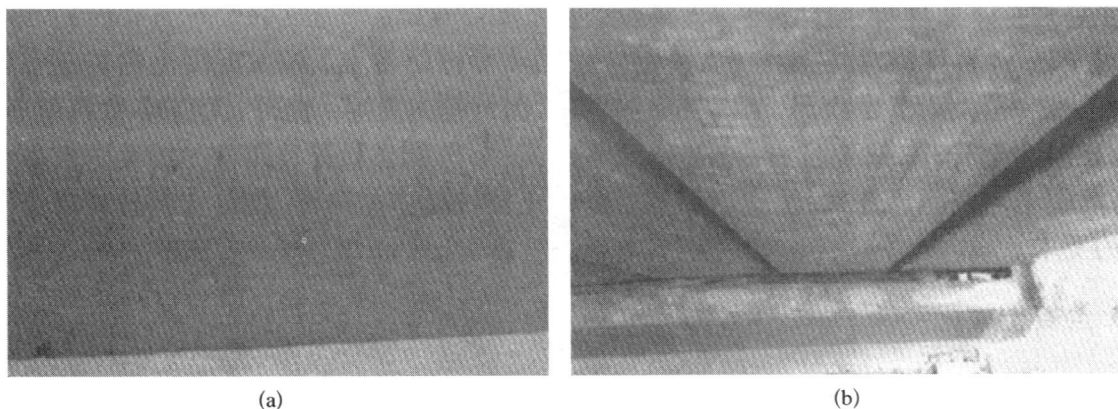

| (a) | (b) |

图4-13 混凝土保护层厚度不足的典型情况

5. 护坡及锥坡破损,冲刷淘空

墩台是桥梁的重要组成部分,它的耐久性直接决定了桥梁结构的耐久性。墩台基础常见的耐久性病害如混凝土剥落、露筋和裂缝,水流冲刷导致护坡、锥坡破损或淘空,墩台柱基础冲刷严重,埋深不足,桥墩被车辆、船只、漂流物或流冰撞损等,这些病害虽然不一定产生即时的危险,但却对桥梁结构的耐久性与安全性构成严重威胁,应根据墩台基础缺陷的严重程度及施工条件采取不同的方法进行维修,使其处于良好状态。

6. 钢结构、钢-混凝土组合结构表面锈蚀

钢结构、钢-混凝土组合结构在外界环境影响下,其油漆涂装的保护性能会随时间的推移而逐步退化,结构表面会产生锈蚀现象,锈蚀一旦产生,轻者影响观瞻,重者削弱承重构件面积、产生应力腐蚀现象,对结构的耐久性造成较大影响,行之有效的对策是加强巡查、及时维护。

钢筋混凝土桥梁常见的耐久性病害大体可汇总如表4-3所示,其他桥型结构常见的耐久性病害汇总如表4-4所示。

表4-3 钢筋混凝土桥梁常见的耐久性病害

表观病害特征	病变形态	病变产生原因	病变出现时间	对钢筋锈蚀的影响程度	备注
施工接缝	与构建厚度,高度垂直,表面呈羽状多孔	混凝土浇筑间歇时间超过初凝时间	早期	钢筋可能锈蚀	
露筋	钢筋局部露在混凝土表面	钢筋错位或局部保护层过薄	早期	钢筋锈蚀	病变多产生在箍筋处
疏松剥落	混凝土表层大面积疏松、剥落或露筋	硫酸盐侵蚀	中、后期	钢筋锈蚀或严重锈蚀	

(续表)

表观病害特征	病变形态	病变产生原因	病变出现时间	对钢筋锈蚀的影响程度	备 注
空鼓层裂	敲击混凝土表面有空鼓声	混凝土浇筑质量不良,表面存在蜂窝及空洞	早、中、后期	钢筋可能锈蚀	
锈斑	棕色点状或块状锈斑	混凝土密实性差,钢筋保护层厚度不足	中、后期	钢筋锈蚀	
顺筋裂缝	沿主筋、分部筋、箍筋位置出现与钢筋平行的裂缝	混凝土密实性差,钢筋保护层厚度不足,盐污染或碱骨料反应开裂	后期	钢筋锈蚀或严重锈蚀	先产生裂缝后引起钢筋锈蚀
胀裂脱落	混凝土保护层成碎片状胀裂、脱落或露筋	混凝土密实性差,或钢筋保护层厚度不足	后期	钢筋严重侵蚀	

表 4-4 其他结构桥梁常见的耐久性病害

桥型	表观病害特征	病变形态	病变产生原因	病变出现时间	对结构的影响程度	备 注
钢结构桥	钢结构锈蚀	图层脱落、表面锈蚀	腐蚀环境,涂层厚度不足,渗漏水,涂装施工质量	早、中、后期	随时间的增长会发展,逐步恶化	钢箱梁桥、钢板梁桥、钢桁梁桥、钢管混凝土拱桥
	钢结构焊接不良	焊缝开裂、焊接不实	施工质量,漏焊,应力集中,高残留应力	早、中期	随时间的增长会发展,严重时导致断裂	
	钢梁桥面铺装	车辙、推拥、开裂、滑移	黏结层材料性能,温度,车载,铺装层厚度	中、后期	对铺装材料及钢桥面板经济耐久性造成影响	
索结构桥	拉锁、系杆锈蚀、断裂	钢丝生锈、流淌锈水,锈皮起鼓脱落	套筒灌浆不饱和,灌浆材料离析不凝固,套筒存在裂纹	早、中期	削弱截面,严重时导致拉索断裂	斜拉桥、悬索桥、系杆拱桥、中下城市桥
	所结构锚头锈蚀	锚头螺纹、锚圈、螺栓及孔洞锈蚀、流淌锈水	锚头安装后未及时除锈,涂抹黄油,螺栓松动,腐蚀介质侵入,防护层脱落	早、中期	对索结构的锚固可靠性造成较大影响	
圬工桥	砌体表面缺陷	砌缝开裂、灰缝砂浆脱落、松散、边角碎裂	施工质量,材料老化,荷载过大,介质腐蚀	中、后期	随时间的增长发展、恶化,耐久性逐步降低	拱桥、组合结构桥

三、影响桥梁承载力的病害

1. 桥梁结构存在倒塌、成为机构的隐患

桥梁结构的一些体系因赘余度少、构造不当或养护不到位,在使用过程中,病害产生后逐步发展演化,如未能得到及时的处理,病害会逐步演变为严重的隐患,一旦外界因素或使用条件发生变化,就可能丧失整体性,桥梁结构易发展成为机构,严重时发生整体倒塌。例如,砌体桥台在土压力、水压力及车辆荷载作用下丧失整体性,发生桥台倒塌、梁体坠落的事故;又如悬臂梁或 T 构牛腿因剪切裂缝不断扩展,导致挂梁坠落、牛腿破坏的事故;再如图 4-14 所示,上部结构梁体因支承方式不当、赘余度不足而在偏心荷载作用下侧倾倒塌等。桥梁结构存在倒塌或成为机构的隐患是桥梁最为严重的病害,往往会导致重大桥梁安全事故。

(a)   (b)

图 4-14　上部结构侧倾倒塌

2. 预制装配式桥梁结构受力的整体性、协同性丧失

预制装配式结构在中小跨度梁桥比较常用,如预制装配式空心板、预制装配式 T 梁、双曲拱桥等,装配式结构具有施工快捷、量大面广的特点。借助于各种各样的横向连接构造,装配式桥梁结构具有一定的整体受力性能,但由于施工质量不佳、构造方式不当、使用荷载过大等原因,在其使用过程中,装配式结构的横向联系逐步削弱,如铰接板梁桥在铰缝处开裂,T 梁横隔板连接处开裂,导致装配式桥梁受力的整体性、协同性逐步丧失,距离设计的理想受力状态越来越远,整体性差、刚度偏小,承重结构局部开裂,内力重分布比较明显,出现单梁(板/肋)受力现象,导致装配式桥梁的传力途径或传力机理发生变化,承载能力严重下降,病害特征急剧发展。此外,多跨简支梁因行车冲击造成伸缩缝处桥面破坏,装配式拱片连接处混凝土断裂或钢筋接头脱开也比较常见。预制装配式桥梁结构受力的整体性、协同性丧失是一种比较常见、危害较大的桥梁病害,普遍存在于预制装配式空心板、预制装配式 T 梁、双曲拱桥、刚架拱桥等结构中,一般可以通过增大截面、加厚桥面铺装层、加强横向联系等措施加固改造。

3. 混凝土结构受力裂缝宽度过大

结构应力超限、受力裂缝宽度过大是混凝土桥梁比较常见的一种病害,受力裂缝出现的原因是混凝土拉应力超过了其抗拉强度,裂缝主要表现为弯曲受力裂缝、弯剪受力裂缝、扭曲裂缝、锚下劈裂裂缝等形态。如钢筋混凝土 T 梁常常因抗弯承重能力不足、正应力超限而产生弯曲受力裂缝,如图 4-15 所示;又如混凝土箱梁顶板因桥面板弯曲应力过大而产生的顺桥向裂缝,腹板因主拉应力超限而产生的剪切斜裂缝,底板因整体弯曲应力而产生的横桥向裂缝。一般说来,结构应力超限、受力裂缝宽度过大主要与设计安全储备不足、构造配筋不当、使用荷载过大、基础不均匀沉降变位等因素有关,普通钢筋混凝土简支梁(板)桥常见受力裂缝如表 4-5 所示,预应力

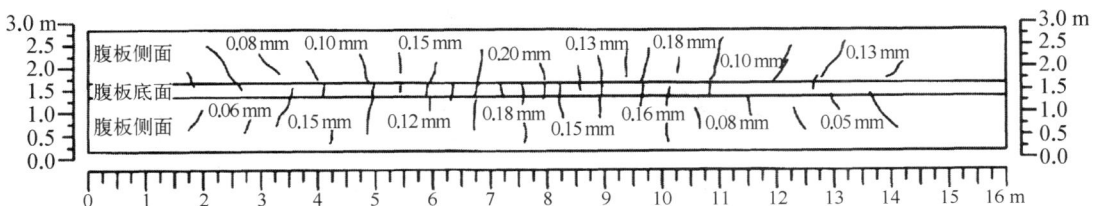

图 4-15　某跨度 16 m 的钢筋混凝土简支 T 梁裂缝展开图

混凝土连续（箱）梁桥的常见受力裂缝如表 4-6 所示,拱式桥梁的常见受力裂缝如表 4-16 所示。一般说来,这些裂缝在使用荷载反复作用下会逐步扩展,甚至会超过规范限值,不仅导致桥梁承载能力、整体刚度的严重削弱,而且影响到桥梁结构的耐久性能。混凝土结构受力裂缝宽度过大的病害,可采取增大构件截面、施加预应力、粘贴钢板等结构加固补强措施予以消除或控制。

表 4-5 普通钢筋混凝土简支梁（板）桥常见裂缝

裂缝种类与发生部位	图示	主要特征与发生原因
下缘受拉区的竖向裂缝		① 裂缝在跨中分布较密,间距为 0.1~0.2 m,两端逐渐减少;② 裂缝大致与主筋垂直,由下翼缘向上发展;③ 宽度较细,一般在 0.05~0.15 mm 之间;④ 在试验荷载作用下变化不大,经过较长时间运营已趋稳定;⑤ 由梁弯曲应力过大引起
腹板屑裂缝		① 裂缝间距为 0.3~0.5 mm,裂缝由几条至几十条不等,分布在支点至 L/4 的范围,与剪力分布直接相关;② 变截面梁斜裂缝在梁中性轴附近宽度最大,向两端发展形成枣核状;③ 等截面斜裂缝在主筋附近宽度最大;④ 由剪切、弯曲、扭转作用产生的主拉应力超限引起
顺主筋方向的纵向裂缝		① 裂缝顺主筋方向延伸,长度可能较长;② 对结构有很大的危害,破坏钢筋和混凝土的共同作用条件,使钢筋应力骤增;③ 水分渗入混凝土发生电化学锈蚀作用,钢筋锈蚀膨胀将混凝土胀裂;④ 保护层过薄或出现蜂窝等质量不良现象
梁端上部裂缝		① 由于墩台产生不均匀沉降,使梁端局部压力增大,即局部应力过大所致;② 裂缝由下往上开裂,严重者宽度可达 0.3 mm 以上;③ 部分裂缝呈劈裂状
运梁不当引起的梁体裂缝		运送梁时支撑点没有放在梁的两端吊点上,而是偏向跨中,导致临时支承点处产生过大负弯矩而引起开裂
梁侧水平裂缝		① 近似水平方向的分层裂缝;② 由施工不当、分层灌注、间隔时间过长所致
腹板不规则竖向裂缝		① 裂缝宽度一般在 0.2 mm 左右,间距无一定规律;② 使用荷载作用下裂缝继续发展、数量增多,随使用时间增长而逐渐停止发展;③ 构造因素、混凝土收缩和外力作用的综合产物
横隔开裂		① 横隔梁湿接缝开裂由于施工质量不佳、构造不当、荷载过大等因素而引起;② 横隔板底部竖向裂缝由于横向联系较差,导致部分梁体单独受力,以及刚度不足等因素,裂缝宽度一般在 0.05~0.25 mm 范围内

表4-6 预应力混凝土连续(箱)梁桥的常见裂缝

裂缝种类与发生部位	图 示	主要特征与发生原因
连续梁跨中底部和支点顶部竖向裂缝	裂缝 裂缝 裂缝	① 一般出现在跨中、支点区域,原因在于有效预应力不足,正应力过大、混凝土抗拉能力不足,裂缝宽度一般在0.1~0.2 mm范围;② 在外荷载反复作用下(汽车动荷载及温度),裂缝可能会扩展
箱梁弯曲裂缝和锚固齿板后横向裂横	预应力束 受弯裂缝 裂缝 锚固齿板	① 箱梁弯曲裂缝分布于跨中附近裂缝数量较多但较细(0.05~0.25 mm),为抗弯刚度不足或混凝土的强度较低所致;② 箱梁锚固齿板后横向裂缝一般1~3条,裂缝较宽(≥0.25 mm),为构造缺陷引起的局部拉应力过大所致
牛腿及挂梁局部裂缝	悬臂梁 挂梁 裂缝	① 原因主要是配筋不足,高度偏小,挂梁与牛腿连接不顺形成跳车,在剪力、冲切作用下导致局部主拉应力过大;② 裂缝均呈45°斜向角度
预应力梁下翼缘的纵向裂缝	横隔板 裂缝 预应力T梁	① 为预应力梁中较严重的一种裂缝,一般出现在最外的一排预应力钢束附近,或腹板与下缘交界处,宽度一般为0.05~0.1 mm;② 成因主要为局部预压应力过大,保护层太薄,或施工工艺质量不当
先张法梁端锚固处的裂缝	空心板	① 裂缝均起始于张拉端面,宽度约为0.1 mm左右,长度一般有一定的延伸;② 由于在两组张拉钢筋之间梁端混凝土处于受力区使梁端易发生水平裂缝;③ 因锚固处应力集中以及与锚头产生的楔形作用面使锚头附近产生细小水平裂缝
箱梁副板斜向、水平向裂缝及顶、底板纵向裂缝	斜裂缝 斜裂缝 水平裂缝 水平裂缝 纵向裂缝 纵向裂缝	① 箱梁副板斜裂缝一般发生在支点至反弯点间的梁段上,属剪切裂缝,产生原因主要是纵向或竖向预应力不足,副板厚度偏小,设计施工方案不当等;② 箱梁副板水平向裂缝,主要由箱梁横向弯曲空间效应与内外温差应力使腹板内外侧产生较大的竖向应力、箱梁横向刚度不足、畸变应力影响、竖向预应力不足等原因引起;③ 箱梁顶、底板梗腋处的纵向裂缝主要是预应力局部应力过大、箱梁的正剪力滞后效应考虑不足、偏心荷载下箱梁畸变扭转引起腹板上下端局部应力过大所致

（续表）

裂缝种类与发生部位	图　　示	主要特征与发生原因
箱梁横隔板裂缝	裂缝	① 发生于箱梁横隔的上下部,裂缝宽度不大,一般小于 0.2 mm;② 产生原因包括箱梁较宽,或横隔板中施加的横向预应力不足或损失过大,或箱梁抗扭能力差等
T 梁横隔板裂缝	焊缝开裂 隔板裂缝	① 在梁端及腹板变断面的梁上均有发生,由棱角边缘向上延伸,焊缝开裂;② 裂缝宽度一般在 0.2~0.3 mm 范围内;③ 由偏载、扭转、施工质量等因素引起
后张法梁端或锚固部位的裂缝	锚固齿板 节段接缝 预应力束 裂缝 腹板	① 通常发生在梁端或预应力筋的锚固部位,裂缝宽度比较短小,发生在梁端时多与主筋方向一致,在锚固部位时与梁纵轴线方向呈 30°~45°;② 运营初期发展,但不严重,以后会趋于稳定;③ 主要为端部或锚固部位应力集中或混凝土浇筑质量较差所致

表 4-7　拱式桥梁的常见裂缝

裂缝种类与发生部位	图　　示	主要特征与发生原因
刚架拱裂缝	裂缝 裂缝	① 刚架拱在跨中实腹断下缘,大、小节点及次拱腿中部反弯区可能会出现裂缝,裂缝宽度一般在 0.05~0.25 mm 范围内;② 主要是受力裂缝,也与构造不当有关,在外荷载作用下,裂缝可能会发生较大的扩展;③ 裂缝成因包括拱肋截面偏小、构造缺陷、施工质量差及实际荷载大等
桁架拱裂缝	上弦杆裂缝 实腹段裂缝 斜杆裂缝 裂缝	① 桁架拱在上弦杆及实腹段跨中附近底面及侧面横向开裂,或下挠过大,表明杆件的有效预加应力不足,或截面高度偏小,普通钢筋配置不足;② 斜杆开裂说明拉应力过大,预加应力不足或截面尺寸(配筋)不足;③ 各杆件节点附近开裂,由于各杆件轴线一般不会相交于一点,且受其他附加应力影响使节点局部应力过大引起开裂
空腹式箱(肋)拱顶及拱脚裂缝	裂缝 裂缝	① 在主拱圈的拱顶下缘及侧面横向裂缝及拱脚上缘及侧面的横向裂缝;裂缝宽度一般在 0.02~0.05 mm 范围内;② 主要为截面的抗弯强度不足,配筋偏少,拱轴线不合理、墩台不均匀沉降、向路堤方向滑动或转动、超重车影响、整体性差、施工质量差等引起

（续表）

裂缝种类与发生部位	图　　示	主要特征与发生原因
主拱圈或腹拱圈出现纵向裂缝	纵向裂缝　纵向裂缝	① 在主拱圈或腹拱圈出现纵向裂缝，裂缝宽度一般较小；② 可能是墩台基础的上、下游不均匀沉降引起，如果只是拱箱接缝处开裂，一般是由接缝的连接不好、整体性差、偏载作用下拱箱受力变形较大引起
拱肋与系杆相接部位裂缝	拱肋　裂缝　桥面板	① 在系杆拱桥的拱肋与水平系杆(桥面板)相接部位容易出现斜向裂缝；② 裂缝出现的主要原因是构造不当、局部应力过大或混凝土浇筑质量较差；③ 运营初期发展，但不严重，以后会趋于稳定
吊杆横梁裂缝	吊杆　吊杆横梁	① 在吊杆横梁的中部下缘，吊杆区域出现竖向弯曲裂缝和剪切斜向裂缝；② 原因是有效预应力不足、正应力过大、混凝土抗拉能力不足；③ 裂缝宽度一般在 $0.05\sim0.15$ mm 范围内；④ 在外荷载反复作用下，裂缝可能会有所变化，但不会很严重
空腹式拱桥裂缝	腹拱顶横向裂缝　主拱肋及拱波裂缝　拱波顶部纵向裂缝	① 空腹式钢筋混凝土拱在拱脚、立柱、立柱与拱圈相接的部位可能会出现开裂；② 原因是桥面板在立柱与腹孔位置未设铰或变形缝，使其不能适应环境温度变化所致；③ 裂缝宽度一般不会很大，在外荷载及温度作用下，裂缝可能会发展
钢筋混凝土双曲拱桥裂缝	腹拱顶横向裂缝　主拱肋及拱波裂缝　拱波顶部纵向裂缝	① 双曲拱桥的拱波顶出现纵向裂缝、拱波沿桥纵向裂缝、拱肋与拱波连接处环向开裂等裂缝；② 裂缝成因多为各拱波之间横向联系弱，整体性差，横截面的组合不合理，墩台横向不均匀沉降等

　　4. 结构或构件的损伤疲劳程度严重

　　钢结构、钢-混凝土组合结构在使用荷载反复作用及外界环境影响下，一些构件如钢箱梁的正交异性(顶)板等可能会因结构荷载应力幅度过大导致构件疲劳损伤程度比较突出，甚至出现焊缝裂纹等病害，对钢结构的使用寿命、耐久性与承载能力构成严重威胁。此外，一些桥梁如斜拉桥的斜拉索、系杆拱的系杆、吊杆在使用荷载及外界环境因素的共同作用下，也容易出现系杆、短吊杆的疲劳及应力腐蚀问题，对斜拉桥、系杆拱的安全正常使用构成严重威胁，甚至会酿成重大安全事故。

5. 桥墩基础变位或不均匀沉降，下部结构开裂

墩台是桥梁的重要组成部分，关系到桥跨结构在平面和高程上的位置，并将荷载传递给地基。墩台的承载力和稳定性在很大程度上决定了桥梁的耐久性。桥梁结构在服役过程中，由于基础工程施工质量不佳、设计存在缺陷、地质情况不良或周边其他工程施工的影响，会导致桥梁墩台产生不均匀沉降或水平位移。桥梁基础不均匀沉降或水平位移说明其地基基础或下部结构的承载能力不足，不仅会导致桥梁线型不顺畅、影响行车性能，而且对于超静定桥梁还会产生比较大的附加内力，改变桥梁结构设计的受力状态，对桥梁的安全运营与正常使用构成明显的威胁。桥梁墩台、桩基础等下部结构由于水流冲刷、船舶(漂浮物)撞击、维护不足而产生的掏空、露筋腐蚀等病害常常威胁到桥梁的安全运营。此外，下部结构墩台基础在受上部结构及桥面系传递的荷载、下部地基基础不均匀沉降滑移、水压力结构设计、施工质量、温度等诸多因素的影响下，出现了各种各样的裂缝病害，影响桥梁承载能力，部分宽度过大的裂缝甚至严重影响到桥梁的安全运营。墩台、基础的缺陷及病害主要有以下几种：

(1) 浆砌片石桥台、护坡等部位，由于缺乏维护，加上水流冲刷等原因出现开裂、破损掏空等情况。

(2) 桥台由于侧墙内填土不密实，或采用含水量较大或渗水不良的土壤，造成填土、不均匀沉降和排水不良而引起裂缝，常常引起侧墙与台体的分离；或由于气候条件、流水和流冰的侵蚀造成墩台表面风化剥落，发生桥台侧墙、胸墙倾斜、轻微鼓肚、两侧锥坡和八字翼墙发生鼓肚、沉陷。

(3) 扩大基础由于回填不当、排水不畅引起土压力和支承力的变化，导致墩台产生位移、开裂等病害。

(4) 桩基础由于桩头残渣清理不净，桩头处理不好，以及桩身各种质量缺陷，如桩顶露筋、夹泥断桩、缩颈离析、桩位偏差等，造成桥梁墩台出现各种缺陷和病害，表现方式为下沉、开裂、倾斜、滑移等。

(5) 下部结构桥墩、桥台由于受到基础不均匀沉降、局部应力集中、设计构造失误、施工质量不佳、混凝土温度收缩、支座损坏后产生的次生内力、水压力及冲刷掏空等因素导致各种结构性裂缝，部分裂缝宽度很宽，成为影响桥梁承载能力的安全隐患。

(6) 沉井基础常因开挖方法、地下水处理、减少摩阻方法不好及刃脚部位的封底不严密，造成墩台的缺陷和病害。

(7) 其他病害，如混凝土剥离、露筋、桥面露水、混凝土空洞、蜂窝麻面，以及天然地基上的浅基础被冲刷悬空，灌注和打桩基础受水冲刷、侵蚀等缺陷和病害。

6. 设计荷载等级偏低，结构强度不适应交通需求。

由于受经济、技术等因素的制约，相当一部分既有桥梁建造时设计荷载等级偏低，存在先天不足，但在使用过程中并未对运营荷载进行有效的限制，加上交通量日益增大，超重车辆、超载车辆越来越多，导致这些桥梁的病害在使用过程中进一步恶化，发展到一定程度，不仅其使用性能不能满足有关规范规程的要求，而且其承受能力、极限强度往往也不能够适用实际荷载的要求，存在比较严重的安全隐患。

在我国，从 20 世纪 50 年代以来，随着汽车工业、交通运输业的不断发展，公路桥梁设计荷载标准经历了从汽-10、汽-13、汽-15、汽-20、汽-超20、公路-Ⅰ级的发展历程，其中汽-20 占既有桥梁的多数，以应用最为广泛、设计荷载标准相对较高的汽车-20 级设计荷载为例，其车辆荷载效应设计值仅为美国 AASHTO 的 LRFD 的 68%、美国 BS5400 的 BD37/88 的 60%。另一方面，由于超重车辆日益增多、超载车辆屡禁不绝、各大城市交通日益拥堵等现象，导致我国桥梁超负荷使用这一

问题更为严重,既有桥梁带病工作、小马拉大车现象的普遍存在,使既有桥梁普遍存在不同程度的病害。

此外,尚有相当一部分跨河桥、跨线桥存在桥下通航或通车净空不能满足实际需求的现状,由于一些桥梁修建时的技术标准偏低,而城市发展、航运发展较快,对于超限船只、超高车辆管理不到位,由此造成目前船舶、车辆撞击桥梁的事故时有发生,给既有桥梁的安全运营带来了潜在的安全隐患。

在桥梁检测评估、病害分析诊断的基础上,对于那些承载能力不足、使用性能较差或耐久性能不满足要求的结构或构件,需要采取有针对性的维修加固。桥梁维修加固可分为一般性养护维修和结构性加固。一般性维修主要针对影响桥梁使用性能、耐久性能的病害,目的是保证桥梁结构的使用性能或耐久性能达到设计、规范及实际使用要求,如桥面铺装层的维修、油漆涂装更新、裂缝封闭与灌浆处理、支座更换等。当桥梁结构无法满足承载能力、通行能力等方面的要求时,需要对桥梁进行加固或技术改造。桥梁加固改造包括为提高承载力要求的结构补强,为满足通行能力要求的桥面拓宽,为改善使用性能要求的结构维修,通过病害处治、加固改造以弥补桥梁结构先天缺陷、使用过程中出现的各种病害缺陷以及结构严重受损所造成的承载能力不足,使桥梁恢复和满足新的使用条件下的受力、安全、使用及耐久性要求。

项目五　桥梁工程原材料试验检测

项目导读

本项目主要介绍桥梁工程常用石料、钢材、混凝土的物理力学性能要求,对各种物理力学性能指标的试验检测原理、试验检测设备、试验内业计算过程等予以详细阐述。

学习目标

1. 了解桥梁工程常用的建筑材料。
2. 掌握桥梁工程常用建筑材料的技术性质、技术标准等。
3. 熟悉桥梁常用建筑材料的试验检测方法、仪器设备、技术指标等。

任务 5.1　石　料　检　测

石料是由天然岩石经爆破开采得到的大块石,再按要求的规格经粗加工或细加工而得到的规则或不规则的块石、条石等,另一来源是由天然的卵石、漂石、巨石经加工而成。石料按地质形成条件可分为岩浆岩、沉积岩和变质岩三大类。

桥梁工程石料制品有片石、块石、粗料石,工程使用的石料主要用于砌体工程。

一、结构物所用石料的要求

根据《公路桥涵施工技术规范》(JTG/T F50 - 2011)及《公路圬工桥涵设计规范》(JTGD61 - 2005),结构物所用石料一般包括两方面的要求:一是石料制品的物理、几何尺寸要求,二是力学性能要求。

1. 物理、几何尺寸要求

石料应符合设计规定的类别和强度,石质应均匀、不易风化、无裂纹。一月份平均气温低于 $-10℃$ 的地区,除干旱地区的不受冰冻部位外,所用石料及混凝土材料须通过冻融试验,抗冻性指标合格后方可使用。累年最冷月份平均气温低于或等于 $-10℃$ 的地区,所用的石料抗冻性指标应符合表 5 - 1 的规定。

石料应具有耐风化和抗侵蚀性,用于浸水或气候潮湿地区的受力结构的石材软化系数不应低于 0.8。

表 5-1　石料的抗冻性指标

结 构 物 类 别	大、中桥	小桥及涵洞
镶面或表层石料的抗冻性指标	50 次	25 次

注：（1）抗冻性指标是指材料在含水饱和状态下经 -15℃ 的冻结与融化的循环次数，试验后的材料应无明显损伤（裂缝、脱层和边角损坏），其强度不低于试验前的 0.75 倍。
　　（2）根据以往实践经验证明材料确有足够抗冻性能者，可不作抗冻试验。

　　（1）片石：一般指用爆破或楔劈法开采的石块，厚度不应小于 150 mm。用作镶面的片石，应选择表面较平整、尺寸较大者，并应稍加修整。

　　（2）块石：形状应大致方正，上下面大致平整，厚度 200～300 mm，宽度为厚度的 1.0～1.5 倍，长度为厚度的 1.5～3.0 倍，如有锋锐棱角，应敲除。用作镶面的块石，应由外露面四周向内稍加修凿；后部可不修凿，但应略小于修凿部分。

　　（3）粗料石：外形应方正，呈六面体，厚度 200～300 mm，宽度为厚度的 1.0～1.5 倍，长度为厚度的 2.5～4.0 倍，表面凹陷深度不大于 20 mm。用作镶面的粗料石，料石长度应比相邻顺石宽度至少大 150 mm；修凿面每 100 mm 长须有錾路 4～5 条，侧面修凿面应与外露面垂直，正面凹陷深度不应超过 15 mm；镶面粗料石的外露面如带细凿边缘时，细凿边缘的宽度应为 30～50 mm。

　　块石和粗料石加工的形状要求分别如图 5-1 和图 5-2 所示。

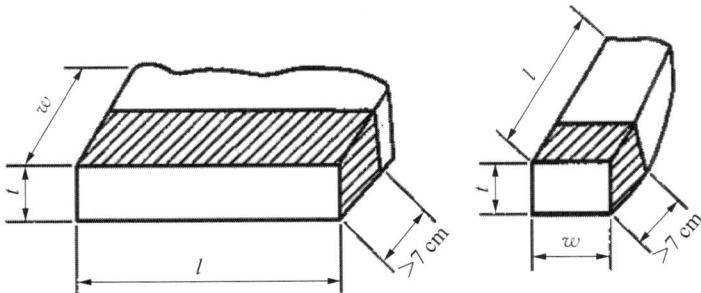

图 5-1　镶面块石

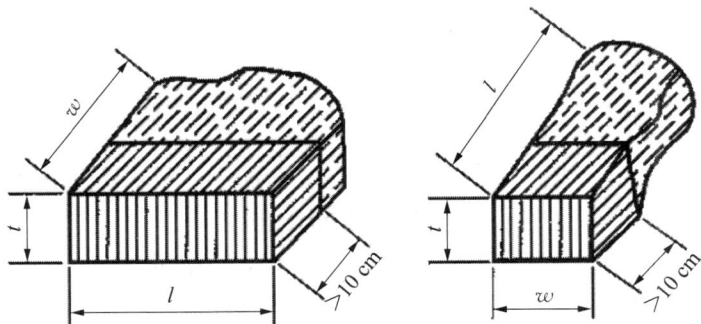

图 5-2　镶面粗料石

2. 力学性能要求

　　石料强度、试件规格及换算应符合设计要求，石料强度的测定应按现行《公路工程岩石试验规程》(JTG E41-2005)执行。

二、石料的单轴抗压强度

石料的抗压强度是反映石料力学性质的主要指标之一,本试验用于测定规则形状石料试件单轴抗压强度。

石料的抗压强度受一系列因素的影响和控制,如料石的矿物组成和结构、含水率、试件尺寸等。一般情况下试件的尺寸和高径比大的料石所包含的裂隙、孔隙等缺陷增多,形状不同的试件因棱角部分应力集中造成应力分布不均会使石料强度降低,随含水率增大石料强度也会降低。

桥梁工程中的石料强度等级对应的是边长为 70 mm×70 mm×70 mm 的立方体试件;试件的含水状态要在试验报告中注明。软化性是指含水状态对石料强度的影响,用软化系数表示。

1. 仪器设备

(1) 压力试验机(万能试验机)。

压力试验机(万能试验机)要求:除应符合《液压式万能试验机》(GB/T 3159-2008)及《试验机通用技术要求》(GB/T 2611-2007)外,其测量精度为±1%,试件破坏荷载应大于压力试验机全程的 20% 且小于压力试验机全程的 80%,同时应具有加荷速度指示装置或加荷速度控制装置,可以均匀地连续加荷卸荷,保持固定荷载,开机停机均灵活自如。试件两端的承压板为洛氏硬度不低于 HRC58 的圆盘钢板,承压板的直径应不小于试件的直径,也不宜大于试件直径的 2 倍。当压力试验机承压板直径大于试件直径的两倍以上时,必须在试件的上下两端加辅助承压板,其刚度和不平度均应满足压力试验机承压板的要求。

两压板之一应是球面座,球座钢质坚硬,面部平整度要求在 100 mm 距离内,高低差值不超过 0.05 mm,球面及球窝粗糙度 $Ra=0.32$ μm,研磨、转动灵活。球座最好放置在试件顶面(特别是棱柱试件),凸面朝上,并用矿物油稍加润滑,以使滑块在自重作用下仍能闭锁。不应在大球座上做小试件破型;试件、压板和球面座要精确地彼此对中,并与加载机器设备对中,球面座的曲率中心应与试件端面的中心相重合。当试件均匀受力后,一般不宜再敲动球座。

(2) 钻石机、切石机、磨石机等石料试件加工设备。

(3) 烘箱、干燥器、游标卡尺(精度 0.1 mm)、角尺及水池等。

2. 试件制备

边长为 70 mm±2 mm 立方体试件,每组试件共 6 个。

有显著层理的石料,分别沿平行和垂直层理方向各取 6 个试件。试件上、下端面应平行和磨平,试件端面的平面度公差应小于 0.05 mm,端面对于试件轴线垂直度偏差不应超过 0.25°。

3. 试验步骤

(1) 对试件编号,用游标卡尺在立方体试件顶面和底面上各量取其边长(精确至 0.1 mm),以各个面上相互平行的两个边长的算术平均值计算其承压面积。

(2) 试件的含水状态可根据需要选择烘干状态、天然状态、饱和状态。

试件的烘干方法:将试件放入温度为 105~110℃的烘箱内烘至恒量,烘干时间一般为 12~24 h,取出置于干燥器内冷却至室温 20℃±2℃,称其质量,精确到 0.01 g。

试件的强制饱和可任选下列一种方法。

① 用煮沸法饱和试件:将称量后的试件放入水槽,注水至试件高度的一半,静置 2 h;再加水使试件浸没,煮沸 6 h 以上,并保持水的深度不变。煮沸停止后静置水槽,待其冷却,取出试件,用湿纱布擦去表面水分,立即称其质量。

② 用真空抽气法饱和试件：将称量后的试件置于真空干燥器中，注入纯净水，水面高出试件顶面 20 mm，开动抽气机，抽气时真空压力需达 100 kPa，保持此真空状态直至无气泡发生时为止（不少于 4 h）。经真空抽气的试件应放置在原容器中，在大气压力下静置 4 h，取出试件，用湿纱布擦去表面水分，立即称其质量。

（3）按石料强度性质，选定合适的压力机。将试件置于压力机的承压板中央，对正上、下承压板，不得偏心。

（4）以 0.5～1.0 MPa/s 的速度荷载直至破坏，记录破坏荷载及加载过程中出现的现象。抗压试件试验的最大荷载记录以 N 为单位，精度为 1%。

4. 石料抗压强度的计算

石料的抗压强度按下式计算（精确至 0.01）：

$$R_i = \frac{P_i}{A_i} \qquad (5-1)$$

式中：R_i——第 i 个试件的抗压强度（MPa）；

$\quad\ P_i$——第 i 个试件的极限破坏荷载（N）；

$\quad\ A_i$——第 i 个试件的截面积（mm）。

石料的软化系数按下式计算：

$$K_P = \frac{R_w}{R_d} \qquad (5-2)$$

式中：K_P——软化系数；

$\quad\ R_w$——石料水饱和状态下的单轴抗压强度（MPa）；

$\quad\ R_d$——石料烘干状态下的单轴抗压强度（MPa）。

单轴抗压强度试验结果应同时列出每个试件的试验值及同组石料单轴抗压强度的平均值；有显著层理的石料，分别报告垂直与平行层理方向试件强度的平均值，计算值精确至 0.1 MPa。

软化系数计算值精确至 0.01；3 个试件平行测定，取算术平均值；3 个值中最大与最小之差不应超过平均值的 20%，否则，应另取第 4 个试件，并在 4 个试件中取最接近的 3 个值的平均值作为试验结果，同时在报告中将 4 个值全部给出。

三、石料抗冻性试验

石料的抗冻性试验是指试件在浸水条件下，经多次冻结和融化交替作用后测定试件的质量损失和单轴饱水抗压强度的变化。

石料的抗冻性是用来评估石料在饱和状态下经受规定次数的冻融循环后抵抗破坏的能力，分别用质量损失率和冻融系数表示。

评价石料抗冻性好坏有三个指标：冻融循环后的强度变化、质量损失和外观变化。冻融试验后的材料无明显损伤（裂缝、脱层和边角损坏），冻融后的质量损失率不大于 2%，强度不低于试验前的 0.75 倍（冻融系数大于 75%）时，为抗冻性好的石料。

1. 仪器设备

（1）试件加工设备：切石机、钻石机及磨平机等石料试件加工设备。

（2）压力试验机（万能试验机）：试验机的技术要求与本节石料单轴抗压强度试验中对试验机的要求相同。

（3）冰箱：温度控制在 $-20 \sim -15$℃。

（4）天平：感量 0.01 g，称量大于 500 g。

（5）放大镜。

（6）烘箱：能使温度控制在 $105 \sim 110$℃。

2. 试样制备

边长为 70 mm±2 mm 立方体试件，每组试件不应少于 3 个，用于做冻融系数试验。

3. 试验步骤

（1）对试件编号，用放大镜详细检验，并作外观描述，然后量出每个试件的尺寸，计算受压面积。将试件放入烘箱，在 $105 \sim 110$℃下烘至恒量，烘干时间一般为 $12 \sim 24$ h，待在干燥器内冷却至室温后取出，立即称其质量 m_s，精确至 0.01 g。

（2）将称量后的试件置于盛水容器内，先注水至试件高度的 1/4 处，以后每隔 2 h 分别注水至试件高度的 1/2 和 3/4 处，6 h 后将水加至高出试件顶面 20 mm，使试件空气逸出。试件全部被水淹没后再自由吸水 48 h。

（3）取出吸水饱和试件，擦去表面水分，放在铁盘中，试件与试件之间应留有一定间距。待冰箱温度下降到 -15℃时，将铁盘连同试件一起放入冰箱，并立即开始计时。冻结 4 h 后取出试件，放入 20℃±5℃的水中融解 4 h，如此反复冻融至规定次数为止。

（4）每隔一定的冻融循环次数（如 10 次、15 次、25 次等），详细检查各试件有无剥落、裂缝、分层及掉角等现象，并记录检查情况。

（5）称量冻融试验后的试件饱水质量 m_f'，再将其烘干至恒量，称其质量 m_f，并按单轴抗压强度试验方法测定冻融试验后的试件饱水抗压强度，另取 3 个未经冻融试验的试件测定其饱水抗压强度。

4. 质量损失率计算

试件冻融后的质量损失率按下式计算（精确至 0.01）：

$$L = \frac{m_s - m_f}{m_s} \times 100 \tag{5-3}$$

式中：L ——冻融后的质量损失率（%）；

$\quad\quad m_s$ ——试验前烘干试件的质量（g）；

$\quad\quad m_f$ ——试验后烘干试件的质量（g）。

冻融后的质量损失率取 3 个试件试验结果的算术平均值。

5. 冻融后的吸水率计算

冻融后的吸水率按下式计算（精确至 0.01）：

$$w_{sa}' = \frac{m_f' - m_f}{m_f} \times 100 \tag{5-4}$$

式中：w_{sa}' ——石料冻融后的吸水率（%）；

$\quad\quad m_f'$ ——冻融试验后的试件饱水质量（g）。

6. 冻融系数计算

冻融系数按下式计算（精确至 0.01）：

$$K_f = \frac{R_f}{R_s} \qquad (5-5)$$

式中：R_f——若干次冻融试验后的试件饱水抗压强度（MPa）；

　　　R_s——未经冻融试验的试件饱水抗压强度（MPa）。

7. 试验记录

抗冻性记录应包括石料名称、试验编号、试件编号、试件描述、冻融循环次数、冻融试验前后的烘干质量、冻融试验后的试件饱水抗压强度、未经冻融试验的试件饱水抗压强度。

四、砌筑用砂浆

（1）砌筑用砂浆的类别和强度等级应符合设计规定。

（2）砂浆中所用水泥、砂、水等材料的质量应符合本章的相应规定。砂宜采用中砂或粗砂，当缺乏天然中砂或粗砂时，可采用满足质量要求的机制砂代替；在保证砂浆强度的基础上，也可采用细砂，但应适当增加水泥用量。砂的最大粒径，当用于砌筑片石时，不宜超过 5 mm；当用于砌筑块石、粗料石时，不宜超过 2.5 mm。

（3）砂浆的配合比应通过试验确定，当变更砂浆的组成材料时，其配合比应重新试验确定。砂浆应具有良好的和易性，用于石砌体时其稠度宜为 50～70 mm，气温较高时可适当增大。砂浆的配制宜采用质量比，并应随拌随用，保持适宜的稠度，且宜在 3～4 h 内使用完毕；气温超过 30℃时，宜在 2～3 h 内使用完毕。在运输过程或在储存器中发生离析、泌水的砂浆，砌筑前应重新拌和；已凝结的砂浆，不得使用。

（4）各类砂浆均宜采用机械拌和，拌和时间宜为 3～5 min。

任务 5.2　混凝土检测

普通混凝土通常是用水泥、水、砂、石子等材料按设计要求的比例混合，在需要时掺加适量的外加剂和掺和料。在混凝土组成材料中，砂、石是集（骨）料，对混凝土起骨架作用，其中小颗粒的集料填充大颗粒的空隙。水泥和水组成水泥浆，包裹在所有粗、细集料的表面并填充在集料空隙中。在混凝土硬化前，水泥浆起润滑作用，赋予混凝土拌和物流动性，以便于施工；在混凝土硬化后，水泥浆起胶结作用，把砂、石集料胶结成为整体，使混凝土产生强度，成为坚硬的人造石材。

本任务主要介绍普通混凝土的配制原材料要求，如水泥、水、集料、外加剂、掺和料，以及混凝土的力学性能，如抗压强度、轴心抗压强度、静力受压弹性模量、抗弯拉强度、劈裂抗拉强度。

一、混凝土的配制原材料

混凝土工程所用的各种原材料，均应符合现行国家或行业标准的规定，并应在进场时对其性能和质量进行检验。

1. 水泥

公路桥隧工程采用的水泥应符合现行国家标准《通用硅酸盐水泥》（GB 175－2007）的规定，水泥的品种和强度等级应通过混凝土配合比试验选定,且其特性应不会对混凝土的强度、耐久性和工作性能产生不利影响。当混凝土中采用碱活性集料时,宜选用含碱量不大于 0.6% 的低碱水泥。水泥的检验试验方法应符合现行行业标准《公路工程水泥及水泥混凝土试验规程》(JTG E30-2005)的规定。

2. 细集料

1) 细集料技术指标

细集料宜采用级配良好、质地坚硬、颗粒洁净且粒径小于 5 mm 的河砂;当河砂不易得到时,可采用符合规定的其他天然砂或人工砂;细集料不宜采用海砂,不得不采用时,应经冲洗处理。细集料的技术指标应符合表 5-2 的规定。

表 5-2 细集料技术指标

项 目			技术要求		
			Ⅰ类	Ⅱ类	Ⅲ类
有害物质含量	云母/(按质量计/%)		≤1.0	≤2.0	≤2.0
	轻物质/(按质量计/%)		≤1.0	≤1.0	≤1.0
	有机物(比色法)		合格	合格	合格
	硫化物基硫酸盐/(按 SO₃ 质量计,%)		≤1.0	≤1.0	≤1.0
	氧化物/(以氧离子质量计,%)		<0.01	<0.02	<0.06
人工砂的石粉含量/(按质量计,%)	亚甲蓝试验	MB<1.4 或合格	≤5.0	≤7.0	≤10.0
		MB 值≥1.4 或不合格	≤2.0	≤3.0	≤5.0
坚固性	天然砂(硫酸钠溶液法经 5 次循环后的质量损失)/%		≤8	≤8	≤10
	人工砂单级最大压碎指标/%		<20	<25	<20
表观密度/(kg/m³)			>2 500		
松散堆积密度/(kg/m³)			>1 350		
空隙率/%			<47		
碱集料反应			经碱集料反应试验后,由砂配制的试件无裂缝、酥裂、胶体外溢现象,在规定试验龄期的膨胀率应小于 0.10%		

注:(1) 砂按技术要求分为Ⅰ类、Ⅱ类、Ⅲ类。Ⅰ类宜用于强度等级大于 C60 的混凝土;Ⅱ类宜用于强度等级 C30~C60,有抗冻、抗渗或其他要求的混凝土;Ⅲ类宜用于强度等级小于 C30 的混凝土和砌筑砂浆。
(2) 天然砂包括河砂、湖砂、山砂、淡化海砂,人工砂包括机制砂和混合砂。
(3) 石粉含量是指粒径小于 0.075 mm 的颗粒含量。
(4) 砂中不应混有草根、树叶、树枝、塑料、煤块、炉渣等杂物。
(5) 当对砂的坚固性有怀疑时,应做坚固性试验。
(6) 当碱集料反应不符合表中要求时,应采取抑制碱集料反应的技术措施。

2) 砂的分类

砂的分类应符合表 5-3 的规定。

表 5-3 砂的分类

砂 组	粗 砂	中 砂	细 砂
细度模数	3.1~3.7	2.3~3.0	1.6~2.2

注:细度模数主要反映全部颗粒的粗细程度,不完全反映颗粒的级配情况,混凝土配制时应同时考虑砂的细度模数和级配情况。

3) 细集料的颗粒级配

细集料的颗粒级配应处于表 5-4 中的任一级配区以内。

表 5 - 4　细集料的分区及级配范围

方孔筛选孔边长尺寸	累计筛余/%		
	级配区		
	Ⅰ区	Ⅱ区	Ⅲ区
4.75 mm	0~10	0~10	0~10
2.36 mm	5~35	0~25	0~15
1.18 mm	35~65	10~50	0~25
600 μm	71~85	41~70	16~40
300 μm	80~95	70~92	55~85
100 μm	90~100	90~100	90~100

注：(1) 表中除 4.75 mm 和 600 μm 筛孔外，其余各筛孔的累计筛余允许超出分界线，但其超出量不得大于 5%。

(2) 人工砂中 150 μm 筛孔的累计筛余：Ⅰ区可放宽到 85%~100%，Ⅱ区可放宽到 80%~100%，Ⅲ区可放宽到 75%~100%。

(3) Ⅰ区砂宜提高砂率配低流动性混凝土；Ⅱ区砂宜优先选用配不同强度等级的混凝土；Ⅲ区砂宜适当降低砂率保证混凝土的强度。

(4) 对高性能、高强度、泵送混凝土宜选用细度模数为 2.6~2.9 的中砂。2.36 mm 筛孔的累计筛余量不得大于 15%，300 μm 筛孔的累计筛余量宜在 85%~92% 范围内。

细集料检验试验方法应符合现行行业标准《公路工程集料试验规程》(JTG E 42 - 2005)的规定。

3. 粗集料

1) 粗集料技术指标

粗集料宜采用质地坚硬、洁净、级配合理、粒形良好、吸水率小的碎石或卵石，其技术指标应符合表 5 - 5 的规定。

表 5 - 5　粗集料技术指标

项　　　目		技　术　指　标		
		Ⅰ类	Ⅱ类	Ⅲ类
碎尸压碎指标/%		<18	<20	<30
卵石压碎指标/%		<20	<25	<25
坚固性(硫酸钠溶液法经 5 次循环后质量损失值)/%		<5	<8	<12
吸水率/%		<1.0	<2.0	<2.5
针片状颗粒含量(按质量计)		<5	<15	<25
有害物质含量	含泥量/(按质量计,%)	<0.5	<1.0	<1.5
	泥块含量/(按质量计,%)	0	<0.5	<0.7
	有机物含量/(比色法)	合格	合格	合格
	硫化物及硫酸盐/(按 SO_3 质量计,%)	<0.5	<1.0	<1.0
岩石抗压强度(水饱和状态)/Mpa		火成岩>80,变质岩>60,水成岩>30		

注：(1) Ⅰ类宜用于强度等级大于 C60 的混凝土；Ⅱ类宜用于强度等级为 C30~C60 及抗冻、抗渗或其他要求的混凝土；Ⅲ类宜用于强度等级小于 C30 的混凝土。

(2) 粗集料中不应混有草根、树叶、树枝、塑料、煤块、炉渣等杂物。

(3) 岩石的抗压强度除应满足表中要求外，其抗压强度与混凝土强度等级之比应不小于 1.5。岩石强度首先应由生产单位提供，工程中可采用压碎值指标进行质量控制。

(4) 当粗集料中含有颗粒状硫酸盐或硫化物杂质时，应进行专门检验，确认能满足混凝土耐久性要求后，方可采用。

(5) 采用卵石破碎成砾石时，宜具有两个及以上的破碎面，且其破碎面应不小于 70%。

当混凝土结构物处于不同环境条件下时,粗集料坚固性试验的结果除应符合表5-5的规定外,还应符合表5-6的规定。

表5-6 粗集料的坚固性试验

混凝土所处环境条件	在硫酸钠溶液中循环 5次后的质量损失/%
寒冷地区,经常处于干湿交替状态	<5
严寒地区,经常处于干湿交替状态	<3
混凝土处于干燥条件,但粗集料风化或软弱颗粒过多时	<12
混凝土处于干燥条件,但有抗疲劳、耐磨、抗冲击要求或强度等级大于C40	<5

2) 粗集料级配范围

粗集料宜根据混凝土最大粒径采用连续两级配或连续多级配,不宜采用单粒级配或间断级配配制,必须使用时,应通过试验验证。粗集料的级配范围应符合表5-7的规定。

表5-7 粗集料级配范围

级配情况	公称粒径/mm	累计筛余/(按质量计,%)											
		方孔筛筛孔边长尺寸/mm											
		2.36	4.75	9.50	16.0	19.0	26.5	31.5	37.5	53.0	63.0	75.0	90.0
连续级配	5~10	95~100	80~100	0~15	0								
	5~16	95~100	85~100	30~60	0~10	0							
	5~20	95~100	90~100	40~80		0~10	0						
	5~25	95~100	90~100		30~70		0~5	0					
	5~31.5	95~100	90~100	70~90		15~45		0~5	0				
	5~40		95~100	70~90		30~65			0~5	0			
单粒级配	10~20		95~100	85~100		0~15	0						
	16~31.5		95~100		95~100			0~10	0				
	20~40			95~100		80~100			0~10	0			
	31.5~63				95~100			75~100	45~75		0~10	0	
	40~80					95~100				70~100		30~60	0~10	0

3) 粗集料最大粒径

粗集料最大粒径宜按混凝土结构情况及施工方法选取,但最大粒径不得超过结构最小边尺寸的1/4和钢筋最小净距的3/4;在两层或多层密布钢筋结构中,最大粒径不得超过钢筋最小净距的1/2,同时不得超过75.0 mm;混凝土实心板的粗集料最大粒径不宜超过板厚的1/3且不得超过37.5 mm。泵送混凝土时的粗集料最大粒径,除应符合上述规定外,对碎石不宜超过输送管径的1/3,对卵石不宜超过输送管径的1/2.5。

粗集料检验试验方法应符合现行行业标准《公路工程集料试验规程》(JTG E42-2005)的规定。

4. 水

符合国家标准的饮用水可直接作为混凝土的拌制和养护用水;当采用其他水源或对水质有疑

问时,应对水质进行检验。水的品质指标应符合表 5 - 8 的规定。

表 5 - 8　混凝土用水的品质指标

项　目	预应力混凝土	钢筋混凝土	素混凝土
pH 值	≥5.0	≥4.5	≥4.5
不溶物/mg · L^{-1}	≤2 000	≤2 000	≤5 000
可溶物/mg · L^{-1}	≤2 000	≤5 000	≤10 000
氯化物(以 Cl$^-$ 计,mg · L^{-1})	≤500	≤1 000	≤3 500
硫酸盐(以 SO$_4^{2-}$ 计,mg · L^{-1})	≤600	≤2 000	≤2 700
碱含量/rag · L^{-1}	≤1 500	≤1 500	≤1 500

注:(1) 对设计使用年限为 100 年的结构混凝土,氯离子含量不得超过 500 mg/L;对使用钢丝或热处理钢筋的预应力混凝土,氯离子含量不得超过 350 mg/L。
　(2) 碱含量按 Na$_2$O+0.658K$_2$O 计算值表示。采用非碱活性集料时,可不检验碱含量。

混凝土用水尚应符合下列规定:

(1) 水中不应有漂浮明显的油脂或泡沫及有明显的颜色或异味。

(2) 严禁将未经处理的海水用于结构混凝土的拌制。

5. 外加剂

工程使用的外加剂,与水泥、矿物掺和料之间应具有良好的相容性。所采用的外加剂,应是经过具备相关资质的检测机构检验并附有检验合格证明的产品,且其质量应符合现行国家标准《混凝土外加剂》(GB 8076 - 2008)的规定。外加剂使用前应进行复验,复验结果满足要求后方可用于工程中。外加剂的品种和掺量应根据使用要求、施工条件、混凝土原材料的变化等通过试验确定。

在公路桥涵混凝土工程中采用的膨胀剂,其性能应符合现行国家标准《混凝土膨胀剂》(GB 23439 - 2009)的规定,膨胀剂的品种和掺量应通过试验确定。掺入膨胀剂的混凝土宜采取有效的持续保湿养护措施,且宜按不同结构和温度适当延长养护时间。

6. 掺和料

掺和料应保证其产品品质稳定,来料均匀;掺和料应由生产单位专门加工,进行产品检验并出具产品合格证书。掺和料的技术要求见《公路桥涵施工技术规范》(JTG/T F50 - 2011)中的附录 B1。混凝土中需要掺用粉煤灰、磨细矿渣、硅灰等掺和料时,其掺入量应在使用前通过试验确定。

二、混凝土性能试验试件尺寸及数量

试件的尺寸应根据混凝土中集料的最大粒径按表 5 - 9 选定。

表 5 - 9　混凝土性能试验试件尺寸及数量

试 件 名 称	试 件 形 状	试件尺寸/mm	尺寸修正系数	每组试件数量
立方体抗压强度试件	立方体	200×200×200(53)	1.05	3 个
	立方体	150×150×150(31.5)	标准试件	3 个
	立方体	100×100×100(26.5)	0.95	3 个

试 件 名 称	试 件 形 状	试件尺寸/mm	尺寸 修正系数	每组 试件数量
棱柱体轴心 抗压强度试件	棱柱体	200×200×400(53)	1.05	3个
	棱柱体	150×150×1 300(31.5)	标准试件	3个
	棱柱体	100×100×300(26.5)	0.95	3个
棱柱体 抗压弹性模量试件	棱柱体	200×200×400(53)	—	3个
	棱柱体	150×150×1 300(31.5)	标准试件	3个
	棱柱体	100×100×300(26.5)	—	3个
抗弯拉强度试件	棱柱体	200×200×400(53)	标准试件	3个
	棱柱体	150×150×1 300(31.5)	标准试件	3个
	棱柱体	100×100×300(26.5)	0.85	3个
立方体 劈裂抗拉强度试件	立方体	150×150×150(31.5)	标准试件	3个
	立方体	100×100×100(26.5)	—	3个

注：括号中的数字为试件中集料公称最大粒径。

混凝土立方体试件置于压力机上受压时，在沿加荷方向发生纵向变形的同时，混凝土试件及上、下钢压板也按泊松比效应产生横向自由变形，但由于压力机钢压板的弹性模量比混凝土大10倍左右，而泊松比大于混凝土近2倍，所以在压力作用下，钢板的横向变形小于混凝土的横向变形，造成上、下钢压板与混凝土试件接触的表面之间均产生摩擦阻力，它对混凝土的横向膨胀起着约束作用，从而对混凝土强度起提高作用，如图5-3所示。但这种约束作用随着远离试件端部而变小，大约在距离 $\sqrt{3}/2a$（a 为立方体试件边长）处，约束作用消失，所以试件抗压破坏后呈一对顶棱锥体（见图5-4），称为环箍效应。若在钢压板和混凝土试件之间加涂润滑剂，试件将直立破坏（见图5-5），则环箍效应大大减小，测得的抗压强度因而偏低；混凝土试件立方体尺寸较大时，环箍效应的相对作用较小，混凝土试件立方体尺寸较小时，环箍效应的相对作用较大。混凝土试件中存在的孔隙和微裂缝等缺陷，会引起混凝土试件的实际受力面积降低和应力集中，导致混凝土强度降低。混凝土试件尺寸越小，测得的抗压强度值越大。

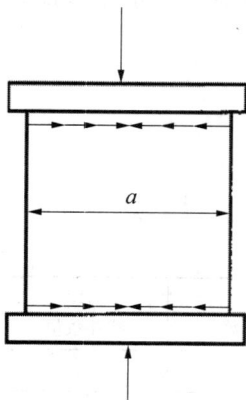

图5-3 压力机压板对试 件的约束作用

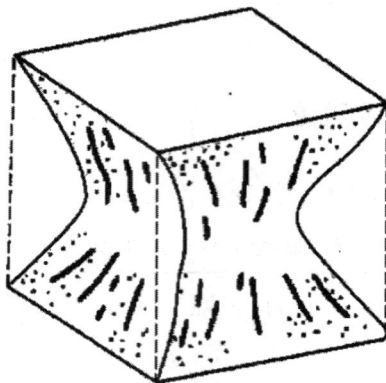

图5-4 受压板约束试件破坏 残存的棱锥体

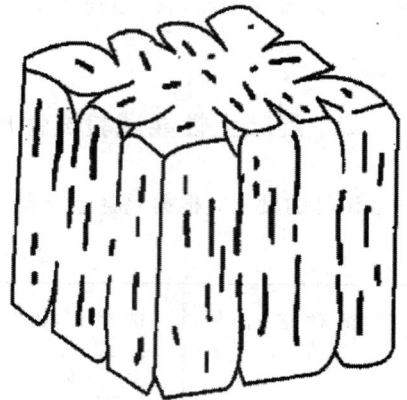

图5-5 不受压板约束时 试件破坏情况

混凝土试件的最小尺寸应根据混凝土所用集料的最大粒径确定。混凝土采用标准试件在标准条件下测定其抗压强度,是为了具有可比性。在实际施工中允许采用非标准尺寸的试件,但应将其抗压强度测值按表5-9所列系数换算成标准试件时的抗压强度。

三、混凝土性能试验设备

(1)搅拌机。自由式或强制式搅拌机。
(2)振动台。振动台主要技术指标应符合表5-10的要求。

表5-10　振动台的主要技术指标

部 件 名 称	技 术 指 标	部 件 名 称	技 术 指 标
振动台台面厚度	大于10 mm	台面尺寸偏差	不大于±5 mm
台面平整度	平面度误差不应大于0.3 mm	台平面粗糙度	Ra不得大于6.3
空载台面中心垂直振幅	0.5 mm±0.02 mm	空载频率	50 Hz±2 Hz
空载台面振幅均匀度	不大于10%	启动时间	不大于2 s
负载与空载台面中心垂直振幅比	不小于0.7	制动时间	不大于5 s
试模固定装置	振动中试模无松动、无移动、无损伤	空载噪声	不大于80 dB

(3)压力试验机或万能试验机。
同任务5.1中压力试验机要求。
(4)试模。各种试模应符合《混凝土试模》(JG 237-2008)中的技术要求,且应根据试模的使用频率来决定检查时间,至少每三个月检查1次。试模的主要技术指标如表5-11所示。

表5-11　试模的主要技术指标

部件名称	技 术 指 标	部件名称	技 术 指 标
试模内表面	光滑平整,不得有砂眼	组装后相邻面夹角	90°±0.1°
内表面和上口面粗糙度	Ra不得大于3.2	试模内表面平整度	100 mm不大于0.04 mm
组装后内部尺寸误差	不得超出公称尺寸的±0.2%,且不大于1 mm	组装后连接面缝隙	不得大于0.1 mm

(5)捣棒。捣棒为直径16 mm、长约600 mm,并具有半球形端头的钢质圆棒。
(6)钢垫板。混凝土强度等级大于等于C60时,试验机上、下压板之间应各垫一钢垫板,平面尺寸应不小于试件的承压面,其厚度至少为25 mm。钢垫板应机械加工,其平面度允许偏差±0.04 mm,表面硬度大于等于HRC55,硬化层厚度约5 mm。试件周围应设置防崩裂网罩。

四、混凝土试件制作及现场取样方法

1. 试件成型
1)混凝土试件制作应符合的规定。
(1)成型前,应检查试模尺寸。尤其是对高强混凝土,应格外重视检查试模的尺寸是否符合试模标准的要求。特别应检查 150 mm×150 mm×150 mm 试模的内表面平整度和相邻面夹角是否符合要求。试模内表面应涂一薄层矿物油或其他不与混凝土发生反应的脱模剂。

（2）普通混凝土力学性能试验。每组试件所用的拌和物应从同一盘混凝土或同一车混凝土中取样，取拌和物的总量至少应比所需量多 20%，并取出少量混凝土拌和物代表样，在 5 min 内进行坍落度或维勃试验，品质合格后，在 15 min 内开始制件。

（3）在试验室拌制混凝土时，其材料用量应以质量计，称量的精度：集料为±10%，水、水泥、掺和料和外加剂为±0.5%。

（4）根据混凝土拌和物的稠度确定混凝土成型方法。对于坍落度小于 25 mm 的混凝土，可采用直径为 25 mm 的插入式振捣棒成型；对于坍落度大于 25 mm 且小于 70 mm 的混凝土，宜用标准振动台振实；对于坍落度大于 70 mm 的混凝土，宜用振捣棒人工捣实。检验现浇混凝土或预制构件的混凝土，试件成型方法宜与实际采用的方法相同。

2）混凝土试件制作的步骤。

（1）新拌混凝土现场从搅拌机、料斗、运输车或构件取样时，均需从 3 处以上的不同部位抽取大致相同分量的代表性样品，注意不要抽取已经离析的混凝土，集中用铁铲翻拌均匀，而后立即进行拌和物的试验。拌和物的取样量多于试验所需数量的 1.5 倍，其体积不小于 20 L。为使样品具有代表性，宜多次采样，从第一次取样到最后一次取样不宜超过 15 min，取回的混凝土拌和物应经过人工再次翻拌均匀，而后进行试验。

（2）用标准振动台振实制作试件应按下述方法进行：

① 将混凝土拌和物一次装入试模，装料时应用抹刀沿各试模壁插捣，并使混凝土拌和物高出试模口。

② 将试模放在振动台上夹牢，防止振动时试模自由跳动，振动应持续到表面出现浆状水泥为止，振动过程中随时添加混凝土使试模常满，记录振动时间，一般是维勃秒数的 2～3 倍，不超过 90 s。

③ 振动结束后，用金属直尺沿试模边缘刮去多余的混凝土，用镘刀将表面初次抹平，待试件收浆后，再次用镘刀将试件仔细抹平，试件抹面与试模边缘的高低差不得超过 0.5 mm。

（3）用人工插捣制作试件应按下述方法进行：

① 混凝土拌和物应分两层装入模内，每层的装料厚度大致相等。

② 插捣应按螺旋方向从边缘向中心均匀进行。在插捣底层混凝土时，捣棒应达到试模底部；插捣上层时，捣棒应贯穿上层后插入下层 20～30 mm；插捣时应用力将捣棒压下，保持捣棒垂直，不得冲击，捣一层后，应用橡皮锤轻轻敲击试模外端 10～15 次，以填平插捣过程中留下的孔洞。

③ 每层插捣次数按 100 cm² 截面面积内不少于 12 次进行；试件抹面与试模边缘的高低差不得超过 0.5 mm。

（4）用插入式振捣棒振实制作试件应按下述方法进行：

① 将混凝土拌和物一次装入试模，装料时应用抹刀沿各试模壁插捣，并使混凝土拌和物高出试模口。

② 振捣时振捣棒距试模底板 10～20 mm，且不得触及试模底板。振捣持续到表面出浆为止，且应避免过振，防止混凝土离析，一般振捣时间为 20 s。振捣棒拔出时要缓慢，拔出后不得留有孔洞。

③ 刮除试模上口多余的混凝土，在临近初凝时，用抹刀抹平。试件抹面与试模边缘的高低差不得超过 0.5 mm。

2. 试件的养护

(1) 试件成型后应立即用湿布覆盖表面,或用其他办法保湿。

(2) 采用标准养护的试件,应在温度为 20℃±5℃,相对湿度大于 50% 的环境下,静置 1～2 昼夜,然后拆模并作第一次外观检查、编号,对有缺陷的试件应除去,或加工补平。将完好试件放入标准养护室进行养护,养护室温度 20℃±2℃,相对湿度为 95% 以上,试件宜放在铁架或木架上,间距至少 10～20 mm,试件表面应保持一层水膜,并避免用水直接冲淋。当无标准养护室时,将试件放入度为 20℃±2℃的不流动的 $Ca(OH)_2$ 饱和溶液中养护:因为水泥石中存在 $Ca(OH)_2$ 是水泥水化和维持水泥石稳定的重要前提,如果养护水不是 $Ca(OH)_2$ 饱和溶液,那么混凝土中的 $Ca(OH)_2$ 就会溶出,会影响水泥的水化进程,从而影响混凝土的强度。

(3) 同条件养护试件的拆模时间可与实际构件的拆模时间相同,拆模后,试件仍需保持同条件养护。

(4) 标准养护龄期为 28 天(从搅拌加水开始),非标准养护龄期一般为 1 天、3 天、7 天、60 天、90 天和 180 天。

五、混凝土立方体抗压强度试验方法

1. 试验步骤

(1) 混凝土抗压强度试件应同龄期者为一组,每组为 3 个同条件制作和养护的混凝土试块。养护至试验龄期时,自养护室取出试件,应尽快试验,避免其湿度变化。

(2) 取出试件,检查其尺寸形状,相对两面应平行。量出棱边长度,精确至 1 mm。试件受力截面积按其与压力机上下接触面的平均值计算。在破型前,保持试件原有湿度,在试验时擦干试件。

(3) 已成型时侧面为上、下受压面,试件中心应与压力机几何对中。

(4) 强度等级小于 C30 的混凝土,取 0.3～0.5 MPa/s 的加荷速度;强度等级大于 C30 小于 C60 时,则取 0.5～0.8 MPa/s 的加荷速度;强度等级大于 C60 的混凝土,取 0.8～1.0 MPa/s 的加荷速度。当试件接近破坏而开始迅速变形时,应停止调整试验机油门,直至试件破坏,记下破坏极限荷载 F。

2. 试验结果计算及确定

(1) 混凝土立方体试件抗压强度按下式计算:

$$f_{cu} = \frac{F}{A} \tag{5-6}$$

式中:f_{cu}——混凝土立方体抗压强度(MPa);

　　F——极限荷载(N);

　　A——受压面积(mm^2)。

(2) 以 3 个试件测值的算术平均值为测定值,计算精确至 0.1 MPa。3 个测值中的最大值和最小值中不超过一个与中间值之差超过中间值的 15%,则取中间值为测定值;如最大值和最小值与中间值之差均超过中间值的 15%,则该组试验结果无效。

(3) 混凝土强度等级小于 C60 时,非标准试件的抗压强度应乘以尺寸换算系数,并应在报告中注明;当混凝土强度等级大于等于 C60 时,宜用标准试件,使用非标准试件时,换算系数由试验确定。

六、混凝土棱柱体轴心抗压强度试验方法

1. 试验步骤

（1）混凝土轴心抗压强度试件应同龄期者为一组，每组为 3 个同条件制作和养护的混凝土试块。养护至试验龄期时，自养护室取出试件，用湿布覆盖，避免其湿度变化。试验时擦干试件，测量其高度和宽度，精确至 1 mm。

（2）在压力机下压板上放好试件，几何对中，试件的承压面应与成型时的顶面垂直，试件的中心应与试验机下压板中心对准，开动试验机，当上压板与试件或钢垫板接近时，调整球座，使接触均衡。

（3）强度等级小于 C30 的混凝土，取 0.3～0.5 MPa/s 的加荷速度；混凝土强度等级大于 C30 小于 C60 时，则取 0.5～0.8 Mpa/s 的加荷速度；强度等级大于 C60 的混凝土，取 0.8～1.0 Mpa/s 的加荷速度。当试件接近破坏并开始急剧变形时，应停止调整试验机油门，直至破坏，记下破坏极限荷载 F。

2. 试验结果计算及确定

（1）混凝土棱柱体轴心抗压强度按下式计算：

$$f_{cp} = \frac{F}{A} \tag{5-7}$$

式中：f_{cp} ——混凝土棱柱体轴心抗压强度（MPa）；

F ——极限荷载（N）；

A ——受压面积（mm^2）。

计算结果精确至 0.1 MPa。

（2）以 3 个试件测值的算术平均值为测定值。3 个测值中的最大值和最小值中不超过一个与中间值之差超过中间值的 15%，则取中间值为测定值；如最大值和最小值与中间值之差均超过中间值的 15%，则该组试验结果无效。

（3）采用非标准尺寸试件测得的棱柱体轴心抗压强度，应乘以尺寸换算系数；当混凝土强度等级大于等于 C60 时，宜用标准试件。

七、混凝土棱柱体抗压弹性模量试验方法

本方法规定了测定水泥混凝土在静力作用下的受压弹性模量方法，水泥混凝土的受压弹性模量取轴心抗压强度 1/3 时对应的弹性模量。

1. 仪器设备

（1）微变形测量仪：千分表两个（0 级或 1 级），或精度不低于 0.001 mm 的其他仪器，如引伸计。

（2）微变形测量仪固定架两对，标距为 150 mm。

（3）钢尺（量程 600 mm，分度值为 1 mm）、502 胶水、铅笔和秒表等。

2. 试验步骤

（1）试件尺寸与棱柱体轴心抗压强度试件尺寸相同。

（2）每组为同龄期同条件制作和养护的试件6根,其中3根用于测定轴心抗压强度,提供弹性模量试验的加荷标准,另3根则作弹性模量试验。试件取出后,用湿毛巾覆盖并及时进行试验,保持试件干湿状态不变。擦净试件,量出尺寸并检查外形,尺寸量测精确至1 mm,试件不得有明显缺损,端面不平时须先抹平。

（3）取3根试件进行轴心抗压强度试验,计算棱柱体轴心抗压强度值。

（4）取另3根试件作抗压弹性模量试验,微变形测量仪应安装在试件两侧的中线上并对称于试件两侧。

（5）将试件移到压力机球座上,几何对中,加荷方法如图5-6所示。

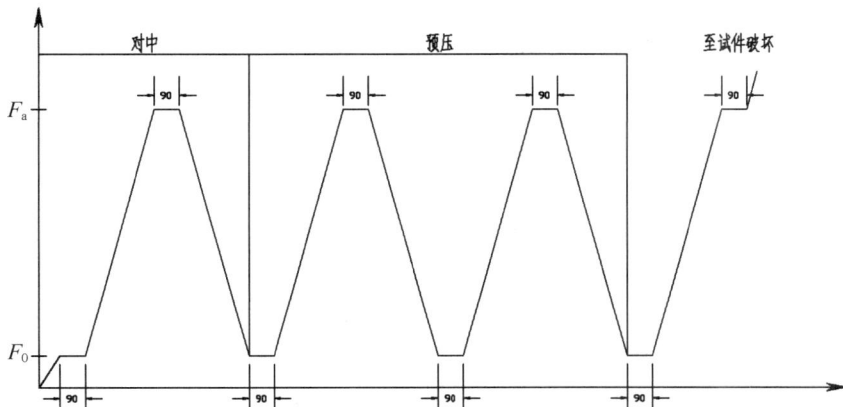

注:（1）90 s包括60 s持荷时间、30 s读数时间。（2）60 s为持荷时间。

图5-6　弹性模量加荷方法

（6）调整试件位置:开动压力机,当上压板与试件接近时,调整球座,使接触均衡。加荷至基准应力为0.5 MPa对应的初始荷载值 F_0,保持恒载60 s,并在之后的30 s内记录两侧变形量测仪的读数 ε_{0L}、ε_{0R}。应立即以0.6 MPa/s±0.4 MPa/s的加荷速率连续均匀加荷至1/3轴心抗压强度对应的荷载值 F_a,保持恒载60 s,并在之后的30 s内记录两侧变形量测仪的读数 ε_{aL}、ε_{aR}。

（7）以上读数应与它们的平均值相差20%以内,否则应重新对中试件后重复（6）的步骤。如果无法使差值降低到20%以内,则此次试验无效。

（8）预压:确认步骤（7）后,以相同的速度卸荷至基准应力0.5 MPa对应的初始荷载值 F_0,并持荷60 s。以相同的速度加荷至荷载值 F_a,再保持60 s恒载,最后以相同的速度卸荷至初始荷载 F_0 至少进行两次预压循环。

（9）完成最后一次预压后,保持60 s初始荷载值 F_0,在后续的30 s内记录两侧变形量测仪的读数 ε_{0L}、ε_{0R},再用同样的加荷速度加荷至荷载值 F_a,再保持60 s恒载,并在后续的30 s内记录两侧变形量测仪的读数 ε_{aL}、ε_{aR}。

（10）卸下微变形量测仪,以同样的速度加荷至破坏,记下破坏极限荷载 F。如果试件的轴心抗压强度与 f_{cp} 之差超过 f_{cp} 的20%,应在报告中注明。

3.试验结果计算及确定

（1）混凝土抗压弹性模量按下式计算:

$$E_c = \frac{F_a - F_0}{A} \cdot \frac{L}{\Delta n} \tag{5-8}$$

$$\Delta n = \frac{(\varepsilon_{aL} + \varepsilon_{aR})}{2} - \frac{(\varepsilon_{0L} + \varepsilon_{0R})}{2} \qquad (5-9)$$

式中：E_c——混凝土抗压弹性模量（MPa）；

$\quad\quad$ F_a——终荷载（N），即 $1/3 f_{cp}$ 时对应的荷载值；

$\quad\quad$ F_0——初荷载（N），即 0.5 MPa 时对应的荷载值；

$\quad\quad$ L——测量标距（mm）；

$\quad\quad$ A——试件承压面积（mm²）；

$\quad\quad$ Δn——最后一次加荷时，试件两侧在 F_a 及 F_0 作用下变形差的平均值（mm）；

$\quad\quad$ ε_{aL}、ε_{aR}——分别表示 F_a 时标距间左右两侧的试件变形（mm）；

$\quad\quad$ ε_{0L}、ε_{0R}——分别表示 F_0 时标距间左右两侧的试件变形（mm）。

计算结果精确至 100 MPa。

（2）以 3 根试件试验结果的算术平均值为测定值。如果其循环后的任一根与循环前轴心抗压强度之差超过后者的 20%，则弹性模量值按另两根试件试验结果的算术平均值计算；如有两根试件试验结果超出上述规定，则试验结果无效。

八、混凝土抗弯拉强度试验方法

1. 仪器设备

（1）压力试验机（万能试验机）：同任务 5.1 中压力试验机要求。

（2）抗弯拉试验装置，及三分点处双点加荷和三点自由支承式混凝土抗弯拉强度与抗弯拉弹性模量试验装置，如图 5-7 所示。

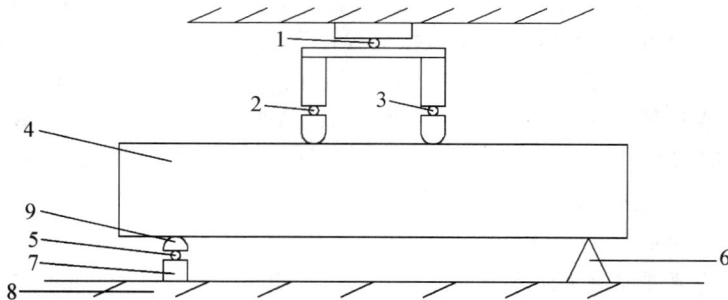

图 5-7 抗弯拉试验装置

1、2—单个钢球；3、5—两个钢球；4—试件；6—固定支座；
7—活动支座；8—机台；9—活动船形垫块

2. 试验步骤

（1）试件尺寸应符合规定，同时在试件长向中部 1/3 区段内表面不得有直径超过 5 mm、深度超过 2 mm 的孔洞，混凝土抗弯拉强度试件应取同龄期者为一组，每组 3 根同条件制作和养护的试件。

（2）试件取出后，用湿毛巾覆盖并及时进行试验，保持试件干湿状态不变。在试件中部量出其宽度和高度，精确至 1 mm。

（3）调整两个可移动支座，将试件安放在支座上，试件成型时的侧面朝上，几何对中后，务必使支座及承压面与活动船形垫块的接触面平稳、均匀,否则应垫平。

（4）加荷时,应保持均匀、连续。当混凝土强度等级小于 C30 时,加荷速度为 0.3～0.5 MPa/s;当混凝土的强度等级大于 C30 小于 C60 时,加荷速度为 0.5～0.8 MPa/s;当混凝土的强度等级大于等于 C60 时,加荷速度为 0.8～1.0 MPa/s。当试件接近破坏并开始迅速变形时,不得调整试验机油门,直至试件破坏,记下破坏极限荷载 F。

（5）记录下最大荷载和试件下边缘断裂位置。

3. 试验结果计算及确定

（1）当断面发生在两个加荷点之间时,抗弯拉强度按下式计算:

$$f_f = \frac{FL}{bh^2} \qquad (5-10)$$

式中：f_f——抗弯拉强度（MPa）；

F——极限荷载（N）；

L——支座间距离（mm）；

b——试件宽度（mm）；

h——试件高度（mm）。

计算结果精确至 0.01 MPa。

（2）以 3 个试件测值的算术平均值为测定值。3 个试件中最大值和最小值中不超过一个与中间值之差超过中间值的 15%,则把最大值和最小值舍去,以中间值作为试件的抗弯拉强度；如最大值和最小值与中间值之差值均超过中间值的 15%,则该组试验结果无效。

（3）3 个试件中如有一个断裂面位于加荷点外侧,则混凝土抗弯拉强度按另外两个试件测值的平均值为测试结果,否则结果无效；如果有两根试件均出现断裂面位于加荷点外侧,则该组结果无效。注意,断面位置在试件断块短边一侧的底面中轴线上量得。

（4）采用 100 mm×100 mm×400 mm 非标准试件时,在三分点加荷的试验方法同前,但所取得的抗弯拉强度值应乘以尺寸换算系数 0.85；当混凝土强度等级大于等于 C60 时,应采用标准试件。

九、混凝土立方体劈裂抗拉强度试验方法

1. 仪器设备

劈裂钢垫条、三合板或纤维板垫层,如图 5-8 所示。钢垫条顶面为半径 75 mm 的弧形,长度不短于试件边长；木质三合板或纤维板垫层的宽度为 20 mm,厚度为 3～4 mm,长度不小于试件长度,垫条不得重复使用。

2. 试验步骤

（1）混凝土抗压强度试件应同龄期者为一组,每组为 3 个同条件制作和养护的混凝土试块。

（2）养护至试验龄期时,自养护室取出试件,应尽快试验,避免其湿度变化。检查外观,在试件中部画出劈裂面位置线,劈裂面与试件成型时的顶面垂直。尺寸测量精确至 1 mm。

（3）试件放在球座上,几何对中,放妥垫层垫条,其方向与

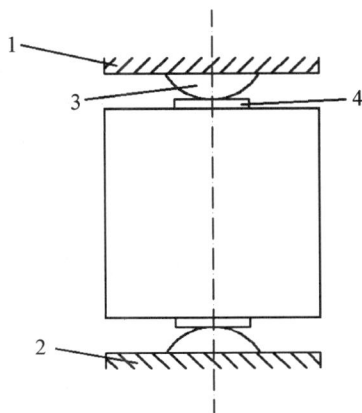

图 5-8　劈裂试验用钢垫条

1—上压板；2—下压板；
3—垫层；4—垫条

试件成型时的顶面垂直。

（4）当混凝土强度等级小于 C30 时，加荷速度为 0.02～0.05 MPa/s；当混凝土强度等级大于等于 C30 且小于 C60 时，加荷速度为 0.05～0.08 MPa/s；当混凝土强度等级大于等于 C60 时，加荷速度为 0.08～0.10 MPa/s。当试件接近破坏且开始迅速变形时，不得调整试验机油门，直至试件破坏，记下破坏极限荷载 F。

3. 试验结果计算及确定

（1）混凝土劈裂抗拉强度按下式计算：

$$f_{ts} = \frac{2F}{\pi A} = 0.637 \frac{F}{A} \tag{5-11}$$

式中：f_{ts}——混凝土劈裂抗拉强度（MPa）；

F——试件破坏荷载（N）；

A——试件劈裂面面积（mm²），即试件横截面面积。

计算结果精确至 0.01 MPa。

（2）劈裂抗拉强度值的计算和异常数据的取舍原则：以 3 个试件测值的算术平均值作为测定值。如 3 个试件中最大值和最小值中不超过一个与中间值的差值超过中间值的 15％时，则取中间值为测定值；如两个测值与中间值的差均超过中间值的 15％，则该组试件的试验结果无效。

十、试验报告

试验报告应包括以下内容：要求检测的项目名称和执行标准，原材料的品种、规格和产地，试验日期及时间，仪器设备的名称、型号及编号，环境温度和湿度，试验检测情况及结果，要说明的其他内容。

任务 5.3　钢　材　检　测

钢材具有优异的力学性能和加工性能，广泛应用于各种不同类型的桥涵工程结构。

根据化学成分、冶炼和轧制工艺、形状不同等，工程用钢材可以分为很多种类，但作为结构材料，钢材的力学性能是最重要的。在工程结构施工、构件制作时，都需要对钢材进行加工，如弯曲、焊接等，因此对钢材的加工性能也有很高的要求。

本节主要讨论钢材的力学性能、加工性能及相应的试验检测方法。

一、主要力学性能和加工性能

1. 屈服强度 R_{el}

大部分结构钢材都有明显的屈服现象，如碳素结构钢、优质碳素结构钢、低合金结构钢等，以及钢筋混凝土用的钢筋。在室温条件下，对有明显屈服现象的钢材标准试样进行拉伸试验，可以得到钢材的应力-伸长率曲线（见图 5-9）。图中的应力为拉力除以试样的原始截面面积，伸长率为原始标距的伸长除以原始标距（单位长度的伸长，用百分率表示，也可称为应变）。由图 5-9 可以看到,从 O 点到 A 点,应力-伸长率曲线可以看作为一条通过零点的斜直线,直线的斜率就是弹性模量,这时应力-伸长率呈线弹性关系,这一阶段称为线弹性阶段;从 A 点到 B 点,应力不增加,伸长率也会不断增大,这就是屈服现象,相应的应力即为屈服强度,这一阶段称为屈服阶段,A 点到 B 点的长度称为屈服平台。

屈服阶段中,应力-伸长率曲线会发生波动,取首次下降前的最大应力为上屈服强度;不计初始瞬时效应,取其最小应力为下屈服强度 R_{el}。通常将下屈服强度 R_{el} 作为屈服强度特征值(或屈服强度)。

2. 抗拉强度 R_m

图 5-9 中,从 B 点起,继续拉伸,应力又随着伸长率的增加而增大,到 C 点处达到最大值,即抗拉强度,B 点到 C 点称为强化段。C 点开始,随着伸长率的增加,应力下降,试样最薄弱处出现颈缩显现,到 D 点时,试样受拉断裂,C 点到 D 点称为下降段。

其他没有明显屈服现象的钢材,拉伸试验中的最大应力,即为抗拉强度。

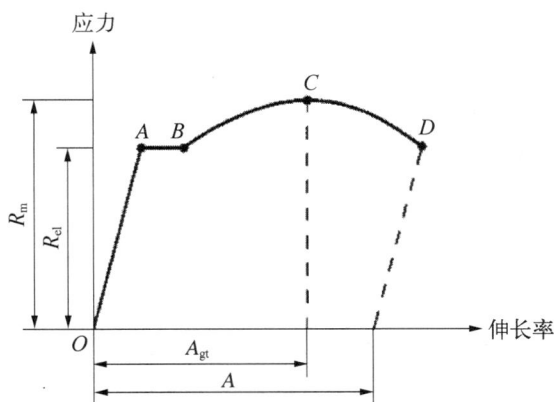

图 5-9　有明显屈服现象钢材的应力-伸长率曲线

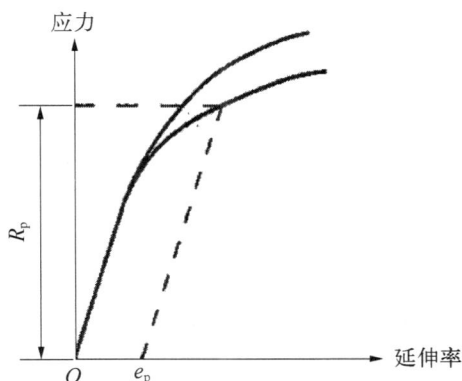

图 5-10　无明显屈服现象钢材的应力延伸率曲线

3. 规定塑性延伸强度 R_p

在室温条件下,对没有明显屈服现象的钢材标准试样进行拉伸试验,可以得到另一种应力-延伸率曲线见图 5-10。延伸率为引伸计标距的延伸除以引伸计标距,单位长度的延伸,也可称为应变。由于应力-延伸率曲线没有明显的屈服现象,可以取对应于某一规定塑性延伸率(图 5-10 中的 e_p) 对应的应力作为规定塑性延伸强度,作为这类钢材的强度指标。通常取塑性延伸率为 0.2% 所对应的应力作为规定塑性延伸强度,记作 $R_{p0.2}$。

4. 断后伸长率 A

钢材拉伸试验中,伸长率是用以表示钢材变形的重要参数,以百分率表示。断后伸长率为试样拉伸断裂后的残余伸长量与原始标距之比,它是表示钢材变形性能、塑性变形能力的重要指标。

5. 最大力总伸长率 A_{gt}

钢材拉伸试验中,应力或拉伸力达到最大值时的原始标距伸长量与原始标距之比,称为最大力总伸长率,以百分率表示。

6. 弯曲性能

在钢结构制作和安装、钢筋加工中,常常需要对钢材进行弯曲,要求钢材具有良好的弯曲性能,这是钢材的一个重要工艺性能或加工性能。

弯曲性能要求钢材具有一定的弯曲塑性变形能力,在弯曲到规定的角度后,弯曲部位不得发生裂纹等损坏现象。钢材的弯曲性能由弯曲试验或反复弯曲试验得到。

7. 应力松弛性能

应力松弛是钢材在规定的温度和约束条件下,应力随时间而减少的现象。松弛率为松弛应力与初始应力之比,用松弛率评价钢材的应力松弛性能。由于应力松弛通常会造成不利的后果,特别是在预应力混凝土结构中,预应力钢筋或钢绞线等受到很大的拉应力作用,应力松弛会造成预应力损失,影响结构性能。

应力松弛性能要求钢材特别是预应力用钢材的松弛率不得大于规定值。

8. 疲劳性能

钢材在一定次数的交变应力(随时间作周期性交替变更的应力)作用下,往往会在最大应力远小于其抗拉强度的情况下,发生突然破坏,这种现象称为疲劳破坏。钢材抵抗疲劳破坏的能力称为疲劳性能。

9. 冲击性能

钢材在冲击荷载作用下断裂时吸收能量的能力,称为冲击性能,它是衡量钢材抵抗脆性破坏的力学性能指标。

10. 钢筋连接

钢筋的连接通常采用焊接和机械连接。钢筋连接接头应该满足强度及变形性能的要求。

二、试验方法

1. 拉伸试验

钢材的屈服强度、抗拉强度和伸长率等性能都可以通过拉伸试验获得,拉伸试验应该按照国家标准《金属材料 拉伸试验 第1部分:室温试验方法》(GB/T 228.1-2010)进行。

钢材拉伸试验的试样制备应符合国家标准《钢及钢产品 力学性能试验取样位置及试样制备》(GB/T 2975-1998)、《金属材料 拉伸试验 第1部分:室温试验方法》(GB/T 228.1-2010)等相关金属产品标准的有关规定。

拉伸试验的试验机应按照《静力单轴试验机的检验 第1部分:拉力和(或)压力试验机测力系统的检验与校准》(GB/T 16825.1-2008)进行校准,并应为1级或优于1级。引伸计的准确度级别应符合《单轴试验用引伸计的标定》(GB/T 12160-2002)的要求,测定上屈服强度、下屈服强度、屈服点延伸率、规定塑性延伸强度、规定总延伸强度、规定残余延伸强度,以及规定残余延伸强度的验证试验,应使用不低于1级准确度的引伸计;测定其他具有较大延伸率的性能,例如抗拉强度、最大力总伸长率和最大力塑性延伸率、断裂伸长率以及断后伸长率,应使用不低于2级准确度的引伸计。

拉伸试验一般在室温10~35℃范围内进行;对温度要求严格的试验,试验温度应为23℃±5℃。

拉伸试验的试验速率可以根据要求、条件等,选择采用应变速率控制或应力速率控制。应变速率控制可以使用引伸计测量试样的应变来达到,也可以通过控制试验机横梁位移速率来达到;应力速率控制是用拉伸力除以试样的原始截面面积得到应力,通过控制拉伸力的速率来达到控制应力速率。

1)屈服强度

采用应变控制试验速率,应变速率可以取 $0.000\,25\ \text{s}^{-1}$,相对误差±20%。

采用应力控制试验速率,可按材料弹性模量的大小取相应的应力速率。弹性模量 $E < 1.5 \times 10^5$ MPa 时,应力速率取不大于 20 MPa·s^{-1};弹性模量 $E \geqslant 1.5 \times 10^5$ MPa 时,应力速率取不大于 60 MPa·s^{-1}。

对于有明显屈服现象的钢材,可以采用图解法和指针法测定其上屈服强度和下屈服强度。

(1)图解法。试验时记录力-延伸曲线或力-位移曲线(见图 5-11),从曲线图读取首次下降前的最大力和不计初始瞬时效应时屈服阶段中的最小力或屈服平台的恒定力,将其分别除以试样原始横截面积得到上屈服强度 R_{eH} 和下屈服强度 R_{eL}。

(2)指针法。试验时,读取测力度盘指针首次回转前指示的最大力和不计初始瞬时效应时屈服阶段中指示的最小力或首次停止转动指示的恒定力,将其分别除以试样原始横截面积得到上屈服强度和下屈服强度。

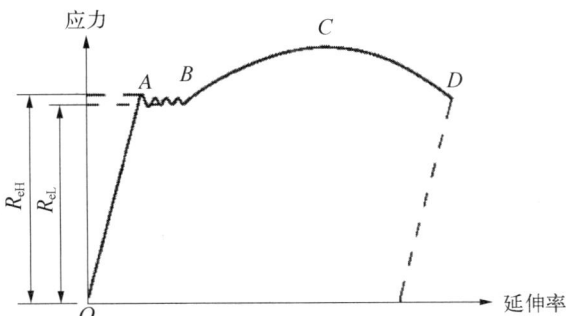

图 5-11　图解法测定屈服强度

2)抗拉强度

采用应变控制试验速率,应变速率可以取 0.006 7 s^{-1}(0.4 min^{-1}),相对误差±20%。

采用应力控制试验速率,在测定屈服强度或塑性延伸强度后,试验速率可以用不大于0.008 s^{-1}的应变速率;如果仅仅需要测定抗拉强度,则在整个试验过程中取不超过 0.008 s^{-1}的单一试验速率。

也可以采用图解法、指针法或自动装置测定试样的抗拉强度。

(1)图解法。从试验记录的力-延伸曲线或力-位移曲线(见图 5-11)上,读取最大力,将最大力除以试样原始横截面积得到抗拉强度。

(2)指针法。从测力度盘读取试验过程中的最大力,将最大力除以试样原始横截面积得到抗拉强度。

(3)自动装置。使用自动装置或自动测试系统等测定抗拉强度。

3)规定塑性延伸强度

采用应变控制试验速率,用引伸计测量应变时,应变速率可以取 0.000 25 s^{-1},相对误差±20%,也可以换算成横梁位移速率。

采用应力控制试验速率,在弹性范围可按材料弹性模量的大小取相应的应力速率。弹性模量 $E < 1.5 \times 10^5$ MPa 时,应力速率取 2~20 MPa·s^{-1};弹性模量 $E \geqslant 1.5 \times 10^5$ MPa 时,应力速率取 6~60 MPa·s^{-1}。在塑性范围,改为按应变速率控制,应变速率不应超过 0.002 5 s^{-1}。

在试验得到的应力-延伸率曲线图(见图 5-10)上,画一条与曲线的弹性直线段部分平行,且在延伸轴上与此直线段的距离等效于规定塑性延伸率,例如0.2%的直线。此平行线与曲线的交截点给出相应于所求规定塑性延伸强度的力,将此力除以试样原始横截面积得到规定塑性延伸强度。

如果力-延伸曲线图的直线部分不能明确地确定,以致不能以足够的准确度画出这一平行线,建议用另一种方法表示,如图 5-12 所示。图 5-12 中,e 为延伸率,e_p 为规定的塑性延伸率,R 为应力,R_p 为规定塑性延伸强度。试验中,加载超过预期的规定塑性延伸强度后,将力降至约已达到力的 10%;然后再加载直至超过原已达到的力,可以得到一个力-延伸的滞后环。过滞后环的两端点画一条直线,然后作一条与此平行、并经过横轴的平行线,其与横轴的交点到曲线原点的距离等效于所规定的塑性延伸率。该平行线与曲线的交截点给出相应于规定塑性延伸强度的力,此力除以试样原始横截面积得到规定塑性延伸强度。

可以按以下方法修正曲线的原点：作一条平行于滞后环所确定直线的平行线，并使其与力-延伸曲线相切，此平行线与延伸轴的交点即为曲线的修正原点，如图 5-12 所示。

4）断后伸长率

采用应变控制试验速率，应变速率可以取 0.006 7 s^{-1}（0.4 min^{-1}），相对误差±20%。

采用应力控制试验速率，在测定屈服强度或塑性延伸强度后，试验速率可以用不大于 0.008 s^{-1} 的应变速率。

试样被拉伸断裂后，应将其断裂的部分仔细地配接在一起，使其轴线处于同一直线上，并采取特别措施确保试样断裂部分适当接触后测量试样断后标距。按前面的定义计算断后伸长率，即断后标距减去原始标距，然后除以原始标距。

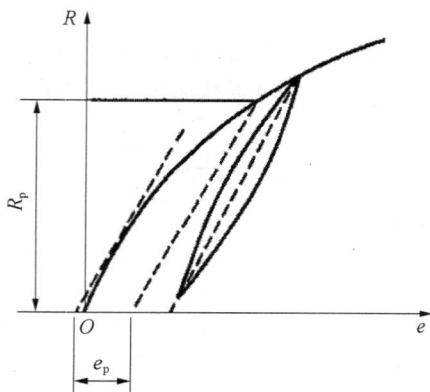

图 5-12 测定规定塑性延伸强度

应使用分辨力优于 0.1 mm 的量具或测量装置测定断后标距，准确到±0.25 mm；如规定的最小断后伸长率小于 5%，宜采用特殊方法进行测定。

原则上只有断裂处与最接近的标距标记的距离不小于原始标距的 1/3 情况方为有效；但断后伸长率大于或等于规定值时，不论断裂位置处于何处，测量均为有效。

为了避免因断裂发生在离最接近的标距标记的距离小于原始标距的 1/3 而造成试样报废，可以采用移位法测定断后伸长率，如图 5-13 所示。

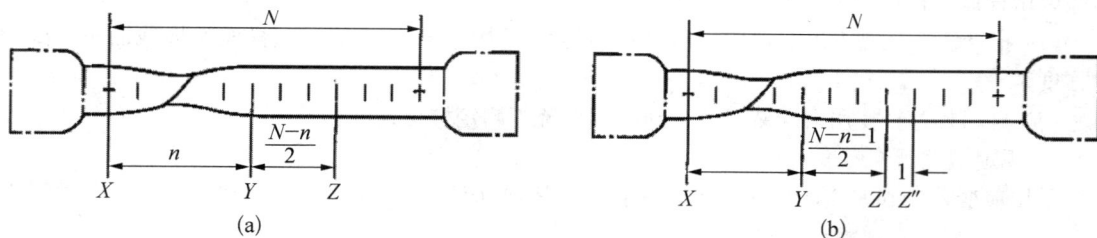

图 5-13 移位法测定断后伸长率

如图 5-13 所示，试验前将原始标距 L_0 细分为 5 mm（标准推荐）到 10 mm 的 N 等分。试验后，以符号 X 表示断裂后试样短段的标距标记，以符号 Y 表示断裂后试样长段上的某个标记，使标记 Y 到断裂处的距离最接近于断裂处到标距标记 X 的距离。测得 X 与 Y 之间的分格数为 n，按以下方法测定断后伸长率。

（1）如 $N-n$ 为偶数［见图 5-13(a)］，测量 X 与 Y 之间的距离（XY）和 Y 与 Z 之间的距离（YZ），此时 Y 与 Z 之间的分格数为 $(N-n)/2$，按下式计算断后伸长率：

$$A = \frac{XY + 2 \times YZ - L_0}{L_0} \times 100\% \tag{5-12}$$

（2）如 $N-n$ 为奇数［见图 5-13(b)］，测量 X 与 Y 之间的距离（XY）和 Y 与 Z' 之间的距离（YZ'）和 Y 与 Z'' 之间的距离（YZ''），此时［Y 与 Z' 之间的分格数为 $(N-n-1)/2$］，［Y 与 Z'' 之间的分

格数为$(N-n+1)/2$],按下式计算断后伸长率：

$$A = \frac{XY + YZ' + YZ'' - L_0}{L_0} \times 100\%$$ (5-13)

5）最大力总延伸率

采用应变控制试验速率，应变速率可以取 0.006 7 s^{-1}(0.4 min^{-1})，相对误差 $\pm20\%$。

采用应力控制试验速率，在测定屈服强度或塑性延伸强度后，试验速率可以用不大于 0.008 s^{-1} 的应变速率。

拉伸试验中，用引伸计得到力-延伸曲线图上测定最大力时的总延伸，该总延伸除以引伸计标距，得到最大力总延伸率。

如有些钢材在最大力时曲线呈现一平台，则取曲线平台中点的最大力对应的总延伸，用该总延伸除以引伸计标距。

2. 弯曲试验

钢材的弯曲性能可以通过弯曲试验获得，弯曲试验应该按照国家标准《金属材料 弯曲试验方法》(GB/T 232-2010)进行。

钢材弯曲试验的试样制备应符合国家标准《钢及钢产品 力学性能试验取样位置及试样制备》(GB/T 2975-1998)、《金属材料 弯曲试验方法》(GB/T 232-2010)等相关金属产品标准的有关规定。

弯曲试验应在配备弯曲装置的试验机或压力机上进行，弯曲装置可以取以下弯曲装置之一：支辊式弯曲装置（见图 5-14）、V 形模具式弯曲装置、虎钳式弯曲装置或翻板式弯曲装置。下面以支辊式弯曲装置为例，介绍弯曲试验。

支辊式弯曲装置的支辊长度应大于试样宽度或直径，支辊应具有足够的硬度。除非另有规定，支辊间距离应按下式确定，并在试验过程中保持不变：

$$l = (d + 3a) \pm 0.5a$$ (5-14)

式中：d——弯曲压头直径(mm)；

　　a——试样厚度或直径(mm)。

弯曲压头直径应按相关产品标准的有关规定来确定，弯曲压头宽度应大于试样宽度或直径，并具有足够的硬度。

试验一般在 10~35℃ 的室温范围内进行；对温度要求严格的试验，试验温度应为 23℃±5℃。

试验时，应将试样放于两支辊上（见图 5-14），试样轴线应与弯曲压头轴线垂直，弯曲压头在

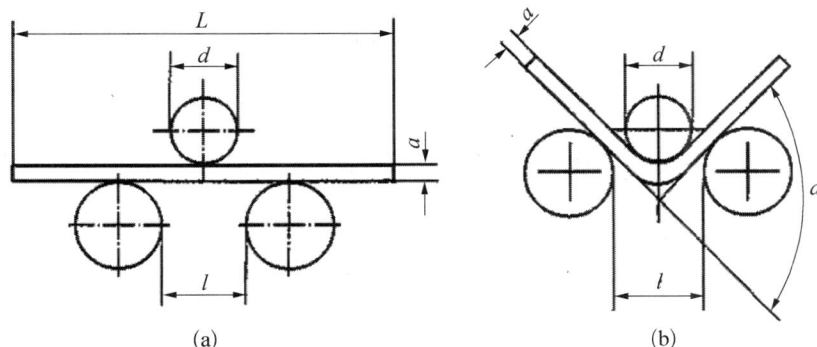

(a)　　　　　　　　　　　　　(b)

图 5-14　支辊式弯曲装置

两支辊之间的中点处对试样连续施加力使其弯曲,直至达到规定的弯曲角度。如不能直接达到规定的角度,应将试样置于两平行压板之间,如图 5-15 所示,连续施加力压其两端,使其进一步弯曲,直至达到规定的弯曲角度。

弯曲试验时,应缓慢施加弯曲力,以使材料能够自由地进行塑性变形。应按照相关产品标准的要求评定弯曲试验结果,如标准中未作具体要求,弯曲试验后不使用放大仪器观察,试样弯曲外表面无可见裂纹应评定为合格。

以相关产品标准规定的弯曲角度作为最小值;若规定弯曲压头直径,以规定的弯曲压头直径作为最大值。

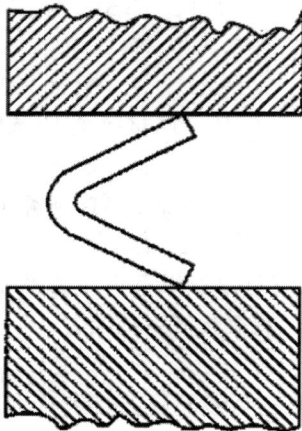

图 5-15 进一步弯曲试样

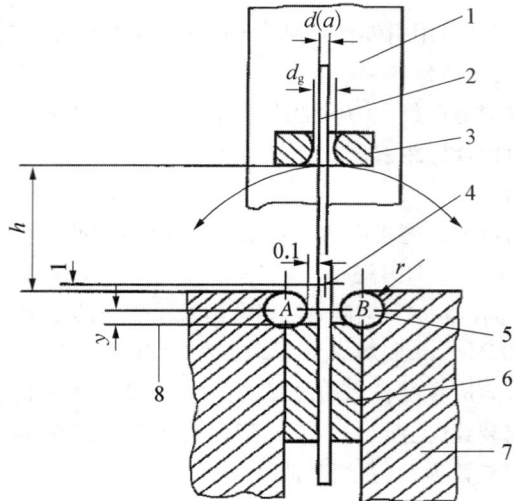

尺寸单位:mm

图 5-16 反复弯曲试验机工作原理和构造

1—弯曲臂;2—试样;3—拨杆;4—弯曲臂转动中心;5—圆柱支座 A 和 B;6—夹块;7—支座;8—夹块顶面;d—圆金属线材直径;a—非圆截面试样最小厚度;r—圆柱支座半径;h—圆柱支座顶部至拨杆底部距离;d_g—拨杆孔直径;y—两圆柱支座轴线所在平面与试样最近接触点的距离

3. 反复弯曲试验

直径或厚度为 0.3~10 mm(包括 10 mm)金属线材的弯曲性能可以通过反复弯曲试验获得,反复弯曲试验应该按照国家标准《金属材料 线材 反复弯曲试验方法》(GB/T 238-2013)进行。

反复弯曲试验的试样应尽可能平直,必要时可以对试样进行矫直。反复弯曲试验机的工作原理和构造如图 5-16 所示。

试验一般应在室温 10~35℃下进行;对温度要求严格的试验,试验温度应为 23℃±5℃。

反复弯曲试验顺序:

(1) 根据线材直径,选择圆柱支座半径、圆柱支座顶部至拨杆底部距离及拨杆孔直径。

(2) 使弯曲臂处于垂直位置,将试样由拨杆孔插入,下端用夹块夹紧,并使试样垂直于圆柱支座轴线。

(3) 将试样由垂直位置向任一方向弯曲 90°,再弯曲至起始位置,作为一次弯曲。

(4) 将试样向相反方向弯曲 90°,再弯曲至起始位置,作为又一次弯曲。

(5) 依次向相反方向进行连续不间断的反复弯曲,直至达到规定的弯曲次数,或出现肉眼可见裂纹,或试样完全断裂为止。

（6）注意，试样断裂的最后一次弯曲不计入弯曲次数。

三、钢材产品检验

1. 钢筋混凝土用钢筋

1）热轧带肋钢筋

根据国家标准《钢筋混凝土用钢　第 2 部分：热轧带肋钢筋》（GB 1499.2－2007）的规定，热轧带肋钢筋包括普通热轧带肋钢筋和细晶粒热轧带肋钢筋，按屈服强度特征值分为 335 级、400 级、500 级，普通热轧带肋钢筋的牌号为：HRB335、HRB400 和 HRB500，细晶粒热轧带肋钢筋的牌号为：HRBF335、HRBF400 和 HRBF500。

热轧带肋钢筋横截面为圆形，表面带有横肋，通常还带有纵肋；有些钢筋横肋的纵截面呈月牙形，可称为月牙肋钢筋。

（1）力学性能：热轧带肋钢筋的屈服强度 R_{el}、抗拉强度 R_m、断后伸长率 A、最大力总伸长率 A_{gt} 等力学性能特征值如表 5-12 所示，钢筋检验结果应不小于表中所列的特征值。表 5-12 中，直径 28～40 mm 各牌号钢筋的断后伸长率 A 可降低 1%，直径大于 40 mm 各牌号钢筋的断后伸长率 A 可降低 2%。

表 5-12　热轧带肋钢筋力学性能特征值

牌　　号	R_{el} /MPa	R_m /MPa	A/%	A_{gt} /%
HRB335 HRBF335	335	455	17	7.5
HRB400 HRBF400	400	540	16	7.5
HRB500 HRBF500	500	630	15	7.5

钢筋力学性能的试验按照《金属材料　拉伸试验　第 1 部分：室温试验方法》（GB/T 228.1－2010）的有关规定进行，试样数量为 2 根，从任意 2 根钢筋上切取，计算强度用横截面面积采用公称横截面面积。

热轧带肋钢筋的最大力总伸长率还可以采用《钢筋混凝土用钢　第 2 部分：热轧带肋钢筋》（GB 1499.2－2007）附录 A 中的方法测定。按表 5-13 的规定切取试样，长度为表 5-13 中自由长度加上两端的夹持长度；在试样的自由长度范围内，均匀划分为 10 mm 或 5 mm 的等间距标记。

表 5-13　试样夹具之间的自由长度

钢筋公称直径/mm	自由长度/mm	钢筋公称直径/mm	自由长度/mm
$d \leqslant 25$	350	$25 < d \leqslant 50$	500
$25 < d \leqslant 32$	400		

按《金属材料　拉伸试验　第 1 部分：室温试验方法》（GB/T 228.1－2010）规定进行拉伸试验，直至试样断裂。在试样上选择 Y 和 V 两个标记（见图 5-17），这两个标记之间的距离在拉伸之前至少应为 100 mm。两个标记都应当位于夹具离断裂处最远的一侧，它们离夹具的距离都应不小于 max（20 mm，d）（d 为钢筋公称直径），与断裂处之间的距离应不小于 max（50 mm，$2d$）。最大力

总伸长率可以按下式计算：

$$A_{gt} = \left(\frac{L - L_0}{L_0} + \frac{R_m^0}{E} \right) \times 100\% \qquad (5-15)$$

式中：L ——Y 到 V 断裂后的距离（mm）；

$\quad\quad L_0$ ——试验前 Y 到 V 的距离（mm）；

$\quad\quad R_m^0$ ——抗拉强度实测值（MPa）；

$\quad\quad E$ ——弹性模量，可取 2.0×10^5 MPa。

适用于抗震结构的热轧带肋钢筋牌号为在表 5-12 的已有牌号后加 E，如 HRB400E、HRBF400E，这一类钢筋除应满足相对应的已有牌号要求外，还应满足以下要求：① 测抗拉强度与实测屈服强度之比 R_m^0/R_{el}^0 不小于 1.25；② 实测屈服强度与表 1-12 中规定的屈服强度特征值之比 R_{el}^0/R_{el} 不大于 1.30；③ 最大力总伸长率 A_{gt} 不小于 9%。

对于没有明显屈服现象的钢材，屈服强度特征值应采用规定非比例延伸强度。

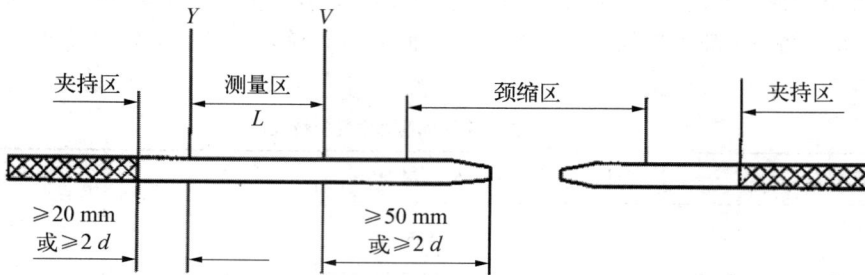

图 5-17　测定最大力总伸长率

（2）弯曲性能：按表 5-14 规定的弯芯直径弯曲 180° 后，钢筋受弯曲部位表面不得产生裂纹。

表 5-14　热轧钢筋弯曲性能要求

牌　号	公称直径 d/mm	弯芯直径
HRB335 HRBF335	6~25	3d
	28~40	4d
	>40~50	5d
HRB400 HRBF400	6~25	4d
	28~40	5d
	>40~50	6d
HRB500 HRBF500	6~25	6d
	28~40	7d
	>40~50	8d

钢筋弯曲性能的试验按照《金属材料 弯曲试验方法》（GB/T 232-2010）的有关规定进行，试样数量为 2 根，从任意 2 根钢筋上切取。

（3）其他检验项目：根据工程使用需求，还可以进行其他项目如反向弯曲性能、疲劳性能、焊接性能和表面质量等的检验。表面形状及尺寸允许偏差、质量偏差及相应的检验方法，应参照国家标准《钢筋混凝土用钢　第 2 部分：热轧带肋钢筋》(GB 1499.2 - 2007)。

2）热轧光圆钢筋

根据国家标准《钢筋混凝土用钢　第 1 部分：热轧光圆钢筋》(GB 1499.1 - 2008)的规定，热轧光圆钢筋，包括热轧直条钢筋和盘卷光圆钢筋，按屈服强度特征值分为 235 级、300 级，其牌号分别为 HPB235、HPB300。

(1) 力学性能：热轧光圆钢筋的屈服强度 R_{el}、抗拉强度 R_m、断后伸长率 A、最大力总伸长率 A_{gt} 等力学性能特征值如表 5 - 15 所示，钢筋检验结果应不小于表中所列的特征值。

表 5 - 15　热轧光圆钢筋力学性能特征值

牌　号	R_{el}/MPa	R_m/MPa	A/%	A_{gt}/%
HPB235	235	370	25	10
HPB300	300	420	25	10

钢筋力学性能的试验按照《金属材料　拉伸试验　第 1 部分：室温试验方法》(GB/T 228.1 - 2010)的有关规定进行，试样数量为 2 根，从任意 2 根钢筋上切取，计算强度用横截面面积采用公称横截面面积。

热轧光圆钢筋的最大力总伸长率还可以采用与上述方法类似的方法测定，具体参考《钢筋混凝土用钢　第 1 部分：热轧光圆钢筋》(GB 1499.1 - 2008)附录 A 以及图 5 - 17。当钢筋公称直径不小于 22 mm 时，试样的自由长度取不小于 350 mm，其他均按照 5 - 17 和式(5 - 15)进行。

(2) 弯曲性能：弯曲试验的弯芯直径为钢筋的公称直径，弯曲 180°后，钢筋受弯曲部位表面不得产生裂纹。

钢筋弯曲性能的试验按照《金属材料　弯曲试验方法》(GB/T 232 - 2010)的有关规定进行，试样数量为 2 根，从任意 2 根钢筋上切取。

(3) 其他检验项目：表面质量、表面形状、尺寸允许偏差、质量偏差及相应的检验方法，应参照国家标准《钢筋混凝土用钢　第 2 部分：热轧带肋钢筋》(GB 1499.2 - 2007)。

2. 预应力混凝土用钢棒

按照国家标准《预应力混凝土用钢棒》(GB/T 5223.3 - 2017)的规定，预应力混凝土用钢棒(以下称为钢棒)是低合金钢热轧圆盘条经过冷加工后(或不经过冷加工)淬火和回火所得到，按表面形状分为光圆、螺旋槽、螺旋肋和带肋钢棒。

钢棒按不同的制造加工有不同的强度等级和试验要求，此外还有延性级别和松弛级别要求。

1）力学性能

钢棒的抗拉强度 R_m、规定非比例延伸强度 $R_{p0.2}$ 如表 5 - 16 所示，伸长特性即断后伸长率 A、最大力总伸长率 A_{gt} 要求如表 5 - 17 所示，钢棒检验结果应不小于表中所列的规定值。

表 5 - 16　预应力混凝土用钢棒强度要求

表面形状类型	公称直径/mm	R_m/MPa	$R_{p0.2}$/MPa
光圆	6～16	对所有规格	对所有规格
螺旋槽	7.1～12.6	1 080	930
螺旋肋	6～14	1 230	1 080
带肋钢棒	6～16	1 420	1 280
		1 570	1 420

表 5-17　预应力混凝土用钢棒伸长特性要求

延性级别	$A_{gt}/\%$ （$L_0 = 200$ mm）	$A/\%$ （$L_0 = 8d$）
延性 35	3.5	7
延性 25	2.5	5

注：L_0 为标距，d 为钢棒公称直径。

　　钢棒力学性能的试验按照《金属材料 拉伸试验 第 1 部分：室温试验方法》（GB/T 228.1-2010）的有关规定进行，但伸长特性试验的标距按表 5-17 确定；抗拉强度试样数量为 1 根每盘，规定非比例延伸强度试样数量为 3 根每批，断后伸长率试样数量为 1 根每盘，最大力总伸长率试样数量为 3 根每批，从每（任一）盘中任意一端截取；计算强度用横截面面积采用公称横截面面积。拉伸试验后，目视观察，钢棒应呈现出缩颈韧性断口。

　　2）弯曲性能

　　公称直径不大于 10 mm 的光圆钢棒和螺旋肋钢棒应按表 5-18 的规定进行反复弯曲试验；公称直径大于 10 mm 的光圆钢棒和螺旋肋钢棒应按表 5-18 的规定进行弯曲试验。

表 5-18　钢棒的弯曲性能要求

表面形状类型	公称直径 d/mm	弯 曲 性 能	
		性能要求	弯曲半径/mm
光圆	6	反复弯曲 不小于 4 次/180°	15
	7		20
	8		20
	10		25
	11～16	弯曲 160°～180°后 弯曲处无裂纹	弯芯直径为钢棒 公称直径的 10 倍
螺旋肋	6	反复弯曲 不小于 4 次/180°	15
	7		20
	8		20
	10		25
	12～14	弯曲 160°～180°后 弯曲处无裂纹	弯芯直径为钢棒 公称直径的 10 倍

　　钢棒反复弯曲试验按照《金属材料 线材 反复弯曲试验方法》（GB/T 238-2013）的有关规定进行，钢棒弯曲试验按照《金属材料 弯曲试验方法》（GB/T 232-2010）的有关规定进行，试样数量均为 3 根每批，从每（任一）盘中任意一端截取。

　　3）应力松弛性能

　　钢棒应进行初始应力为公称抗拉强度 70% 时 1 000 h 的松弛试验，如需方有要求，也应测定初始应力为公称抗拉强度 60% 和 80% 时 1 000 h 的松弛值，实测松弛值应不大于表 5-19 规定的最大松弛值。

　　应力松弛试验应参照国家标准《金属材料 拉伸应力松弛试验方法》（GB/T 10120-2013）的有关规定进行，试样数量为不少于 1 根每条生产线每个月，从每（任一）盘中任意一端截取。

表 5-19　钢棒最大松弛值

初始应力为公称抗拉 强度的百分数/%	1 000 h 松弛值	
	普通松弛/N	低松弛/L
70	4.0	2.0
60	2.0	1.0
80	9.0	4.5

4）其他检验项目

疲劳试验、表面质量、横截面面积等相应的检验方法，应参照国家标准《预应力混凝土用钢棒》（GB/T 5223.3-2017）。

3. 预应力混凝土用钢绞线

按照国家标准《预应力混凝土用钢绞线》（GB/T 5224-2014）的规定，预应力混凝土用钢绞线（以下称为钢绞线）是由冷拉光圆钢丝及刻痕钢丝捻制而成，按结构形式分为 8 类：① 用两根钢丝捻制的钢绞线，其代号为 1×2；② 用三根钢丝捻制的钢绞线，其代号为 1×3；③ 用三根刻痕钢丝捻制的钢绞线，其代号为 $1\times3I$；④ 用七根钢丝捻制的标准型钢绞线，其代号为 1×7；⑤ 用六根刻痕钢丝和一根光圆中心钢丝捻制的钢绞线，其代号为 $1\times7I$；⑥ 用七根钢丝捻制又经模拔的钢绞线，其代号为 $(1\times7)C$；⑦ 用十九根钢丝捻制的 1+9+9 西鲁式钢绞线，其代号为 $1\times19S$；⑧ 用十九根钢丝捻制的 1+6+6+6 瓦林吞式钢绞线，其代号为 $1\times19W$。

钢绞线的产品标记包含：结构代号、公称直径、强度级别和标准编号。

1）力学性能

按不同的结构形式、公称直径和强度等级，有不同的力学性能要求，表 5-20～表 5-27 为 8 类钢绞线的力学性能要求，检验结果应不小于表中所列的规定值。

表 5-20　1×2 结构钢绞线的力学性能

钢绞线公称 直径/mm	公称抗拉 强度/MPa	整根钢绞线 最大力/kN	整根钢绞线最大 力的最大值/kN	0.2%屈服力 /kN	最大力总 伸长率/%
8.00	1 470	36.9	41.9	32.5	
10.00		57.8	65.6	50.9	
12.00		83.1	94.4	73.1	
5.00	1 570	15.4	17.4	13.6	
5.80		20.7	23.4	18.2	
8.00		39.4	44.4	34.7	
10.00		61.7	69.6	54.3	对所有规格 3.5
12.00		88.7	100	78.1	
5.00	1 720	16.9	18.9	14.9	
5.80		22.7	25.3	20.0	
8.00		43.2	48.2	38.0	
10.00		67.6	75.5	59.5	
12.00		97.2	108	85.5	
5.00	1 860	18.3	20.2	16.1	

(续表)

钢绞线公称直径/mm	公称抗拉强度/MPa	整根钢绞线最大力/kN	整根钢绞线最大力的最大值/kN	0.2%屈服力/kN	最大力总伸长率/%
5.80		24.6	27.2	21.6	
8.00	1 860	46.7	51.7	41.1	
10.00		73.1	81.0	64.3	
12.00		105	116	92.5	对所有规格 3.5
5.00		19.2	21.2	16.9	
5.80	1 960	25.9	28.5	22.8	
8.00		49.2	54.2	43.3	
10.00		77.0	84.9	67.8	

表 5-21　1×3 结构钢绞线的力学性能

钢绞线公称直径/mm	公称抗拉强度/MPa	整根钢绞线最大力/kN	整根钢绞线最大力的最大值/kN	0.2%屈服力/kN	最大力总伸长率/%
8.60		55.4	63.0	48.8	
10.80	1 470	86.6	98.4	76.2	
12.90		125	142	110	
6.20		31.1	35.0	27.4	
6.50		33.3	37.5	29.3	
8.60		59.2	66.7	52.1	
8.74	1 570	60.6	68.3	53.3	
10.80		92.5	104	81.4	
12.90		133	150	117	
8.74	1 670	64.5	72.2	56.8	
6.20		34.1	38.0	30.0	
6.50		36.5	40.7	32.1	
8.60	1 720	64.8	72.4	57.0	
10.80		101	113	88.9	对所有规格 3.5
12.90		146	163	128	
6.20		36.8	40.8	32.4	
6.50		39.4	43.7	34.7	
8.60		70.1	77.7	61.7	
8.74	1 860	71.8	79.5	63.2	
10.80		110	121	96.8	
12.90		158	175	139	
6.20		38.8	42.8	34.1	
6.50		41.6	45.8	36.6	
8.60	1 960	73.9	81.4	65.0	
10.80		115	127	101	
12.90		166	183	146	

表 5‑22　1×3I 结构钢绞线的力学性能

钢绞线公称直径/mm	公称抗拉强度/MPa	整根钢绞线最大力/kN	整根钢绞线最大力的最大值/kN	0.2%屈服力/kN	最大力总伸长率/%
8.70	1 570	60.4	68.1	53.2	对所有规格 3.5
	1 720	66.2	73.9	58.3	
	1 860	71.6	79.3	63.0	

表 5‑23　1×7 结构钢绞线的力学性能

钢绞线公称直径/mm	公称抗拉强度/MPa	整根钢绞线最大力/kN	整根钢绞线最大力的最大值/kN	0.2%屈服力/kN	最大力总伸长率/%
15.20 (15.24)	1 470	206	234	181	
	1 570	220	248	194	
	1 670	234	262	206	
9.50 (9.53)	1 720	94.3	105	83.0	
11.10 (11.11)		128	142	113	
12.70		170	190	150	
15.20 (15.24)		241	269	212	
17.80 (17.78)		327	365	288	
18.90	1 820	400	444	352	
15.70	1 770	266	296	234	
21.60		504	561	444	
9.50 (9.53)	1 860	102	113	89.8	对所有规格 3.5
11.10 (11.11)		138	153	121	
12.70		184	203	162	
15.20 (15.24)		260	288	229	
15.70		279	309	246	
17.80 (17.78)		355	391	311	
18.90		409	453	360	
21.60		530	587	466	
9.50 (9.53)	1 960	107	118	94.2	
11.10 (11.11)		145	160	128	
12.70		193	213	170	
15.20 (15.24)		274	302	241	

表 5-24 1×7I 结构钢绞线的力学性能

钢绞线公称直径/mm	公称抗拉强度/MPa	整根钢绞线最大力/kN	整根钢绞线最大力的最大值/kN	0.2%屈服力/kN	最大力总伸长率/%
12.70	1 860	184	203	162	对所有规格 3.5
15.20 (15.24)		260	288	229	

表 5-25 1×7C 结构钢绞线的力学性能

钢绞线公称直径/mm	公称抗拉强度/MPa	整根钢绞线最大力/kN	整根钢绞线最大力的最大值/kN	0.2%屈服力/kN	最大力总伸长率/%
12.70	1 860	208	231	183	对所有规格 3.5
15.20(15.24)	1 820	300	333	264	
18.00	1 720	384	428	338	

表 5-26 1×19S(1+9+9)结构钢绞线力学性能

钢绞线公称直径/mm	公称抗拉强度/MPa	整根钢绞线最大力/kN	整根钢绞线最大力的最大值/kN	0.2%屈服力/kN	最大力总伸长率/%
28.6	1 720	915	1 021	805	对所有规格 3.5
17.8	1 770	368	410	334	
19.3		431	481	379	
20.3		480	534	422	
21.8		554	617	488	
28.6		942	1 048	829	
20.3	1 810	491	545	432	
21.8		567	629	499	
17.8	1 860	387	428	341	
19.3		454	503	400	
20.3		504	558	444	
21.8		583	645	513	

表 5-27 1×19W(1+6+6/6)结构钢绞线力学性能

钢绞线公称直径/mm	公称抗拉强度/MPa	整根钢绞线最大力/kN	整根钢绞线最大力的最大值/kN	0.2%屈服力/kN	最大力总伸长率/%
28.6	1 720	915	1 021	805	对所有规格 3.5
	1 770	942	1 048	829	
	1 860	990	1 096	854	

钢绞线力学性能的试验按照《预应力混凝土用钢材试验方法》(GB/T 21839-2008)的有关规定进行,但试样在夹头内和距钳口 2 倍钢绞线公称直径内断裂达不到标准要求时,试验无效。计算抗拉强度时取钢绞线的公称横截面面积值。屈服力 $F_{p0.2}$ 为引伸计标距(不小于一个捻距)的非比例延伸达到引伸计标距 0.2%时的力。测定最大力总伸长率时,如有预加负荷,应考虑将预加负荷所产生的伸长率计入总伸长率内。

整根钢绞线的最大力试样数量为 3 根每批,屈服力试样数量为 3 根每批,最大力总伸长率试样数量为 3 根每批,从每(任一)盘中任意一端截取。

2)应力松弛性能

所有不同规格钢绞线的松弛性能要求如表 5－28 所示,实测应力松弛率应不大于表中规定的松弛率。

表 5－28　钢绞线应力松弛性能要求

初始负荷相当于实际最大力的百分数/%	1 000 h 应力松弛率 r/%
70	≤2.5
80	≤4.5

应力松弛试验应参照国家标准《预应力混凝土用钢材试验方法》(GB/T 21839－2008)的有关规定进行,试样的环境温度应保持在 20℃±2℃内,标距长度不小于公称直径的 60 倍,试样制备后不得进行任何热处理和冷加工,允许用至少 120 h 的测试数据推算 1 000 h 的松弛值。试样数量为不少于 1 根每合同批,从每(任一)盘卷中任意一端截取。

3)其他检验项目

表面质量、外形尺寸和钢绞线伸直性的检验,疲劳性能试验和偏斜拉试验,应参照国家标准《预应力混凝土用钢绞线》(GB/T 5224－2014)。

4. 预应力混凝土用螺纹钢筋

按照国家标准《预应力混凝土用螺纹钢筋》(GB/T 20065－2016)的规定,预应力混凝土用螺纹钢筋(以下称为螺纹钢筋)是采用热轧、轧后余热处理或热处理等工艺生产的,外表有热轧成的带有不连续外螺纹的直条钢筋,可以与带有匹配形状的内螺纹的连接器或锚具进行连接或锚固。

螺纹钢筋按屈服强度划分级别,用其代号为 PSB 加上规定屈服强度最小值表示。

1)力学性能

表 5－29 为不同级别螺纹钢筋的力学性能要求,检验结果应不小于表中所列的规定值。若无明显屈服时,则用规定非比例延伸强度 $R_{p0.2}$ 代替。

表 5－29　预应力混凝土用螺纹钢筋力学性能

级　别	屈服强度/MPa	抗拉强度/MPa	断后伸长率/%	最大力总伸长率/%
PSB785	785	980	7	3.5
PSB830	830	1 030	6	
PSB930	930	1 080	6	
PSB1080	1 080	1 230	6	

螺纹钢筋力学性能的试验按照《金属材料 拉伸试验 第 1 部分:室温试验方法》(GB/T 228.1－2010)的有关规定进行,计算应力时用公称横截面面积。最大力总伸长率的测定,可以采用如图 5－17 和式(5－15)所示方法,试样数量为 2 根。

2)应力松弛性能

各个级别螺纹钢筋的松弛性能要求均相同,初始应力取 $0.8R_{el}$(公称屈服强度),实测 1 000 h 后应力松弛率不大于 3%。

应力松弛试验应参照国家标准《金属材料 拉伸应力松弛试验方法》(GB/T 10120－2013)的有

关规定进行,试样的环境温度应保持在20℃+2℃内,标距长度不小于公称直径的60倍,试样制备后不得进行任何热处理和冷加工,初始负荷应在3～5 min内均匀施加完毕、持荷1 min后开始记录松弛值,允许用至少100 h的测试数据推算1 000 h的松弛值。试样数量为1根每1 000 t。

3）其他检验项目

表面质量、外形尺寸的检验以及疲劳性能试验,应参照国家标准《预应力混凝土用螺纹钢筋》(GB/T 20065‑2016)。

5. 碳素结构钢

按照国家标准《碳素结构钢》(GB/T 700‑2006)的规定,碳素结构钢的牌号由代表屈服强度的字母Q、屈服强度数值、质量等级符号(A、B、C、D)、脱氧方法符号(F、Z、TZ)组成。常用的强度等级有：Q195、Q215、Q235、Q275。

碳素结构钢的形式有热轧钢板、钢带、型钢和钢棒。

1）力学性能

表5‑30为碳素结构钢的力学性能要求,对于不同的厚度和直径,有不同的要求,检验结果应不小于表中所列的规定值。

表5‑30　碳素结构钢的力学性能

牌号	屈服强度/MPa						抗拉强度	断后伸长率				
	厚度（或直径）/mm							厚度（或直径）/mm				
	≤16	16～40	40～60	60～100	100～150	150～200		≤40	40～60	60～100	100～150	150～200
Q215	215	205	195	185	175	165	335～450	31	30	29	27	26
Q235	235	225	215	215	195	185	270～500	26	25	24	22	21
Q275	275	265	255	245	225	215	410～540	22	21	20	18	17

碳素结构钢力学性能试验按照《金属材料 拉伸试验 第1部分：室温试验方法》(GB/T 228.1‑2010)的有关规定进行,试样数量为1个。

2）弯曲性能

按表5‑31规定的弯芯直径弯曲180°后,试样受弯曲部位表面不得产生裂纹。

表5‑31　碳素结构钢弯曲性能要求

牌　号	试样方向	冷弯试验180°, $B = 2a$	
		钢材厚度（或直径）/mm	
		≤60	60～100
		弯芯直径 d	
Q215	纵	0.5a	1.5a
	横	a	2a
Q235	纵	a	2a
	横	1.5a	2.5a
Q275	纵	1.5a	2.5a
	横	2a	3a

注：B为试样宽度,a为试样厚度。

碳素结构钢弯曲性能的试验按照《金属材料 弯曲试验方法》(GB/T 232-2010)的有关规定进行,试样数量为 1 个。

3) 冲击试验

厚度不小于 12 mm 或直径不小于 16 mm 的钢材应做冲击试验,试验方法按照国家标准《金属材料夏比摆锤冲击试验方法》(GB/T 229-2007),试样数量为 3 个。

6. 低合金高强度结构钢

按照国家标准《低合金高强度结构钢》(GB/T 1591-2008)的规定,低合金高强度结构钢的牌号由代表屈服强度的字母 Q、屈服强度数值、质量等级符号(A、B、C、D、E)组成。常用的强度等级有:Q345、Q390、Q420、Q460、Q500、Q550、Q620、Q690。

低合金高强度结构钢的形式有热轧钢板、钢带、型钢和钢棒等。

1) 力学性能

表 5-32 为低合金高强度结构钢的力学性能要求,对于不同的厚度和直径,有不同的要求,检验结果应不小于表中所列的规定值。

表 5-32 低合金高强度结构钢的力学性能

牌号	公称厚度 (直径、边长)/mm	屈服强度 /MPa	抗拉强度 /MPa	断后伸长率/%
Q345	≤16	≥345	470~630	≥20(A、B)/≥21(C、D、E)
	16~40	≥335	470~630	≥20(A、B)/≥21(C、D、E)
	40~63	≥325	470~630	≥19(A、B)/≥20(C、D、E)
	63~80	≥315	470~630	≥19(A、B)/≥20(C、D、E)
	80~100	≥305	470~630	≥19(A、B)/≥20(C、D、E)
	100~150	≥285	450~600	≥18(A、B)/≥19(C、D、E)
	150~200	≥275	450~600	≥17(A、B)/≥18(C、D、E)
	200~250	≥265	450~600	≥17(A、B)/≥18(C、D、E)
	250~400	≥265(D、E)	450~600	≥17(D、E)
Q390	≤16	≥390	490~650	≥20
	16~40	≥370	490~650	≥20
	40~63	≥350	490~650	≥19
	63~80	≥330	490~650	≥19
	80~100	≥330	490~650	≥19
	100~150	≥310	470~620	≥18
Q420	≤16	≥420	520~680	≥19
	16~40	≥400	520~680	≥19
	40~63	≥380	520~680	≥18
	63~80	≥360	520~680	≥18
	80~100	≥360	520~680	≥18
	100~150	≥340	500~650	≥18
Q460	≤16	≥460	550~720	≥17
	16~40	≥440	550~720	≥17

(续表)

牌号	公称厚度 （直径、边长）/mm	屈服强度 /MPa	抗拉强度 /MPa	断后伸长率/%
Q460	40～63	≥420	550～720	≥16
	63～80	≥400	550～720	≥16
	80～100	≥400	550～720	≥16
	100～150	≥380	530～700	≥16
Q500	≤16	≥500	610～770	≥17
	16～40	≥480	610～770	≥17
	40～63	≥470	600～760	≥17
	63～80	≥450	590～750	≥17
	80～100	≥440	540～730	≥17
Q550	≤16	≥550	670～830	≥16
	16～40	≥530	670～830	≥16
	40～63	≥520	620～810	≥16
	63～80	≥500	600～790	≥16
	80～100	≥490	590～780	≥16
Q620	≤16	≥620	710～880	≥15
	16～40	≥600	710～880	≥15
	40～63	≥590	690～880	≥15
	63～80	≥570	670～860	≥15
Q690	≤16	≥690	770～940	≥14
	16～40	≥670	770～940	≥14
	40～63	≥660	750～920	≥14
	63～80	≥640	730～900	≥14

注：数值后有括号、括号内有质量等级符号的，表示该数值仅用于括号内的质量等级；一个格中有两个数值、每个数值各带有质量等级符号的，表示各个数值各自用于不同的质量等级。

低合金高强度结构钢力学性能试验按照《金属材料 拉伸试验 第1部分：室温试验方法》（GB/T 228.1－2010）的有关规定进行，试样数量为1个每批。

2）弯曲性能

按表5-33规定的弯芯直径弯曲180°后，试样受弯曲部位表面不得产生裂纹。

低合金高强度结构钢弯曲性能的试验按照《金属材料 弯曲试验方法》（GB/T 232－2010）的有关规定进行，试样数量为1个每批。

3）冲击试验

厚度不小于6 mm或直径不小于12 mm的钢材应做冲击试验，试验方法按照国家标准《金属材料夏比摆锤冲击试验方法》（GB/T 229－2007），试样数量为3个每批。

7. 桥梁用结构钢

按照国家标准《桥梁用结构钢》（GB/T 714－2015）的规定，桥梁用结构钢的牌号由代表屈服强度的字母Q、屈服强度数值、桥字的汉语拼音字母、质量等级符号等组成。常用的强度等级有：Q235q、Q345q、Q370q、Q420q、Q460q。

表 5 - 33　预应力混凝土用螺纹钢筋力学性能

牌　号	试 样 方 向	冷弯试验 180°	
		钢材厚度(直径、边长)/mm	
		≤60	60～100
		弯芯直径 d	
Q345	宽度不小于 600 mm 的扁平材,取横向试样;宽度小于 600 mm 的扁平材、型材及棒材,取纵向试样	2a	3a
Q390			
Q420			
Q460			

注:a 为试样厚度。

桥梁用结构钢的形式有钢板、钢带、型钢等。

1) 力学性能

表 5 - 34 为桥梁用结构钢的力学性能要求,对于不同的厚度,有不同的要求,检验结果应不小于表中所列的规定值。对厚度不大于 16 mm 的钢材,断后伸长率应在表中数值提高 1%,如现为 20%,提高为 21%。

表 5 - 34　桥梁用结构钢的力学性能

牌　号	下屈服强度/MPa		抗拉强度 /MPa	断后伸长率 /%
	厚度/mm			
	≤50	50～100		
Q235q	235	225	400	26
Q345q	345	335	490	20
Q370q	370	360	510	20
Q420q	420	410	540	19
Q460q	460	450	570	17

桥梁用结构钢力学性能试验按照《金属材料 拉伸试验 第 1 部分:室温试验方法》(GB/T 228.1 - 2010)的有关规定进行,试样数量为 1 个每批。

2) 弯曲性能

低合金高强度结构钢弯曲性能的试验按照《金属材料 弯曲试验方法》(GB/T 232 - 2010)的有关规定进行。当钢材厚度不大于 16 mm 时,弯芯直径取 2 倍的钢材厚度;当钢材厚度大于 16 mm 时,弯芯直径取 3 倍的钢材厚度。要求弯曲 180°后,试样受弯曲部位表面无肉眼可见裂纹,试样数量为 1 个每批。

3) 冲击试验

厚度不小于 6 mm 或直径不小于 12 mm 的钢材应做冲击试验,试验方法按照国家标准《金属材料夏比摆锤冲击试验方法》(GB/T 229 - 2007),试样数量为 3 个每批。

8. 钢筋焊接连接

根据行业标准《钢筋焊接及验收规程》(JGJ 18 - 2012)的有关规定,钢筋焊接连接就是通过熔解钢筋或焊接材料(如焊条),将两段钢筋(或钢筋与预埋件等)连接,并可传递力的连接方法,分为电阻点焊、闪光对焊、电弧焊、电渣压力焊、气压焊和预埋件 T 形接头钢筋埋弧压力焊等。

钢筋焊接接头的质量检验包括外观检查和力学性能检验,力学性能检验包括拉伸试验、弯曲试验、剪切试验、冲击试验和疲劳试验,试件数量和试验结果判定按照《钢筋焊接及验收规程》(JGJ 18 - 2012)的有关规定执行,试验方法按照行业标准《钢筋焊接接头试验方法标准》(JGJ/T 27 - 2014)的有关规定执行。

纵向受力钢筋焊接接头,应进行拉伸试验,接头抗拉强度应满足标准要求;还应按照标准要求进行弯曲试验,接头弯曲性能也应满足标准要求。

9. 钢筋机械连接

根据行业标准《钢筋机械连接技术规程》(JGJ 107 - 2016)的有关规定执行。钢筋机械连接,就是通过钢筋与连接件的机械咬合作用或钢筋端面的承压作用,将一根钢筋中的力传递到另一根钢筋的连接方法。

按照连接形式、加工工艺,分为滚轧直螺纹钢筋连接、镦粗直螺纹钢筋连接、带肋钢筋套筒挤压连接、钢筋锥螺纹连接。

钢筋连接接头应满足强度及变形性能的要求,接头连接件的屈服承载力和受拉承载力的标准值不应小于被连接钢筋的屈服承载力和受拉承载力标准值的 1.10 倍。根据抗拉强度、残余变形以及高应力和大变形条件下反复拉压性能的差异,分为以下三个性能等级:

(1) Ⅰ级,接头抗拉强度应该等于被连接钢筋的实际拉断强度或不小于 1.10 倍钢筋抗拉强度标准值,残余变形小,并具有高延性及反复拉压性能。

(2) Ⅱ级,接头抗拉强度应该不小于被连接钢筋抗拉强度标准值,残余变形较小,并具有高延性及反复拉压性能。

(3) Ⅲ级,接头抗拉强度应该不小于被连接钢筋屈服强度标准值的 1.25 倍,残余变形较小,并具有一定的延性及反复拉压性能。

接头应根据其性能等级和应用场合,确定相应的检验项目,如单向拉伸性能、高应力反复拉压、大变形反复拉压、抗疲劳等。

为确定接头性能等级,或材料、工艺、规格改动时,或形式检验报告超过 4 年时,应进行形式检验。对每种形式、级别、规格、材料、工艺的钢筋机械连接接头,形式检验试件不应少于 9 个,其中单向拉伸试件不应少于 3 个、高应力反复拉压不应少于 3 个、大变形反复拉压不应少于 3 个,同时应在一根钢筋上截取 3 根钢筋试件作抗拉强度试验。

钢筋连接工程开始前,应对不同钢筋生产厂家的进场钢筋进行接头工艺检验,每种规格钢筋的接头试件不应少于 3 个。

对接头的现场检验,应按验收批进行。对每一验收批,必须在工程结构中随机抽取 3 个接头试件作抗拉强度试验。

项目六　桥梁工程制品检测

项目导读

　　本项目主要介绍桥梁工程常用工程制品的分类、物理力学性能要求等,对各种物理力学性能指标的试验检测设备、试验检测原理、试验内业计算过程等予以详细阐述。

学习目标

1. 了解桥梁工程常用的工程制品类型。
2. 掌握桥梁工程常用工程制品的技术性质、技术标准等。
3. 熟悉桥梁常用工程制品的试验检测方法、仪器设备、技术指标等。

任务 6.1　锚具、夹具、连接器试验检测

　　本任务所涉及的预应力筋用锚具、夹具、连接器产品标准和主要相关标准有《公路桥梁预应力钢绞线用锚具、夹具和连接器》(JT/T 329 – 2010)、《预应力筋用锚具、夹具和连接器》(GB/T 14370 – 2015)、《金属材料 洛氏硬度试验 第 1 部分:试验方法(A、B、C、D、E、F、G、H、K、N、T 标尺)》(GB/T 230.1 – 2009)、《金属材料 布氏硬度试验 第 1 部分:试验方法》(GB/T 231.1 – 2009)、《预应力混凝土用钢绞线》(GB/T 5224 – 2014)。

一、产品分类、代号及标记

　　1. 产品分类、代号

　　交通运输行业标准 JT/T 329 – 2010 将锚具按其结构形式分为张拉端锚具、固定端锚具两类,国家标准 GB/T 14370 – 2015 将锚具、夹具和连接器按锚固方式不同分为夹片式、支撑式、锥塞式和握裹式四种基本类型。锚具、夹具和连接器产品分类及代号如表 6 – 1 所示。

　　2. 标记

　　锚具、夹具及连接器的标记由产品代号、预应力钢绞线直径和预应力钢绞线根数三部分组成。

　　1) 标准 JT/T 329 – 2010 标记示例

　　(1) 预应力钢绞线的圆锚张拉端锚具,钢绞线直径为 15.2 mm,锚固根数为 12 根,标记为:YM15 – 12。

表 6-1 锚具、夹具和连接器产品分类及代号

标准号	产品分类名称			产品分类代号
JT/T 329-2010	张拉端锚具	圆锚张拉端锚具		YM
		扁锚张拉端锚具		YMB
	固定端锚具	固定端压花锚具	圆锚固定端压花锚具	YMH
			扁锚固定端压花锚具	YMHB
		固定端挤压式锚具	圆锚固定端挤压式锚具	YMP
			扁锚固定端挤压式锚具	YMPB
	夹具			YJ
	连接器	圆端连接器		YMJ
GB/T 14370-2015	锚具	夹片式	圆形	YJM
			扁形	BJM
		支承式	镦头	DTM
			螺母	LMM
		锥塞式	钢质	GZM
			冷铸	LZM
			热铸	RZM
		握裹式	挤压	JYM
			压花	YHM
	连接器	夹片式		YJL
		支承式	镦头	DTL
			螺母	LML
		握裹式	挤压	JYL
	夹具	夹片式		YJJ
		支承式	墩头	DTJ
			螺母	LMJ
		握裹式	挤压	JYJ

(2) 预应力钢绞线的扁锚固定端挤压式锚具,钢绞线直径为 15.2 mm,锚固根数为 5 根,标记为:YMPB15-5。

(3) 预应力钢绞线的圆锚连接器,钢绞线直径为 15.2 mm,锚固根数为 7 根,标记为:YMJ15-7。

2) 标准 GB/T 14370-2015 标记示例

(1) 预应力钢绞线的圆形夹片式群锚锚具,钢绞线直径为 15.2 mm,锚固根数为 12 根,标记为:YJM15-12。

(2) 预应力钢绞线的用于固定端的挤压式锚具,钢绞线直径为 12.7 mm,锚固根数为 12 根,标记为:JYM13-12。

(3) 预应力钢绞线的用于挤压式连接器,钢绞线直径为 15.2 mm,锚固根数为 12 根,标记为:JYL15-12。

二、预应力筋用锚具、夹具、连接器的力学性能要求

预应力筋用锚具、夹具、连接器的力学性能要求如表 6-2 所示。

表 6-2　锚具、夹具、连接器的力学性能要求

标准号	检　测　项　目		力学性能要求
JT/T 329-2010	锚具、连接器	静载锚固性能	① 效率系数 $\eta \geqslant 0.95$ ② 实测极限拉力时的总应变 $\delta \geqslant 2.0\%$
		疲劳荷载性能	① 试样经过 200 万次循环荷载后,锚具零件不应发生疲劳破坏 ② 钢绞线因锚具夹持作用发生疲劳破坏的面积不应大于原试总面积的 5%
		周期荷载性能	试样经过 50 万次周期荷载试验后,钢绞线在锚具夹持区域不应发生破断、滑移和夹片松脱现象
		钢绞线内缩量	张拉端钢绞线内缩量应不大于 5 mm
		锚口摩阻损失率	锚口(含锚下垫板)摩阻损失率合计不大于 6%
	夹具	静载锚固性能	效率系数 $\eta \geqslant 0.92$
GB/T 14370-2015	锚具	静载锚固性能	① 效率系数 $\eta \geqslant 0.95$ ② 实测极限拉力时的总应变 $\delta \geqslant 2.0\%$
		疲劳荷载性能	① 试样经过 200 万次循环荷载后,锚具零件不应发生疲劳破坏 ② 预应力筋因锚具夹持作用发生疲劳破坏的截面面积不应大于试样总截面面积的 5%
		周期荷载性能	试样经过 50 万次周期荷载试验后,预应力筋在锚具夹持区域不应发生破断
	夹具	静载锚固性能	效率系数 $\eta \geqslant 0.92$
	连接器		① 永久留在混凝土结构或构件中的连接器力学性能要求与锚具的相同 ② 张拉后还需放张和拆卸的连接器力学性能要求与夹具的相同

三、预应力筋用锚具、夹具、连接器的试验方法

1. 试验准备

预应力筋用锚具、夹具、连接器组装件试验之前必须进行单根预应力钢绞线(母材)的力学性能试验。母材试样不应少于 6 根,力学性能试验结果符合标准 GB/T 5224-2014 后方可使用。钢绞线力学性能试验结果记入表 6-3 中。

表 6-3　钢绞线力学性能试验结果

钢绞线规格		生　产　厂　家	
公称面积/mm²		实测极限抗拉强度平均值(MPa)(6 根试验结果平均值)	
公称直径/mm		抗拉强度标准值(MPa)	

2. 试验用设备

静载试验、周期荷载试验、疲劳荷载试验用设备，一般由加载千斤顶、荷载传感器、承力台座（架）、液压油泵源及控制系统组成。

测力系统必须经过法定的计量检测机构标定，并在有效期内使用。

3. 静载锚固性能试验

夹具、连接器与锚具试验方法基本相同，以下介绍的试验方法均以锚具为例。

1）试样准备

试样数量：组装件 3 个，包含 6 个锚环及相配套的夹片、钢绞线。

2）组装

组装前必须把锚固零件擦拭干净，然后将钢绞线、锚具与试验台组装，如图 6-1 所示。使每根钢绞线受力均匀，初应力为预应力钢材抗拉强度标准值 f_{ptk} 的 5%～10%。

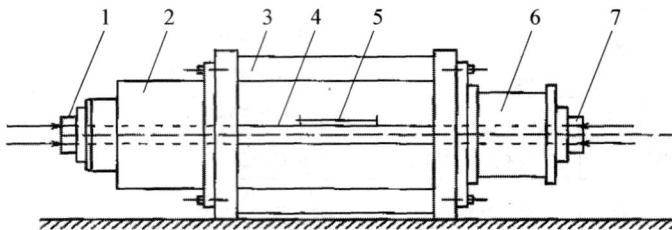

图 6-1 预应力筋-锚具组装件静载试验

1—张拉端试验锚具；2—加荷载用千斤顶；3—承力台座；4—预应力筋；
5—测量总应变的装置；6—荷载传感器；7—固定端试验锚具

3）加载

（1）加载速率为 100 MPa/min。

（2）以预应力钢绞线抗拉强度标准值的 20%、40%、60%、80%，分 4 级等速加载。

（3）加载到钢绞线抗拉强度标准值的 80%后，持荷 1 h。

（4）持荷 1 h 后用低于 100 MPa/min 的加载速率缓慢加载至试样破坏。

4）试验过程中测量项目

（1）预应力筋受拉段长度。

（2）固定端或张拉端的有代表性的若干根钢绞线，一般取 3～4 根，相对位移初始值 Δa。

（3）固定端或张拉端的有代表性的若干夹片，一般取 3～4 个，相对位移初始值 Δb。

（4）按施加荷载的前 4 级（20%、40%、60%、80%），逐级测量钢绞线相对位移 Δa、夹片相对位移 Δb。

（5）在预应力筋达到 $0.8f_{ptk}$ 时，持荷 1 h。在此持荷期间，每隔 20～30 min 测量 1 次钢绞线相对位移 Δa、夹片相对位移 Δb。

（6）测量试样破断后钢绞线相对位移 Δa、夹片相对位移 Δb，如图 6-2 所示。

5）试验过程中观察项目

（1）观察 Δa、Δb 与预应力筋的受力增量是否成比例变化。

判断：Δa、Δb 若不成比例变化，应检查预应力钢绞线是否失锚滑动，相关零件（锚环、锚板）是否发生了塑性变形。

（2）观察在此持荷 1 h 期间，Δa、Δb 是否保持稳定，锚具的夹片是否出现裂纹和破断。

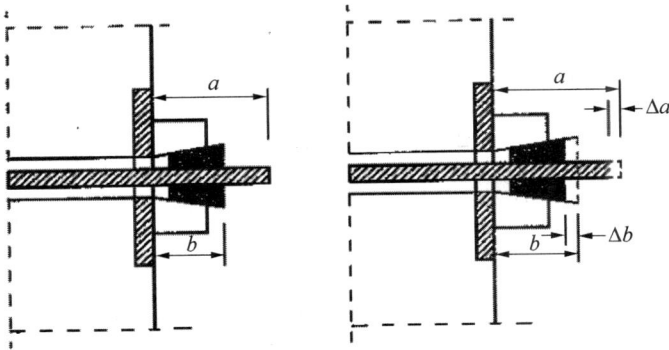

图 6-2　试验期间预应力筋及锚具零件的位移

（a）锚固前，预应力筋预紧之后　　（b）加载之中及锚固之后

判断：Δa、Δb 若继续增加，不能稳定，表明已失去可靠锚固能力。

（3）观察锚具的变形。

判断：在静载锚固性能满足后，夹片允许出现微裂和纵向断裂，不允许横向、斜向断裂及碎断；预应力筋达到极限破断时，锚板及其锥形锚孔不允许出现过大塑性变形，锚板中心残余变形不应出现明显挠度；Δb 如比预应力筋应力为 $0.8 f_{ptk}$ 时成倍增加，表明已失去可靠的锚固能力。

6）记录项目

记录试样的破坏部位与形式。

7）静载试验结果计算

静载试验应连续进行 3 个组装件的试验，试验结束后需计算锚具效率系数和实测极限拉力时组装件受力长度的总应变。

（1）交通运输行业标准 JT/T 329-2010 中锚具效率系数按下式计算：

$$\eta_a = \frac{F_{apu}}{F_{pm}} \tag{6-1}$$

$$F_{pm} = n f_{pm} A_{pk} \tag{6-2}$$

式中：F_{apu}——钢绞线锚具组装件的实测极限拉力；

F_{pm}——钢绞线锚具组装件中各根钢绞线计算极限拉力之和；

f_{pm}——由钢绞线中抽取的试样的极限抗拉强度平均值；

A_{pk}——钢绞线单根试样的特征（公称）截面面积；

n——钢绞线锚具组装件中钢绞线根数。

（2）国家标准 GB/T 14370-2007 中锚具效率系数按下式计算：

$$\eta_a = \frac{F_{apu}}{\eta_p F_{pm}} \tag{6-3}$$

式中：F_{apu}——锚具组装件的实测极限拉力；

η_p——预应力筋效率系数，取用方法：锚具组装件中预应力筋根数 $n=1\sim5$ 时，$\eta_p=1$；$n=6\sim12$ 时，$\eta_p=0.99$；$n=13\sim19$ 时，$\eta_p=0.98$；$n\geqslant20$，$\eta_p=0.97$。

F_{pm}——锚具组装件中各根预应力筋计算极限拉力之和。

（3）实测极限拉力时组装件受力长度的总应变按下式计算：

$$\varepsilon_{apu} = \frac{\Delta L}{L_0} \times 100\% \tag{6-4}$$

$$\Delta L = \Delta L_1 + \Delta L_2 - \Delta a \tag{6-5}$$

式中：ε_{apu} ——实测极限拉力时钢绞线的总应变；

　　　ΔL ——破断时钢绞线总伸长量；

　　　ΔL_1 ——从初应力（钢绞线抗拉强度标准值的10%）到极限应力时的活塞伸长量；

　　　ΔL_2 ——从O张拉至初应力（钢绞线抗拉强度标准值的10%）时的钢绞线伸长量理论计算值
　　　　　　（夹持计算长度内）；

　　　Δa ——钢绞线相对试验锚具（连接器）的实测位移量；

　　　L_0 ——钢绞线夹持计算长度，即两端锚具（连接器）的端头起夹点之间的距离。

（4）夹具的效率系数 η_g 按下式计算：

$$\eta_g = \frac{F_{gpu}}{F_{pm}} \tag{6-6}$$

式中：F_{gpu} ——预应力筋一夹具组装件的实测极限拉力；

　　　F_{pm} ——锚具组装件中各根预应力筋计算极限拉力之和。

8）试验结果

每个组装件的试验结果均应满足力学性能要求，不得进行平均。

4. 周期荷载试验

1）试样准备

试样数量：组装件3个，包含6个锚环及相配套的夹片、钢绞线。

2）组装

将钢绞线、锚具与试验台组装，使每根钢绞线受力均匀，初应力为钢绞线抗拉强度标准值的5%～10%。

3）试验应力

（1）试验应力上限值为预应力筋抗拉强度标准值 f_{ptk} 的80%。

（2）试验应力下限值为预应力筋抗拉强度标准值 f_{ptk} 的40%。

4）加载

（1）加载速率：100～200 MPa/min。

（2）第一循环：加载至试验应力上限值，再卸载至试验应力下限值。

（3）第二循环：自下限值经上限值再回复到下限值。

（4）重复50个周期。

5）试验结果

描述试样经50次循环荷载后预应力筋在锚具夹持区域是否发生破断，夹片是否发生滑移和松脱现象。

5. 疲劳荷载试验

1）试样准备

试样数量：组装件3个，包含6个锚环及相配套的夹片、钢绞线。

2）组装

将钢绞线、锚具与试验台组装，使每根钢绞线受力均匀，初应力为钢绞线抗拉强度标准值的 5%～10%。

3）应力幅度、试验应力上限值

（1）应力幅度应不小于 80 MPa。

（2）试验应力上限值为钢材抗拉强度标准值 f_{ptk} 的 65%。

4）疲劳试验机的脉冲频率、循环次数

（1）疲劳试验机的脉冲频率不应超过 500 次/min。

（2）循环次数为 200 万次。

5）加载

根据所使用的试验机，以约 100 MPa/min 的速度加载至试验应力下限值或试验应力上限值，再调节应力幅度达到规定值后，开始记录循环次数。

6）试验结果

（1）描述试样经受 200 万次循环荷载后，锚具零件是否发生疲劳破坏。

（2）描述预应力筋在锚具夹持区域发生疲劳破坏的截面面积大小。

6. 辅助性试验

辅助性试验为测定参数及检验工艺设备的项目，包括钢绞线的内缩量试验、锚具摩阻损失试验和张拉锚固工艺试验。

1）钢绞线的内缩量试验

（1）试验用的钢绞线可在台座上张拉，也可在混凝土梁上张拉。受力长度不小于 5 m。

（2）试验的张拉力为钢绞线的 $0.8f_{ptk}A_p$。

（3）若采用测量锚固处每根预应力筋相对位移 Δa_i 时，钢绞线内缩量 Δa 按下式计算：

$$\Delta a = \frac{1}{n}\sum_{i=1}^{n}\Delta a_i \qquad (6-7)$$

（4）若采用测量锚固前后钢绞线的拉力时，钢绞线内缩量 Δa 按下式计算：

$$\Delta a = \frac{\Delta F \cdot L}{E \cdot A_p} \qquad (6-8)$$

$$A_p = nA_{pk} \qquad (6-9)$$

式中：ΔF ——锚固前后钢绞线拉力差值；

　　L ——钢绞线的夹持计算长度；

　　E ——钢绞线的弹性模量；

　　A_p ——组装件中各根钢绞线特征（公称）截面面积之和。

（5）试验结果：试验用试样为 3 个，取平均值。

2）锚具摩阻损失试验

锚具摩阻损失指锚口和锚下垫板间的摩阻损失。

（1）试验可在台座上进行，也可在模拟锚固区的混凝土块体上进行。

（2）试验的张拉力为钢绞线的 $0.8f_{ptk}A_p$。

（3）测出锚具前后预应力差值。

(4) 锚口和锚下垫板摩阻损失按下式计算：

$$u = \frac{\Delta F}{0.8 f_{ptk} \cdot A_p} \times 100\%$$ 　　　　　　　(6－10)

式中：u ——锚口和锚下垫板摩阻损失。

(5) 试验结果：试验用试样为 3 个，取平均值。

3) 张拉锚固工艺试验

(1) 最大张拉力为钢绞线的 $0.8 f_{ptk} A_p$。

(2) 每次按钢绞线抗拉强度标准值的 30％、60％、80％分级张拉，每张拉 1 级锚固一次。进行 3 次最大张力的张拉、锚固和放松操作。

(3) 观察分级张拉临时锚固的可能性。

(4) 观察预应力筋受力的均匀性。

(5) 观察张拉发生故障时将预应力筋全部放松的可能性。

7. 硬度检测

1) 检测设备

硬度检测按产品零件设计图样规定的硬度值种类（洛氏硬度或布氏硬度），选用相应的硬度测量仪（洛氏硬度计或布氏硬度计）进行检测。

2) 温度条件

硬度检测一般在 10～35℃室温下进行，对于温度要求严格的试验，温度为 23℃±5℃。

3) 试样放置

将试样稳固地放置于硬度计试台上，并使压头轴线与试样表面垂直。试验过程中硬度计应避免受到影响试验结果的冲击和振动。

4) 洛氏硬度检测

(1) 使压头与试样表面平稳接触，施加初试验力 F_0，保持时间不超过 3 s。

(2) 将测量装置调整至基准位置，从初试验力 F_0 施加至总试验力 F 的时间应在 1～8 s 之间。

(3) 总试验力保持时间为 4 s±2 s。

(4) 卸除总试验力 F，保持初试验力 F_0，经短时间稳定后，读出硬度值。

(5) 相邻两压痕中心间距至少应为压痕平均直径的 4 倍，并且不应小于 2 mm。任一压痕中心距试样边缘距离至少应为压痕平均直径的 2.5 倍，并且不应小于 1 mm。

(6) 每个试样检测 3 点。

5) 布氏硬度检测

(1) 使压头与试样表面平稳接触，施加试验力直至达到规定试验力值。

(2) 从施加力开始到全部试验力施加完毕的加载时间为 2～8 s。

(3) 试验力保持时间为 10～15 s。

(4) 任一压痕中心距试样边缘距离至少应为压痕平均直径的 2.5 倍，相邻两压痕中心间距至少应为压痕平均直径的 3 倍。

(5) 在两相互垂直方向测量压痕直径，用两个读数的平均值计算布氏硬度，或按相关标准（GB/T 231.4－2009）中的硬度值表查得布氏硬度。

(6) 每个试样检测 3 点。

8. 外观、尺寸检测

1) 外观

产品外观用目测法检测;裂缝可用有刻度或无刻度放大镜检测。

2) 产品外形尺寸检测

(1) 测量器具为钢直尺、游标卡尺、螺旋千分尺或塞环规。

(2) 锚具外形尺寸检测项目及检测方法如表 6-4 所示。

表 6-4　锚具外形尺寸检测项目及检测方法

检 测 项 目	检 测 方 法	检 测 结 果
锚环(锚板)直径 D/mm	① 距锥孔大端平面约 15 mm 处取直径平面 A,在 A 直径面两个互相垂直的方向上测量,取平均值 ② 距锥孔小端平面约 15 mm 处取直径平面 B,在 B 直径面两个互相垂直的方向上测量,取平均值	A、B 两个直径的平均值应分别满足技术图纸要求,不进行平均
锚环(锚板)高度 H/mm	① 每件锚环(锚板)在互相垂直的两个方向取 4 个测量点,取平均值 ② 锚固锥孔大端面为平面时,可沿锚环外围测量	4 个测量点的平均值应满足技术图纸要求
夹片高度 A/mm	每件夹片在径小端且平行于轴线,取 2 个测量点,取平均值	平均值应满足技术图纸要求

9. 注意事项

(1) 组批与抽样(GB/T 14370-2007):

① 同一种产品、同一批原材料、同一种工艺、一次投料生产的产品为一组批。

② 每个抽检组批不得超过 2 000 件(套)。

③ 硬度检验时抽取 3%~5%,静载锚固性能、周期荷载试验、疲劳试验、辅助性试验时各抽取 3 个组装件。

④ 常规检测项目为硬度和静载锚固性能试验。

(2) 在锚具静载试验过程中,若试验值未满足 $\eta_a \geqslant 0.95$、$\varepsilon_{apu} \geqslant 2\%$,而钢绞线破断:

① 破断部位在夹片处;

② 破断部位在距夹片处$(2\sim3)d$(d 为钢绞线公称直径)范围之内。

以上两种情况试验结果均判定为锚具不合格。

③ 若钢绞线在远离锚具处断裂一根,此时应察看断口形态,以判断是否属于钢绞线质量问题,则不对锚具试验结果下结论,试验可重做。

(3) 在锚具静载试验过程中,若试验值虽然满足 $\eta_a \geqslant 0.95$、$\varepsilon_{apu} \geqslant 2\%$,而锚具破坏、断裂、失效(滑丝、零件断裂、严重变形等)时,则试验结果判定为锚具不合格。

四、试验检测结果的判定

1. 外观及尺寸检测

外观检验如表面无裂缝,尺寸符合设计要求,判为合格;如有一套表面有裂缝或超过允许偏差,应取双倍数量重做检验,如仍有一套不符合要求,则应逐套检查,合格者方可使用。

2. 硬度检验

硬度值符合设计要求的范围判为合格,如有一个零件不合格,则应另取双倍数量的零件重做试验,如仍有一个零件不合格,则应逐个检验,合格者方可使用。

3. 静载锚固性能试验、疲劳荷载试验、周期荷载试验

如试验结果符合表6-2中力学性能要求的判为合格;如有一个试件不符合要求,则应另取双倍数量重做试验,如仍有一个试件不合格,则该批产品判为不合格品。

任务 6.2　桥梁支座试验检测

本任务所涉及的桥梁支座产品标准和主要相关标准为《公路桥梁板式橡胶支座》(JT/T 4 - 2004)、《公路桥梁板式橡胶支座规格系列》(JT/T 663 - 2006)、《公路桥梁盆式支座》(JT/T 391 - 2009)、《橡胶支座 第4部分:普通橡胶支座》(GB 20688.4 - 2007)、《桥梁球型支座》(GB/T 17955 - 2009)、《公路钢筋混凝土及预应力混凝土桥涵设计规范》(JTG D62 - 2004)。

一、产品分类、代号及标记

1. 分类、代号

板式橡胶支座产品分类及代号如表6-5所示,盆式支座产品分类及代号如表6-6所示,球型支座产品分类及代号如表6-7所示。

表6-5　板式橡胶支座产品分类及代号

类　　型		名　称　代　号		型式代号
		JT/T 4 - 2004	GB 20688.4 - 2007	
普通板式橡胶支座	矩形板式橡胶支座	GJZ	JBZ	
	圆形板式橡胶支座	GYZ	YBZ	
四氟滑板式橡胶支座	矩形四氟滑板式橡胶支座	GJZ	JBZ	F4
	圆形四氟滑板式橡胶支座	GYZ	YBZ	F4

注:F4表示为四氟滑板式橡胶支座,不加代号为普通板式橡胶支座。

表6-6　盆式支座产品分类及代号

类　　型	名　称　代　号		按使用性能分类的代号		按使用温度分类的代号	
	JT/T 391 - 2009	GB 20688.4 - 2007	JT/T 391 - 2009	GB 20688.4 - 2007	-25~60℃	-40~60℃
固定支座	GPZ	PZ	GD	GD		F
双向活动支座	GPZ	PZ	SX	SX		F
单向活动支座	GPZ	PZ	DX	DS		F
减震型固定支座	GPZ		JZGD			F
减震型单向支座	GPZ		JZDX			F
抗震型固定支座		PZ		KGD		F

注:常温型支座无代号,耐寒型支座代号为F。

表6-7 球型支座产品分类及代号

类 型	名 称 代 号	产品分类代号
双向活动支座	QZ	SX
单向活动支座	QZ	DX
固定支座	QZ	GD

2. 板式橡胶支座标记

板式橡胶支座产品标记由名称代号、型式代号、外形尺寸及橡胶种类四部分组成。

1) 标准 JT/T 4-2004 标记示例

(1) 公路桥梁矩形普通氯丁橡胶支座,短边尺寸为 300 mm,长边尺寸为 400 mm,厚度为 47 mm,标记为:GJZ300×400×47(CR)。

(2) 公路桥梁圆形四氟滑板天然橡胶支座,直径为 300 mm,厚度为 54 mm,标记为:GYZF4300×54(NR)。

2) 标准 GB 20688.4-2007 标记示例

(1) 采用氯丁橡胶制成的普通板式橡胶支座,短边尺寸为 150 mm,长边尺寸为 200 mm,厚度为 30 mm,标记为:JBZ150×200×30(CR)。

(2) 采用天然橡胶制成的四氟滑板式橡胶支座,直径为 300 mm,厚度为 54 mm,标记为:YBZF4300×54(NR)。

3. 盆式支座标记

盆式支座产品标记一般由支座名称代号、支座设计序列代号、设计竖向承载力(MN)、使用性能产品分类代号、适用温度代号、主位移方向位移量(mm)组成。

1) 标准 JT/T 391-2009 标记示例

(1) ××××年设计系列,设计竖向承载力为 15 MN 的双向活动耐寒型顺桥向位移量为 ±100 mm 的盆式支座,标记为:GPZ(××××)15SXF±100。

(2) ××××年设计系列,设计竖向承载力为 35 MN 的单向活动常温型顺桥向位移量为 ±50 mm 的盆式支座,标记为:GPZ(××××)35DX±50。

(3) ××××年设计系列,设计竖向承载力为 50 MN 的常温型固定盆式支座,标记为:GPZ(××××)50GD。

(4) ××××年设计系列,设计竖向承载力为 40 MN 的减震型固定盆式支座,标记为:GPZ(××××)40JZGD。

(5) ××××年设计系列,设计竖向承载力为 35 MN 的减震型单向活动常温型顺桥向位移量为 ±150 mm 的盆式支座,标记为:GPZ(××××)35JZDX±150。

2) 标准 GB 20668.4-2007 标记示例

(1) 设计承载力为 5 MN,主位移方向位移量为 ±100 mm,工作温度为 -40~60℃的双向活动盆式支座,标记为:PZ5SX100F。

(2) 设计承载力为 2.5 MN,主位移方向位移量为 ±50 mm,工作温度为 -25~60℃的单向活动支座,标记为:PZ2.5DS50。

(3) 适用于 7 度以上地震区,设计承载力为 10 MN,工作温度为 -40~60℃的抗震型固定支座,标记为:PZ10KGDF。

4. 球型支座标记

球型支座产品标记一般由支座名称代号、支座设计竖向承载力(kN)、产品分类代号、值移量(mm)、转角(rad)组成。

(1) 支座设计竖向承载力为 30 000 kN 的单向活动球型支座,其纵向位移量为±150 mm,转角为 0.05 rad,标记为:QZ30000DX/Z±150/R0.05。

(2) 支座设计竖向承载力为 20 000 kN 的双向活动球型支座,其纵向位移量为±100 mm,横向位移量为±40 mm,转角为 0.02 rad,标记为 QZ20000SX/Z+100/H+40/R0.02。

二、桥梁支座的力学性能要求

板式橡胶支座力学性能要求如表 6-8 所示,盆式橡胶支座力学性能要求如表 6-9 所示,球型支座力学性能要求如表 6-10 所示。

表 6-8 板式橡胶支座成品力学性能要求

项　　目		指　　标	
		JT/T 4-2004	GB 20688.4-2007
实测极限抗压强度/MPa		≥70	
实测抗压弹性模量/MPa		$E±G×20\%$	$E±E×30\%$
实测抗剪弹性模量/MPa		$G±G×15\%$	
实测老化后抗剪弹性模量/MPa		$G_1+G_1×15\%$	$G_1±G_1×15\%$
实测转角正切值	混凝土桥	≥1/300	
	钢桥	≥1/500	
实测四氟板与不锈钢板表面摩擦系数(加硅脂时)		≤0.03	

表 6-8 中板式支座抗压弹性模量 E 和支座形状系数 S 应按下式计算:

$$E = 5.4G \cdot S^2 \tag{6-11}$$

矩形板式橡胶支座:

$$S = \frac{a' \cdot b'}{2t_1(a' + b')} \tag{6-12}$$

圆形板式橡胶支座:

$$S = \frac{d'}{4t_1} \tag{6-13}$$

式中:E —— 板式支座抗压弹性模量(MPa);

　　　G —— 板式支座抗剪弹性模量(MPa);

　　　S —— 板式支座形状系数;

　　　a' —— 矩形板式橡胶支座加劲钢板短边尺寸(mm);

　　　b' —— 矩形板式橡胶支座加劲钢板长边尺寸(mm);

　　　t_1 —— 板式支座中间单层橡胶片厚度(mm);

d'——圆形板式橡胶支座加劲钢板直径(mm)。

表 6-9　盆式橡胶支座成品力学性能要求

项　　目	指　　　　　标		
	压　缩　变　形	径　向　变　形	残　余　变　形
竖向承载力	在竖向设计承载力作用下,支座压缩变形不大于支座总高度的 2%	在竖向设计承载力作用下,盆环上口径向变形不得大于盆环外径的 0.05%	卸载后,制作残余变形小于设计荷载下相应变形的 5%
水平承载力	固定支座和单向活动支座	减震型固定支座和单向活动支座	
	不小于支座竖向承载力的 10%	不小于支座竖向承载力的 20%	
转角	支座设计竖向转动角度不小于 0.02 rad		
摩擦系数(加 5201 硅脂润滑后)	常温型活动支座	耐寒型活动支座	
	不大于 0.03	不大于 0.06	

表 6-10　球型支座成品力学性能要求

项　　目	指　　　　　标	
	压　缩　变　形	径　向　变　形
竖向承载力	在设计承载力作用下,支座的竖向压缩变形不应大于支座总高度的 1%	在竖向设计承载力作用下,盆环径向变形不应大于盆环外径的 0.05
水平承载力	固定支座	单向活动支座
	不小于支座竖向承载力的 10%	
支座实测转动力矩	应小于支座设计转动力矩	
摩擦系数(加 5201 硅脂润滑后)	温度适用范围在 −25~60℃时	温度适用范围在 −40~−25℃时
	不大于 0.03	不大于 0.05

表中球型支座设计转动力矩按下式计算:

$$M_\theta = R_{ck} \cdot \mu_f \cdot R \tag{6-14}$$

式中:M_θ——支座设计转动力矩(N·m);

　　　R_{ck}——支座竖向设计承载力(kN);

　　　μ_f——球面镀铬钢衬板的镀铬层与球面聚四氟乙烯板间的设计摩擦系数;

　　　R——球面镀铬钢衬板的球面半径(mm)。

三、桥梁支座的试验方法

1. 桥梁支座试验前的准备工作

1)试样准备

桥梁支座成品力学性能试验应采用实体支座,当试验设备能力受到限制时,经与用户协商可选用小型支座或特制试样进行试验。

2)试样停放与试验条件

试样在标准温度为 23℃±5℃的试验室内停放 24 h,并在该标准温度内进行试验。

3）试验用设备、仪器

（1）压力试验机的示值相对误差最大允许值为±1.0%，并应具有正确的加载中心。加载时应平稳无震动。压力机的使用负荷可在其满负荷的0.4%~90%内。

（2）试验中使用的测量仪表应定期检定。

（3）试验中使用的带有测力装置的千斤顶，其千斤顶和测力计的使用负荷可在其满量程的1%~90%范围内。

2．板式橡胶支座试验方法

板式橡胶支座试验检测项目：抗压弹性模量、抗剪弹性模量、抗剪黏结性能、抗剪老化、摩擦系数、转角、极限抗压强度试验以及外观质量及尺寸检测。

1）抗压弹性模量试验

抗压弹性模量试验计算承载力 R 时，按支座有效承压面积（钢板面积）A_0 计算。

（1）试样放置。将试样置于压力机的承载板上，如图6-3所示，对准中心，偏差应小于1%的试样短边尺寸或直径。缓缓加载至压应力为1.0 MPa且稳压后，在承载板四角对称安置4只位移传感器（百分表）。

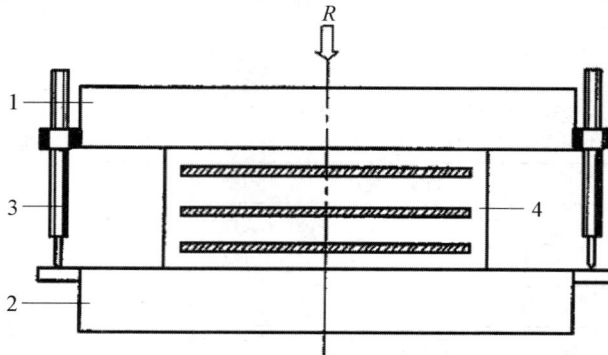

图6-3 抗压弹性模量试验装置

1—上承载板；2—下承载板；3—位移传感器；4—支座试样

（2）预压。将压应力以0.03~0.04 MPa/s速率连续地增至 $\sigma = 10$ MPa，持荷2 min，然后连续均匀地卸载至压应力为1.0 MPa，持荷5 min，记录百分表初始值，预压3次。

（3）正式加载。

① 每一加载循环自1.0 MPa开始，将压应力以0.03~0.04 MPa/s速率均匀加载至4 MPa，持荷2 min；然后以同样速率每2 MPa为一级逐级加载，每级持荷2 min至 $\sigma = 10$ MPa为止。

② 将压应力由 $\sigma = 10$ MPa连续均匀地卸载至压应力为1.0 MPa，持荷10 min。

③ 正式加载连续进行3次。

（4）数据采集与整理。以承载板四角位移传感器所测得的变化值的平均值，作为各级荷载下试样的累计竖向压缩变形 Δc，按试样橡胶层的总厚度 t_e，求出在各级试验荷载作用下，试样的累计压缩应变。

（5）试验结果的计算。

① 抗压弹性模量按下式计算：

$$E_1 = \frac{\sigma_{10} - \sigma_4}{\varepsilon_{10} - \varepsilon_4} \tag{6-15}$$

式中：σ_4、ε_4——分别为 4 MPa 级试验荷载作用下的压应力和累积压缩应变值；

$\quad\quad$ σ_{10}、ε_{10}——分别为 10 MPa 级试验荷载作用下的压应力和累积压缩应变值；

$\quad\quad$ E_1——试样实测的抗压弹性模量计算值，精确至 1 MPa。

② 每一块试样的抗压弹性模量 E_1 为三次加载过程所得的三个实测结果的算术平均值。但单项结果和算术平均值之间的偏差不应大于算术平均值的 3%，否则该试样应重新复核试验一次。

2）抗剪弹性模量试验

抗剪弹性模量试验计算承载力 R 时，按支座有效承压面积(钢板面积)A_0 计算；计算水平拉力时，按支座平面毛面积(公称面积)A 计算。

(1) 试样放置。将试样置于压力机的承载板与中间钢拉板上按双剪组合配置好，对准中心，偏差应小于 1% 的试样短边尺寸或直径。当试样为矩形支座，应使支座顺其短边方向受剪，如图 6-4 所示。

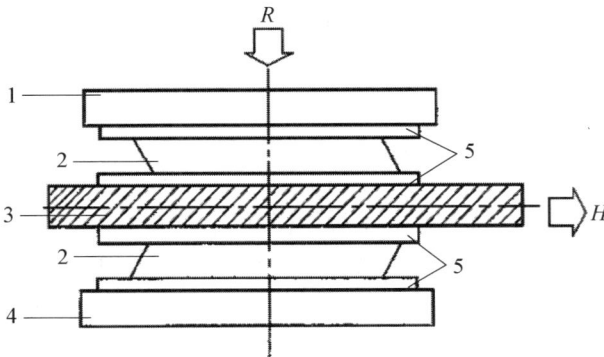

图 6-4　抗剪弹性模量试验

1—上承载板；2—板式支座试件；3—中间钢拉板；4—下承载板；5—防滑摩擦板

(2) 施加竖向荷载。将压应力以 0.03～0.04 MPa/s 的速率连续增至平均压应力 $\sigma=10$ MPa，并在整个抗剪试验过程中保持不变。

(3) 调整试验机的剪切试验机构使水平油缸、负荷传感器的轴线和中间钢拉板的对称轴重合。

(4) 预加水平荷载以 0.002～0.003 MPa/s 的速率连续施加水平荷载至剪应力 $\tau=1.0$ MPa，持荷 5 min，然后连续均匀地卸载至剪应力为 0.1 MPa，持荷 5 min，记录初始值，预载 3 次。

(5) 正式加载。

① 每一加载循环自 $\tau=0.1$ MPa 开始，分级加载至 $\tau=1.0$ MPa 为止；每级加载剪应力增加 0.1 MPa，持荷 1 min。

② 连续均匀地将剪应力 $\tau=1.0$ MPa 卸载至剪应力为 0.1 MPa，持荷 10 min。

③ 正式加载连续进行 3 次。

(6) 试验数据采集与整理。

将各级水平荷载下位移传感器所测出的试样累积水平剪切变形 Δs，按试样橡胶层的总厚度 t_e，求出在各级试验荷载作用下，试样的累积剪切应变。

(7) 试验结果的计算。

① 抗剪弹性模量按下式计算：

$$G_1 = \frac{\tau_{1.0} - \tau_{0.3}}{\gamma_{1.0} - \gamma_{0.3}} \tag{6-16}$$

式中：$\tau_{1.0}$、$\gamma_{1.0}$——分别为 1.0 MPa 级试验荷载作用下的剪应力和累积剪切应变值；

$\tau_{0.3}$、$\gamma_{0.3}$——分别为 0.3 MPa 级试验荷载作用下的剪应力和累积剪切应变值；

G_1——试样的实测抗剪弹性模量计算值（MPa），精确至 1%。

② 每对检验支座所组成试样的综合抗剪弹性模量 G_1，为该对试样 3 次加载所得到的 3 个结果的算术平均值。但各单项结果与算术平均值之间的偏差应不大于算术平均值的 3%，否则该试样应重新复核试验一次。

3）抗剪老化试验

抗剪老化试验计算承载力 R 时，按支座有效承压面积（钢板面积）A_0 计算；计算水平拉力时，按支座平面毛面积（公称面积）A 计算。

（1）将试样置于老化箱内，在 70℃±2℃ 温度下经 72 h 后取出。

（2）将试样在标准温度 23℃±5℃ 下停放 48 h 后，再在标准试验室温度下进行剪切试验。

（3）抗剪老化试验与标准抗剪弹性模量试验方法步骤相同，即上文 2）中（1）～（6）整个试验过程。

（4）试验结果的计算

① 老化后抗剪弹性模量计算方法与标准抗剪弹性模量计算方法相同。

② 每对检验支座所组成试样的综合抗剪弹性模量 G_2，为该对试样 3 次加载所得到的 3 个结果的算术平均值。但各单项结果与算术平均值之间的偏差应不大于算术平均值的 3%，否则该试样应重新复核试验一次。

4）抗剪黏结性能试验

抗剪黏结性能试验计算承载力 R 时，按支座有效承压面积（钢板面积）A_0 计算；计算水平拉力时，按支座平面毛面积（公称面积）A 计算。

（1）试样放置。将试样置于压力机的承载板与中间钢拉板上接双剪组合配置好，对准中心，偏差应小于 1% 的试样短边尺寸或直径。当试样为矩形支座，应使支座顺其短边方向受剪，如图 6-4 所示。

（2）施加竖向荷载。将压应力以 0.03～0.04 MPa/s 的速率连续增至平均压应力 $\sigma = 10$ MPa，并在整个抗剪试验过程中保持不变。

（3）调整试验机的剪切试验机构使水平油缸、负荷传感器的轴线和中间钢拉板的对称轴重合。

（4）施加水平荷载

① 以 0.002～0.003 MPa/s 的加载速率施加水平荷载，当剪应力达到 2 MPa 时，持荷 5 min。

② 水平力以连续均匀地速度卸载。

③ 试验过程中随时观察试样受力状态及变化情况。

④ 水平力卸载后检查试样是否完好无损。

5）摩擦系数试验

摩擦系数试验计算承载力 R 时，按支座有效承压面积（钢板面积）A_0 计算；计算水平拉力时，按支座平面毛面积（公称面积）A 计算。

（1）试样放置。将试样置于压力机的承载板与中间钢拉板上配置好，对准中心，偏差应小于 1% 的试样短边尺寸或直径，如图 6-5 所示。

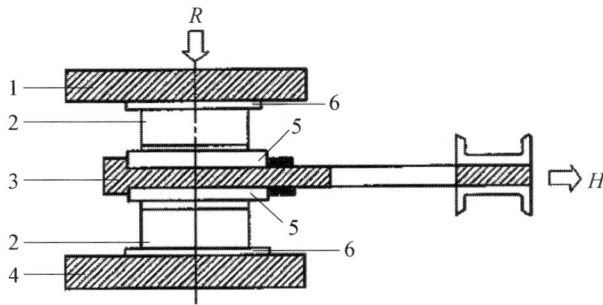

图 6-5　摩擦系数试验

1—试验机上承载板；2—四氟滑板式橡胶支座试样；3—中间钢拉板；
4—试验机下承载板；5—不锈钢板试件；6—防滑摩擦板

试验时应将四氟滑板试样的储油槽内注满 5201-2 硅脂油。

（2）施加竖向荷载。将压应力以 0.03～0.04 MPa/s 的速率连续增至平均压应力 $\sigma=10$ MPa，并在整个抗剪试验过程中保持不变。其预压时间为 1 h。

（3）调整试验机的剪切试验机构使水平油缸、负荷传感器的轴线和中间钢拉板的对称轴重合。

（4）施加水平力。以 0.002～0.003 MPa/s 的速率连续地施加水平力，直至不锈钢板与四氟滑板试样接触面间发生滑动为止，记录此时的水平力作为初始值。试验过程应连续进行 3 次。

（5）摩擦系数应按下式计算：

$$\mu_f = \frac{H}{2R} \tag{6-17}$$

式中：μ_f——四氟滑板与不锈钢板表面的摩擦系数，精确至 0.01；

　　H——每对四氟滑板式橡胶支座承受的最大水平力(kN)；

　　R——支座最大承压力(kN)。

（6）试验结果。每对试样的摩擦系数为 3 次试验结果的算术平均值。

6）转角试验

转角试验计算承载力 R 时，按支座有效承压面积(钢板面积)A_0 计算。转角试验所采用的试验装置一般由加载横梁、千斤顶加载系统、测量转角变化的位移传感器等组成。

（1）试样放置。将试样置于压力机的承载板与加载横梁上配置好，对准中心，偏差应小于 1%的试样短边尺寸或直径，如图 6-6 所示。

在距试样中心(试验机加载承压板中心)三处，安装使梁产生转动用的千斤顶和测力计，并在承载板四角对称安置 4 只位移传感器。

（2）预压。

① 将压应力以 0.03～0.04 MPa/s 的速率连续地增至平均压应力 $\sigma=10$ MPa，持荷 5 min。然后以连续均匀的速度卸载至压应力 $\sigma=1.0$ MPa，如此反复 3 遍。

② 检查传感器是否灵敏准确。

（3）加载。

① 将压应力按照抗压弹性模量试验要求增至 $\sigma=10$ MPa，采集支座变形数据，并在整个试验

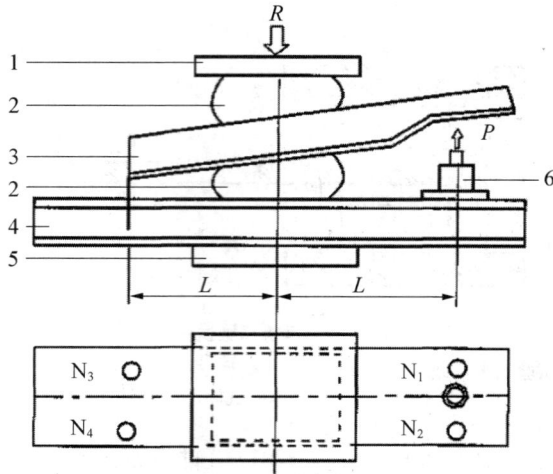

图 6-6 转角试验

1—试验机上承载板；2—试样；3—加载横梁(假想梁体)；
4—承载梁(板)；5—试验机下承载板；6—千斤顶加载系统

过程中维持 $\sigma = 10\ \text{MPa}$ 不变。

② 用千斤顶对加载横梁施加一个向上的力 P，使其达到预期转角的正切值(偏差不大于 5%)，持荷 5 min 后，记录千斤顶力 P 及传感器的数值。

(4) 试验结果的计算。

① 实测转角的正切值应按下列公式计算：

$$\tan\theta = \frac{\Delta_1^2 + \Delta_3^4}{2L} \tag{6-18}$$

式中：$\tan\theta$ ——试样实测转角的正切值；

Δ_1^2 ——传感器 N_1、N_2 处的变形平均值(mm)；

Δ_3^4 ——传感器 N_3、N_4 处的变形平均值(mm)；

L ——转动力臂(mm)，指被检测试样中心至位移传感器探头中心的距离。

② 各种转角下，由于垂直承压力和转动共同影响产生的压缩变形值应按下式计算：

$$\Delta_2 = \Delta_c - \Delta_1 \tag{6-19}$$

$$\Delta_1 = \frac{\Delta_1^2 + \Delta_3^4}{2} \tag{6-20}$$

式中：Δ_c ——支座最大承压力时试样累积压缩变形值(mm)；

Δ_1 ——转动试验时，试样中心平均回弹变形值(mm)；

Δ_2 ——垂直承压力和转动共同影响下试样中心处产生的压缩变形值(mm)。

③ 各种转角下，试样边缘换算变形值应按下式计算：

$$\Delta_\theta = \frac{\tan\theta \cdot l_a}{2} \tag{6-21}$$

式中：Δ_θ——实测转角产生的变形值（mm）；

$\quad\quad l_a$——矩形支座试样的短边尺寸（mm），圆形支座采用直径 d（mm）。

④ 各种转角下，支座边缘最大、最小变形值应按下列公式计算：

$$\Delta_{max} = \Delta_2 + \Delta_\theta \tag{6-22}$$

$$\Delta_{min} = \Delta_2 - \Delta_\theta \tag{6-23}$$

⑤ 试验结果。根据所测各种转角下支座边缘最大、最小变形值来判定实测转角正切值是否符合标准要求。当 $\Delta_{min} \geqslant 0$ 时，支座不脱空；当 $\Delta_{min} \leqslant 0$ 时，支座脱空。

（5）注意事项。

① 计算实测转角正切值时需要注意公式中 L 的取值，L 在这里被定义为转动力臂。

② 当被检测试样中心至位移传感器探头中心的距离与被检测试样中心（或者说试验机加载承压板中心）至转动加载千斤顶中心的距离相等时，转动力臂大小取决于试验机结构，一般为定值。

③ 当被检测试样中心至位移传感器探头中心的距离与被检测试样中心（或者说试验机加载承压板中心）至转动加载千斤顶中心的距离不相等时，L 的取值应为被检测试样中心至位移传感器探头中心的距离。这时转动力臂只与计算预期转角的正切值有关。

7）极限抗压强度试验

极限抗压强度试验计算承载力 R 时，按支座有效承压面积（钢板面积）A_0 计算。

（1）将试样放置在压力机的承载板上，并对准中心位置。

（2）以 0.1 MPa/s 的速率连续地加载，至试样极限抗压强度 R_n 不小于 70 MPa 为止。

（3）试验过程中随时观察试样受力状态及变化情况，并检查试样是否完好无损。

3. 盆式支座试验方法

盆式支座成品试验检测项目为竖向承载力、摩擦系数以及转动试验。

1）成品支座竖向承载力试验

盆式支座竖向承载力试验应测定在垂直荷载作用下，盆式支座竖向压缩变形和盆环径向变形。

（1）试样放置。将待测试支座安置于试验机承载板上，并对准中心位置。

（2）预压。正式加载前对支座预压 3 次，预压荷载为支座设计承载力；预压初始荷载为该试验支座竖向设计承载力的 1.0%，每次加载至预压荷载宜稳压 2 min 后卸载至初始荷载。

（3）安装位移传感器。在初始荷载稳压状态下，在支座顶、底板间均匀安装 4 个竖向位移传感器（百分表），测试支座竖向压缩变形；在盆环上口相互垂直的直径方向安装 4 只径向位移传感器（千分表），测试盆环径向变形。

（4）正式加载。正式加载分 3 次进行，检验荷载为支座竖向设计承载力的 1.5 倍。

① 每次检测时预加设计承载力的 1.0% 作为初始压力，分 10 级加载到检验荷载。

② 每级加载后稳压 2 min，记录每一级的位移量，加载至检验荷载稳压 3 min 后卸载至初始压力，测定残余变形。

（5）试验结果计算。

① 每次、每级竖向变形取该次、该级加载时 4 个竖向位移传感器（百分表）读数的算术平均值。

② 每次、每级径向变形取该次、该级加载时 4 个径向位移传感器（千分表）读数绝对值之和的一半。

③ 3 次测试结果的平均值为该支座试样的测试结果。

2）成品支座摩擦系数试验

摩擦系数试验所采用的水平加载装置应由千斤顶加载系统、测力传感器等组成。

（1）试样放置。摩擦系数试验选取两个相同规格的单向或双向盆式支座试样，将一个试样放置在压力机的承载板上，另一个试样放置在水平加载装置的拉板上，并对准中心位置，如图 6-7 所示。

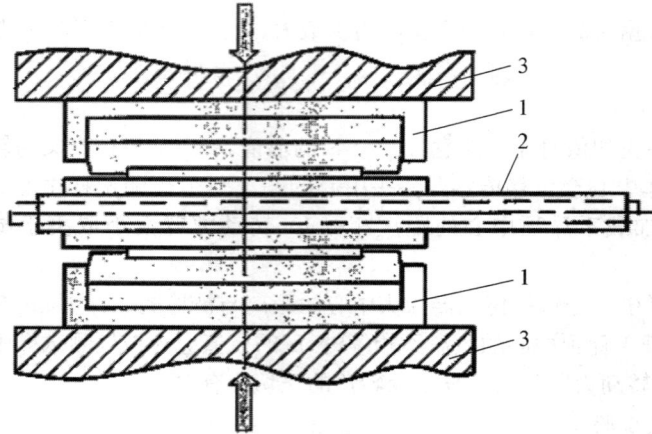

图 6-7 盆式支座摩擦系数试验
1—试件；2—水平加载装置；3—试验机

（2）预压。试验前应对支座进行预压，预压荷载为该试验支座竖向设计承载力，预压 3 次。预压初始荷载为该试验支座竖向设计承载力的 1.0%，每次加载稳压 3 min 后卸载至初始荷载。

（3）正式加载。试验机对试验支座加载到竖向设计承载力时，用千斤顶施加水平力。

① 盆式支座试样一发生滑动（水平拉力下降）时，即停止施加水平力，并由专用的测力传感器记录水平力值。

② 依照以上相同的方法再连续重复进行 3 次。

（4）试验结果计算。第一次滑动记录初始值，然后试验过程应连续进行 3 次，实测摩擦系数取后 3 次（第 2 次至第 4 次）试验结果的算术平均值。

3）成品支座转动试验

转动试验所采用的试验装置应由加载横梁、千斤顶加载系统、测量转角变化的位移传感器等组成。

（1）试样放置。试验选取两个相同规格的固定支座，也可以选用两个相同规格的双向盆式支座试样，将一个试样放置在压力机的下承载板上，另一个试样放置在加载横梁上，并对准中心位置，如图 6-8 所示。

（2）预压。试验前应对支座进行预压，预压荷载为该试验支座竖向设计承载力，预压 3 次。预压初始荷载为该试验支座竖向设计承载力的 1.0%，每次加载稳压 3 min 后卸载至初始荷载。

（3）正式加载。

① 试验机对试验支座加载到竖向设计承载力时，用千斤顶顶起加载横梁。

② 使支座分别产生 0.010 rad、0.015 rad、0.020 rad 设计转角值，每次达到预期的转角后，稳压 30 min。

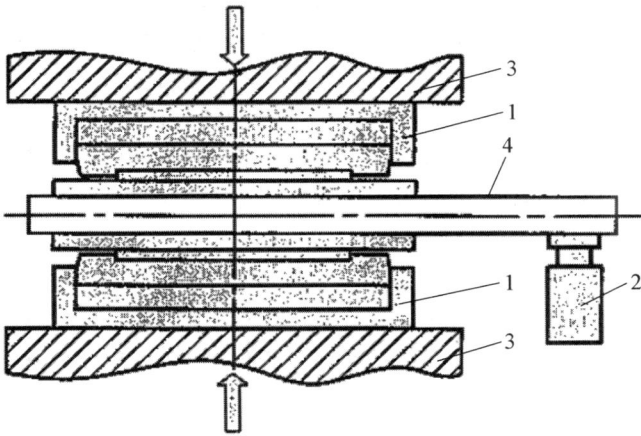

图 6-8 盆式支座转动试验

1—试件；2—千斤顶；3—试验机；4—加载横梁

③ 当加到最大转角后，保持荷载 30 min 后卸载。

④ 在整个转动试验过程中，应随时观测试验支座的工作状态。

⑤ 转动试验结束（支座卸载）后，应对试验支座试样进行拆解，检查中间钢衬板、聚四氟乙烯板、黄铜紧箍圈、橡胶承压板等零部件是否完好无损。

（4）试验结果。支座转动试验后，要求聚四氟乙烯板和钢件无损伤，橡胶承压板没有被挤出，黄铜密封圈也没有明显损伤。

4. 球型支座试验方法

球型支座试验检测项目为竖向承载力、水平承载力、摩擦系数以及转动试验。

1）竖向承载力试验

球型支座竖向承载力试验应测定在垂直荷载作用下，球型支座竖向压缩变形和底盆径向变形。

（1）试样放置。将待测试支座安置于试验机承载板上，并对准中心位置，如图 6-9 所示。

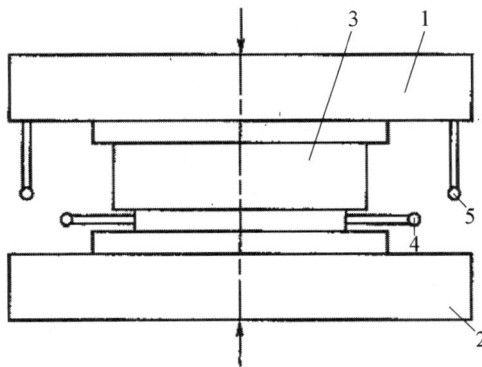

图 6-9 竖向承载力试验

1—上承载板；2—下承载板；3—试样；
4—位移传感器（千分表）；5—位移传感器（百分表）

（2）预压。正式加载前对支座预压 3 次，预压荷载为支座设计承载力；预压初始荷载为该试验支座竖向设计承载力的 0.5%，每次加载至预压荷载宜稳压 2 min 后卸载至初始荷载。

（3）安装位移传感器。在初始荷载稳压状态下,在支座顶板、底板间均匀安装4个竖向位移传感器(百分表),测试支座竖向压缩变形;在盆环上口相互垂直的直径方向安装4只径向位移传感器(千分表),测试盆环径向变形。

（4）正式加载。正式加载分3次进行,检验荷载为支座竖向设计承载力的1.5倍。

① 每次检测时预加设计承载力的0.5%作为初始荷载,分10级加载到检验荷载。

② 每级加载稳压2 min后记录每一级的位移量,加载至检验荷载稳压3 min后卸载至初始荷载。

（5）试验结果计算。

① 每次、每级竖向变形取该次、该级加载时4个竖向位移传感器(百分表)读数的算术平均值。

② 每次、每级径向变形取该次、该级加载时4个径向位移传感器(千分表)读数的算术平均值。

③ 3次测试结果的平均值为该支座试样的测试结果。

2) 摩擦系数试验

摩擦系数试验所采用的水平加载装置由千斤顶加载系统、测力传感器等组成。

（1）试样放置。摩擦系数试验选取两个相同规格的单向或双向球型支座试样,将一个试样放置在压力机的下承载板上,另一个试样放置在水平加载装置的拉板上,并对准中心位置,如图6-10所示。

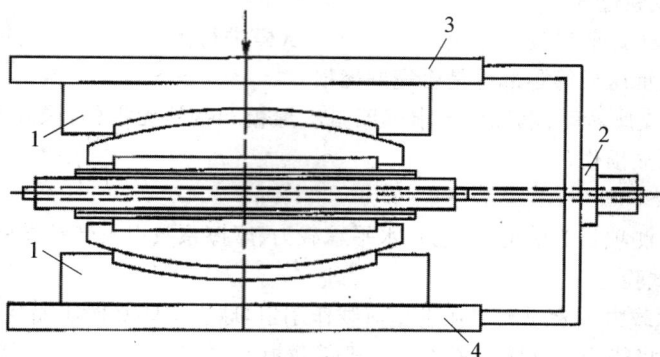

图6-10 摩擦系数试验

1—试样;2—水平力加载装置;3—上承载板;4—下承载板

（2）预压。试验前应对支座进行预压,预压荷载为该试验支座的竖向设计承载力。将支座以连续均匀的速度加载到预压荷载,在整个摩擦系数试验过程中保持不变。其预压时间为1 h。

（3）正式加载。用水平力加载装置连续均匀地施加水平力。

① 球型支座试样一发生滑动(水平拉力下降)时,即停止施加水平力,并由专用的测力传感器记录水平力值。

② 依照以上相同的方法再连续重复进行4次。

（4）试验结果计算。第一次滑动记录初始值,实测摩擦系数取后4次(第2次至第5次)试验结果的算术平均值。

3) 转动性能试验

转动性能试验所采用的试验装置由加载横梁、千斤顶加载系统、力传感器等组成。

（1）试样放置。试验选取两个相同规格型号的球型支座试样,将一个试样放置在压力机的下承载板上,另一个试样放置在加载横梁上,并对准中心位置,如图6-11所示。

（2）预压。试验前应对支座进行预压,预压荷载为该试验支座的竖向设计承载力。将支座以

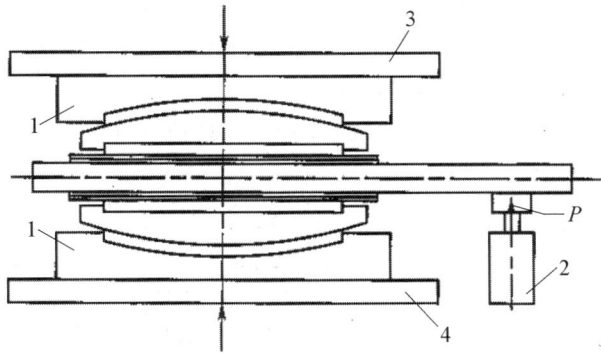

图 6-11　转动性能试验

1—试样；2—加载装置；3—上承载板；4—下承载板

连续均匀的速度加载到预压荷载,并在整个转动试验过程中保持不变。

（3）正式加载。

① 用千斤顶以 5 kN/min 的速率施加转动力矩,直至支座发生转动后千斤顶卸载。

② 记录支座发生转动瞬间的千斤顶最大荷载。

③ 依照以上相同的方法再连续重复进行 3 次。

（4）试验结果。

① 支座实测转动力矩按下式计算：

$$M_1 = \frac{P \cdot L}{2} \qquad\qquad (6-24)$$

式中：M_1——支座实测转动力矩（N·m）；

　　　P——千斤顶最大荷载（kN）；

　　　L——转动力臂（mm）。

② 试验结果取其 3 次试验的平均值。

4）水平承载力试验

（1）试样放置。将试样置于试验机的承载板上,将自平衡反力架及水平力试验装置组合配置好,如图 6-12 所示。

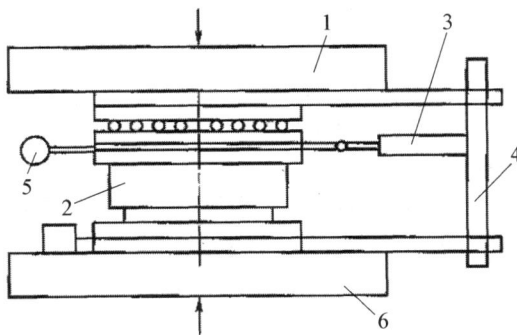

图 6-12　水平承载力试验

1—上承载板；2—试样；3—水平力试验装置；4—自平衡反力架；5—位移传感器；6—下承载板

（2）安装位移传感器。水平承载力试验荷载为支座水平承载力的1.2倍,将支座竖向承载力加至设计承载力的50％,将水平力加载至设计水平承载力的0.5％后,核对水平方向位移传感器（百分表）及水平千斤顶数据。确认无误后,进行预推。

（3）预推。支座竖向承载力加至设计承载力的50％持荷后,用水平承载力的20％进行预推,反复进行3次。

（4）正式加载。

① 将试验荷载由0至试验荷载均匀分为10级。

② 试验时先将竖向承载力加至50％。

③ 以支座设计水平力的0.5％作为初始推力,逐级加载,每级荷载稳压2 min后记录百分表数据。

④ 待水平承载力达到设计水平力的90％后,再将竖向承载力加至设计承载力;然后,将水平承载力加至试验荷载稳压3 min后卸载至初始推力;正式加载过程连续进行3次。

（5）试验结果。

① 水平力作用下变形分别取2个百分表的平均值,绘制荷载-水平变形曲线。

② 在拆除支座水平承载力试验装置后,检查支座变形是否恢复。

四、力学性能试验检测结果的判定

1. 成品板式支座试验结果的判定

板式支座力学性能试验时,随机抽取3块（或3对）支座,若有2块（或2对）不能满足表6-8的要求,则认为该批产品不合格。若有1块（或1对）支座不能满足表6-8的要求时,则应从该批产品中随机再抽取双倍支座对不合格项目进行复检,若仍有一项不合格,则判定该批规格产品不合格。

2. 成品盆式支座试验结果的判定

（1）试验支座的竖向压缩变形和盆环径向变形满足表6-9的规定,实测的荷载-竖向压缩变形曲线和荷载-盆环径向变形曲线呈线性关系,且卸载后残余变形小于支座设计荷载下相应变形的5％,该支座的竖向承载力为合格。

（2）试验支座的转动角度满足表6-9的规定,该支座的转动角度为合格。试验支座的摩擦系数满足表6-9的规定,该支座的摩擦系数为合格。

（3）支座各项试验均为合格,判定该支座为合格支座。试验合格的支座,试验后可以继续使用。

（4）试验支座在加载中出现损坏,则该支座为不合格。

3. 成品球型支座试验结果的判定

（1）试验支座竖向压缩变形、盆环径向变形应满足表6-10的要求。

（2）试验支座水平力应满足表6-10的有关要求。

（3）在拆除支座水平承载力试验装置后,检查支座变形是否恢复。变形不能恢复的产品为不合格。

（4）试验支座摩擦系数应满足表6-10的要求。

（5）试验支座实测转动力矩应小于计算的设计转动力矩。

4. 整体支座

整体支座的试验结果若有 2 个支座各有 1 项不合格,或有 1 个支座 2 项不合格时,应取双倍试样对不合格项目进行复检,若仍有 1 个支座 1 项不合格,则判定该批产品不合格。若有 1 个支座 3 项不合格则判定该批产品不合格。

项目七　桥梁工程地基与基础检测

项目导读

本章主要介绍了地基检测和基桩的完整性及承载力检测,本章提到的各种基桩检测方法,各有其特点,如能合理搭配使用、取长补短,则可在满足对桩基工程的正确评价前提下,达到快速经济的效果。

学习目标

1. 了解地基承载力的含义。
2. 掌握钻孔灌注桩成孔质量检测的方法。
3. 熟悉桩身检测和承载力检测的方法与意义。

地基是指支承基础的土体或岩体。基础是指建筑物、构筑物和各种设施在地面以下的组成部分,其作用是将上部结构所承受的各种作用荷载传递到地基上。基础有刚性基础、扩展基础、箱形基础、筏板基础、壳体基础和桩基础等,所有的土建(构)筑物基础无不以土体或岩体为地基。地基可分为天然地基和人工地基。天然地基为未经加固处理或扰动的地基;当天然地基承载力不够时,用换土、夯实、有机或无机结合料稳定等方法加固处理,以提高承载力,这种加固处理后的地基称为人工(或加固)地基。

建(构)筑物的安全取决于基础与基础下地基的变形量是否过大、承载能力是否足够。为此,需要对拟建场地进行地质调查、工程勘察和各种土工试验,以查明场地的地质情况和土层结构、地下水情况和岩土的物理力学性能指标,根据建(构)筑物的类型,做出地基评价,为设计施工提供依据。

获得岩土地基的各种物理性质指标、力学参数、应力应变规律等,要进行各种土工试验。土工试验从试验环境和方法出发,可分为室内试验、原位测试和原型试验三类。室内试验是指对从现场取回的土样或土料进行物理、力学试验,取得可塑性、密度、透水性和压缩性、抗剪强度、泊松比等指标,由此对岩、土地基进行分类,计算地基的稳定性和承载力。原位测试是在现场进行,土层基本保持天然结构、含水率及应力状态,如平板静载试验、动力触探、原位直剪试验、十字板剪切试验、旁压试验、波速测试等,可对地基进行分层,以及评价地基稳定性和承载力。原型试验是指通过现场基础足尺试验或工程原型试验,监测受力、变形及孔隙水压力等土工参数及反算土的各种静、动力特性参数等,如桩的荷载试验、动力基础的模态试验等,是评价地基基础承载力和稳定性的有效方法。

任务 7.1　地基承载力检测

一、地基岩土分类

按《公路桥涵地基与基础设计规范》(JTG D63 - 2007),公路桥涵地基的岩土可分为岩石、碎石土、砂土、粉土、黏性土和特殊性岩土。

1. 岩石

岩石为颗粒间连接牢固、呈整体性或具有节理裂隙的地质体。岩石可按地质和工程情况分类。地质分类主要根据其地质成因、矿物成分、结构构造及风化程度表达,如强风化花岗岩、微风化砂岩等,这对工程的勘察设计是十分必要的。工程分类主要根据岩体的工程性状,在地质分类的基础上,概括其工程性质,便于进行工程评价。因此,在评价公路桥涵地基时,除应确定岩石的地质名称外,尚应按其坚硬程度、完整程度、节理发育程度、软化程度和特殊性岩石进行细分。

(1)岩石的坚硬程度应根据岩块的饱和单轴抗压强度标准值分级,如表 7 - 1 所示。

表 7 - 1　岩石坚硬程度分级

坚硬程度类别	坚硬岩	较硬岩	较软岩	软　岩	极软岩
饱和单轴抗压程度标准值 f_{rk}/MPa	$f_{rk}>60$	$60 \geqslant f_{rk}>30$	$30 \geqslant f_{rk}>15$	$15 \geqslant f_{rk}>5$	$f_{rk} \leqslant 5$

注:岩石饱和单轴抗压强度试验要点,按规范执行。

(2)岩体完整程度根据完整性指数,按表 7 - 2 分为完整、较完整、较破碎、破碎和极破碎 5 个等级。

表 7 - 2　岩体完整程度划分

完整程度等级	完　整	较完整	较破碎	破　碎	极破碎
完整性指数	>0.75	$0.55 \sim 0.75$	$0.35 \sim 0.55$	$0.15 \sim 0.35$	<0.15

注:完整性指数为岩体纵波波速与岩体体纵波波速之比的平方。

(3)岩体节理发育程度根据节理间距,按表 7 - 3 分为节理不发育、节理发育、节理很发育 3 类。

表 7 - 3　岩体节理发育程度的分类

程　　度	节理不发育	节理发育	节理很发育
节理间距/mm	>400	$200 \sim 400$	$20 \sim 200$

此外,岩石尚可按软化系数、特殊成分、结构、性质等分为软化岩石、易溶性岩石、膨胀性岩石、崩解性岩石、盐渍化岩石等。

2. 碎石土

(1)碎石土为粒径大于 2 mm 的颗粒含量超过总质量的 50% 的土。碎石土按表 7 - 4 分为漂石、块石、卵石、碎石、圆砾和角砾 6 类。

表7-4 碎石土的分类

土 的 名 称	颗 粒 形 状	粒 组 含 量
漂 石	圆形及亚圆形为主	粒径大于 200 mm 的颗粒含量超过总质量的 50%
块 石	棱角形为主	
卵 石	圆形及亚圆形为主	粒径大于 20 mm 的颗粒含量超过总质量的 50%
碎 石	棱角形为主	
圆 砾	圆形及亚圆形为主	粒径大于 2 mm 的颗粒含量超过总质量的 50%
角 砾	棱角形为主	

注：碎石土分类时，应根据粒组含量从大到小以最先符合者确定。

（2）碎石土的密实度，可根据重型动力触探锤击数 $N_{63.5}$，按表7-5分为松散、稍密、中密、密实4级。当缺乏有关试验数据时，碎石土平均粒径大于 50 mm 或最大粒径大于 100 mm 时，按照 JTG D63-2007 附录表 A.0.2 鉴别其密实度。

表7-5 碎石土的密实度

锤击数 $N_{63.5}$	密实度	锤击数 $N_{63.5}$	密实度
$N_{63.5} \leqslant 5$	松 散	$10 < N_{63.5} < 20$	中 密
$5 \leqslant N_{63.5} \leqslant 10$	稍 密	$N_{63.5} > 20$	密 实

注：（1）本表适用于平均粒径小于或等于 50 mm 且最大粒径不超过 100 mm 的卵石、碎石、圆砾、角砾。
（2）表内 $N_{63.5}$ 为经修正后锤击数的平均值，锤击数的修正按 JTG D63-2007 附录 C 进行。

3. 砂土

（1）砂土为粒径大于 2 mm 的颗粒含量不超过总质量的 50%、粒径大于 0.075 mm 的颗粒超过总质量的 50% 的土。砂土按表7-6分为砾砂、粗砂、中砂、细砂和粉砂 5 类。

表7-6 砂土的分类

土 的 名 称	粒 组 含 量
砾 砂	粒径大于 2 mm 的颗粒含量占总质量的 25%~50%
粗 砂	粒径大于 0.5 mm 的顺粒含量超过总质量的 50%
中 砂	粒径大于 0.25 mm 的颗粒含量超过总质量的 50%
细 砂	粒径大于 0.075 mm 的颗粒含量超过总质量的 85%
粉 砂	粒径大于 0.075 mm 的颗粒含量超过总质量的 50%

（2）砂土的密实度可根据标准贯入锤击数，按表7-7分为松散、稍密、中密、密实4级。

表7-7 砂土的密实度

标准贯入锤击数 N	密实度	标准贯入锤击数 N	密实度
$N \leqslant 10$	松 散	$15 < N \leqslant 30$	中 密
$10 < N \leqslant 15$	稍 密	$N > 30$	密 实

4. 粉土

粉土为塑性指数 $I_P \leqslant 10$ 且粒径大于 0.075 mm 的颗粒含量不超过总质量的 50% 的土。

粉土的密实度应根据孔隙此 e 划分为密实、中密和稍密；其湿度应根据天然含水率 ω（％）划分为稍湿、湿、很湿。密实度和湿度的划分应符合表 7-8 和表 7-9 的规定。

<table>
<tr><th colspan="2">表 7-8 粉土的密实度</th><th colspan="2">表 7-9 粉土的湿度分类</th></tr>
<tr><th>孔隙比 e</th><th>密实度</th><th>天然含水率 ω/％</th><th>湿度</th></tr>
<tr><td>$e < 0.75$</td><td>密 实</td><td>$\omega < 20$</td><td>稍 湿</td></tr>
<tr><td>$0.75 \leqslant e \leqslant 0.90$</td><td>中 密</td><td>$20 \leqslant \omega \leqslant 30$</td><td>湿</td></tr>
<tr><td>$e > 0.9$</td><td>稍 密</td><td>$\omega > 30$</td><td>很 湿</td></tr>
</table>

5. 黏性土

黏性土为塑性指数 $I_P > 10$ 且粒径大于 0.075 mm 的颗粒含量不超过总质量的 50％的土。黏性土根据塑性指数按表 7-10 分为黏土和粉质黏土。

表 7-10 黏性土的分类

塑性指数 I_P	土的名称	塑性指数 I_P	土的名称
$I_P > 17$	黏 土	$10 < I_P \leqslant 17$	粉质黏土

黏性土的软硬状态可根据液性指数按表 7-11 分为坚硬、硬塑、可塑、软塑、流塑 5 种状态。

表 7-11 黏性土的状态

液性指数 I_L	状 态	液性指 I_L	状 态
$I_L \leqslant 0$	坚 硬	$0.75 < I_L \leqslant 1$	软 塑
$0 < I_L \leqslant 0.25$	硬 塑	$I_L > 1$	流 塑
$0.25 < I_L \leqslant 0.75$	可 塑		

黏性土可根据沉积年代按表 7-12 分为老黏性土、一般黏性土和新近沉积黏性土。

表 7-12 黏性土的沉积年代分类

沉 积 年 代	土 的 分 类
第四纪晚更新世（Q_3）及以前	老黏性土
第四纪全新世（Q_4）	一般黏性土
第四纪全新世（Q_4）以后	新近沉积黏性土

6. 特殊性岩土

特殊性岩土是具有一些特殊成分、结构和性质的区域性地基土，包括软土、膨胀土、湿陷性土、红黏土、冻土、盐渍土和填土等。

（1）软土为滨海、湖沼、谷地、河滩等处天然含水率高、天然孔隙比大、抗剪强度低的细粒土，鉴别指标应符合表 7-13 的规定，包括淤泥、淤泥质土、泥炭、泥炭质土等。

表 7-13 软土地基鉴别指标

指标名称	天然含水率 ω/％	天然孔隙比 e	直剪内摩擦角 φ/°	十字板剪切强度 C_u/MPa	压缩系数 a_{1-2}/MPa^{-1}
指标值	$\geqslant 35$	$\geqslant 1.0$	宜小于 5	<35 kPa	宜大于 0.5

（2）淤泥为在静水或缓慢的流水环境中沉积,并经生物化学作用形成,其天然含水率大于液限、天然孔隙比大于或等于 1.5 的黏性土。

天然含水率大于液限而天然孔隙比小于 1.5 但大于或等于 1.0 的黏性土或粉土为泥质土。

（3）膨胀土为土中黏粒成分主要由亲水性矿物组成,同时具有显著的吸水膨胀和失水收缩特性,且自由膨胀率大于或等于 40% 的黏性土。

（4）湿陷性土为浸水后产生附加沉降,其湿陷系数大于或等于 0.015 的土。

（5）红黏土为碳酸盐岩系的岩石经红土化作用形成的高塑性黏土,其液限一般大于 50。红黏土经再搬运后仍保留其基本特征且其液限大于 45 的土为次生红黏土。

（6）盐渍土为土中易溶盐含量大于 0.3%,并具有溶陷、盐胀、腐蚀等工程特性的土。

（7）填土根据其组成及成因,可分为素填土、压实填土、杂填土、冲填土。

杂填土为含有建筑垃圾、工业废料、生活垃圾等杂物的填土。冲填土为由水力冲填泥砂形成的填土。

（8）软弱地基是指主要由淤泥、淤泥质土、冲填土、杂填土或其他高压缩性土层构成的地基。

二、平板载荷试验

平板载荷试验是用于确定地基承压板下应力主要影响范围内土层承载力和变形模量的原位测试方法。它要求岩土体在原有位置上,在保持土的天然结构、含水率及应力状态下来测定岩土的性质。地基平板载荷试验可分浅层平板载荷试验和深层平板载荷试验。

1. 浅层平板载荷试验

1）试验方法和原理

浅层平板载荷试验适用于确定浅部地基土层(深度小于 3 m)承压板下压力主要影响范围内的承载力和变形模量。

平板载荷试验是在试验土层表面放置一定规格的方形或圆形刚性承压板,在其上逐级施加荷载,每级荷载增量持续时间按规范规定进行观测,测记每级荷载作用下荷载板沉降量的稳定值,加载至总沉降量为 25 mm,或达到加载设备的最大容量为止;然后卸载,其持续时间应不小于一级荷载增量的持续时间,并记录土的回弹值。根据试验记录绘制荷载-沉降($P-S$)关系曲线,如图 7-1 所示,然后分析地基土的强度与变形特性,求得地基土容许承载力与变形模量等力学参数。

地基在荷载作用下达到破坏状态的过程,可分为三个阶段,如图 7-2 所示。

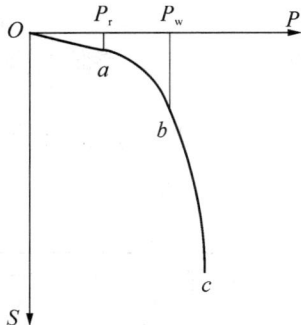

图 7-1 荷载-沉降关系曲线

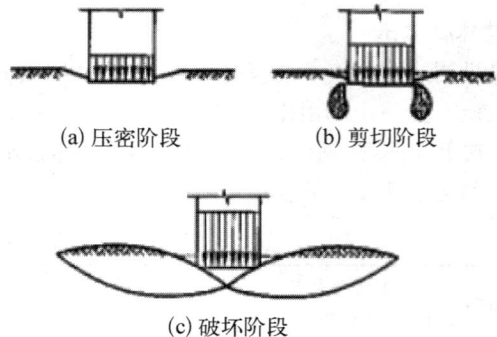

(a) 压密阶段　　(b) 剪切阶段

(c) 破坏阶段

图 7-2 地基破坏过程的三个阶段

（1）压密阶段。相当于 P - S 曲线上的 Oa 直线段,这时土中各点的剪应力均小于土的抗剪强度,土体压力与变形呈线性关系,土体处于弹性平衡状态。该阶段荷载板沉降主要是由土中孔隙的减少引起,土颗粒主要是竖向变位,且随时间增长将土体压密,所以称为压密阶段。与 a 点相对应的荷载 P 为比例界限。

（2）剪切阶段。相当于 P - S 曲线上的 ab 段,这时 P - S 曲线的土体荷载与变形不再呈线性关系,其沉降的增长率随荷载的增大而增大。除土体压密外,在承压板边缘局部的土体剪应力达到或超过土的抗剪强度,土体开始发生塑性变形。土的变形是由于土中空隙压缩和土颗粒的剪切移动引起的,土颗粒同时发生竖向和侧向变位,且随时间不易稳定,故称为局部剪切变形阶段。随着荷载的继续增大,土体中的塑性区范围也逐步扩大,直到土体中形成连续的滑动面,土在荷载板两侧挤出而破坏。因此,剪切阶段是地基中塑性区的发生和发展阶段,与在 P - S 曲线上 b 点相对应的荷载 P 为极限荷载。

（3）破坏阶段。相当于 P - S 曲线上的 bc 段。当荷载超过极限荷载后,即使荷载不再增加,沉降也不能稳定,荷载板急剧下沉,土中产生连续的滑动面,土从承压板下挤出,土体隆起呈环状或放射状裂隙,故称为破坏阶段。这时土体的变形主要由土的剪切变位引起,土体的侧向移动使地基土失稳而破坏。

2）试验设备

载荷试验设备由稳压加荷装置、反力装置和沉降观测装置三部分组成。

现以半自动稳压油压荷载试验设备为例,该设备适用于承压板面积不小于 $0.25 \ \mathrm{m}^2$,对于软土地基不小于 $0.50 \ \mathrm{m}^2$。利用高压油泵,通过稳压器及反力锚定装置,将压力稳定地传递到承压板。它由下列三部分组成:

（1）加荷及稳压系统。由承压板、加荷千斤顶、立柱、稳压器和支撑稳压器的三角架组成。加荷千斤顶、稳压器、储油箱和高压油泵分别用高压油管连接,构成一个油路系统。

（2）反力锚碇系统。包括桁架和反力锚碇两部分,桁架由中心柱套管、深度调节丝杆、斜撑管、主钢丝绳、三向接头等组成。

（3）观测系统。用百分表或其他自动观测装置进行观测。

目前,常用的载荷板试验时加载方式如图 7 - 3 所示。根据现场情况,也可采用地锚代替荷重的方式,也可二者兼用。总的要求是加荷、卸荷要既简便,又安全,并对试验的沉降量观测不产生影响。荷载板为刚性的方形或圆钢板。

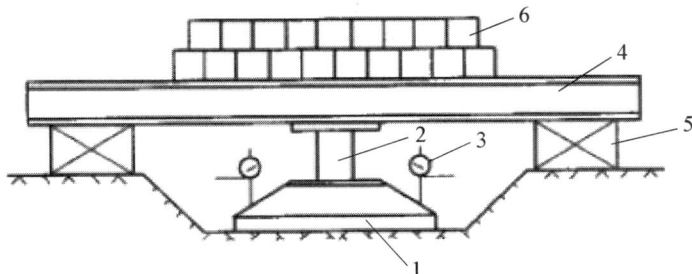

图 7 - 3　现场荷载试验

1—荷载板;2—千斤顶;3—百分表;4—反力架;5—枕木垛;6—荷重

用油压千斤顶加荷、卸荷虽然方便,但要注意设备是否变形、千斤顶是否漏油及荷载板是否下沉等,要防止千斤顶压力不稳定。注意随时调节,保持压力恒定。

3）现场测试

（1）基坑宽度不应小于承压板宽度或直径 d 的 3 倍。

（2）承压板面积是 50 cm×50 cm 或 70.7 cm×70.7 cm 的方板。

（3）试验土层：应保持土层在原有位置上，保持土的原状结构、天然湿度。试坑开挖时，在试验点位置周围预留一定厚度的土层，在安装承压板前再清理至试验高程。

（4）承压板与土层接触处，应铺设约 20 mm 厚的中砂或粗砂找平，以保证承压板与土层水平、均匀接触。

（5）试验加荷分级不应少于 8 级，第一级荷载包括设备重力。每级荷载增量为地基土层预估极限承载力的 1/10～1/8。最大加载量不应小于设计要求的 2 倍或接近试验土层的极限荷载。

（6）试验精度不应低于最大荷载的 1%，承压板的沉降采用百分表或电测位移计量测，其精度不应低于 0.01 mm。

（7）加荷稳定标准：每级加载后，按间隔 10 min 测 1 次，共测 5 次，以后为每隔半小时测读一次沉降量。当在连续 2 h 内，每小时的沉降量小于 0.1 mm 时，则认为已趋稳定，可加下一级荷载。

（8）当试验出现下列情况之一时，可终止加载：

① 承压板周围的土体有明显侧向挤出或发生裂纹。

② 在某一级荷载下，24 h 内沉降速率不能达到稳定标准。

③ 沉降量急剧增大，P-S 曲线出现陡降段，本级荷载的沉降量大于前级荷载沉降量的 5 倍。

④ 沉降量与承压板宽度或直径之比等于或大于 0.06。

满足前三种情况之一，其相对应的前一级荷载定为极限荷载。

（9）回弹观测：分级卸荷，观测回弹值。分级卸荷量为分级加荷量的 2 倍，15 min 观测一次，1 h 后再卸下一级荷载。荷载完全卸除后，应继续观测 3 h。

（10）试验完成后，试验点附近应有取土孔提供土工试验指标或其他原位测试资料，则应在沉压板中心向下开挖取土试样，并描述 2 倍承压板直径（或宽度）范围内土层的结构变化。

4）试验数据处理

根据试验数据绘制 P-S 曲线，利用 P-S 曲线可以得到以下结论。

（1）地基土承载力基本容许值的确定应符合下列规定：

① 当 P-S 曲线有比例界限时，取该比例界限所对应的荷载值。

② 当极限荷载值小于比例界限荷载值的 2 倍时，取极限荷载值的一半。

③ 若不能按上述两条要求确定时，当压板面积为 2 500 m² 或 5 000 m² 时，可取 $S/d=0.01\sim0.015$ 所对应的荷载值，但其值不应大于最大加载量的一半。

同一土层参加统计的试验点不应少于三点。当试验实测值的极差不超过其平均值的 30% 时，取其平均值作为该土层的地基承载力基本容许值。

（2）计算地基土的变形模量。一般取 P-S 曲线的直线段，用下式计算：

$$E_0=(1-\mu^2)\frac{\pi B}{4}\cdot\frac{\Delta P}{\Delta S} \tag{7-1}$$

式中：B——承压板直径（m），当为方形板时，$B=\sqrt[2]{\dfrac{A}{\pi}}$，$A$ 为方形板面积（m²）；

ΔS——P-S 关系曲线直线段斜率（kPa/m）；

μ——地基土的泊松比，对于砂土和粉土，$\mu=0.33$；对于可塑、硬塑黏性土，$\mu=0.38$；对于软塑、流塑黏性土和淤泥质黏性土，$\mu=0.41$。

当 P-S 曲线的直线段不明显时，可用上述确定地基土承载力的方法所确定地基承载力的基本值与相应的沉降量代入式（7-1）计算 E_0，但此时应与其他原位测试资料比较，综合考虑确定 E_0 值。

利用 P-S 曲线还可以估算地基土的不排水抗剪强度和地基土基床反力系数等。

2. 深层平板载荷试验

（1）深层平板载荷试验用于确定深部地基及大直径桩桩端在承压板压力主要影响范围内土层的承载力及变形模量。该法适用于埋深等于或大于 3.0 m 和地下水位以上的地基土。承压板的直径为 800 mm 的刚性板，如采用厚约 300 mm 的现浇混凝土板，紧靠承压板周围外侧的土层高度不应小于 0.8 m。

加载反力装置有压重平台反力装置、地锚反力装置、锚桩横梁反力装置、地锚压重联合反力装置等。

（2）加荷分级可按预估极限承载力的 1/15～1/10 分级施加。每级加载后，第一个小时内按间隔 10 min 测 1 次，共测 3 次，再按间隔 15 min 测 1 次，共测 2 次，以后为每隔半小时测读一次沉降量。当在连续 2 h 内，每小时的沉降量小于 0.1 mm 时，则认为已趋稳定，可加下一级荷载。

（3）当试验出现下列情况之一时，即可终止加载：

① 沉降量急剧增大，P-S 曲线上有可判定极限承载力的陡降段，且沉降量超过 0.04d（d 为承压板直径）。

② 在某一级荷载下，24 h 内沉降速率不能达到稳定。

③ 本级沉降量大于前一级沉降量的 5 倍。

④ 当持力层土层坚硬、沉降量很小时，最大加载量不小于设计要求的 2 倍。

（4）地基土承载力基本容许值的确定应符合下列规定：

① 当 P-S 曲线有比例界限时，取该比例界限所对应的荷载值。

② 当极限荷载值小于比例界限荷载值的 2 倍时，取极限荷载值的一半。

③ 若不能按上述两款要求确定时，当压板面积为 2 500 m² 或 5 000 m² 时，可取 $S/d=0.01～0.015$ 所对应的荷载值，但其值应不大于最大加载量的一半。

（5）计算变形模量。深层平板荷载试验的变形模量按下式计算：

$$E_0=\omega\frac{Pd}{S} \tag{7-2}$$

式中：ω——试验深度和土类有关的系数；

P——P-S 曲线上线性段的压力（kPa）；

S——与 P 对应的沉降（mm）；

d——承压板的直径（m）。

3. 平板载荷试验的局限性

（1）平板载荷试验受荷面积小，加荷影响深度不超过 2 倍的承压板边长或直径，且加荷时间较短，因此不能通过载荷板试验提供建筑物的长期沉降资料。

（2）在沿海软黏土部分地区，地表往往有层"硬壳层"，当为小尺寸承压板时，对其下软弱土层还未受影响，而实际建筑物基础大，下部软弱土层对建筑物沉降起主要影响。因此，载荷试验有一定的局限性。

（3）当地基压缩层范围内土层单一、均匀时，可直接在基础埋置高程处进行载荷试验。如地基压缩层范围内是成层变化的或不均匀时，则要进行不同尺寸承压板或不同深度的载荷试验。此时，可以采用其他原位测试和室内土工试验来确定荷载板试验影响不到的土层的工程力学性质。

（4）如果地基土层起伏变化很大，还应在不同地点做载荷试验。

三、圆锥动力触探试验

圆锥动力触探试验（DPT）是利用一定质量的落锤，以一定高度的自由落距将标准规格的锥形探头打入土层中，根据探头贯入的难易程度判定土层的物理力学性质。这是公路桥涵工程勘察中的原位测试方法之一。

1. 圆锥动力触探试验类型及规格

1）圆锥动力触探类型及规格

圆锥动力触探试验分为轻型、重型和超重型三种，各种试验的类型和规格如表 7-14 所示。

表 7-14　圆锥动力触探类型及规格

类　　型		轻　　型	重　　型	超　重　型
落　锤	锤的质量/kg	10	63.5	120
	落距/cm	50	76	100
探　头	直径/mm	40	74	74
	锥角/°	60	60	60
探杆直径/mm		25	42	50～60
指　　标		贯入 30 cm 的锤击数 N_{10}	贯入 10 cm 的锤击数 $N_{63.5}$	贯入 10 cm 的锤击数 N_{120}

2）圆锥动力触探试验的适用范围

轻型圆锥动力触探试验一般用于贯入深度小于 4 m 的黏性土、黏性土组成的素填土和粉土。可用于施工验槽、地基检验和地基处理效果的检测。

重型圆锥动力触探试验一般适用于砂土、中密以下的碎石土和极软岩。

超重型圆锥动力触探试验一般适用于较密实的碎石土、极软岩和软岩。

2. 试验设备和方法

圆锥动力触探试验设备主要由圆锥触探头、触探杆、穿心锤三部分组成，如图 7-4 和图 7-5 所示。

1）试验设备安装

试验前和试验过程中，应认真检查机具设备是否完好。安装过程中各部件连接紧固，触探架安装平稳，保持触探孔垂直。

2）试验方法

触探架与触探头对准孔位，作业过程中始终保持与触探孔垂直。以重型圆锥动力触探为例，试验采用质量为 63.5 kg 的穿心锤自动脱钩，以 76 cm 的落距自由下落，对土层连续进行触探，将标准试验触探头打入土中 10 cm，记录其锤击数。

3）重型和超重型圆锥动力触探试验要点。

（1）贯入时，穿心锤应自动脱钩，自由落下。

（2）地面上触探杆的高度不宜超过 1.5 m，以免倾斜和摆动过大。

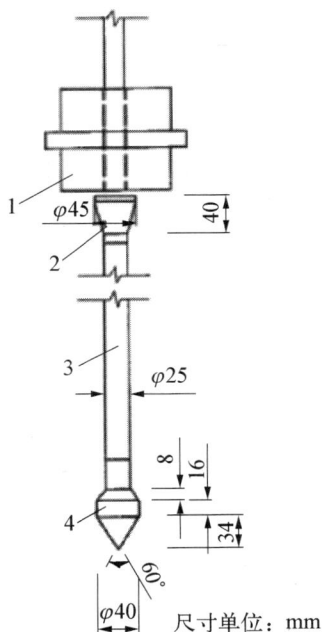

图 7 - 4　轻型圆锥动力触探试验设备　　图 7 - 5　重型、超重型圆锥动力触探试验探头

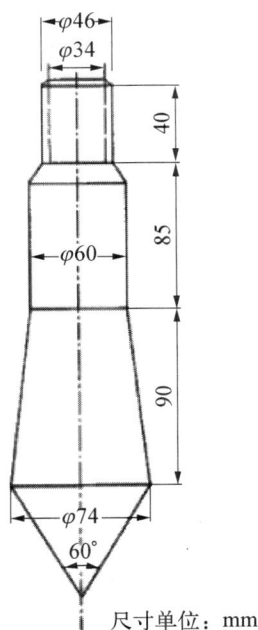

（3）贯入过程应尽量连续，锤击速率宜为每分钟 15～30 击。

（4）每贯入 10 cm，记录其相应的锤击数 $N'_{63.5}$、N'_{120}。

3. 试验成果整理

1）触探指标

（1）实测触探锤击数。各种类型的圆锥动力触探试验是以贯入一定深度的锤击数作为触探指标，（如 N_{10}、$N'_{63.5}$、N'_{120}，通过与其他室内试验和原位测试指标建立相关关系获得地基土的物理力学性质指标，从而评价地基土的性质。

（2）修正后的触探杆锤击数。

① 探杆长度的修正。当采用重型和超重型圆锥动力触探试验确定碎石土的密实度时，锤击数应按下式进行修正：

$$N_{63.5} = \alpha_1 \cdot N'_{63.5} \qquad (7-3)$$

$$N_{120} = \alpha_2 \cdot N'_{120} \qquad (7-4)$$

式中：$N_{63.5}$、N_{120}——修正后的重型和超重型圆锥动力触探试验锤击数；

α_1、α_2——重型和超重型圆锥动力触探试验锤击数修正系数，按表 7 - 15、表 7 - 16 取值；

$N'_{63.5}$、N'_{120}——实测重型和超重型圆锥动力触探锤击数。

表 7 - 15　重型圆锥动力触探锤击数修正系数 α_1

杆长/m ＼ $N'_{63.5}$	5	10	15	20	25	30	35	40	≥50
2	1.00	1.00	1.00	1.00	1.00	1.00	1.00	1.00	—
4	0.96	0.95	0.93	0.92	0.90	0.89	0.87	0.86	0.84
6	0.93	0.90	0.88	0.85	0.83	0.81	0.79	0.78	0.75

(续表)

杆长/m ＼ $N'_{63.5}$	5	10	15	20	25	30	35	40	≥50
8	0.90	0.86	0.83	0.80	0.77	0.75	0.73	0.71	0.67
10	0.88	0.83	0.79	0.75	0.72	0.69	0.67	0.64	0.61
12	0.85	0.79	0.75	0.70	0.67	0.64	0.61	0.59	0.55
14	0.82	0.76	0.71	0.66	0.62	0.58	0.56	0.53	0.50
16	0.79	0.73	0.67	0.62	0.57	0.54	0.51	0.48	0.45
18	0.77	0.70	0.63	0.57	0.53	0.49	0.46	0.43	0.40
20	0.75	0.67	0.59	0.53	0.48	0.44	0.41	0.39	0.36

表 7-16　超重型圆锥动力触探锤击数修正系数 α_2

杆长/m ＼ N'_{120}	1	3	5	7	9	10	15	20	25	30	35	4D
1	1.00	1.00	1.00	1.00	1.00	1.00	1.00	1.00	1.00	1.00	1.00	1.00
2	0.96	0.92	0.91	0.90	0.90	0.90	0.90	0.89	0.89	0.88	0.88	0.88
3	0.94	0.88	0.86	0.85	0.84	0.84	0.84	0.83	0.82	0.82	0.81	0.81
5	0.92	0.82	0.79	0.78	0.77	0.77	0.76	0.75	0.74	0.73	0.72	0.72
7	0.90	0.78	0.75	0.74	0.73	0.72	0.71	0.70	0.68	0.68	0.67	0.66
9	0.88	0.75	0.72	0.70	0.69	0.68	0.67	0.66	0.64	0.63	0.62	0.62
11	0.87	0.73	0.69	0.67	0.66	0.66	0.64	0.62	0.61	0.60	0.59	0.58
13	0.86	0.71	0.67	0.65	0.64	0.63	0.61	0.60	0.58	0.57	0.56	0.55
15	0.86	0.69	0.65	0.63	0.62	0.61	0.59	0.58	0.56	0.55	0.54	0.53
17	0.85	0.68	0.63	0.61	0.60	0.60	0.57	0.56	0.54	0.53	0.52	0.50
19	0.84	0.66	0.62	0.60	0.58	0.58	0.56	0.54	0.52	0.51	0.50	0.48

② 侧壁摩擦影响的修正。对于砂土和松散、中密的圆砾、卵石，触探深度在 1～15 m 范围内时，一般不考虑侧壁摩擦的影响。

③ 地下水影响的修正。对于地下水位以下的中砂、粗砂、砾砂和圆砾、卵石，锤击数可按下式修正：

$$N_{63.5} = 1.1 N'_{63.5} + 1.0 \tag{7-5}$$

式中：$N'_{63.5}$——修正前的锤击数。

（3）动贯入阻力。荷兰公式是目前国内外应用最广泛的动贯入阻力计算公式，我国《岩土工程勘察规范》(GB 50021-2001)和水利部《土工试验规程》(SL 237-1999)的条文说明都推荐该公式。

$$q_d = \frac{M}{M+m} \cdot \frac{MgH}{Ae} \tag{7-6}$$

式中：q_d——动贯入阻力（MPa）；

M——落锤质量（kg）；

m——圆锥探头及杆件系统（包括探头、导向杆等）的质量（kg）；

g——重力加速度；

H ——落锤高度(m);

A ——圆锥探头截面面积(cm^2);

e ——每击贯入度。

该公式是建立在古典牛顿碰撞理论基础上的,且假定为绝对非弹性碰撞,不考虑弹性变形能量的消耗。

2)触探曲线

对于圆锥动力触探试验所获得的锤击数值(或动贯入阻力),应在剖面图上或柱状图上绘制随深度变化的关系曲线($N_{63.5}-h$、$N_{120}-h$ 曲线或 q_d-h 曲线)。根据触探曲线的形态,结合钻探资料,进行地层的力学分层。

4. 试验成果应用

(1)利用触探曲线进行力学分层。

(2)评价地基的密实度,如表 7-17 所示。

表 7-17　触探击数与砂土密实度的关系

土 的 分 类	$N_{63.5}$	砂土密实度	孔 隙 比
砾　砂	<5	松散	>0.65
	5~8	稍密	0.65~0.50
	8~10	中密	0.50~0.45
	>10	密实	<0.45
粗　砂	<5	松散	>0.80
	5~6.5	稍密	0.80~0.70
	6.5~9.5	中密	0.70~0.60
	>9.5	密实	<0.60
中　砂	<5	松散	>0.90
	5~6	稍密	0.90~0.80
	6~9	中密	0.80~0.70
	>9	密实	<0.70

(3)评价地基承载力。

① 用轻型动力触探锤击数 N_{10} 确定地基土的承载力。

② 用重型圆锥动力触探锤击数 $N_{63.5}$ 确定地基土的承载力。

铁道部行业标准规定用 $N_{63.5}$ 平均值评价冲积、洪积成因的中砂、砾砂和碎石类土地基的承载力,如表 7-18 所示。

表 7-18　用重型圆锥动力触探 $N_{63.5}$ 确定地基承载力(单位: kPa)

击数平均值 $N_{63.5}$	3	4	5	6	7	8	9	10	12	14
碎石土	140	170	200	240	280	320	360	400	480	540
中砂、砾砂	120	150	180	220	260	300	340	380	—	—
击数平均值 $N_{63.5}$	16	18	20	22	24	26	28	30	35	40
碎石土	600	660	720	780	830	870	900	930	970	1 000

③ 用超重型圆锥动力触探锤击数 N_{120} 确定地基土的承载力。

（4）确定地基土的变形模量。1988年，铁道部第二勘测设计院的研究成果如下：圆砾、卵石土地基变形模量

$$E_0 = 4.48N_{63.5}^{0.755\,4} \tag{7-7a}$$

在铁道部《铁路工程地质原位测试规程》（TB 10018-2003）中关于冲、洪积卵石土和圆砾土地基的变形模量 E_0，当贯入深度小于12 m时，可根据场地土层的平均锤击数 $N_{63.5}$ 按表7-19取值。

表7-19　卵石土、圆砾土好的 E_0 值

$N_{63.5}$（击/10 cm）	3	4	5	6	8	10	12	14	16
E_0/MPa	9.9	11.8	13.7	16.2	21.3	26.4	31.4	35.2	39.0
$N_{63.5}$（击/10 cm）	18	20	22	24	26	28	30	35	40
E_0/MPa	42.8	46.6	50.4	53.6	56.1	58.0	59.9	62.4	64.3

特重型动力触探的实测击数，应先按下式换算成相当于重型动力触探的实测击数后，再按式（7-7a）进行修正：

$$N_{63.5} = 3N_{120} - 0.5 \tag{7-7b}$$

（5）确定单桩承载力。

（6）确定抗剪强度、地基检验和确定地基持力层。

（7）评价地基均匀性和确定地基持力层。

四、地基容许承载力

1. 有关地基承载力的术语

（1）地基极限承载力：指使地基发生剪切破坏而即将失去整体稳定性时相应的最小基础底面压力。

（2）地基容许承载力。要求作用于基底的压应力不超过地基的极限承载力，且有足够的安全度，而且所引起的变形不超过建（构）筑物的容许变形。满足以上两项要求的地基单位面积上所承受的荷载称为地基容许承载力。

2. 地基承载力的确定

地基承载力可根据地质勘测、原位测试、野外载荷试验以及邻近建（构）筑物调查对比，由经验和理论公式计算综合分析确定。

地基承载力通常由下列几种途径来确定：

（1）由现场载荷试验或原位测试确定。

（2）按地基承载力理论公式计算。

（3）按现行规范提供的经验公式计算。

（4）在土质基本相同的条件下，参照邻近结构物地基容许承载力。

3.《公路桥涵地基与基础设计规范》（JTG D63-2007）有关地基承载力的规定

（1）地基承载力容许值是在地基原位测试或本规范给出的各类岩土承载力基本容许值 $[f]$ 的基础上经修正而得的，也就是在地基压力变形曲线上，在线性变形段内某一变形所对应的压力值。

地基承载力容许值$[f_a]$是在地基载荷试验和其他原位测试或按《公路桥涵地基与基础设计规范》(JTG D63-2007)给出的各类岩土承载力基本容许值$[f_{a0}]$的基础上经修正后得到的。

(2)地基承载力基本容许值应首先考虑由载荷试验或其他原位测试取得,其值不应大于地基极限承载力的1/2。对中小桥、涵洞,当受现场条件限制或载荷试验和原位测试确有困难时,也可按照《公路桥涵地基与基础设计规范》(JTG D63-2007)第3.3.4条规定取值。

当缺乏上述资料时可按《公路桥涵地基与基础设计规范》(JTG D63-2007)推荐的方法确定地基承载力基本容许值,对地质和结构复杂的桥涵地基,应根据现场载荷试验确定容许承载力。

4. 地基土承载力基本容许值的确定

地基承载力基本容许值,可根据岩土类别、状态及其物理力学特性指标按下列相关表中规定采用。

(1)一般岩石地基可根据强度等级、节理,按表7-20确定承载力基本容许值$[f_{a0}]$。对于复杂的岩层,如溶洞、断层、软弱夹层、易溶岩石、软化岩石等,应按各项因素综合确定。

表7-20　岩石地基承载力基本容许值$[f_{a0}]$

坚硬程度 ＼ 节理发育程度 $[f_{a0}]$/kPa	节理不发育	节理发育	节理很发育
坚硬岩、较硬岩	>3 000	2 000~3 000	1 500~2 000
较软岩	1 500~3 000	1 000~1 500	800~1 000
软岩	1 000~1 200	800~1 000	500~800
极软岩	400~500	300~400	200~300

(2)碎石土地基可根据其类别和密实程度按表7-21确定承载力基本容许值$[f_{a0}]$。

表7-21　碎石土地基承载力基本容许值$[f_{a0}]$

土名 ＼ 密实程度 $[f_{a0}]$/kPa	密实	中密	稍密	松散
卵石	1 000~1 200	650~1 000	500~650	300~500
碎石	800~1 000	550~800	400~550	200~400
圆砾	600~800	400~600	300~400	200~300
角砾	500~700	400~500	300~400	200~300

注:(1)由硬质岩组成,填充砂土者取高值;由软质岩组成,填充黏性土者取低值。
(2)半胶结的碎石土,可按密实的同类土的$[f_{a0}]$值提高10%~30%。
(3)松散的碎石土在天然河床中很少遇见,需特别注意鉴定。
(4)漂石、块石的$[f_{a0}]$值,可参照卵石、碎石适当提高。

(3)砂土地基可根据土的密实程度和水位情况按表7-22确定承载力基本容许值$[f_{a0}]$。

表7-22　砂土地基承载力基本容许值$[f_{a0}]$

土名及水位情况 ＼ 密实程度 $[f_{a0}]$/kPa	密实	中密	稍密	松散
砾砂、粗砂	与湿度无关	550	430	370	200
中砂	与湿度无关	450	370	330	150

(续表)

土名及 水位情况	密实程度 $[f_{a0}]$/kPa	密 实	中 密	稍 密	松 散
细砂	水上	350	270	230	100
细砂	水下	300	210	190	—
粉砂	水上	300	210	190	—
粉砂	水下	200	110	90	—

（4）粉土地基可根据土的天然孔隙比 e 和天然含水率 ω（%），按表 7-23 确定承载力基本容许值 $[f_{a0}]$。

表 7-23　粉土地基承载力基本容许值 $[f_{a0}]$

e ＼ ω/% $[f_{a0}]$/kPa	10	15	20	25	30	35
0.5	400	380	355	—	—	—
0.6	300	290	280	270	—	—
0.7	250	235	225	215	205	—
0.8	200	190	180	170	165	—
0.9	160	150	145	140	130	125

（5）老黏性土地基可根据压缩模量 E_s，按表 7-24 确定承载力基本容许值 $[f_{a0}]$。

表 7-24　老黏性土地基承载力基本容许值 $[f_{a0}]$

E_s/MPa	10	15	20	25	30	35	40
$[f_{a0}]$/kPa	380	430	470	510	550	580	620

注：当老黏性土 $E_s < 10$ MPa 时，承载力基本容许值 $[f_{a0}]$ 按一般黏性土（表 7-25）确定。

（6）一般黏性土可根据液性指数 I_L 和天然孔隙比 e，按表 7-25 确定地基承载力基本容许值 $[f_{a0}]$。

表 7-25　一般黏性土地基承载力基本容许值 $[f_{a0}]$

e ＼ I_L $[f_{a0}]$/kPa	0	0.1	0.2	0.3	0.4	0.5	0.6	0.7	0.8	0.9	1.0	1.1	1.2
0.5	450	440	430	420	400	380	250	310	270	240	220	—	—
0.6	420	410	400	380	380	340	310	280	250	220	200	180	
0.7	400	370	350	330	310	290	270	240	220	190	170	160	150
0.8	380	330	300	280	260	240	230	210	180	160	150	140	130
0.9	320	280	260	240	220	210	150	180	160	140	130	120	100
1.0	250	230	220	210	190	170	160	150	140	120	110	—	—
1.1	—	—	160	150	140	130	120	110	100	90	—	—	—

注：（1）土中含有粒径大于 2 mm 的颗粒质量超过总质量 30 kg 以上者，$[f_{a0}]$ 可适当提高。

（2）当 $e < 0.5$ 时，取 $e = 0.5$；当 $I_L < 0$ 时，取 $I_L = 0$。此外，超过表列范围的一般黏性土，$[f_{a0}] = 57.22 E_s^{0.57}$。

（7）新近沉积黏性土地基可根据液性指数I_L和天然孔隙比e，按表7-26确定承载力基本容许值$[f_{a0}]$。

表7-26　新近沉积黏性土地基承载力基本容许值$[f_{a0}]$

e ＼ I_L ＼ $[f_{a0}]$/kPa	≤0.25	0.75	1.25
≤0.8	140	120	100
0.9	130	110	90
1.0	120	100	80
1.1	110	90	—

5. 地基土承载力基本容许值的修正

（1）修正后的地基承载力容许值$[f_a]$按式（7-8）确定。当地基基础位于水中不透水地层上时，$[f_a]$按平均常水位至一般冲刷线的水深每米再增大10 kPa。

$$[f_a]=[f_{a0}]+k_1\gamma_1(b-2)+k_2\gamma_2(h-3) \tag{7-8}$$

式中：$[f_a]$——修正后的地基承载力容许值（kPa）；

B——基础底面的最小边宽（m），当$b<2$ m时，取$b=2$ m；当$b>10$ m，取$b=10$ m；

H——基底埋置深度（m），自天然地面起算，有水流冲刷时自一般冲刷线起算，当$h<3$ m时，取$h=3$ m；当$h/b>4$时，取$h=4b$；

k_1、k_2——分别为基底宽度、深度修正系数，根据基底持力层土的类别按表7-27确定；

γ_1——基底持力层土的天然重度（kN/m³），若持力层在水面以下且为透水者，应取浮重度；

γ_2——基底以上土层的加权平均重度（kN/m³），换算时若持力层在水面以下且不透水时，不论基底以上土的透水性如何，一律取饱和重度；当透水时，水中部分土层则应取浮重度。

表7-27　地基土承载力宽度、深度修正系数k_1、k_2

土类 系数	黏性土			粉土	砂 土								碎 石 土					
	老黏性土	一般黏性土		新近沉积黏性土		粉 砂		细 砂		中 砂		砾砂、粗砂		碎石、圆砾、角砾		卵 石		
		I_L≥0.5	I_L<0.5			中密	密实	中密	密实	中密	密实	中密	密实	中密	密实	中密	密实	
k_1	0	0	0	0	0	1.0	1.2	1.5	2.0	2.0	3.0	3.0	4.0	3.0	4.0	3.0	4.0	
k_2	2.5	1.5	2.5	1.0	1.5	2.0	2.5	3.0	4.0	4.0	5.5	5.0	6.0	5.0	6.0	6.0	10.0	

注：（1）对于稍密和松散状态的砂、碎石土，k_1、k_2值可采用表列中密值的50%。
　　（2）强风化和全风化的岩石，可参照所风化成的相应土类取值；其他状态下的岩石不修正。

（2）软土地基承载力基本容许值$[f_a]$按下列规定确定：

根据原状土天然含水率，按表7-28确定软土地基承载力基本容许值$[f_{a0}]$，然后按下式计算修正后的地基承载力容许值$[f_a]$：

$$[f_a]=[f_{a0}]+\gamma_2 h \tag{7-9}$$

表7-28　软土地基承载力基本容许值$[f_{a0}]$

天然含水率ω/%	36	40	45	50	55	65	75
$[f_{a0}]$/kPa	100	90	80	70	60	50	40

任务 7.2　钻孔灌注桩成孔质量
检测与质量标准

　　目前,我国常用的灌注桩施工有钻孔、冲击成孔、冲抓成孔和人工挖孔等方法。人工挖孔为干作业施工,成孔后孔壁的形状、孔深、垂直度、孔底沉渣及钢筋笼的安放位置等可通过目测或人下到孔内进行检查,质量较容易控制。钻孔、冲击成孔和冲抓成孔等地下湿作业施工的灌注桩,通常需用泥浆护壁,孔内充满泥浆。由于地下施工,加上复杂的地质条件或施工人员操作不当,泥浆原料膨润土的性能差,泥浆外加剂纯碱、氢氧化钠或膨润土粉末等掺入量不合适,调制出的泥浆性能指标不符合要求,从而导致钻孔过程中塌孔、扩径、缩径、夹泥、孔底沉淀过厚等桩身缺陷,这些缺陷只能用仪器设备去检测。桩径是保证基桩承载力的关键因素,要保证桩径满足设计要求,其孔径不得小于设计要求。基桩垂直度的偏差程度是衡量基桩承载力能否发挥作用的关键因素。孔底沉淀厚度的大小,极大地影响桩端承载力的发挥。可见,成孔质量的好坏,直接影响钻孔混凝土灌注桩浇注后的成桩质量。因此,要在钻孔施工中进行泥浆各种性能指标测定,以确保钻孔的顺利进行。成孔后,灌注混凝土前应进行成孔质量检测。成孔检测在以往大型钻孔灌注桩工程中,往往被忽视了,这是不应该的。实际上,成孔检测有时比成桩检测还重要,因为成孔质量有问题,在成桩后是很难处理的,并且直接影响钻孔混凝土灌注桩浇注后的成柱质量,因此,我们应对成孔检测予以充分的重视。

　　我国目前常用的灌注桩成孔方法可分为机械成孔和人工挖孔两类。人工挖孔施工基本上属于干法作业,适用于较好的地质条件,成孔后孔壁的形状、孔深、垂直度、孔底情况等可通过人工孔内检查,质量控制相对简便。机械成孔包含有钻孔、冲击成孔、冲抓成孔等,多适用于地质条件较复杂的情况,通常需用泥浆护壁,属于湿法作业。灌注桩成孔属于隐蔽工程,由于工艺要求高、质量控制环节多,加上地质情况复杂等因素,成孔过程中塌孔、扩径、缩径、孔底沉淀过厚等问题易发多发,并导致桩后基桩质量缺陷。

一、检测标准

　　近几年来,我国颁布了国家标准《建筑地基基础工程施工质量验收规范》(GB 50202‒2002)、建设部标准《建筑桩基技术规范》(JGJ 94‒2008)和交通运输部标准《公路桥涵施工技术规范》(JTG/T F50‒2011),都对混凝土灌注桩成孔质量的检验内容、检验标准、检查方法等提出了具体的规定和要求。成孔质量检验的内容包括泥浆各种性能指标测定和钻孔位置、孔深、孔径、垂直度、沉淀厚度等。

　　1. 泥浆性能指标

　　在基桩的岩土地层钻孔过程中,一般都要采取护壁措施。泥浆作为钻探的冲洗液,除起护壁作用外,还具有携带岩土、冷却钻头、堵漏等功能,泥浆性能的好坏直接影响钻进效率和生产安全。钻孔泥浆一般由水、黏土(或膨润土)和添加剂按适当配合比配制而成。

　　(1)《公路桥涵施工技术规范》(JTG/T F50‒2011)对泥浆性能指标的规定可参照表 7‒29 选用。

表 7 - 29　泥浆性能指标选择

钻孔方法	地层情况	泥浆性能指标							
		相对密度	黏度 /Pa·s	含砂率 /%	胶体率 /%	失水率 /mL/ 30 min	泥皮厚 /mm/ 30 min	静切力 /Pa	酸碱度 /pH 值
正循环	一般地层	1.05～1.20	16～22	8～4	≥96	≤25	≤2	1.0～2.5	8～10
	易坍地层	1.20～1.45	19～28			≤15		3～5	
反循环	一般地层	1.02～1.06	16～20	≤4	≥95	≤20	≤3	1～2.5	8～10
	易坍地层	1.06～1.10	18～28						
	卵石土	1.10～1.15	20～35						
推钻、冲抓	一般地层	1.02～1.10	18～22	≤4	≥95	≤20	≤3	1～2.5	8～11
冲击	易坍地层	1.20～1.40	22～30	≤4	≥95	≤20	≤3	3～5	8～11

注：(1) 地下水位高或其流速大时，指标取高限，反之取低限。
　　(2) 地质状态较好、孔径或孔深较小的取低限，反之取高限。

(2) 对于大直径或超长钻孔灌注桩，泥浆的选择应根据钻孔的工程地质情况、孔位、钻机性能、泥浆材料等确定。在地质复杂、覆盖层较厚、护筒下沉不到岩层的情况下，宜使用丙烯酰胺即 PHP 泥浆。

2. 成孔质量标准

钻、挖孔在终孔和清孔后，应进行孔位、孔深检验。交通部运输部标准《公路桥涵施工技术规范》(JTG/T F50 - 2011)的规定如下：

(1) 孔径、孔形和倾斜度宜采用专用仪器测定。当缺乏专用仪器时，可采用外径为钻孔桩钢筋笼直径加 100 mm(不得大于钻头直径)，长度为 4～6 倍外径的钢筋检孔器吊入钻孔内检测。

(2) 钻、挖孔成孔的质量标准如表 7 - 30 所示。

表 7 - 30　钻、挖孔成孔的质量标准

项　目	允　许　偏　差
孔的中心位置/mm	群桩：100；单排桩：50
孔径/mm	不小于设计桩径
倾斜度	钻孔：小于 1%；挖孔：小于 0.5%
孔深	摩擦桩：不小于设计规定； 支承桩：比设计深度超深不小于 50 mm
沉淀厚度/mm	摩擦桩：符合设计要求，当设计无要求时，对于直径≤1.5 m 桩，小于等于 200 mm；对桩径>1.5 m 或桩长>40 m 或土质较差的桩，小于等于 300 mm 支承桩：不大于设计规定，设计未规定时小于等于 50
清孔后泥浆指标	相对密度：1.03～1.10；黏度：17～20 Pa·s；含砂率：<2%；胶体率：>98%

注：清孔后的泥浆指标是从桩孔的顶、中、底部分别取样检验的平均值。本项指标的测定，限指大直径桩或有特定要求的钻孔桩。

二、泥浆性能指标检测

1. 相对密度

相对密度(r_x)用泥浆相对密度计测定。将要量测的泥浆装满泥浆杯，加盖，并洗净从小孔溢出

的泥浆,然后置于支架上,移动游码,使杠杆呈水平状态(水平泡位于中央),读出游码左侧所示刻度,即为泥浆的相对密度。

若工地无以上仪器,可用一口杯先称其质量为 m_1,再装满清水称其质量 m_2,再倒去清水,装满泥浆并擦去杯周溢出的泥浆,称其质量设为 m_3,则:

$$r_x = \frac{m_3 - m_1}{m_2 - m_1} \tag{7-10}$$

2. 黏度

工地用标准漏斗黏度计测定黏度(η),黏度计如图 7-6(a)所示,将滤去大砂粒后的泥浆注入漏斗,然后使泥浆从漏斗下口流出,流满 500 mL 量杯所需时间(s),即力所测泥浆的黏度。

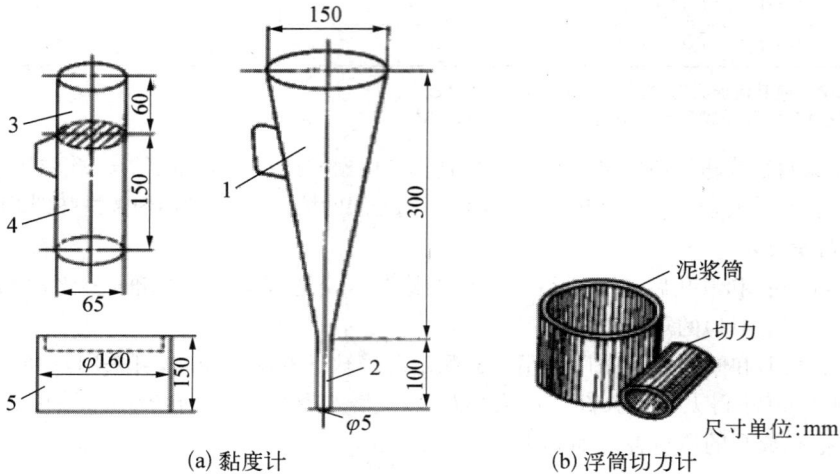

(a) 黏度计　　　　(b) 浮筒切力计

图 7-6　黏度计和浮筒切力计

1—漏斗;2—管子;3—量杯 200 mL;4—量杯 500 mL 部分;5—筛网及杯

校正方法:漏斗中注入 700 mL 清水,流出 500 mL,所需时间应是 15 s,其偏差如超过 ±1 s,测量泥浆黏度时应校正。

3. 静切力

工地可用浮筒切力计[见图 7-6(b)]测定静切力(θ)。测量泥浆切力时,可用下式表示:

$$\theta = \frac{G - \pi d \delta h \gamma}{2\pi d h - \pi d \delta} \tag{7-11}$$

式中:G ——铝制浮筒质量(g);

　　　d ——浮筒的平均直径(cm);

　　　h ——浮筒的沉没深度(cm);

　　　γ ——泥浆重度(g/cm³);

　　　δ ——浮筒壁厚(cm)。

量测时,先将约 500 mL 泥浆搅匀后,立即倒入切力计中,将切力筒沿刻度尺垂直向下移至与泥浆接触时,轻轻放下,当它自由下降到静止不动时,即静切力与浮筒重力平衡时,读出浮筒上泥浆面所对应的刻度,刻度是按式(7-11)计算值刻画的,即为泥浆的初切力。取出切力筒,按净黏着的泥浆,用棒搅动筒内泥浆后,静置 10 min,用上述方法量测,所得即为泥浆的终切力。它们的单位均为 Pa,切力计可自制。

4. 含砂率

工地用含砂率计(见图 7 - 7)测定含砂率。量测时,把调好的泥浆 50 mL 倒进含砂率计,然后再倒 450 mL 清水,将仪器口塞紧,摇动 1 min,使泥浆与水混合均匀。再将仪器垂直静放 3 min,仪器下端沉淀物的体积(由仪器刻度上读出)乘以 2 就是含砂率(%)。另有一种大型的含砂率计,容积为 1 000 mL,从刻度读出的数不需乘 2,即为含砂率。

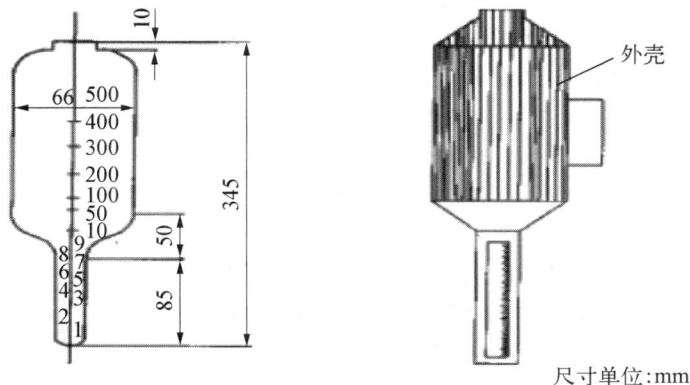

尺寸单位:mm

图 7 - 7 含砂率计

5. 胶体率

胶体率(%)也称稳定率,它是泥浆中土粒保持悬浮状态的性能。测定方法:可将 100 mL 泥浆倒入干净量杯中,用玻璃片盖上,静置 24 h 后,量杯上部泥浆可能澄清为透明的水,量杯底部可能有沉淀物,以 100 减去澄清液体积即等于胶体率。

6. 失水率和泥皮厚

用一张 120 mm×120 mm 的滤纸,置于水平玻璃板上,中央画一直径 3 cm 的圆,将 2 mL 的泥浆滴入圆圈中心,30 min 后,量算湿润圆圈的平均半径减去泥浆摊平成为泥饼的平均半径(mm),即为失水量,单位为 mL/30 min。在滤纸上量出泥浆皮的厚度(mm),即为泥皮厚。泥皮愈平坦、愈薄,则泥浆质量愈高,一般不宜厚于 2~3 mm。

7. 酸碱度

酸碱度描述的是水溶液的酸碱性强弱程度,用 pH 值来表示。pH 值等于溶液中氢离子浓度的负对数值,即 $pH = -\lg[H^+] = \lg(1/[H^+])$。pH 值等于 7 时为中性,大于 7 时为碱性,小于 7 时为酸性。工地测量 pH 值时,可取一条 pH 试纸放在泥浆面上,0.5 s 后拿出来与标准颜色相比,即可读出 pH 值。

三、成孔质量检测

1. 桩位偏差测量

桩位偏差是指成桩后的位置与设计位置的差距。桩位应在基桩施工前按设计桩位平面图放样桩的中心位置,但由于施工中测量放线不准、护筒埋设有偏差、钻机对位不正、钻孔偏斜、钢筋笼下孔偏差等因素,成桩后导致桩位与设计位置偏离。如桩位偏离超过设计允许范围,桩的受力状况发生变化,将导致桩的承载力和可靠性降低、工程造价增加、工期延误等。因此,成桩后要对实际桩位进行复测,用精密经纬仪或红外测距仪测量桩的中心位置,看其是否满足设计规定和相应规范、标准对桩位中心位置的偏差要求。

2. 钻孔倾斜度检查

在灌注桩的施工过程中,能否确保基桩的倾斜度,是衡量基桩能否有效地发挥作用的一个关键因素。一般对于竖直桩,其倾斜度允许偏差范围在 $50 \sim 200$ mm,或是桩长的 $0.5\% \sim 1\%$。钻孔倾斜度的检查可采用图 7-8 所示的简易方法。在孔口沿钻孔直径方向设一标尺,标尺上 0 点与钻孔中心重合,并使滑轮、标尺 0 点和钻孔中心在同一铅垂线上,其高度为 H_0。穿过滑轮的测绳一端连接用钢筋弯制的圆环(圆环直径比钻孔直径略小些),另一端通过滑轮用手拉住。将圆球慢慢放入钻孔中,并测读测绳在标尺上的偏距 e,则倾斜角 $n = \arctan(e/H)$。该方法工具简单,操作方便,但测读范围以 e 值小于钻孔的半径为最大限度,且读数不太精准。

当检查的桩孔深度较深且倾斜度较大时,可根据地质及施工情况选用 JDL-1 型陀螺斜测仪或 JJX-3 型井斜仪检查,也可采用声波孔壁测定仪绘出连续的孔壁形状和垂直度。

3. 桩的孔径和垂直度检测

桩的孔径和垂直度检测是成孔质量检测中的两项重要内容。

目前有钢筋笼检测、伞形孔径仪检测、声波法检测三种方法,它们大多可同时检测孔径和垂直度。

1) 钢筋笼检测

钢筋笼式检孔器是一种简便的检测工具,其制作简单、检测方便、应用广泛。钢筋笼式检孔器测量孔径如图 7-9 所示,测量孔的垂直度如图 7-10 所示。

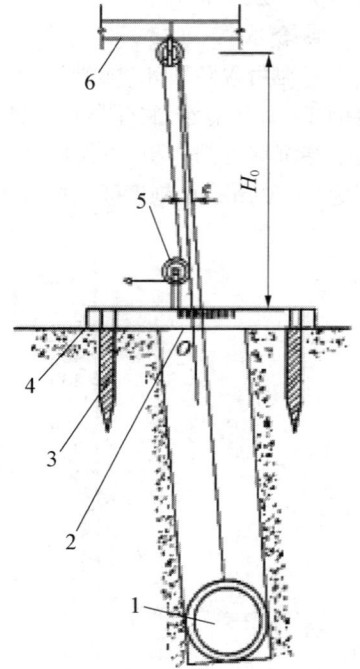

图 7-8 钻孔倾斜度检查

1—钢筋圆环;2—标尺;3—圆钉;
4—木枋;5—滑轮;6—钻架横梁

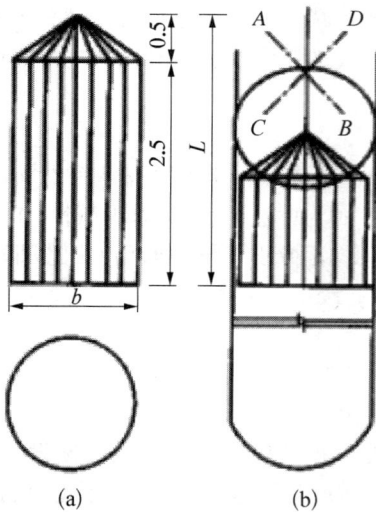

图 7-9 钢筋笼检孔器测量孔径

(a) 检孔器 (b) 测量孔径

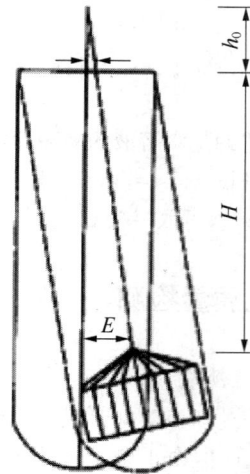

图 7-10 钢筋笼检孔器测量孔的垂直度

检孔器的尺寸可根据设计桩径大小设计,检孔器的外径 b 不应小于设计桩孔直径,长度 L 为外径的 $4\sim6$ 倍。检孔器用钢筋制作,应有一定的刚度,每次检测前十字交叉测量检孔器外径 b,二者之差宜不大于 $20~\text{mm}$,并防止使用过程中变形。检测前,待钻孔的孔深、清孔泥浆指标等检查合格后,再用三脚架将孔径器放入孔内。检孔器对中后,上吊点的位置应固定,并保持在整个检测过程中位置不变。检孔器靠自重下沉,如能在自重作用下顺利下沉到孔底,则表明孔径能满足设计要求。如不能下沉到孔底,则说明孔径小于设计孔径,应进行扩孔处理。

2) 伞形孔径仪检测

伞形孔径仪由测头、设调放大器和记录仪三部分组成。测头为机械式的构件,测头放入测孔之前,将四条腿合拢并用弹簧锁定,待测头放入孔底后,四条腿即自动张开。当测头缓缓上提时,在弹簧力作用下,四条腿端始终紧贴孔壁,随着孔壁凹凸不平状况相应张开和收拢,带动测头密封筒内的活塞上下移动,使四组串联滑动电阻来回滑动,将电阻变化转化为电压变化,经信号设调放大器放大,并由记录仪记录,即可绘出孔径大小随孔深的变化情况。伞形孔径仪如图 7-11 所示。

用伞形孔径仪测量孔的斜度是在孔内不同深度连续多点测量其顶角和方位角,从而计算钻孔的倾斜度。顶角测量是利用铅垂原理,测量系统由顶角电阻(阻值已知)和一端装有重块并始终保持与水平面垂直的测量杆组成。当钻孔倾斜时,顶角电阻和测量杆

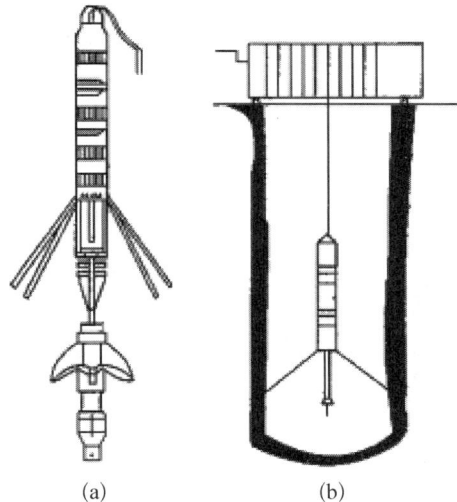

图 7-11 伞形孔径仪
(a) 测头 (b) 测量原理

间就有一角度,仪器内部机构便根据角度的大小短路一部分电阻,剩下的电阻值即为被测点的顶角。方位角由定位电阻、接触片等磁定向机构来测量,接触片始终保持指北状态,方位角变化时使接触片的电阻也随之变化,知道电阻值的大小,即可确定被测点的方位角。

4. 桩底沉淀厚度检测

桩底沉淀土的厚度极大地影响桩端承载力的发挥,因此在施工过程中必须严格控制桩底沉淀土的厚度,常用的有垂球法、电阻率法和电容法。

1) 垂球法

垂球法是一种惯用的简易测定沉淀土厚度的方法。将质量不小于 $1~\text{kg}$ 的平底圆锥体垂球,端部连接专用测绳,把垂球慢慢沉入孔内,接触孔底时,轻轻拉起垂球并放下,判断孔底位置,其施工孔深和量测孔深之差值即为沉淀土厚度。

2) 电阻率法

电阻率法沉淀土测定仪由测头、放大器和指示器组成。根据不同介质(如水、泥浆和沉淀颗粒)具有不同的导电性能,由电阻阻值变化来判断沉淀土厚度。测试时将测头慢慢沉入孔中,观察表头指针的变化,当出现突变时,记录深度 h_1;继续下沉测头,指针再次突变,记录深度 h_2;直到测头不能下沉为止,记录深度 h_3。设施工深度为 H,各沉淀土厚度为 (h_2-h_1)、(h_3-h_2) 和 $(H-h_3)$……

3) 电容法

电容法沉淀土厚度测定原理是当金属两极间距和尺寸不变时,其电容量和介质的电解率成正比关系,水、泥浆和沉淀土等介质的电解率有较明显差异,从而由电解率的变化量测定沉淀土的

厚度。

钻(探)孔在终孔和清孔后,应进行孔位、孔深检验。一般情况下,孔径、孔形和倾斜度宜采用上述专用仪器测定。当缺乏专用仪器时,可采用外径为钻孔桩钢筋笼直径加 100 mm(不得大于钻头直径),长度为外径的 4～6 倍的钢筋笼检孔器吊入钻孔内检测。

5. 超声波法检测孔径和垂直度

1) 测试原理及仪器设备

把泥浆作为均匀介质,则超声波在泥浆介质中的传播速度 c 是恒定的。若超声波的发射探测器至孔壁的距离为 L,测声波发射至接收的时间差为 Δt,则按下式计算:

$$L = c \cdot \frac{\Delta t}{2} \qquad (7-12)$$

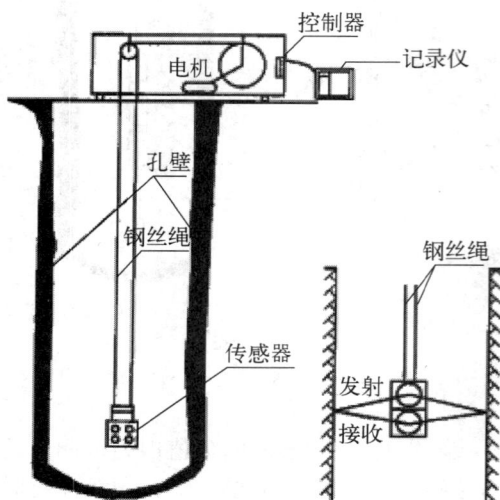

图 7-12 超声波测试原理

超声波孔壁测试仪,一般由主机(包括超声记录仪、声波发射和接收探头)、绕线器和绞车三大部分组成。在现场检测中,通过绞车将探测器自动放入孔内,并靠探测器自重保持测试探头处于铅垂位置。测试时,超声振荡器产生一定频率的电脉冲,经放大后由发射换能器转换为声波,并通过孔内泥浆向孔壁方向传播,由于泥浆与孔壁地层的声阻抗差异很大,声波到达孔壁后绝大部分被反射回来,经接收换能器接收。声波从发送到接收的时间,就是计时门打开至关闭的时间差,即为声波在孔内泥浆中的传播时间。超声波测试原理如图 7-12 所示。

声波探头中的四组换能器(一发一收为一组)呈十字交叉布置,可以探测孔内某高程测点两个方向相反的换能器与孔壁之间的距离,进行连续测试,即可得到该钻孔两个方向孔壁的剖面图和超声波测试原理图变化图。如某测点声波探头的两方向相反探头测得的换能器至孔壁的距离分别为 L_1 和 L_2,则桩孔在该点的孔径为 $D = L_1 + L_2 + d$,其中 d 为两个方向相反换能器发射面间的距离。用同样的方法可以计算与此呈正交方向的钻孔孔径。用同样的方法,改变测点的高度,就可获得整个钻孔在该断面测点剖面孔径的变化图。记录的数据经同步放大并产生高压脉冲电流,利用记录笔的高压放电在专用记录纸上同时记录两孔壁信号。当声波探头提升的绞车在测试时始终保持吊点不变且电缆垂直,即可通过钻孔孔壁剖面图得到钻孔的垂直度。声波法检测孔径和垂直度的实测成果如图 7-13～图 7-16 所示。

2) 孔径分析

如图 7-17(a)所示,假设某截面测试的两个方向 AB 与 CD,孔为圆形,O 为圆心,半径为 R_1,O' 为测试探头中心,L_A、L_B、L_C、L_D 分别为 O' 点到 A、B、C、D 点的距离,于是可导出 R 的计算公式为:

$$R = \left[\sqrt{(L_C + L_D)^2 + (L_B - L_A)^2} + \sqrt{(L_A + L_B)^2 + (L_C - L_D)^2} \right]/4$$

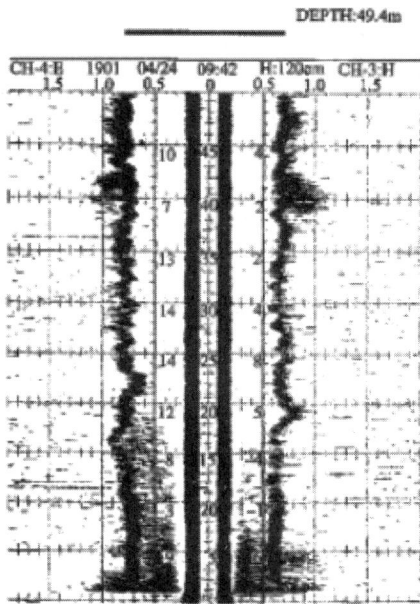

图7-13　成孔检测合格图形

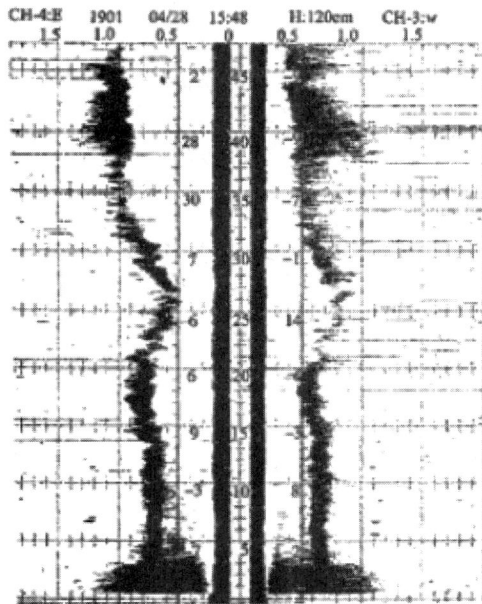

图7-14　成孔检测部分缺陷

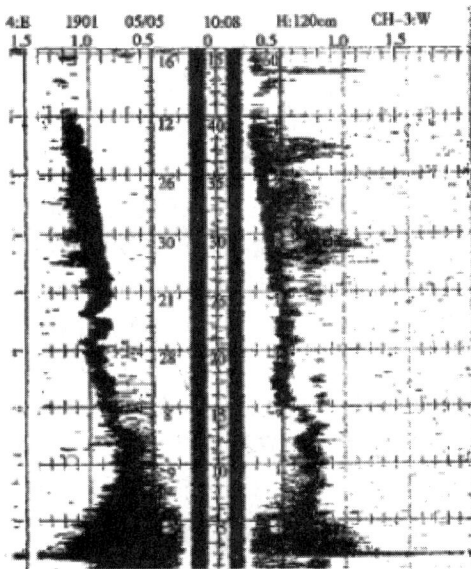

图7-15　成孔垂直度超标

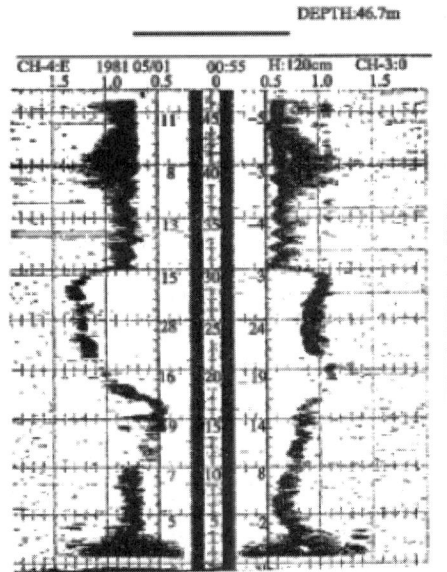

图7-16　成孔检测部分缺陷

3）工程实例

图7-13～图7-16是采用日本进口的KE-200型测试仪器,在××工程××号桩孔进行的成孔检测剖面图。

上述四根钻孔灌注桩的桩径全为1.2 m、桩长约50 m。由图7-13成孔检测剖面图可见,孔壁变化不大、较规则,成孔合格,可进入下一工序,浇灌混凝土。图7-14的桩孔中部凹凸不平,需经下钻扩孔扫平后才能往孔内浇灌混凝土。图7-15成孔倾斜角度较大,需进行孔倾处理后,才能往孔内浇灌混凝土。图 7-16 存在部分塌孔又缩径现象,也需下钻扫平,而后再浇灌混凝土,该桩所需的混凝土灌注量较大。上述后三根桩如不进行成孔质量检测,盲目地往孔内灌注混凝土,那么成桩后势必影响基桩承载力。成桩后,用低应变反射波法、声波透射法或钻探取芯法检验桩身质量,未必能发现桩身质量问题。即使发现了,也难以处理这类质量问题。因此,成孔质量检测是桩基工程施工计划内一个不可缺少的环节。

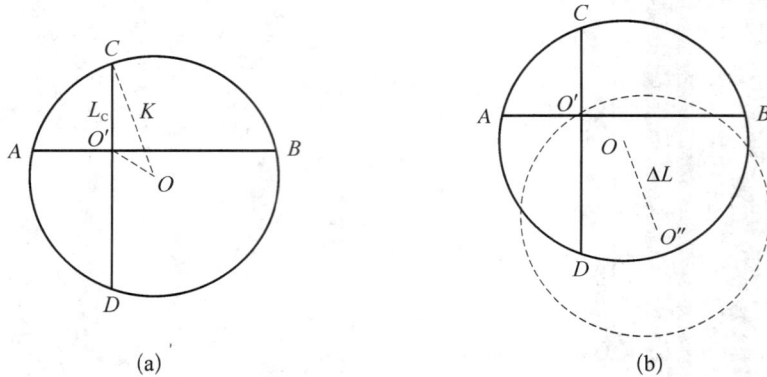

图 7-17　测试计算

图中,O 为圆心,O' 为测试探头中心,虚线圆到孔底截面的距离 $S = OO''$,即为孔中心偏距离 $\Delta L_底$,AB 与 CD 为相互垂直的两个剖面。

任务 7.3　桩身完整性检测

钻孔灌注桩桩身完整性检测方法有低应变反射波法、声波透射法和钻探取芯法三种。低应变反射波法具有仪器轻便、操作简单、检测速度快、成本低等特点,可检测桩身缺陷及位置,判定桩身完整性类别,但检测深度有限,在桩基工程质量普查中应用较广。声波透射法需在基桩混凝土浇注前预埋声测管,测试操作较复杂,可检测灌注桩桩身缺陷及其位置,较可靠地判定桩身完整性类别。经上述两种方法检测后,对桩身缺陷仍存在疑虑时,可用钻芯法进行验证。钻芯法使用设备笨重、操作复杂、成本高,但检验成果直观可靠。它可以检测桩长、桩身混凝土强度、桩底沉渣厚度,鉴别桩底岩土性状,准确地判定桩身完整性类别。如将上述三种方法有机结合,并考虑桩的设计条件、承载性能及施工因素等进行综合分析,不仅可对桩身完整性类别做出可靠的评价,还可对桩的承载力做出评估。

一、低应变反射波法

1. 基本原理

把桩视为一维弹性匀质杆件,设介质密度为 ρ、截面面积为 A、纵波波速为 C、弹性模量为 E,则桩身材料的广义波阻抗 $Z = \rho AC = EA/C$。当桩顶受到激励力后,则压缩波以波速 C 沿桩身向下传播,当遇到桩身波阻抗变化的界面时,压缩入射波(I)在波阻抗界面将产生反射波(R)和透射波(T),如图 7-18 所示。

设桩身截面上、下的波阻抗比值为 n，则有：

$$n = Z_1/Z_2 = \rho_1 A_1 C_1/\rho_2 A_2 C_2 \qquad (7-13)$$

根据桩身交界面的连续条件和牛顿第三定律，界面上两侧质点速度、内力均应相等，即：

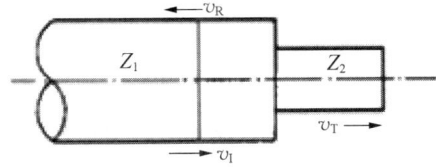

图 7-18　在阻抗界面变化时的应力波

$$\left.\begin{array}{ll} v_1 = v_2 & v_I + v_R = v_T \\ N_1 = N_2 & A_1(\sigma_I + \sigma_R) = A_2\sigma_T \end{array}\right\} \qquad (7-14)$$

根据波阵面动量守恒条件可得：

$$\left.\begin{array}{l} \dfrac{\sigma_I}{\rho_1 C_1} - \dfrac{\sigma_R}{\rho_1 C_1} = \dfrac{\sigma_T}{\rho_2 C_2} \\[2mm] Z_1(v_1 - v_R) = A_2\sigma_T \end{array}\right\} \qquad (7-15)$$

将式(7-13)、式(7-14)联合求解可得：

$$\sigma_R = \sigma_I\left[\frac{(Z_2 - Z_1)}{(Z_2 + Z_1)}\right] = F_{\sigma I} \qquad (7-16)$$

其中，反射系数：

$$F = \frac{1-n}{1+n} \qquad (7-17)$$

投射系数：

$$T = \frac{2}{1+n} \qquad (7-18)$$

式(7-15)、式(7-16)为反射波法检测桩身完整性的理论依据。桩身各种性状以及桩底不同的支撑条件，均可归纳成以下三种波阻抗变化类型：

(1) 当 $Z_1 \approx Z_2$ 时，即桩身连续、无明显阻抗差异。此时，$n=1$，$F=0$，$T=1$，由上述各式可知，$\sigma_R = 0$、$v_R = 0$，即桩身无反射波信号，应力波全透射，表示桩身完整。

(2) 当 $Z_1 > Z_2$ 时，相当于桩身有缩径、离析、空洞及摩擦桩底的情况。此时 $n>1$，$F<0$，$T>0$，可知，σ_R 与 σ_I 异号，反射波为上行拉力波。由式(7-15)可知，v_R 与 v_1 符号一致，所以反射波与入射波同相。另外，由弹性杆波动传播的符号定义来理解，上行拉力波与下行压力波的方向一致，则反射波引起的质点速度 v_R 与入射波 v_1 的同相，这样在桩顶检测出的反射波速度和应力均与入射波信号极性一致。

(3) 当 $Z_1 < Z_2$ 时，相当于桩身扩径、膨胀或端承桩的情况，则 $n<1$，$F>0$，$T>0$，由上述各式可知，σ_R 与 σ_I 同号，反射波为上行压缩波，v_R 与 v_1 符号相反，这样在桩顶接收到的反射波速度及应力均与入射波信号的极性相反。同理可得，桩底处的速度为零，而应力加倍。

根据以上三种反射波与入射波相位的关系，可判别某一波阻抗界面的性质，这是低应变反射波法判别桩底情况及桩身缺陷的理论依据。表 7-31 是根据上述理论绘制出的与桩身阻抗变化相对应的反射波特征曲线示意图。

2. 检测仪器设备

反射波法检测系统由基桩动测仪、传感器和激振设备组成。

表 7-31　桩身阻抗变化的反射波特征曲线

缺　陷	典　型　曲　线	曲　线　特　征
完整		(1) 短桩:桩底反射波与入射波频率相近,振幅略小 (2) 长桩:桩底反射振幅小,频率低 (3) 摩擦桩的桩底反射波与入射波同相位,端承桩的柱底板反射波与入射波反相位
扩径		(1) 曲线不规则可见桩间反射,扩径第一反射子波与入射波反相位;后续反射子波与入射波同相位;反射子波的振幅与扩径尺寸正相关 (2) 可见桩底反射
缩颈		(1) 曲线不规则可见桩间反射,缩颈第一反射子波与入射波同相位;后续反射子波与入射波反相位;反射子波的振幅与扩径尺寸正相关 (2) 一般可见桩底反射
离析		(1) 曲线不规则,一般见不到桩底反射 (2) 离析的第一反射子波与入射波同相位,幅值与离析程度呈正相关,但频率明显降低 (3) 中、浅部严重断裂为多次反射子波
断裂		(1) 浅部断裂(<2 m)由于受钢筋和下部桩影响,反应为锯齿状子波由叠加在低频背景上的脉冲子波,峰-峰为 Δf (2) 中浅部断裂为多次反射子波等距出现,振幅和频率逐次下降 (3) 深部断裂似桩底反射曲线,但所计算的波速远大于正常波速 (4) 一般见不到桩底反射
夹泥 空洞 微裂		(1) 曲线不规则,一般可见桩底反射 (2) 缺陷的第一反射子波与入射波同相位,后续反射子波与入射波反相位 (3) 子波的幅值与缺陷的程度呈正相关
桩底 沉渣		桩底存在沉渣,桩底反射波与入射波同相位,其振幅大小与沉渣的厚度呈正相关

1) 基桩动测仪

目前,国内外动测仪都把采集、放大、存储各部件与计算分析软件融为一体,集成为基桩动测仪。我国已制订了《基桩动测仪》(JG/T 518-2017)规程,对基桩动测仪的主要技术性能指标作出规定,将动测仪器产品主要技术性能分为 1、2、3 三个等级。1 级较低;3 级较高;2 级基桩动测仪的性能指标要求如下:

(1) A/D 转换器分辨率大于或等于 12 bit,单道采样频率大于或等于 20 kHz。

(2) 频响误差小于或等于±10%时,加速度测量系统频率为 2～5 000 Hz;幅值非线性振动小于或等于 5%;冲击测量时,零漂小于或等于 1%;传感器安装谐振频率大于或等于 10 kHz。

(3) 频响误差小于或等于±10%时,速度测量子系统频率为 10～1 200 Hz;幅值非线性振动小于或等于 10%;传感器安装谐振频率大于或等于 2 kHz。

(4) 单通道采样点数大于或等于 1 024;系统动态范围大于或等于 66 dB;输出噪声电平有效值小于或等于 2 mV;衰减挡(或程控放大)误差小于或等于 1010;任意两道间一致性误差小于或等于

±0.2％,相位一致性误差小于或等于 0.05。

(5) 环境条件:工作时相对湿度(温度 40℃时)为 20％～90％。

从上述性能指标看,国内外基桩动测仪生产厂家,其性能指标均已达到或超过 2 级基桩动测仪的技术性能指标,完全可以满足反射波法桩基检测的需要。

动测仪器是在野外恶劣的环境条件下使用的,容易损坏。为了实现我国计量法规定的量值传递要求,保证有效使用范围,根据计量认证规定,要每年定期对基桩动测仪进行计量检定。有关动测仪器各部件的技术性能指标及检定条件,可参考现行《基桩动测仪器测量系统》和《基桩动测仪》中的有关规定。

《公路工程基桩动测技术规程》(JTG/T F81-01-2004)对采集处理仪器作如下规定:① 数据采集装置的模-数转换器不得低于 12 bit;② 采样间隔宜为 10～500 μs,可调;③ 单通道采样点不少于 1 024 点;④ 放大器增益宜大于 60 dB,可调,线性度良好,其频响范围应满足 5 Hz～5 kHz。

2) 传感器主要性能指标

(1) 传感器宜选用压电式加速度传感器或磁电式速度传感器,频响曲线的有效范围应覆盖整个测试信号的频带范围。

(2) 加速度传感器的电压灵敏度应大于 100 mV/g,电荷灵敏度应大于 20 PC/g,上限频率不应小于 5 kHz,安装谐振频率不应小于 6 kHz,量程应大于 100 g。

(3) 速度传感器的固有谐振频率不应大于 30 Hz,灵敏度应大于 200 mV/(cm·s^{-1}),上限频率不应小于 1.5 kHz,安装谐振频率不应小于 1.5 kHz。

3) 激振设备

(1) 激振锤的材质与性能。为了满足不同的桩型和检测目的,应选择符合材质和质量要求的力锤或力棒,以获得所需的激振频率和能量。反射波法基桩质量检验用的手锤和力棒,其锤头的材质有铜、铝、硬塑、橡皮等。改变锤的质量和锤头材质,即可获得检测所需的能量和激振频谱要求。激振锤的材质与性能如表 7-32 所示。

表 7-32 激振锤的材质与性能参数表

序号	锤 型	材质	质量二/kg	主频/kg	脉宽 t/ms	力值/kN
1	小钢管	钢	0.09	3.28	0.6	0.14
2	小钢杆	钢	0.27	2.02	0.9	0.41
3	铁锤	钢	1.23	2.50	0.8	1.89
4	木锤	杂木	0.39	1.92	1.0	0.59
5	橡胶锤	生胶	0.30	0.86	2.0	0.43
6	RS 手锤	聚乙烯	0.94	0.96	2.0	1.30
7	RS 力棒	尼龙	2.97	1.38	1.5	4.49
8	RS 力棒	铁	2.95	1.55	1.2	4.46

由表 7-32 可见,在相同材质情况下,质量大的,力值也大,主频相对减小;在锤的质量相同时,主频随钢、铝、硬塑、橡皮、杂木硬度的降低而减小。

锤击桩头的目的是要在桩顶输入一个符合检测要求的初始应力波脉冲,其基本技术特性为:波形、峰值、脉冲宽度或频谱、输入能量。当波形一定时,我们关注的是峰值和脉宽两个主要问题。峰值决定激励桩身的应力大小,脉宽决定激励的有效频段范围,两者组合将决定输入能量大小及能量在整个有效频段内的分配。

（2）锤激振源对基桩检测信号的影响。

① 锤激能量。其大小取决于锤的质量和下落速度。对大直径长桩，应选择质量大的锤或力棒，以产生主频率低、能量大的激励信号，获得较清晰的桩底反射信号，但这时桩身的微小缺陷会被掩盖。

② 锤头材料。锤头材料硬，产生的高频脉冲波有利于提高桩身缺陷的分辨率，但高频信号衰减快，不容易探测桩身深部缺陷；锤头材料软，产生的低频脉冲波，衰减慢，有利于获得桩底反射信号，但降低了桩身缺陷的分辨率。

③ 脉冲宽度。小钢锤的脉冲宽度约为 0.6 ms，尼龙锤约为 2.0 ms，橡皮锤约为 4.8 ms。激振脉冲宽度大，有利于探测桩身的深部缺陷，但波长大于缺陷尺寸时，由于波的绕射作用，桩身内的小缺陷不容易识别，从而降低了分辨率；激振力脉冲宽度小，应力波频率高，波长短，有利于对桩身小缺陷的分辨率，但在桩浅部不能满足一维弹性杆件的平截面假定条件，会出现接收信波形畸变。

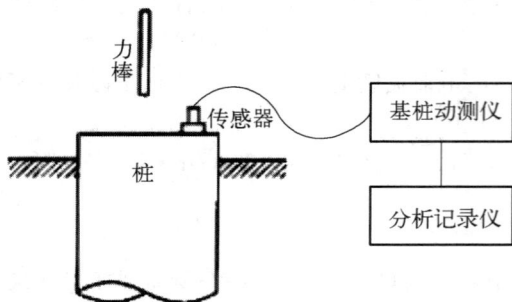

图 7-19 反射波法测试仪器设备

3. 现场检测技术

反射波法现场测试仪器设备如图 7-19 所示。

1）准备工作

（1）现场踏勘及资料收集。在接受检测任务后，检测人员应了解场地地质条件、建筑物的类型、桩型、桩设计参数、成桩工艺、施工记录及相关的资料，然后根据检测委托书，编制检测纲要。

（2）桩头处理。应根据相应的技术规范、标准的规定，并参考现场施工记录和基桩在工程中所起的作用来确定抽检数量及桩位。公路桥梁的钻孔灌注桩通常是每根桩都要进行检测，对受检桩，要求桩顶的混凝土质量、截面尺寸与桩身设计条件基本相同。桩头应凿去浮浆或松散、破损部分，并露出坚硬的混凝土，桩头外露主筋不宜长。桩头表面应平整干净、无积水，并将传感器安装点与敲击点部位磨平。

（3）传感器的安装。一般采用加速度传感器，因为它的频率响应范围比较宽、动态范围大、失真度小，能较好地反映桩身的反射信息。速度传感器灵敏度高，低频性能好，主要用于检测桩体深部缺陷信息。

（4）《公路工程基桩动测技术规程》（JTG/T F81-01-2004）对传感器安装作如下规定：

① 传感器底安装可采用石膏、黄油、橡皮泥等耦合剂，黏结应牢固，并与桩顶面垂直。

② 对于混凝土灌注桩，传感器宜安装在距桩中心 1/2～2/3 半径处，且距离桩的主筋不宜小于 50 mm，当桩径不大于 1 000 mm 时，不宜少于 2 个测点；当桩径大于 1 000 mm 时，不宜少于 4 个检测点。

③ 对混凝土预制桩，当边长不大于 600 mm 时，不宜少于 2 个测点；当边长大于 600 mm 时，不宜少于 3 个测点。

④ 对预应力管桩，不宜少于 2 个测点。

（5）《建筑基桩检测技术规范》（JGJ 106-2014）对传感器安装作如下规定：

① 安装传感器部位的混凝土应平整；传感器安装应与桩顶面垂直；用耦合剂黏结时，应具有足够的黏结强度。

② 激振点与测量传感器安装位置应避开钢筋笼的主筋影响。

③ 根据桩径大小,桩心对称布置2～4个安装传感器的检测点:实心桩的激振点应选择在桩中心,检测点宜在距桩中心2/3半径处;空心桩的激振点和检测点宜为桩壁厚的1/2处,激振点和检测点与桩中心连线形成的夹角宜为90°。

2) 仪器参数设置

(1) 采样频率。每通道的采样点数不少于1 024点,采样频率应满足采样定理,即

$$f_s = 2f_m \tag{7-19}$$

式中:f_s——采样频率;

f_m——信号频率上限,在基桩检测中,通常取$f_s = 3f_m$。

在基桩测试中,通常在0～2 kHz范围已能满足要求。对不同的测试要求,可改变频率范围,如要测3～5 m内的浅部缺陷,可将频率调到1～2 kHz;要测桩底反射信号则可降低范围至0～0.6 kHz。

(2) 采样点数 N。采样点数 N 应满足下式要求:$N \geqslant \dfrac{3L}{c\Delta t}$,一般每通道的采样点数不少于1 024点。

采样时间 T,又称采样长度,是一次采样 N 个点数据所需的时间,可表示为 $T = N \cdot \Delta t$。

采样间隔 Δt 是对信号离散采样时,每采一点所需的时间,可表示为 $\Delta t = 1/f$。

这样频率间隔 Δf 频域里两相邻数据的频率间隔,可表示为

$$\Delta f = \frac{1}{T} = \frac{1}{N \cdot \Delta t} \tag{7-20}$$

由上可见,采样频率越高,采样间隔越小,时域分辨率越高,而频域分辨率越低;反之亦然。这是因为 Δt 与 Δf 是互为倒数关系。

(3) 适调放大器。放大增益要足够大,在屏幕上有足够大波形,以不限幅为原则。

3) 信号采集

(1) 根据桩径大小,在与桩心对称处布置2～4个测点。

(2) 实测信号能反映桩身完整性特征,有明显的桩底反射信号,每个测点记录的有效信号数不宜少于3个。

(3) 不同测点及同一测点的多次实测时域信号一致性好。否则,应分析原因,找出问题后进行重测。

(4) 信号幅值适度,波形光滑,无毛刺、振荡出现,信号曲线最终归零。

在大直径桩的测试中,由仪器本身和外界产生的随机噪声所引起的干扰频段,大都在响应信号的有效频段范围内,干扰信号滤去了,有用信号也受到很大损害,桩的尺度效应径向干扰振型激发出来,即使这种干扰被滤去,还是背离应力波一维纵波传播理论,它所引起的误差仍无法消除。用控制激励脉冲宽度和传感器安装谐振频率及低频飘移,可减小干扰信号的产生。所以在现场检测时,通过改变锤头材料或锤垫厚度,用机械滤波手段,也是提高测试波形质量的有效办法。

4. 检测数据的分析与判定

1) 时域分析

(1) 桩身波速平均值的确定。当桩长已知、桩底反射信号明确时,选用相同条件下(地质条件、

设计桩型、成桩工艺相同)不少于 5 根 I 类桩的桩身波速值,按下式计算其平均值:

$$c_m = \frac{1}{n} \sum_{i=1}^{n} c_i \qquad (7-21)$$

$$c_i = \frac{2\,000L}{\Delta T} \qquad (7-22)$$

$$c_i = 2L \cdot \Delta f \qquad (7-23)$$

式中:c_m——桩身波速的平均值(m/s);

c_i——第 i 根受检桩的桩身波速值,且 $|(c_i - c_m)/c_m| \leqslant 5\%$;

L——测点下桩长(m);

ΔT——速度波第一峰与桩底反射波峰间的时间差(ms);

Δf——幅频曲线上相邻谐振峰间的频差(Hz);

n——参加波速平均值计算的基桩数量,$n \geqslant 5$。

(2)桩身缺陷位置计算。当桩身有缺陷但测不到桩底信号时,可根据本地区、本工程同类桩型的波速测试值,按下式计算桩身缺陷 χ 的位置:

$$\chi = \frac{1}{2\,000} \cdot \Delta t_x \cdot c \qquad \text{或} \qquad \chi = \frac{1}{2} \cdot \frac{c}{\Delta f} \qquad (7-24)$$

式中:χ——桩身缺陷至传感器安装点的距离(m);

Δt_x——速度波第一峰与缺陷反射波峰间的时间差(ms);

c——受检桩的桩身波速(m/s),无法确定时,用 c_m 值代替;

Δf——幅频曲线上缺陷相邻谐振峰间的频差(Hz)。

(3)桩身完整性判定。在实际检测中,一般以时域分析为主、频域分析为辅。根据时域信号特征进行桩深完整性分类原则,如表 7-33 所示。

表 7-33　桩身完整性判定

类　别	时域信号及频域特征	说　明
I 类桩	桩底反射波较明显,桩身无缺陷反射,频谱图中谐振峰排列基本等间距混凝土波速处于正常范围	桩身完整、均匀,混凝土密实
II 类桩	桩底反射波较明显,桩底前有轻微缺陷反射波,混凝土波速处于正常范围,频谱图中轻微缺陷叠加在桩底谐振峰上	桩身基本完整,桩身混凝土局部离析、空洞、缩径等缺陷
III 类桩	桩底反射信号不明显,可见缺陷二次反射波;或有桩底反射,但波速明显偏低	桩身完整性差,其缺陷对桩身结构承载力有影响
IV 类桩	无桩底反射波,可见因缺陷引起的多次强烈反射波;或平均波速明显高于正常波速	桩身有严重缺陷,强度和承载力不满足设计要求

2)频域分析

尽管现场动测时的时域信号能较真实地反应桩身情况,但许多实测曲线不可避免地夹杂着许多干扰信号,这给时域分析带来困难,因此对测试信号进行频域分析是必要的。

根据动态信号测试原理,对于反射法动测桩时激励桩头所得的响应信号,在频域中可用下式表示系统响应的总和:

$$V_\omega = P_\omega \cdot B_\omega \cdot F_\omega \cdot A_\omega \cdot R_\omega \tag{7-25}$$

式中：V_ω——对应的傅里叶变换；

$\quad\quad P_\omega$——桩身完整性相应函数；

$\quad\quad B_\omega$——传感器安装后的频响特性；

$\quad\quad F_\omega$——激振产生的响应函数；

$\quad\quad A_\omega$——采集和分析时所用带宽与放大器综合函数；

$\quad\quad R_\omega$——外来干扰因素；

$\quad\quad \omega$——频率自变量，$\omega = 2\pi f$。

可以证明，对于自由桩而言 P_ω 共振频率与桩底和缺陷的位置有关，其系统固有的频率表达式为

$$f_b^L = \left(n + \frac{\arctan \lambda_L}{\pi}\right) \frac{c}{2L}, \ n=1,\ 2,\ \cdots \tag{7-26}$$

$$f_n^L = \left(n + \frac{\arctan \lambda_b}{\pi}\right) \frac{c}{2B}, \ n=1,\ 2,\ \cdots \tag{7-27}$$

式中：λ_L、λ_b——分别为柱底和缺陷有关的函数。

在自由端时，$\lambda_L \to 0$；在支撑端时 $\lambda_L \to \infty$，一般情况下 λ_L 介于二者之间，由此可导出完整桩的波速。

$$c = 2L \cdot \Delta f \tag{7-28}$$

式中：L——桩长（m）；

$\quad\quad \Delta f$——频谱分析中的频差峰-峰值（1/s）。

而在缺陷桩所形成的相临共振峰频差和缺陷位置关系为

$$L' = c/(2 \cdot \Delta f) \tag{7-29}$$

式中：L'——缺陷部位的深度（m）；

将式（7-39）变换后可写成各阶振型的固有频率时，有

$$\Delta f = f_n - f_{n-1} = \frac{c}{2L} \tag{7-30}$$

同样，如桩存在缺陷，其缺陷处距桩顶距离 L' 与两阶谐振峰频率之差的关系如下：

$$\Delta f' = f_n' - f_{n-1}' = \frac{c}{2L'} \tag{7-31}$$

式（7-30）、式（7-31）可作为频域法判断桩身缺陷的依据，一根桩身完整的幅频特性曲线如图 7-20 所示。

3）时域与频域分析的互相验证

通常，人们只对时域曲线进行积分、滤波、指数放大等信号处理后，即可将桩身存在的各种缺陷反映充分展示出来，从而判断桩身完整性问题。但有时桩身有多个缺陷，加之各种干扰信号，时域曲线变得非常复杂，这时需要进行信号的频域分析，将干扰信号滤去后，找出桩身的缺陷反射信息，再判定桩身完整性。而时域、频域分析可作为反射波法分析时的互相验证与补充，两者

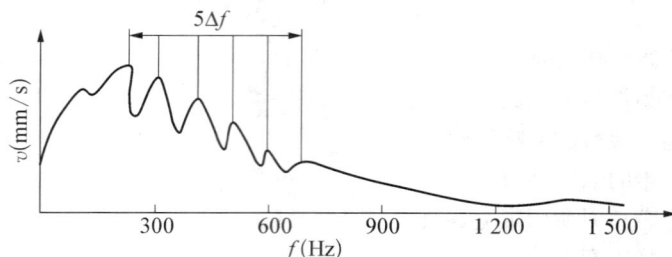

图 7-20 桩身完整的幅频特性曲线

各有优缺点。

（1）多数情况下的时域、频域分析结果能很好地统一和相互验证，但时域和频域分析的精度互相矛盾，采样频率越高，时域的分辨率越高，而频域分辨率越低；反之亦然。对缺陷位置和桩长来说，还是以时域计算为准。

（2）非桩土系统引起的干扰振荡较严重时，时域局限性较大，应以频域分析为主体。

（3）桩身存在多个等间距缺陷时，时域难以区分深部缺陷反射与浅部缺陷的多次反射，分析频域的基频和频差可对其加以甄别。

（4）有些桩底反射信号不明显，频谱中有较明显的整桩基频和频差。

（5）涉及离析、缩颈、裂隙等缺陷性状的区分时，时域、频域的相互印证有时特别重要，离析处的谐振峰多见低缓形式而裂隙的谐振峰较尖锐。

5. 反射波法的特点

1）反射波法的优点

反射波法使用的仪器设备轻便，操作简单，成本低廉；可对桩基工程进行普查，检测覆盖面大；可检测桩身完整性和桩身存在的缺陷及位置，估计桩身混凝土强度、核对桩长等。

2）反射波法的局限性

（1）检测桩长的限制，对于软土地区的超长桩，长径比很大，桩身阻抗与持力层阻抗匹配好，常测不到桩底反射信号时，容易造成误判。

（2）当桩身有两个以上缺陷时，较难判别。

（3）在桩身阻抗变小的情况下，较难判断缺陷的性质。

（4）桩身截面阻抗渐变的情况下，较难判断缺陷的性质。

（5）嵌岩桩的桩底反射信号多变，容易造成误判。

嵌岩桩的时域曲线中桩底反射信号变化复杂，一般情况下，桩底反射信号与激励信号极性相反；但桩底混凝土与岩体阻抗相近，则桩底反射信号不明显，甚至没有；如桩底有沉渣，则有明显的同相反射信号。因此，要对照受检桩的桩型、地层条件、成桩工艺、施工情况等进行综合分析，不宜单凭测试信号定论。

3）混凝土强度与波速的关系

在工程检测中，人们常用波速估计混凝土的强度等级，这是一种平均强度的概念。实际上，桩身混凝土强度远非平均强度指标所能评价。而混凝土强度与波速之间的关系比较复杂，影响混凝土的强度因素很多。表 7-34 中混凝土强度等级与波速的关系仅供分析时参考。

表 7-34 是根据 TIJOU 1984 年通过试验得出混凝土强度与波速的关系。表 7-35 为由中国科学院武汉岩土力学所根据大量地区性现场测试资料得出的波速与混凝土质量的关系。

表 7 - 34　试验室内混凝土强度与波速的关系

波速/m·s⁻¹	3 000～3 250	3 250～3 500	3 500～3 750	3 750～4 000
抗压强度/MPa	20	25	30	35

表 7 - 35　波速与混凝土质量的关系

波速/m·s⁻¹	>4 000	3 500～4 000	3 000～3 500	2 000～3 000	<2 000
混凝土质量	优	好	中等	差	极差
等级	Ⅰ	Ⅱ	Ⅲ	Ⅳ	Ⅴ

6. 检测报告

检测报告的内容除了委托方名称、工程名称等常规内容，还应列出桩身完整性检测的实测信号曲线、桩身波速取值、桩身完整性描述、缺陷位置及桩身完整性类别。

7. 工程实例

1）钻孔灌注桩（摩擦桩）

在图 7 - 21(a)中，桩长 23 m，桩径 1.2 m，在 3.6 m 有轻微缩径反应，桩底反射明显，波速 3 720 m/s，桩身完整性定为Ⅱ类桩。在图 7 - 21(b)中，桩长 27 m，桩径 1.0 m，波速 3 388 m/s，在桩身 4 m 处有缩径反应，且有多次反射，波速也偏低，桩底反射不清晰，定为Ⅲ类桩。

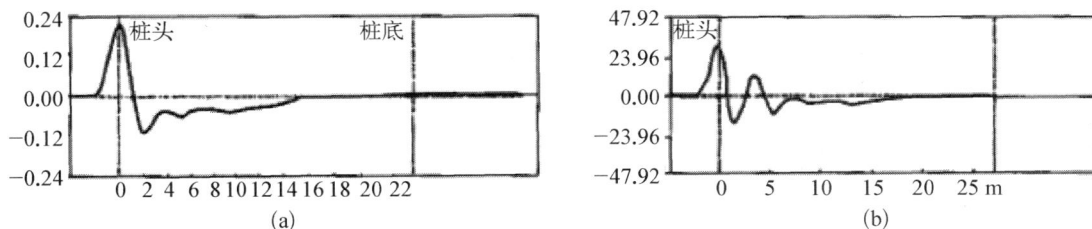

图 7 - 21　钻孔灌注桩（摩擦桩）

2）钻孔灌注桩（嵌岩桩）

在图 7 - 22(a)中，桩长 33.7 m，桩径 1.5 m，约 10 m 处有缩径反射信号，但桩底反射清晰，波速正常，定为Ⅱ类桩。图 7 - 22(b)为一根人工挖孔桩，桩长 21.6 m，桩径 1.8 m，柱高 2.7 m，柱径 1.5 m，其地层情况：自上而下，素填土 0.6 m、粉白砂层 6.6 m、卵石层 6.8 m、强风化花岗岩 6.2 m、微风化 1.8 m。从实测波形来看，除在 20 m 附近有扩径反射信号外，中间基本无异常反应，桩端有嵌岩反相信号，可定为Ⅰ类桩。

对于入岩较深的嵌岩桩，从桩顶入射的压缩应力波进入较硬的岩层时，由于地层的波阻抗增大，使该处（桩底以上）产生一个上行的压缩波，在桩顶产生与激励信号相位极性相反的拉力波。当它进入岩层中的桩身混凝土，桩周岩层的密度相对较均匀，使得波形曲线幅值相对减小，波形曲线又回到基线上方，然后慢慢降至基线附近。经验证明，桩嵌岩的岩层越硬，嵌入的岩层越深，其入岩反射波的幅值越大，入岩反射后的波形曲线在基线上方的传播时间越长。如不考虑这些问题，简单地将入岩时的反相反射信号作为桩底反射时间处理，将导致计算的桩身混凝土波速过高，则判为桩长不够，容易造成误判。

图 7 - 22(c)为某桥涵人工挖孔灌注嵌岩桩，桩长 30.9 m，桩径 1.5 m，柱高 7.8 m，柱径 1.3 m，其地层为：上层为亚黏土，桩进入微风化花岗岩 1.5 m。从实测波形看，在柱高 7.8 m 处桩径由 1.3 m

桩号:8-3　　强度等级:C30　　日期:2009年05月06日

(a)

(b)

(c)

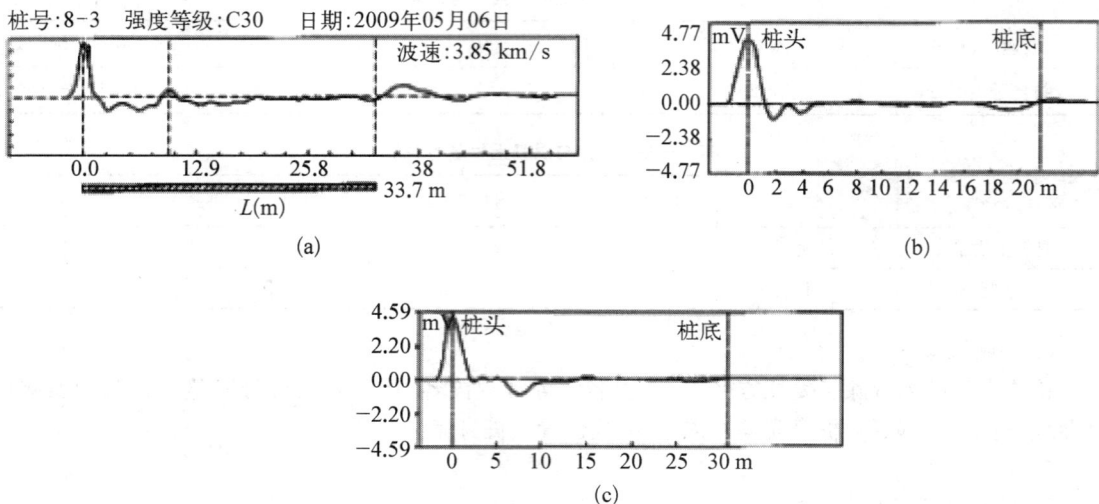

图 7－22　钻孔灌注桩(嵌岩桩)

变为 1.5 m,波形反相反射信号清晰,且后面有两次的正向反射。在桩身入岩处反射信号也明显。该桩经声波透射法检测,桩身质量都正常,判为Ⅰ类桩。

3）钻孔灌注桩

这是某分离式立交桥中的两根基桩,桩位所处的地层情况如下:离桩顶 0～18.3 m 为黏土层,18.3～26.4 m 为全风化二长花岗岩层。

从时域波形曲线来分析,如图 7-23(a)所示的桩波形规则,桩身无缺陷反射,桩底反射明显,属Ⅰ类桩。在如图 7-23(b)所示的桩施工时,发现距桩顶 13 m 处遇孤石,该孤石厚度约为 60 cm,在实测速度时域曲线中有所反映,不会影响桩的竖向承载力,桩底信号也明显,可定为Ⅰ类桩。

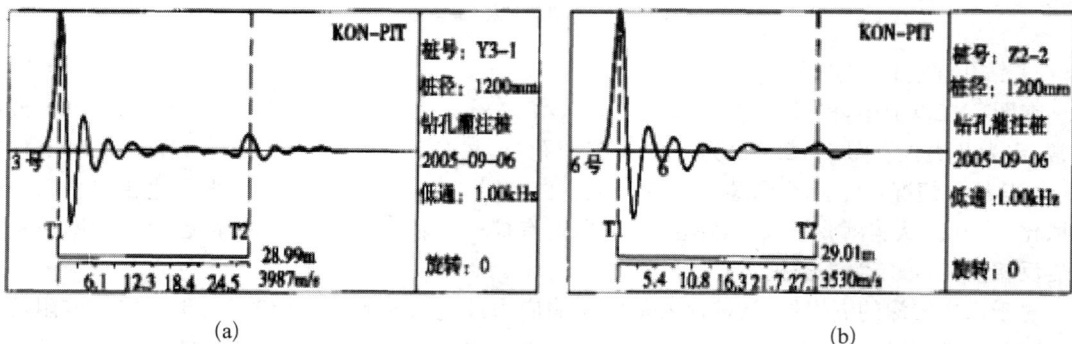

(a)

(b)

图 7－23　钻孔灌注桩

二、声波透射法

美国在 20 世纪 50 年代就开始用电子管声波仪检测混凝土的质量。随着微机技术的发展,我国的声波仪也步入智能化时代。由微机软件进行数据信息处理和自动判读的智能型数字声波仪已日趋成熟,可在现场实时、动态显示波形,从而大大提高了现场工作效率,缩短了室内数据处理时间。

声波透射法是在预埋声测管的混凝土灌注桩中检测桩身完整性,判定桩身缺陷的程度及其位置。它的特点是检测的范围可覆盖全桩长的各个检测剖面,检测全面细致,信息量大,成果准确可靠;现场操作不受场地、桩长、长径比的限制,操作简便,工作进度快。声波透射法以其鲜明的特点,成为混凝土灌注桩(尤其是大直径桩)桩身完整性检测的一个重要手段,在工民建、水利、交通桥梁和港口等工程建设领域中得到了广泛应用。

1. 基本原理

声波透射法是在灌注桩中预埋两根或两根以上的声测管作为检测通道,管中注满水作为耦合剂,将超声发射换能器和接收换能器置于声测管中,由超声仪激励发射换能器产生超声脉冲,向桩身混凝土辐射传播。声波在混凝土传播过程中,当桩身混凝土介质存在阻抗差异时,将发生反射、绕射、折射和声波能量的吸收、衰减,并经另一声测管中的接收换能器接收,经超声仪放大、显示、处理、存储,可在显示器上观察接收超声波波形,判读出超声波穿越混凝土声时、接收首波的波幅及接收波主频等声学参数,通过桩身缺陷引起声学参数或波形变化来检验桩身混凝土是否存在缺陷。

目前,我国的超声仪都采用专用处理软件进行波速、声幅、PSD 计算,并绘制这些参数随深度变化的曲线图,供检测人员分析、判断桩身存在的缺陷位置和范围,估算缺陷的尺寸等,并按规范规定对基桩进行完整性分类。

2. 检测仪器设备

声波检测仪器有两大类,模拟式声波仪和数字式声波仪。模拟式声波仪所显示和分析的是模拟信号,其声波幅值随时间的变化是连续的,这种信号称为时域信号。这类模拟式声波仪,测试时由人工操作,现场工作量大,工作效率低,容易出错,因此使用越来越少。数字式声波仪通过信号采集器采集信号,将采集的模拟信号变为数字信号,由计算软件自动进行声时和波幅判读,既提高了检测精度,又提高了效率,因而得到了广泛的应用。

1) 数字式超声波检测仪

数字式超声仪原理如图 7-24 所示。

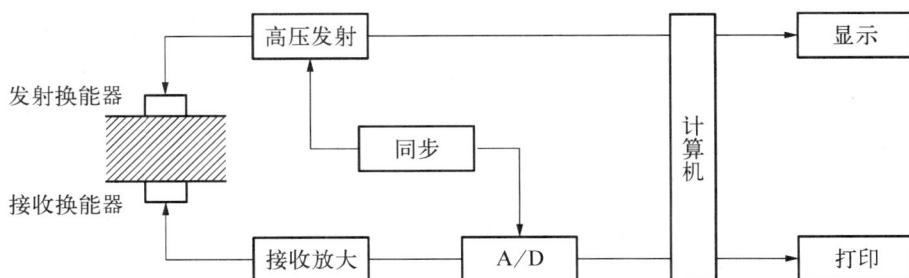

图 7-24 数字式超声仪原理

数字超声仪的作用是重复产生 100 Hz(或 50 Hz)频率的高压电脉冲去激励发射换能器。为了测量从发射到接收声波所经过的时间,声波仪从刚开始桩身混凝土发射声波脉冲的同时就将计时门打开,计时器开始不断计时。当发射换能器发射的超声波经水耦合进入混凝土,在混凝土中传播后被接收换能器接收,经超声仪放大、A/D 转换为数字信号后加以存储,再经 D/A 转换为模拟量。在某一时刻出现接收波形时,声波仪就会将波形采集下来,转变为数字信号存储。然后转化为模拟波形,显示在屏幕上。同时,启动计算机分析软件,比较前后各信号,找到波形刚刚变大且以后一直较大的那个采样点,即为接收波的起点,并立即关闭计时器,从而获得声时结果。这种数字信号便于存储、传输和各种处理分析,由计算软件自动进行声时和波幅判读后显示打印,可得到声速、波幅、PSD 随深度变化的曲线,供基桩桩身质量分析,判定桩身完整性类别。

(1) 超声波检测仪的技术性能应符合下列规定:

① 检测仪系统应包括信号放大器、数据采集及处理存储器、径向振动换能器等。

② 检测仪应具有一发双收功能。

③ 波发射应采用高压阶跃脉冲或矩形脉冲,其电压最大值不应小于 1 000 V,且分挡可调。

(2) 接收放大与数据采集器应符合下列规定:

① 接收放大器的频带宽度为 5 Hz~200 kHz,增益不应小于 100 dB,放大器的噪声有效值不大于 2 μV;波幅测量范围不小于 80 dB,测量误差小于 1 dB。

② 计时显示范围应大于 2 000 μs,精度优于 0.5 μs,计时误差不应大于 2%。

③ 采集器模-数转换精度不应低于 8 bit,采样频率不应小于 10 MHz,最大采样长度不应小于 32 kB。

(3) 径向振动换能器应符合下列规定:

① 径向水平面无指向性。

② 谐振频率宜大于 25 kHz。

③ 在 1 MPa 水压下能正常工作。

④ 收、发换能器的导线均应有长度标注,其标注允许偏差不应大于 10 mm。

⑤ 接收换能器宜带有前置放大器,频带宽度宜为 5 Hz~60 kHz。

⑥ 单孔检测采用一发双收一体型换能器,其发射换能器至接收换能器的最近距离不应小于 30 cm,两接收换能器的间距宜为 20 cm。

(4)《建筑基桩检测技术规范》(JGJ 106 - 2014)对超声波检测仪的技术指标要求如下。

① 声波发射与接收换能器应符合下列规定:圆柱状径向振动,沿径向无指向性;外径小于声测管内径,有效工作段长度不大于 150 mm;谐振频率为 30 k~60 kHz;水密性满足 1 MPa 水压不渗水。

② 声波检测仪应符合下列规定:实时显示和记录接收信号时程曲线以及频率测量或频谱分析;最小采样时间间隔小于等于 0.5 μs,系统频带宽度为 1 k~200 kHz,声波幅值测量相对误差小于 5%,系统最大动态范围不小于 100 dB;声波发射脉冲为阶跃或矩形脉冲,电压幅值为 200~1 000 V;首波实时显示;自动记录声波发射与接收换能器位置。

2) 声测管埋设要求

声测管应选择透声性好、便于安装和费用较低的材料。考虑到混凝土的水化热作用及施工过程中受外力作用较大,容易使声测管变形、断裂,影响换能器上、下管道的畅通,以选用强度较高的金属管为宜。

(1) 声测管内径应大于换能器外径(>15 mm)。

(2) 声测管应下端封闭、上端加盖、管内无异物。声测管连接处应光滑过渡,管口应高出桩顶 100~300 mm,且各声测管管口高度应一致。

(3) 应采取适宜方法固定声测管,使之成桩后相互平行。

(4) 声测管埋设数量与桩径大小有关,根据《公路工程基桩动测技术规程》(JTG/T F81 - 01 - 2004)规定,当桩径不大于 1.5 m 时,埋设三根管;当桩径大于 1.5 m 时,应埋设四根管。《建筑基桩检测技术规范》(JGJ 106 - 2014)规定,桩径小于或等于 0.8 m 时,不少于两根声测管;桩径大于

0.8 m且小于或等于1.6 m时,不少于三根声测管;
桩径大于1.6 m时,不少于四根声测管;桩径大于
2.5 m时,宜增加预埋声测管数量。

声测管应沿桩截面外侧呈对称形状布置,按
如图7-25所示以路线前进方向的顶点为起始点
顺时针旋转依次编号。

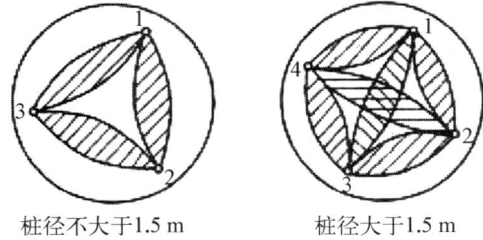

桩径不大于1.5 m　　　桩径大于1.5 m

图7-25　声测管布置

3. 现场检测技术

1) 检测准备工作

检测对混凝土龄期的要求,《公路工程基桩动测技术规程》(JTG/T F81-01-2004)规定不应
小于14天。《建筑基桩检测技术规范》(JGJ 106-2014)规定受检桩混凝土强度不应低于设计强度
的70%,且不应低于15 MPa。检测前的准备工作有以下几方面:

(1) 用大于换能器直径的圆钢疏通,以保证换能器在声测管全程范围内升降顺畅,然后用清水
清洗声测管。

(2) 准确测量声测管的内外径和声测管外壁间的净距离。

(3) 采用标定法确定仪器系统延迟时间。

(4) 计算声测管及耦合水层声时修正值。

2) 检测方法

声波透射法检测混凝土灌注桩有桩内单孔透射法和跨孔透射法两种。

(1) 单孔透射法是在桩身只有一个通道的情况下,如钻孔取芯后需要了解孔芯周围的混凝土
质量情况,作为钻芯检测的补充手段使用。这时采用一发两收换能器放于一个钻芯孔中,声波从
发送换能器经水耦合进入孔壁混凝土表层滑行,再经水耦合到达接收换能器,从而测出声波沿孔
壁混凝土传播的各项声学参数。单孔透射法的声传播途径比跨孔法复杂得多,信号分析难度大,
且有效检测范围约一个波长,故此法不常采用。

(2) 跨孔透射法是在桩内预埋两根或两根以上的声测管把发射和接收换能器分别置于两根管
中,跨孔法现场检测装置如图7-26所示。

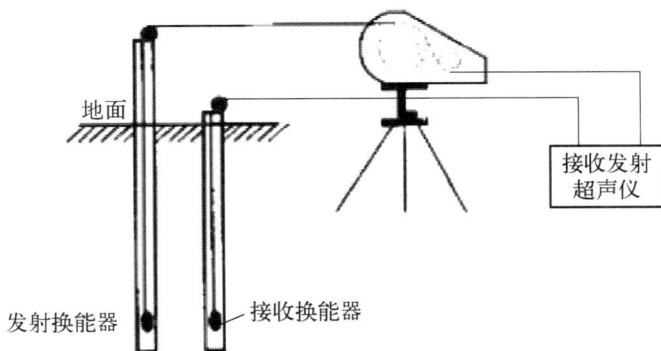

图7-26　跨孔透射法检测装置

测试系统由超声仪、发收换能器、位移量测系统(深度记录、三脚架、井口滑轮)、传输电缆等组
成。其中,超声仪和径向换能器组成超声脉冲测量部分。

3) 测试过程

将发收换能器放入桩内声测管中同一深度的测点处,超声仪通过发射换能器发射超声波经桩

身混凝土传播,在另一声测管中的接收换能器接收到超声波,经电缆传输给超声仪,实时高速记录显示接收波形,并判读声学参量。换能器在桩内移动过程的位置,位移测量系统也实时传输给超声仪。当换能器到达预定位置时,超声仪自动存储该测点的波形及声学参量,实现换能器在桩身测管内移动过程中自动记录存储各测点声学参量及波形的目的。全桩各个检测剖面检测出的桩身声学参量,如声时、幅值和主频等,按照规范编制软件进行数据处理后,可绘制成基桩质量分析的成果图。

现场测试过程中应保持发射电压与仪器设置参数不变,使同一次测得的声参数具有可比性。

4)测试方式

测试有三种方法,如图7-27所示。

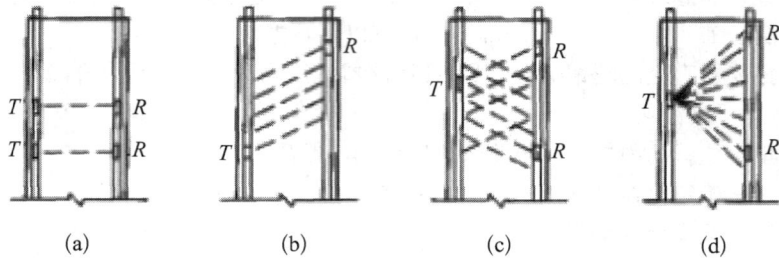

图7-27 声波透射方法

（a）对测 （b）斜测 （c）交叉斜测 （d）扇形扫描测

（1）对测（普查）。发射和接收换能器分别置于两声测管的同一高度,自下而上,将收发换能器以相同步长(不大于250 mm)向上提升,进行水平检测。若平测后,存在桩身质量的可疑点,则进行加密平测,以确定异常部位的纵向范围。

（2）斜测。让收发换能器保持一定的高程差,在声测管中以相同步长,同步升降进行测试。斜测分单向斜测和交叉斜测。斜测时,收发换能器中心连线与水平夹角一般取30°～40°。斜测可探出局部缺陷、缩径或专测管附着泥团、层状缺陷等。

（3）扇形测。扇形测在桩顶、桩底斜测范围受限或为减小换能器升降次数时采用。一只换能器固定在某一高程不动,另一只逐步移动,测线呈扇形分布。此时换算的波速可以相互比较,但幅值无可比性,只能根据相邻测点幅值的突变来判断是否有异常。

通过上述三种方法检测结合波形进行综合分析,可查明桩身存在缺陷性质和范围大小。

当现场进行平测以后,发现其PDS、声速、波幅明显超过临界值,接收频率、波形(或频谱)等物理量异常时,为了找出缺陷所造成阴影的范围,确定缺陷位置、范围大小和性质,需要进行更详细的检测。

双管对测时,各种缺陷的细测判断法如图7-28～图7-31所示。其基本方法是将一个探头固定,另一探头上下移动,找出阴影所在边界位置。在混凝土中,由于各种不均匀界面的漫射和低频波的绕射等原因,使阴影边界十分模糊,但通过上述物理量的综合运用仍可定出其范围。

在运用上述分析判断方法时,应注意排除声测管和耦合水声时值、管内混响、箍筋等因素的影响,且检测龄期应在7天以上。

如用PSD判据,也可用于其他结构物大面积扫测时缺陷判别,即将扫测网络中每条测线上的数据用PSD判据处理,然后把各测线处理结果综合在一起,同样可定出缺陷的性质、大小及位置。

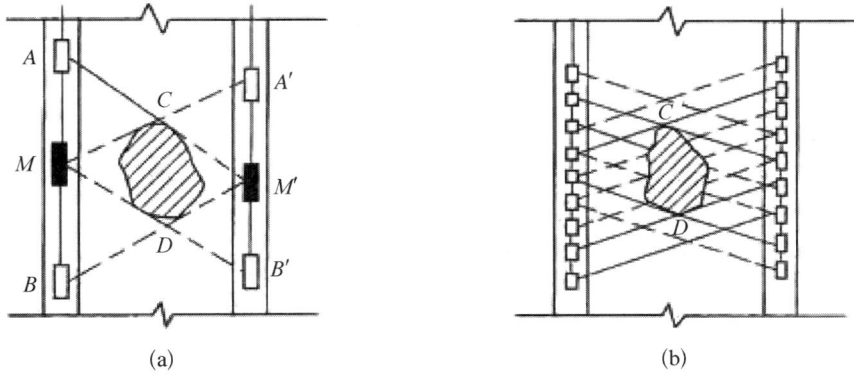

图 7-28　孔洞大小及位置的细测判断

(a) 扇形扫测　(b) 加密测点平移扫测

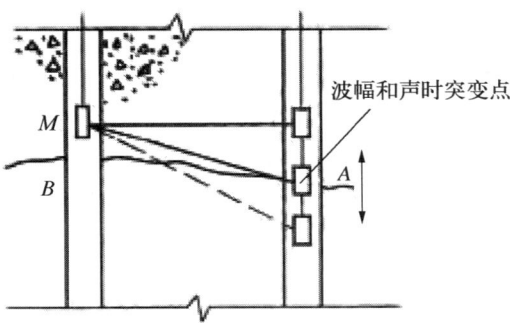

图 7-29　断层位置的细测判断

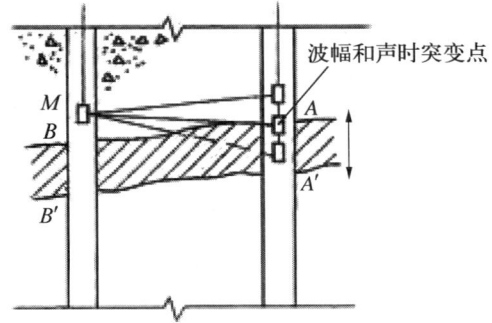

图 7-30　厚夹层上下面的细测判断

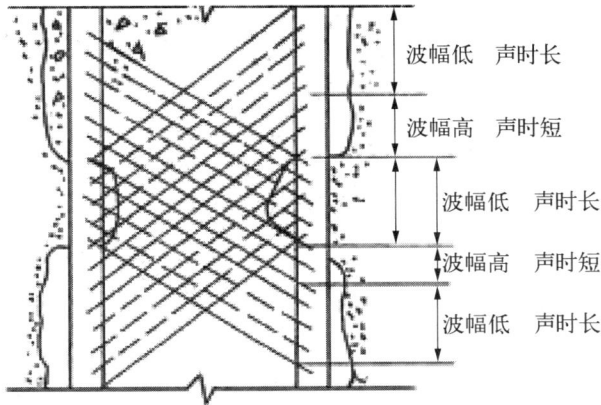

图 7-31　颈缩现象的细测判断

　　如图 7-31 所示,颈缩现象的细测判断现场检测一般首先采用水平同步平测法,将收发换能器置于两个声测管中,从管顶(或管底)开始,以一定间距向下进行水平逐点对测,直到桩底时止。为保证测点间声场可以覆盖而不至于漏测,其测量点距可取 20~40 cm,超声仪对每一个测点自动步进式编号,从测点编号,即可知道换能器的测试深度。一对测声管测完后,再转入下一对声测管进行测试,可对全桩各个检测剖面进行检测,即可测出桩身声学参数,如声时、幅值和主频等,供计算分析,判定桩身混凝土质量情况。

4. 检测数据分析与判定

灌注桩声波透射法检测分析和处理的参数主要有声时 t_{ci}、声速 v、波幅 A_{p0} 和主频 f，同时要观测和记录实测波形。目前使用的数字式声波仪有很强的数据处理和分析功能，可以直接绘制出声速-深度（v-z）曲线、波幅-深度（A_p-z）曲线和 PSD 判据图，来分析桩身质量情况。下面简单地介绍数据整理的方法，将有助于对桩身缺陷的判定。

1）波速计算

第 i 测点声时 t_{ci} 可由第 i 测点声时测量值 t_i 减去仪器系统延迟时间 t_0 和声测管与耦合水层声时修正值 t' 得到。

$$t_{ci} = t_i - t_0 - t' \qquad (7-32)$$

根据每检测剖面两声测管的外壁间净距离 l'(mm)，求得第 i 测点声速 v_i(km·s^{-1})。

$$v_i = \frac{l'}{t_{ci}} \qquad (7-33)$$

2）声速临界值计算

将同一检测剖面各测点的声速值 v_i 由大到小依次排序，即

$$v_1 \geqslant v_2 \geqslant \cdots \geqslant v_i \geqslant \cdots \geqslant v_{n-k} \geqslant \cdots v_{n-1} \geqslant v_n; \ k=0,1,2\cdots \qquad (7-34)$$

式中：v_i——按式排列后的第 i 个声速测量值；

n——某检测剖面图测点数；

k——从零开始逐一去掉 v_i 序列尾部最小值的数据个数。

对从零开始逐一去掉 v_i 序列中最小数值后余下的数据进行统计计算。当去掉最小数值的数据个数为 k 时，对包括 v_{n-k} 在内的余下数据 $v_i \sim v_{n-k}$ 按下列公式进行统计计算：

$$v_0 = v_m - \lambda \cdot s_x \qquad (7-35)$$

$$v_m = \frac{1}{n-k} \sum_{i=1}^{n-k} v_i \qquad (7-36)$$

$$s_x = \sqrt{\frac{1}{n-k-1} \sum_{i=1}^{n-k} (v_i - v_m)^2} \qquad (7-37)$$

式中：v_0——异常判断值；

v_m——$n-k$ 个数据平均值；

s_x——$n-k$ 个数据标准差；

λ——可由《建筑基桩检测技术规范》（JGJ 106-2003）表 10.4.2 中与 $n-k$ 相对应的系数查得。

根据原交通部《公路工程基桩动测技术规程》（JTG/T F81-01-2004）中的规定，取 $\lambda=2$，即声速临界值采用正常混凝土声速平均值与 2 倍声速标准差之差。

将 v_{n-k} 与异常判断值 v_0 进行比较，当 $v_{n-k} \leqslant v_0$ 时，v_{n-k} 及其以后的数据均为异常，去掉 v_{n-k} 及其以后的异常数据；再用数据 $v_1 \sim v_{n-k-1}$，重复计算步骤，直到 v_i 序列中余下的全部数据满足：

$$v_i > v_0$$

此时，v_0 为声速的异常判断临界 v_{c0}。

声速异常时的临界值判据为：

$$v_i \leqslant v_{c0}$$

当上式成立时，声速可判定为异常。

在分析中注意：测点总数不应少于 20 个，异常点不应参与统计。声速明显高于混凝土正常值时，分析原因后剔除。

当检测剖面 n 个测点的声速值普遍偏低且离散性很小时，宜采用声速低限值判据。

$$v_i < v_L \tag{7-38}$$

式中：v_i ——第 i 测点声速（km/s）；

　　　v_L ——声速低限值（km/s），由预留同条件混凝土试件的抗压强度与声速对比试验结合地区经验确定。

当上式成立时，可直接判定为声速（低于低限值）异常。

声速低限值相对应的混凝土强度不宜低于 $0.9R$（R 为混凝土设计强度）。若试件为钻孔取芯样，则不宜低于 $0.85R$。当实际混凝土声速低于声速低限值时，应将其作为可疑缺陷区。混凝土强度与声速关系如表 7-36 所示。

表 7-36　混凝土强度与声速关系参考表

声速/m·s^{-1}	>4 500	4 500～3 500	3 500～3 000	3 000～2 000	<2 000
强度定性评价	好	较好	可疑	差	非常差

3）波幅计算

$$A_{pi} = 20\lg \frac{a_i}{a_0} \tag{7-39}$$

$$f_i = \frac{1\,000}{T_i} \tag{7-40}$$

式中：A_{pi} ——第 i 测点波幅值（dB）；

　　　a_i ——第 i 测点信号首波峰值（V）；

　　　a_0 ——零分贝信号幅值（V）；

　　　f_i ——第 i 测点信号主频值（kHz），也可由信号频谱的主频求得；

　　　T_i ——第 i 测点信号周期（ms）。

波幅异常时的临界值判断应按下列公式计算：

$$A_m = \frac{1}{n} \sum_{i=1}^{n} A_{pi} \tag{7-41}$$

$$A_{pi} < A_m - 6 \tag{7-42}$$

式中：A_m ——波幅平均值（dB）；

　　　n ——检测剖面测点数。

当上式成立时，波幅可判定为异常。

4）PSD 判据

当采用斜率法 PSD 值作为辅助异常点判据时,PSD 值应按下列公式计算:

$$PSD = K \cdot \Delta t \tag{7-43}$$

$$K = \frac{t_d - t_{d-1}}{z_i - z_{i-1}} \tag{7-44}$$

$$\Delta t = t_d - t_{d-1} \tag{7-45}$$

式中:t_d——第 i 测点声时(ms);

z_i——第 i 测点深度(m);

z_{i-1}——第 $i-1$ 测点深度(m)。

可根据 PSD 值在某深度处的突变,结合波幅变化情况,作为异常点判定的辅助依据。

由工程实践经验可知,声速指标比较稳定,重复性好,数据有可比性,但对桩身缺陷不够敏感。波幅虽对桩身缺陷反应很敏感,但它受传感器与桩身混凝土耦合状态的影响很大,可比性较差。斜率法(PSD)判据将桩内缺陷处与正常测点的声时差取平方,将其特别放大,但 K 值很大的地方,有可能是缺陷的边缘。因为 K 值的大小主要取决于相邻两点的声时差值,对于因声测管不平行造成测试误差的干扰有削弱作用。灌注桩所产生各种类型的缺陷,使声学参数变化的特征有所不同:① 如沉渣是松散介质,声速很低(2 000 m/s 以下),对声波衰减相当剧烈,其波幅、声速均剧烈下降;② 泥沙与水泥砂浆的混合物在桩身中存在,则是断桩,如在桩顶出现,则是混凝土强度不够;它们的特点是声速、波幅都明显下降,但前者是突变,后者为缓变;③ 孔壁坍塌或泥团,其声速、波幅均较低,如果是局部泥团,并未包裹声测管时,下降程度不大;④ 粗集料本身波速高,但声学界面多,对声波的反射、散射加剧,能量损耗,幅值下降,混凝土气泡密集时,虽不致形成空洞,但混凝土质量下降,波速不会明显下降,波幅却明显下降。

一般分析步骤是:首先,以波速值进行概率统计法统计判断,得到低于临界值的异常点位置和深度,再分析振幅大小的变化,将上述两者都偏低的测点定为异常部位;再进一步进行细测和斜测,确定缺陷的范围和大小;最后,根据施工情况综合判定缺陷的种类和性质,判定桩身完整性类别。桩身完整性类别判定如表 7-37 所示。

表 7-37 桩身完整性类别判定

类　别	特　征
Ⅰ类桩	各声测剖面每个测点的声速、波幅均大于临界值,波形正常
Ⅱ类桩	某一声测剖面个别测点的声速、波幅略小于临界值,但波形基本正常
Ⅲ类桩	某一声测剖面连续多个测点或某一深度桩截面处的声速、波幅值小于临界值,PSD 值变大,波形畸变
Ⅳ类桩	某一声测剖面连续多个测点或某一深度桩截面处的声速、波幅值明显小于临界值,PSD 突变,波形严重畸变

5. 工程实例

图 7-32 为声波透射法成果,是一根桩径 1.5 m,孔深 41 m,采用声波透射法对三个剖面检测的成果图。由图分析可知,在孔深 23～24 m 处,声速、幅值靠近或超过临界值,PSD 值也有异常反应;桩底声学参量明显超过临界值。经钻探取芯验证,23 m 附近混凝土轻微不密实,桩底有少量沉渣,说明该桩两处有较轻的质量问题,因是摩擦桩,桩身完整性类别判定为Ⅱ类桩。

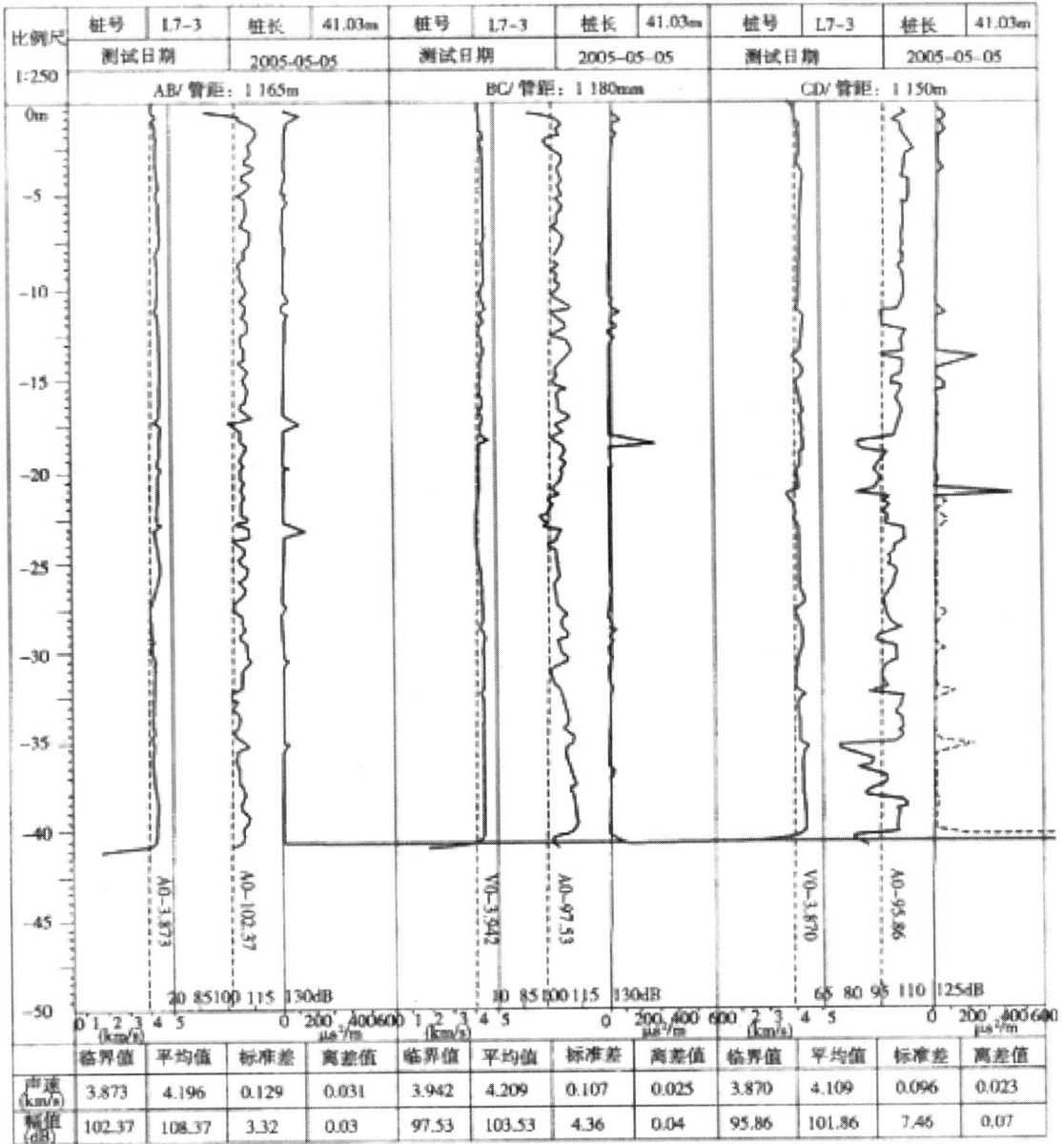

图 7 - 32　声波透射法成果

三、钻探取芯法

1. 钻探取芯的目的与适用范围

1）钻探取芯的目的

（1）检测桩身混凝土胶结状况，是否存在空洞、蜂窝、夹泥、断桩等缺陷，判定桩身完整性类别，从而分析研究产生质量的原因、程度及处理措施。

（2）检测混凝土灌注桩桩长，检验桩底沉渣是否满足设计要求，鉴别桩底持力层的岩土性状和厚度是否符合设计或规范要求。

（3）通过对混凝土芯样力学试验，评定桩身混凝土的强度。

（4）对施工中出现异常或因质量问题采取处理后的桩，通过钻探取芯，检验其成桩质量及对工程的影响程度。

（5）桩身存在缺陷的桩，可以利用钻孔进行压浆补强处理。

2）适用范围

钻探取芯法是检测混凝土灌注桩成桩质量的一种有效方法，不受场地条件限制，特别适用于大直径混凝土灌注桩的成桩质量检验。钻芯孔的垂直度不容易控制，故要求受检桩的桩径不宜小于 800 mm，长径比不大于 30 且桩身混凝土强度等级不低于 C10。钻机设备一般应符合以下要求：

图 7-33　液压钻机

（1）钻取芯样宜采用液压操纵的高速钻机（见图 7-33），并配置适宜的水泵、孔口管、扩孔器、卡簧、扶正稳定器和可捞取松软渣样的钻具。

（2）基桩桩身混凝土钻芯检测，应采用单动双管钻具钻取芯样，严禁使用单动单管钻具。

（3）钻头应根据混凝土设计强度等级选用合适粒度、浓度、胎体硬度的金刚石钻头，且外径不宜小于 100 mm。

2. 钻探技术要求

钻探取芯应在混凝土浇灌 28 天后进行，或受检桩同条件养护时间强度达到设计强度，一般要求钻孔垂直度偏差小于 1%。

（1）钻芯孔数与孔位。

① 桩径小于 1.2 m 的桩钻 1～2 孔，桩径 1.2～1.6 m 的桩钻宜为 2 孔，桩径大于 1.6 m 的钻桩宜为 3 孔。

② 当钻芯孔为 1 个时，宜距桩中心 10～15 cm 的位置钻孔；当钻芯孔为 2 个以上时，宜距桩中心 0.15D～0.25D 内均匀对称布置。

③ 对桩端持力层的钻探，每根受检桩不应少于 1 个孔。

（2）钻机设备安装必须周正、稳固、底座水平；钻机立轴中心、天轮中心与孔口中心必须在同一垂直线上；钻孔垂直度偏差不大于 0.5%；钻进过程中，钻孔内循环水不得中断，每次进尺控制在 1.5 m 内；钻至桩底时，测定沉渣厚度，对桩端持力层岩土性状进行编录鉴别；提钻取芯时，严禁敲打卸取岩芯。

（3）钻取的芯样应自上而下按回次、顺序放进岩样箱中，并对标有工程名称和芯样及其标示牌等进行全貌拍照。在钻进过程中，对混凝土芯样描述应包括深度、混凝土芯样是否为柱状、完整性、胶结情况、表面光滑情况、断口吻合程度、骨料大小分布情况、气孔、蜂窝麻面、沟槽、破碎、夹泥、松散等情况，如图 7-34 和图 7-35 所示。

图 7-34　芯样

| 钻芯孔号 | L7-3号-孔1 | | | 设计混凝土强度 | | C25 | 桩顶高程 | 10.20 m | 开孔日期 | 2005-05-12 |
| 桩长 | 41.32 m | | | 设计桩径 | | 2.00 m | 钻孔深度 | 45.40 m | 终孔日期 | 2005-05-13 |
层底高程 (m)	层底深度 (m)	分层厚度 (m)	分层序号	混凝土/岩芯桩状图1:300	采取率 (%)	混凝土/岩芯描述		芯样编号深度(m)		抗压强度 (MPa)
						混凝土芯:青灰色,芯呈柱状,连续、完整性较好,节长10～155 cm,表面光滑,粗细集料分布较均匀,断口拼接好,胶结较好;其中在22.80～24.50 m处见1/2～2/3面上混凝土轻度离析及连续蜂窝较严重现象;在25.70～26.50 m处见有一沟槽现象,沟深1～3 cm,宽约2～3 cm;在桩底41.16～41.32 m处1/3面上见有夹泥现象 桩底无沉渣,桩端2/3面上与持力层直接接触		$\dfrac{1}{1.56\sim1.96}$		30.4
								$\dfrac{2}{15.03\sim15.43}$		32.9
								$\dfrac{3}{30.32\sim30.72}$		29.3
-31.12	41.32	41.32	1		99.9			$\dfrac{4}{39.42\sim39.82}$		33.0
-32.60	42.80	1.48	2			弱风化花岗岩:褐黄—青灰色,岩石风化裂隙发育,岩质较软,沿裂面铁锰质渲染,岩芯多呈块状,局部短柱状,多沿裂面自然裂开		$\dfrac{5}{42.80\sim43.20}$		92.3
-35.20	45.40	2.60	3		85.0					
					95.0	微风化花岗岩:青灰色,岩石新鲜、完整,岩质坚硬,锤击声脆,芯呈中长柱状,局部短柱状				

注:M——取样位置。

图7-35　钻取芯样验证成果

（4）当单桩质量评价满足设计要求时,应采用0.5～1.0 MPa压力,从钻芯孔孔底往上用水泥浆回灌封闭;否则应封存钻芯孔,留待处理。

3. 芯样试件截取与加工

芯样截取原则:应科学、准确、客观地评价混凝土实际质量,避免人为因素的影响,特别是混凝土强度;取样位置应标明其深度和高程。有缺陷部位的芯样强度应满足设计要求。

截取混凝土抗压芯样试件应符合下列规定:当桩长小于10 m时,取2组;当桩长为10～30 m时,每孔截取3组芯样;当桩长大于30 m时,不小于4组;上部芯样位置距桩顶设计标高不宜大于1倍桩径或超过2 m,下部芯样位置距桩底不宜大于1倍桩径或超过2 m,中间芯样宜等间距截取;缺陷位置能取样时,应截取1组芯样进行混凝土抗压试验;同一基桩的钻芯孔数大于1个,且某一孔在某深度存在缺陷时,应在其他孔的该深度处,截取1组芯样进行混凝土抗压强度试验。

混凝土芯样试件加工,由于芯样试件的高度对抗压强度有较大的影响,为避免高度修正带来误差,应取试件高径比为1(在0.95～1.05的范围内),且芯样试件内不能含有钢筋,并观察芯样侧面表观混凝土粗集料粒径,应小于芯样试件平均直径的 0.5 倍。芯样端面的平整度和垂直度应满足要求。

持力层岩芯可制成芯样时,应在接近桩底部位取 1 组岩石芯样,每组芯样应制作 3 个芯样抗压试件。

4. 抗压强度试验

芯样抗压强度试验应按现行国家标准《普通混凝土力学性能试验方法标准》(GB/T 50081 - 2002)中有关规定执行。一般情况下,桩的工作条件比较潮湿,芯样试件宜在潮湿状态下进行。芯样试件抗压强度试验应按下式计算:

$$f_{cor} = \frac{4P}{\pi d^2} \qquad (7 - 46)$$

式中:f_{cor} ——混凝土芯样试件抗压强度(MP_a),精确至 0.1 MP_a;

P ——芯样试件抗压试验测得的破坏荷载(N);

d ——芯样试件的平均直径(mm)。

桩底岩芯单轴抗压强度试验可参照《建筑地基基础设计规范》(GB 50007 - 2011)附录 J 执行。当判断桩底持力层岩性时,检测报告中只给出平均值即可。

5. 检测资料分析与判定

(1)混凝土芯样试件抗压强度代表值应按一组三块试样强度的平均值确定。同一受检桩同一深度部位有两组或两组以上混凝土试件抗压强度代表值时,取其平均值为该桩该深度处混凝土芯样试件抗压强度代表值。

(2)单桩混凝土芯样试件抗压强度代表值是指该桩中不同深度位置的混凝土芯样试件抗压强度代表值中的最小值。

(3)桩底持力层性状应根据芯样特征、岩石芯样单轴抗压强度试验、动力触探或标准贯入试验结果,综合判定桩端持力层岩土性状。

(4)因场地地层的复杂性和施工中的差异,成桩后的差异较大。为保证工程质量,应按单桩进行桩身完整性和混凝土强度评价。

(5)《建筑基桩检测技术规范》(JGJ 106 - 2014)规定成桩质量评价应结合钻芯孔数、现场混凝土芯样特征、芯样单轴抗压强度试验结果综合判定。多于三个钻芯孔的基桩桩身完整性可类比表 7 - 38 的三孔特征进行判定。

表 7 - 38 桩身完整性判定

桩身类别	特 征
Ⅰ类桩	混凝土芯样连续、完整、表面光滑,胶结好,集料分布均匀,呈长柱状,断口吻合,芯样侧面仅见少量气孔
Ⅱ类桩	混凝土芯样连续、完整,胶结好,集料分布基本均匀,呈柱状,端口基本吻合,芯样侧面局部见蜂窝麻面、沟槽
Ⅲ类桩	大部分混凝土芯样胶结较好,无松散、石夹泥或分层现象,但有下列情况之一:芯样局部破碎且破碎长度不大于 10 cm,集料分布不均匀,呈短柱状或块状,侧面蜂窝麻面、沟槽连续
Ⅳ类桩	钻进很困难,芯样任一段松散夹泥或分层,芯样局部破碎且长度不大于 10 cm

6. 钻探取芯检测报告编制

钻探取芯检测报告内容应包括:

（1）工程概况、检测目的、工期、工作量及完成情况。

（2）地质条件概述、桩基设计概况及有关设计参数。

（3）受检桩桩号、钻孔数量及相关的施工质量状况和成桩的有关参数。

（4）钻探设备及工艺。

（5）芯样抗压强度及试验结果。

（6）试验结果及分析评价。

（7）结论及建议。

7. 钻探取芯法存在的问题

钻探取芯法虽然具有直观、可靠、精确度高的优点，但也存在如下问题：

（1）钻探取芯法和芯样加工比较笨重，操作不便，成本也高，普遍使用受到限制。

（2）取芯只能反映钻孔范围内的小部分混凝土质量，对桩身的整个断面来说，以点代面容易造成误判或漏判。

（3）对局部缺陷和水平裂缝等判断不够准确。

（4）钻孔取芯后，桩身结构局部受到损坏，孔洞需进行修补。

项目八　构件材质状况与耐久性检测评定

项目导读

　　本项目主要介绍混凝土构件在使用过程中检测的项目,如表观损伤、强度、钢筋锈蚀电位、氯离子含量、钢筋分布及保护层厚度、混凝土碳化深度、电阻率、内部缺陷等材质问题,以及这些项目的检测方法和评价指标。进而导出材质或构件耐久性综合评定方法,根据此方法的综合评定结果可进一步进行结构验算和承载能力分析。

学习目标

　　1.掌握混凝土构件材质状况主要检测项目和评定标准。
　　2.熟悉混凝土构件耐久性综合评价方法。
　　3.了解钢结构试验检测事项和检测方法。

任务 8.1　无损检测技术概述

　　桥梁结构材质状况与耐久性反映了结构构件的技术状况,直接影响结构的整体使用性能和承载能力。无损检测技术的发展为结构材质状况与耐久性的测定提供了手段,但过去在结构检算分析时,检算系数主要依据专家经验确定,检测结果无法定量化应用。而随着桥梁科研和检测工程实践的不断深入,我们已能初步对结构构件材质状况与耐久性进行检测,并根据检测情况确定各评价指标的评定标度,以此确定结构检算时的相关系数,以便定量、半定量地使用检测结果。

一、混凝土无损检测技术的形成和发展

　　无损检测技术,是指在不影响结构受力性能或其他功能的前提下,直接在结构上通过测定某些物理量,来判断结构或构件某些性能的检测方法,桥梁工程中无损检测技术的形成和发展与混凝土无损检测技术的发展密切相关。

　　早在 20 世纪 30 年代,人们就开始探索混凝土无损检测技术。1930 年首先出现了表面压痕法。1948 年瑞士人施密特(E. Schmid)研发成功回弹仪。1949 年加拿大的莱斯利(Leslie)等运用超声脉冲进行混凝土检测获得成功。19 世纪 60 年代罗马尼亚的费格瓦洛(I. Facaoaru)提出超声

回弹综合法。这些研究为混凝土无损检测技术奠定了基础。

随着无损检测技术的日臻成熟,许多国家也相继制定了有关的技术标准。我国在20世纪50年代开始引进瑞士、英国、波兰等国家的回弹仪和超声仪,并结合工程应用开展了许多研究工作。经过几十年的研究和工程应用,我国研制了一系列的无损检测仪器设备,结合工程实践进行了大量的应用研究,逐步形成了《回弹法检测混凝土抗压强度技术规程》(JGJ/T 23 - 2011)、《超声回弹综合法检测混凝土强度技术规程》(CECS 02 - 2005)等技术规程,并由此解决了工程实践中的问题,产生了巨大的社会经济效益。

无损检测技术与常规的混凝土结构破坏试验相比,具有如下一些特点:

(1)不破坏被检测构件,不影响其他使用性能,且简便快速。

(2)可以在构件上直接进行表层或内部的全面检测,对新建工程和结构物都适用。

(3)能获得破坏试验不能获得的信息,如能检测混凝土内部空洞、疏松、开裂、不均匀性、表层烧伤、冻坏及化学腐蚀等。

(4)可在同一构件上进行连续测试和重复测试,使检测结果有良好的可比性。

(5)测试快速方便,费用低廉。

(6)美中不足的一点是,这种间接检测的结果受到许多因素的影响,检测精度相对较低一些。

目前,混凝土无损检测技术主要用于既有结构的强度推定、施工质量检验、结构内部缺陷检测等方面。随着对混凝土制作全过程质量控制要求的不断提高,对既有结构物维修养护的日益重视,无损检测技术在工程建设中会发挥越来越重要的作用。

二、常用无损检测方法的分类和特点

由于混凝土无损检测技术不仅能推定混凝土的强度,而且能够反映混凝土的均匀性、连续性等各项质量指标,因此在新建工程质量评估、已建工程的安全性评价等方面具有无可替代的作用,越来越受到人们的重视。

1. 混凝土强度的无损检测方法

在工程实践中,需要运用无损检测方法推定混凝土实际强度的情况主要分为以下几种:一是在施工过程中,由于管理、工艺或意外事故等原因影响了混凝土质量,或预留试块的取样、制作、养护、抗压试验等不符合有关技术规程或标准的规定,以致预留试件的强度不能代表结构混凝土的实际强度时,可以采用无损检测方法推定混凝土强度,作为混凝土合格性评定及验收标准依据;二是当需要了解混凝土在施工期间的强度增长情况,以便进行拆模、吊装、预应力筋张拉或放张等后续工序时,可运用无损检测方法连续监测结构混凝土强度的发展,以便及时调整施工进度,同时,无损检测方法也可作为施工过程中质量控制的重要手段;三是对于既有桥梁结构,在使用过程中,有些已经不能满足当前通行荷载的要求,有些由于各种自然原因而产生不同程度的损伤与破坏,有些由于设计或施工不当而产生各种缺陷,对于这些桥梁的维修、加固、改建,可通过无损检测方法推定混凝土强度,作为加固、改建设计前基本强度参数和其他设计依据。

混凝土强度的无损检测方法可分为非破损法、半破损法、综合法3种。

1) 非破损法

非破损法以混凝土强度与某些物理量之间的相关性为基础,检测时在不影响混凝土任何性能的前提下,测试这些物理量,然后根据相关关系推算被检测混凝土的强度。属于这类方法的有回弹法、超声脉冲法、射线吸收与放射法、成熟度法等。这类方法的特点是测试方便、费用低廉,但其测试结果的可靠性主要取决于混凝土的强度与所测试物理量之间的相关性。

（1）回弹法是采用回弹仪进行混凝土强度测定，属于表面硬化法的一种。其原理是回弹仪中运动的重锤以一定的冲击动能撞击在混凝土表面的打击杆后，测出重锤被反弹回来的距离，以回弹值作为与强度相关的指标，来推定混凝土强度。

（2）超声脉冲法检测混凝土强度的基本依据是超声波传播速度与混凝土弹性性质的密切关系。在实际检测中，通过超声声速确定的混凝土弹性模量与混凝土力学强度的内在联系，与混凝土抗压强度建立相关关系，并借以推定混凝土的强度。

（3）成熟度法主要以度时积作为推定强度的依据：

$$M(t) = \sum (T_s - T_0) \Delta t$$

式中：$M(t)$——成熟度；

T_0——基准温度；

T_s—— Δt 时间内混凝土的平均温度。

成熟度法主要用于现场测量控制混凝土早期强度发展状况，一般多作为施工质量控制手段。

（4）射线法主要根据 γ 射线在混凝土中的穿透衰减或散射强度推算混凝土的密实度，并据此推定混凝土的强度。由于涉及放射线防护问题，这种方法在国内外应用较少。

2）半破损法

半破损法是以不影响构件的承载能力为前提，在构件上直接进行局部破坏性试验，或直接钻取芯样进行破坏性试验。属于这类方法的有钻芯法、拔出法、射击法等。这类方法的特点是以局部破坏性试验获得混凝土强度，因而较为直观可靠。其缺点是造成结构物的局部破坏，需进行修补，因而不宜用于大面积检测。

（1）钻芯法是利用专用钻机，从结构混凝土中钻取芯样以检测混凝土强度或观察混凝土内部缺陷的方法。钻芯法检测混凝土强度具有直观准确的优点，其缺点是对构件的损伤较大，检测成本较高。因此，一般宜将钻芯法与其他非破损方法结合使用。

（2）拔出法是使用拔出仪器拉拔埋在混凝土表层内的锚固件，将混凝土拔出一锥形体，根据混凝土抗拔力推算其抗压强度的方法。该法分为预埋法和后装法两种，前者是浇筑混凝土时预先将锚杆埋入，后者是在硬化后的混凝土上钻孔，装入、黏结或胀嵌锚杆。

（3）射击法也称穿透探针法或贯入阻力法，是采用一种称为温泽探针（Windor prode）的射击装置，将硬质合金钉打入混凝土中，根据钉的外露长度作为混凝土贯入阻力的度量并以此推算混凝土强度。钉的外露长度愈多，表明其混凝土强度愈高。这种方法适用于混凝土早期强度发展情况的测定，也适用于同一结构不同部位混凝土强度的比较。该法的优点是测量迅速简便，由于有一定的射入深度（20～70 mm），受混凝土表面状况及碳化层影响较小，缺点是受混凝土粗骨料的影响十分明显。

3）综合法

所谓综合法就是采用两种或两种以上的无损检测方法，获取多项物理参量，并建立强度与多项物理参量的综合关系，从不同角度综合评价混凝土的强度。综合法采用多项物理参数，能较全面地反映构成混凝土强度的各种因素，因而它比单一物理量的无损检测方法具有更高的准确性和可靠性。目前已被采用的综合法有超声回弹综合法、超声钻芯综合法、超声衰减综合法等，其中超声回弹综合法已在国内外广泛应用。

2. 混凝土缺陷无损检测方法

所谓混凝土的缺陷，是指那些宏观材质不连续、性能参数有明显变异，并且对结构的承载能力和使用性能产生影响的区域。即使整个混凝土结构的普遍强度已达到设计要求,这些缺陷的存在也会使结构整体承载力严重下降,或影响结构的耐久性。因此,必须探明缺陷的部位、大小和性质,以便采取切实的处理措施,排除工程隐患。混凝土缺陷的成因十分复杂,检测要求也各不相同。混凝土缺陷现象大致有:内部空洞、蜂窝麻面疏松、断层桩、结合面不密实、裂缝、碳化、冻融、化学腐蚀等。混凝土缺陷的无损检测方法主要有超声脉冲法、脉冲回波法、雷达扫描法、红外热谱法、声发射法等。

(1)超声脉冲法检测内部缺陷分为穿透法和反射法。穿透法是根据超声脉冲穿过混凝时,在缺陷区的声时、波幅、波形、接收信号的频率等参数所发生的变化来判断缺陷的,因此它只能在结构物的两个相对面上或在同一面上进行测试。目前超声脉冲穿透法已较为成熟,并已普遍用于工程实践,许多国家都已编制了相应的技术规程。反射法则根据超声脉冲在缺陷表面产生反射波的现象进行缺陷判别。由于它不必像穿透法那样在两个测试面上进行,因此对某些只能在一个测试面上检测的结构物(如桩基础、路面等)具有特殊意义,也有较为广泛的工程应用。

(2)脉冲回波法是采用落球、锤击等方法在被测物件中产生应力波,用传感器接收回波,然后采用时域或频域方法分析回波的反射位置,以判断混凝土中缺陷位置的方法。其特点是激励力足以产生较强的回波,因而可检测尺寸较大的构件,如深度几十米的基桩或厚度较大的混凝土板等。

(3)雷达扫描法是利用混凝土反射电磁波的原理,先向被检测的结构物发射电磁波,在电特性(电容率及导电率)不同的物界界面产生反射波,再根据反射波的性质,分析反射波的影像,便可检测出结构的内部缺陷。其特点是可迅速对被测结构进行扫描,适用于道路、机场等结构物的大面积快速扫测。

(4)红外热谱法是测量或记录混凝土热发射的方法。当混凝土存在缺陷时,这些有缺陷的部位与正常部位相比,温度上升与下降的状况是不同的,其外表会产生温度差。所以,从红外线照相机所测得的温度分布图像中,便能推断出缺陷的位置和大小。

(5)声发射法是利用混凝土受力时因内部微小区域破坏而发声的现象,根据声发射信号分析混凝土损伤的一种方法,这种方法常用于混凝土受力破坏过程的监视,用以确定混凝土的受力历史和损伤程度。

3. 其他无损检测方法

除了混凝土强度和缺陷检测以外,无损检测方法还可利用混凝土的其他性能,如碳化深度、保护层深度、受冻层深度、含水率、钢筋位置与钢筋锈蚀状况、水泥含量、钢结构焊缝质量等。常用的检测方法有共振法、敲击法、磁测法、电测法、微波吸收法、中子散射法、渗透法等。

任务 8.2 结构混凝土强度的检测与评定

一、结构混凝土强度检测方法分类与要求

结构混凝土强度的检测方法可分为无损检测、半破损检测和破损检测。本任务对目前桥梁工程常用的回弹法、超声回弹综合法、取芯法、回弹结合取芯法等测定混凝土强度的通用方法进行介绍。

使用这些方法要注意桥梁工程结构的特点,混凝土桥梁结构有其特殊性,混凝土强度检测评

定分为结构或构件的强度检测评定与承重构件的主要受力部位的强度检测评定。如主梁,根据具体检测目的和检测要求,选择合适的方法进行检测时,可对主梁整个(批)构件进行检测评定,也可对主梁跨中部位进行混凝土强度的检测评定,但测区布置必须满足相关的规范规定,隧道工程中使用时同样要给予关注。

原则上对结构不采取破损检测,但在其他方法不能准确评定结构(构件)或承重构件主要受力部位的混凝土强度时,应采用取芯法或取芯法结合其他方法综合评定。在结构上钻、截取试件时,应尽量选择承重构件的次要部位或次要承重构件,并应采取有效措施,确保结构安全。钻、截取试件后,应及时进行修复或加固处理。

二、回弹法检测结构混凝土强度

回弹法在我国使用已有 50 余年,使用范围越来越广泛,这不仅是因为回弹法简便、灵活,同时也得益于我国已解决了回弹法使用精度不高和不能普遍推广的一些关键问题。

1. 回弹法的基本原理

回弹法是用弹簧驱动重锤,通过弹击杆弹击混凝土表面,并测出重锤被反弹回来的距离,以回弹值(反弹距离与弹簧初始长度之比)作为与强度相关的指标,来推定混凝土强度的一种方法。由于测量在混凝土表面进行,所以应属于表面硬度法的一种。

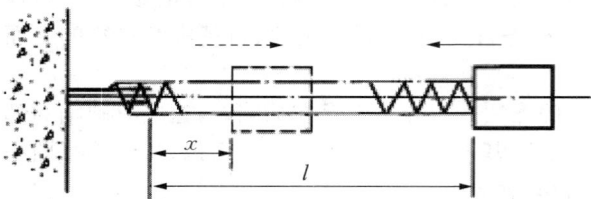

图 8-1 回弹法原理

回弹法的原理如图 8-1 所示,当重锤被拉到冲击前的状态时,若重锤的质量等于 1,则这时重锤所具有的势能 e 为

$$e = \frac{1}{2}kl^2 \qquad (8-1)$$

式中:k ——拉力弹簧的刚度系数;

l ——拉力弹簧起始拉伸长度。

混凝土受冲击后产生瞬间的弹性变形,其恢复力使重锤被弹回到 x 位置时所具有的势能 e_x 为

$$e_x = \frac{1}{2}kx^2 \qquad (8-2)$$

式中:x ——重锤反弹位置或重锤弹回时弹簧的拉伸长度。

所以,重锤在弹击过程中,所消耗的能量 Δe 为

$$\Delta e = e - e_x = \frac{1}{2}k(l^2 - x^2) = e\left[1 - \left(\frac{x}{l}\right)^2\right] \qquad (8-3)$$

令:

$$R = \frac{x}{l} \qquad (8-4)$$

在回弹仪中,l 为定值,所以 R 与 x 成正比,R 称为回弹值。将 R 代入式(8-3)得:

$$R = \sqrt{1 - \frac{\Delta e}{e}} = \sqrt{\frac{e_x}{e}} \qquad (8-5)$$

由式(8-5)可知,回弹值只等于重锤冲击混凝土表面后剩余势能与原有势能之比的平方根。简而言之,回弹值的大小取决于与冲击能量有关的回弹能量,而回弹能量主要取决于被测混凝土的弹塑性性能。其能量的传递和变化概述如下:

$$e = \sum A_i = A_1 + A_2 + A_3 + A_4 + A_5 + A_6 \qquad (8-6)$$

式中:A_1——使混凝土产生塑性变形的功;

A_2——使混凝土、弹击杆及弹击锤产生弹性变形的功;

A_3——弹击锤在冲击过程中和指针在移动过程中因摩擦所损耗的功;

A_4——弹击锤在冲击过程中和指针在移动过程中克服空气阻力的功;

A_5——混凝土产生塑性变形时增加自由表面所损耗的功;

A_6——仪器在冲击时由于混凝土构件颤动和弹击杆与混凝土表面移动而损耗的功。

A_3、A_4、A_5、A_6一般很小,当混凝土构件具有足够的刚度且在冲击过程中仪器始终紧贴混凝土表面时,均可忽略不计。在一定冲击能量的作用下,A_2的弹性变形接近于常数。因此弹回距离主要取决于混凝土的塑性变形。混凝土的强度越低,则塑性变形越大,消耗于产生塑性变形的功也越大,弹击锤所获得的回弹能量就越小,回弹距离相应也越小,从而回弹值就越小,反之亦然。据此,可由能量建立混凝土抗压强度-回弹值的相关曲线,通过回弹仪对混凝土表面弹击后的回弹值来推算混凝土的强度值。

2. 回弹仪

1) 回弹仪的构造及工作原理

回弹仪的类型比较多,有重型、中型、轻型和特轻型,工程使用最多的是中型回弹仪。回弹仪的分类如表8-1所示。

表 8-1 回弹仪的分类

类 别	名 称	冲击能量	主 要 用 途	备 注
L 型 (小型)	L 型	0.735 J	小型构件或刚度稍差的混凝土	
	LR 型	0.735 J	小型构件或刚度稍差的混凝土	有回弹值自动画线装置
	LB 型	0.735 J	烧结材料和陶瓷	
N 型 (中型)	N 型	2.207 J	普通混凝土构件	
	NA 型	2.207 J	水下混凝土构件	
	NR 型	2.207 J	普通混凝土构件	有回弹值自动画线装置
	ND-740 型	2.207 J	普通混凝土构件	高精度数显式
	NP-750 型	2.207 J	普通混凝土构件	数字处理式
	MTC-850 型	2.207 J	普通混凝土构件	有专用电脑自动记录处理
	WS-200 型	2.207 J	普通混凝土构件	远程自动显示记录
P 型 (摆式)	P 型	0.883 J	轻质建材、砂浆、饰面等	
	PT 型	0.883 J	用于低强度凝胶制品	冲击面较大
M 型 (重型)	M 型	29.40 J	大型实心块体、机场跑道及公路 路面的混凝土	

我国自 20 世纪 50 年代中期开始生产回弹仪,回弹仪可分为指针直读式和数字式。其中指针直读的直射锤击式仪器应用最广,随着数字技术的发展,数字回弹仪应用得也越来越多。回弹仪的外观及构造如图 8-2 所示。

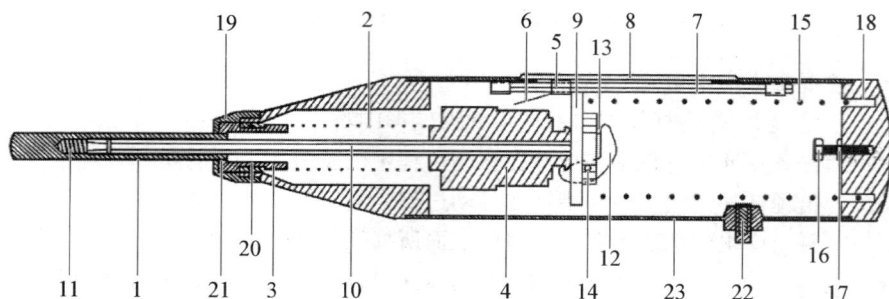

图 8-2　回弹仪的构造

1—弹击杆;2—弹击拉簧;3—拉簧座;4—弹击锤;5—指针块;6—指针片;7—指针轴;8—刻度尺;9—导向法兰;
10—中心导杆;11—缓冲压簧;12—挂钩;13—挂钩压簧;14—挂钩销子;15—压簧;16—调零螺钉;17—紧固螺母;
18—尾盖;19—盖帽;20—卡环;21—密封毡帽;22—按钮;23—外壳

仪器工作时,随着对回弹仪施压,弹击杆 1 徐徐向机壳内推进,弹击拉簧 2 被拉伸,使连接弹击拉簧的弹击锤 4 获得恒定的冲击能量 e,当仪器在水平状态工作时,其冲击能量 e 可由式(8-2)计算,其能量大小为 2.207 J(标准规定弹击拉簧的刚度为 785.0N/m),单击拉簧工作时的拉伸长度为 0.075 m。如图 8-3、图 8-4 所示。

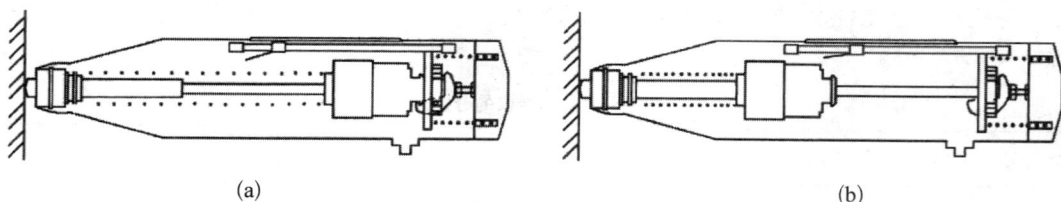

| (a) | (b) |

图 8-3　弹击状态

(a) 弹击锤脱钩前的状态　(b) 弹击锤脱钩后的状态

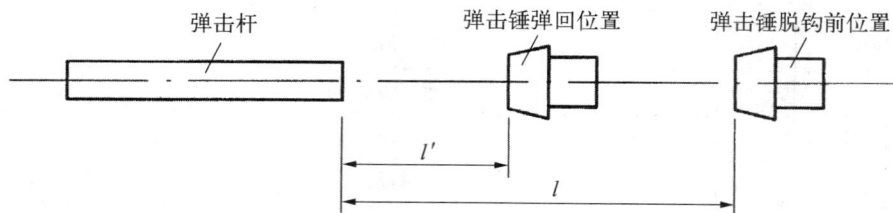

图 8-4　回弹位置

当挂钩 12 与调零螺钉 16 互相挤压时,弹击锤脱钩,于是弹击锤的冲击面与弹击杆的后端平面相碰撞,此时弹击锤释放出来的能量借助弹击杆传递给混凝土构件,混凝土弹性反应的能量又通过弹击杆传递给弹击锤,使弹击锤获得回弹的能量向后弹回,计算弹击锤回弹的距离 x 和弹击锤脱钩前距弹击杆后端平面的距离 l 之比,即得回弹值 R,它由仪器外壳上的刻度尺 8 示出。

2) 中型回弹仪的技术要求

(1) 水平弹击时,弹击锤脱钩的瞬间,中型回弹仪的标称能量应为 2.207 J。

（2）弹击锤与弹击杆碰撞的瞬间，弹击拉簧应处于自由状态，此时弹击锤起跳点应相应于指针指示刻度尺上的"0"处。

（3）在洛式硬度 HRC 为 60 ± 2 的钢砧上，回弹仪的率定值应为 80 ± 2。

（4）数字式回弹仪应带有指针直读示值系统，数字显示的回弹值与指针直读示值相差应不超过 1。

（5）回弹仪使用时的环境温度应为 $-4\sim40℃$。

3）回弹仪的率定方法

回弹仪在工程检测前后，应在钢砧上做率定试验，并应符合下述要求。率定试验宜在干燥、室温为 $5\sim35℃$ 的条件下进行。率定时，钢砧应稳固地平放在刚度大的物体上。测定回弹值时，取连续向下弹击 3 次稳定回弹值的平均值。弹击杆应分 4 次旋转，每次旋转宜为 $90°$。弹击杆每旋转一次的率定平均值应为 80 ± 2，率定回弹仪的钢砧每两年应校准一次。

4）回弹仪的检定

回弹仪具有下列情况之一时，应由法定部门按照国家现行标准《回弹仪检定规程》（JJG 817 - 2011）对回弹仪进行检定。

（1）新回弹仪启用前。

（2）超过检定有效期限。

（3）数字式回弹仪显示的回弹值与指针直读示值相差大于 1。

（4）经保养后，在钢砧上率定值不合格。

（5）遭受严重撞击或其他损害。

5）回弹仪的保养方法

当回弹仪的弹击次数超过 2 000 次，或者对检测值有怀疑以及在钢砧上的率定值不合格时，应对回弹仪进行保养。常规保养应符合下列规定：

（1）先将弹击锤脱钩后取出机芯，然后卸下弹击杆，取出里面的缓冲压簧，并取出弹击锤、弹击拉簧和拉簧座。

（2）清洗机芯各零部件，重点清洗中心导杆、弹击锤和弹击杆的内孔和冲击面，清洗后应在中心导杆上薄薄涂抹钟表油，其他零部件不得抹油。

（3）应清理机壳内壁，卸下刻度尺，并应检查指针，其摩擦力应为 $0.5\sim0.8$ N。

（4）对数字式回弹仪，还应按产品要求进行维护。

（5）保养时，不得旋转尾盖上已定位紧固的调零螺丝，不得自制或更换零部件。

（6）保养后应对回弹仪进行率定试验。

回弹仪使用完毕后，应使弹击杆伸出机壳，清除弹击杆、杆前端球面以及刻度尺表面和外壳上的污垢、尘土。回弹仪不用时，应将弹击杆压入仪器内，经弹击后方可按下按钮锁住机芯，将回弹仪装入仪器箱，平放在干燥阴凉处。数字回弹仪长期不用时，应取出电池。

3. 回弹法测强曲线

我国地域辽阔、各地区材料、生产工艺及气候等均有差异，影响混凝土的抗压强度 f_{cu} 与回弹值 R 的因素非常广泛，如水泥品种、粗骨料和细骨料的外加剂、混凝土的成型方法、养护方法、环境湿度、混凝土碳化及龄期等。回弹法测定混凝土的抗压强度，是建立在混凝土的抗压强度与回弹值之间具有一定的相关性的基础上的，这种相关性可用 $f_{cu}-R$ 曲线（或公式）来表示，通常称之为测强曲线。在我国，回弹法测强曲线分为全国统一测强曲线、地区曲线和专用曲线 3 种，以方便测试，提高测试精度，充分考虑各地区的材料差异。3 种曲线制定的技术条件及使用范围如表

8-2 所示。

表 8-2 回弹法测强相关曲线

测 点 号	位　　置	到 0 号桥台距离/m	高程/m
18	12 号墩顶桥面	344	10.024 7
19	13 号墩顶桥面	360	10.037 2
20	14 号墩顶桥面	376	10.024 0
21	15 号桥台顶桥面	392	10.029 4

对于未碳化混凝土或在一定条件下成型养护的混凝土,可用回归方程表示:

$$f_{cu}^c = f(R) \tag{8-7}$$

式中:f_{cu}^c——回弹法测区混凝土强度值。

对于已经碳化的混凝土或龄期较长的混凝土,可由下列函数关系表示:

$$f_{cu}^c = f(R, d) \tag{8-8}$$

$$f_{cu}^c = f(R, d, t) \tag{8-9}$$

式中:d——混凝土的碳化深度;

t——混凝土的龄期。

如果定量测出已硬化的混凝土构件的含水率,可以采用下列函数式:

$$f_{cu}^c = f(R, d, t, W) \tag{8-10}$$

式中:W——混凝土的含水率。

目前我国应用最广泛的是式(8-8),即采用回弹值和碳化深度两个指标来推定混凝土强度。

4. 检测方法

正常情况下,混凝土强度的检验与评定应按现行国家标准《混凝土结构工程施工质量验收规范》(GB 50204-2015)及《混凝土强度检验评定标准》(GB/T 50107-2010)执行。当出现标准养护试件或同条件试件数量不足或未按规定制作试件时,或所制作的标准试件或同条件试件与所成型的构件在材料用量、配合比、水灰比等方面有较大差异,已不能代表构件的混凝土质量时,亦或标准试件或同条件试件的试压结果不符合现行标准、规范规定的对结构或构件的强度合格要求,并且对该结果持有怀疑时,即当结构中混凝土实际强度有检测要求时,可以考虑依据《回弹法检测混凝土抗压强度技术规程》(JGJ/T 23-2011),采用回弹法来检测,检测结果可作为评价混凝土质量的一个依据,其一般检测步骤如下。

1)收集基本技术资料

收集的基本技术资料包括:

(1)工程名称及设计、施工、监理(或监督)和建设单位名称。

(2)结构或构件名称、外形尺寸、数量及混凝土强度等级。

(3)水泥品种、强度等级、安定性、厂名;砂石种类、粒径;外加剂或掺和料品种、掺量;混凝土配合比等。

(4)施工时材料计量情况,模板、浇筑、养护情况及成型日期等。

（5）必要的设计图纸和施工记录。

（6）检测原因。

2）确定抽样数量及适用范围

结构或构件混凝土强度检测可采用下列两种方式,其适用范围及结构或构件数量应符合下列规定。

（1）单个检测:适用于单个结构或构件的检测。

（2）批量检测:适用于在相同的生产工艺条件下,混凝土强度等级相同,原材料、配合比、成型工艺、养护条件基本一致且龄期相近的同类结构或构件的检测。按批进行检测的构件,抽检数量不得少于同批构件总数的 30%,且构件数量不得少于 10 件。抽检构件时,应随机抽取并使所选构件具有代表性。当检验批构件数量大于 30 个时,抽样构件数量可适当调整,并不得少于国家现行有关标准规定的最少抽样数量。

3）选择符合下列规定的测区

（1）对一般构件,测区数不宜少于 10 个,当受检构件数量大于 30 个且不需提供单个构件推定强度,或构件某一方向尺寸不大于 4.5 m 且另一方向尺寸不大于 0.3 m 时,其测区数量可适当减少,但不应少于 5 个。

（2）相邻两测区的间距不应大于 2 m,测区离构件端部或施工缝边缘的距离不宜大于 0.5 m,且不宜小于 0.2 m。

（3）测区宜选在使回弹仪处于水平方向检测的混凝土浇筑侧面。

（4）测区宜选在构件的两个对称可测面上,当不能布置在对称可测面上时,也可布置在一个可测面上,且应均匀分布。在构件的重要部位及薄弱部位应布置测区,并应避开预埋件。

（5）测区的面积不宜大于 0.04 m^2。

（6）检测面应为原状混凝土表面,并应清洁、平整,不应有疏松层、浮浆、油垢、涂层以及蜂窝、麻面。

（7）对弹击时产生颤动的薄壁、小型构件应进行固定,使之有足够的约束力,否则会使检测结果偏小。

（8）结构或构件的测区应标有清晰的编号,必要时应在记录纸上描述测区布置示意图和外观质量。

4）回弹值测量

（1）回弹仪的操作:将弹击杆顶住混凝土的表面,轻压仪器,松开按钮,弹击杆徐徐伸出。使仪器对混凝土表面缓慢均匀施压,待弹击锤脱钩冲击弹击杆后即回弹,带动指针向后移动并停留在某一位置上,即为回弹值。继续顶住混凝土表面并在读取和记录回弹值后,逐渐对仪器减压,使弹击杆从仪器内伸出,重复进行上述操作,即可测得被测构件或结构的回弹值。操作中注意仪器的轴线应始终垂直于混凝土构件的检测面,缓慢施压,准确读数,快速复位。

（2）测点宜在测区范围内均匀分布,相邻两测点的净距不宜小于 20 mm;测点距外露钢筋、预埋件的距离不宜小于 30 mm。测点不应在气孔或外露石子上,同一测点只应弹击一次。每一测区应记取 16 个回弹值,每一测点的回弹值读数应精确至 1。

5）碳化深度值测量

（1）回弹值测量完毕后,应在有代表性的位置上测量碳化深度值,测点数不应少于构件测区数的 30%,取其平均值为该构件每测区的碳化深度值。当碳化深度值大于 2.0 mm 时,应在每一测区测量碳化深度值。

（2）碳化深度值测量方法：采用适当的工具在测区表面形成直径约 15 mm 的孔洞，其深度应大于混凝土的预估碳化深度。孔洞中的粉末和碎屑应除净，并不得用水擦洗。同时，采用浓度为 1‰～2‰的酚酞酒精溶液滴在孔洞内壁的边缘处，当已碳化与未碳化界线清楚时，再用深度测量工具测量已碳化与未碳化混凝土交界面到混凝土表面的垂直距离，测量 3 次，读数精确至 0.25 mm，取其平均值作为检测结果，精确至 0.5 mm。

6）泵送混凝土检测

检测泵送混凝土强度时，测区应选在混凝土浇筑侧面。

5. 回弹值计算和测区混凝土强度的确定

（1）计算测区平均回弹值，应从该测区的 16 个回弹值中剔除 3 个最大值和 3 个最小值，余下的 10 个回弹值按下式计算：

$$R_m = \frac{\sum_{i=1}^{n} R_i}{10} \tag{8-11}$$

式中：R_m ——测区平均回弹值，精确至 0.1；

R_i ——第 i 个测点的回弹值。

（2）非水平方向检测混凝土浇筑侧面时，应按下式修正：

$$R_m = R_{ma} + R_{a\alpha} \tag{8-12}$$

式中：R_{ma} ——非水平状态检测时测区的平均回弹值，精确至 0.1；

$R_{a\alpha}$ ——非水平状态检测时回弹值的修正值，可由表 8-3 查取。

表 8-3　非水平状态检测时回弹值的修正值

检测角度 R_{ma}	向 上				向 下			
	90°	60°	45°	30°	−30°	−45°	−60°	−90°
20	−6.0	−5.0	−4.0	−3.0	+2.5	+3.0	+3.5	+4.0
21	−5.9	−4.9	−4.0	−3.0	+2.5	+3.0	+3.5	+4.0
22	−5.8	−4.8	−3.9	−2.9	+2.4	+2.9	+3.4	+3.9
23	−5.7	−4.7	−3.9	−2.9	+2.4	+2.9	+3.4	+3.9
24	−5.6	−4.6	−3.8	−2.8	+2.3	+2.8	+3.3	+3.8
25	−5.5	−4.5	−3.8	−2.8	+2.3	+2.8	+3.3	+3.8
26	−5.4	−4.4	−3.7	−2.7	+2.2	+2.7	+3.2	+3.7
27	−5.3	−4.3	−3.7	−2.7	+2.2	+2.7	+3.2	+3.7
28	−5.2	−4.2	−3.6	−2.6	+2.1	+2.6	+3.1	+3.6
29	−5.1	−4.1	−3.6	−2.6	+2.1	+2.6	+3.1	+3.6
30	−5.0	−4.0	−3.5	−2.5	+2.0	+2.5	+3.0	+3.5
31	−4.9	−4.0	−3.5	−2.5	+2.0	+2.5	+3.0	+3.5
32	−4.8	−3.9	−3.4	−2.4	+1.9	+2.4	+2.9	+3.4
33	−4.7	−3.9	−3.4	−2.4	+1.9	+2.4	+2.9	+3.4
34	−4.6	−3.8	−3.3	−2.3	+1.8	+2.3	+2.8	+3.3
35	−4.5	−3.8	−3.3	−2.3	+1.8	+2.3	+2.8	+3.3
36	−4.4	−3.7	−3.2	−2.2	+1.7	+2.2	+2.7	+3.2
37	−4.3	−3.7	−3.2	−2.2	+1.7	+2.2	+2.7	+3.2

检测角度	向	上			向	下		
R_{ma}	90°	60°	45°	30°	−30°	−45°	−60°	−90°
38	−4.2	−3.6	−3.1	−2.1	+1.6	+2.1	+2.6	+3.1
39	−4.1	−3.6	−3.1	−2.1	+1.6	+2.1	+2.6	+3.1
40	−4.0	−3.5	−3.0	−2.0	+1.5	+2.0	+2.5	+3.0
41	−4.0	−3.5	−3.0	−2.0	+1.5	+2.0	+2.5	+3.0
42	−3.9	−3.4	−2.9	−1.9	+1.4	+1.9	+2.4	+2.9
43	−3.9	−3.4	−2.9	−1.9	+1.4	+1.9	+2.4	+2.9
44	−3.8	−3.3	−2.8	−1.8	+1.3	+1.8	+2.3	+2.8
45	−3.8	−3.3	−2.8	−1.8	+1.3	+1.8	+2.3	+2.8
46	−3.7	−3.2	−2.7	−1.7	+1.2	+1.7	+2.2	+2.7
47	−3.7	−3.2	−2.7	−1.7	+1.2	+1.7	+2.2	+2.7
48	−3.6	−3.1	−2.6	−1.6	+1.1	+1.6	+2.1	+2.6
49	−3.6	−3.1	−2.6	−1.6	+1.1	+1.6	+2.1	+2.6
50	−3.5	−3.0	−2.5	−1.5	+1.0	+1.5	+2.0	+2.5

注：(1) R_{ma} 小于 20 或大于 50 时，均分别按 20 或 50 查表。
　　(2) 表中未列入的相应于 R_{ma} 的修正值 $R_{a\alpha}$，可用内插法求得，精确至 0.1。

(3) 水平方向检测混凝土浇筑顶面或底面时，应按下列公式修正：

$$R_m = R_m^l + R_a^t \qquad (8-13)$$

$$R_m = R_m^b + R_a^b \qquad (8-14)$$

式中：R_m^l、R_m^b——分别为水平方向检测混凝土浇筑表面、底面时，测区的平均回弹值，精确至 0.1；

$\qquad R_a^t$、R_a^b——分别为混凝土浇筑表面、底面回弹值的修正值，应由表 8-4 查取。

表 8-4　不同浇筑面回弹值的修正值

R_m^l 或 R_m^b	表面修正值 (R_a^t)	底面修正值 (R_a^b)	R_m^l 或 R_m^b	表面修正值 (R_a^t)	底面修正值 (R_a^b)
20	+2.5	−3.0	33	+1.2	−1.7
21	+2.4	−2.9	34	+1.1	−1.6
22	+2.3	−2.8	35	+1.0	−1.5
23	+2.2	−2.7	36	+0.9	−1.4
24	+2.1	−2.6	37	+0.8	−1.3
25	+2.0	−2.5	38	+0.7	−1.2
26	+1.9	−2.4	39	+0.6	−1.1
27	+1.8	−2.3	40	+0.5	−1.0
28	+1.7	−2.2	41	+0.4	−0.9
29	+1.6	−2.1	42	+0.3	−0.8
30	+1.5	−2.0	43	+0.2	−0.7
31	+1.4	−1.9	44	+0.1	−0.6
32	+1.3	−1.8	45	0	−0.5

（续表）

R_m^l 或 R_m^b	表面修正值（R_a^t）	底面修正值（R_a^b）	R_m^l 或 R_m^b	表面修正值（R_a^t）	底面修正值（R_a^b）
46	0	−0.4	49	0	−0.1
47	0	−0.3	50	0	0
48	0	−0.2			

注：（1）R_m^l、R_m^b 小于 20 或大于 50 时，均分别按 20 或 50 查表。

（2）表中有关混凝土浇筑表面的修正系数，是指一般原浆抹面的修正值。

（3）表中有关混凝土浇筑底面的修正系数，是指构件底面与侧面采用同一类模板在正常浇筑情况下的修正值。

（4）表中未列入的相应于 R_m^l 或 R_m^b 的 R_a^t 或 R_a^b 值，可用内插法求得，精确至 0.1。

当检测时回弹仪为非水平方向且测试面为非混凝土的浇筑侧面时，应先对回弹值进行角度修正，再对修正后的值进行浇筑面修正。

（4）测区混凝土强度值的确定。

结构或构件第 i 个测区混凝土强度的换算值，根据每一测区的回弹平均值及碳化深度值，查阅统一测强曲线［即《回弹法检测混凝土抗压强度技术规程》(JGJ/T 23 - 2011)］得出，当有地区测强曲线或专用测强曲线时，混凝土强度换算值应按地区测强曲线或专用测强曲线换算得出。表中未列入的测区强度值可用内插法求得。对于泵送混凝土要注意规程中的有关规定。

6. 混凝土强度计算

（1）结构或构件测区混凝土强度的平均值可根据各测区混凝土强度的换算值计算。当测区数为 10 个及以上时，应计算强度标准差。平均值及标准差应按下列公式计算：

$$m_{f_\mathrm{cu}^\mathrm{c}} = \frac{\sum\limits_{i=1}^{n} f_{\mathrm{cu},i}^\mathrm{c}}{n} \tag{8-15}$$

$$s_{f_\mathrm{cu}^\mathrm{c}} = \sqrt{\frac{\sum (f_{\mathrm{cu},i}^\mathrm{c})^2 - n\,(m_{f_\mathrm{cu}^\mathrm{c}})^2}{n-1}} \tag{8-16}$$

式中：$m_{f_\mathrm{cu}^\mathrm{c}}$——结构或构件测区混凝土强度换算值的平均值（MPa），精确至 0.1 MPa；

$\quad n$——对单个检测的构件，取一个构件的测区数；对批量检测的构件，取所有被抽检构件的测区数之和；

$\quad s_{f_\mathrm{cu}^\mathrm{c}}$——结构或构件测区混凝土强度换算值的标准差（MPa），精确至 0.01 MPa。

（2）结构或构件混凝土强度推定值（$f_\mathrm{cu,e}$）应按下列公式确定：

① 当该结构或构件测区数少于 10 个时

$$f_\mathrm{cu,e} = f_\mathrm{cu,min}^\mathrm{c} \tag{8-17}$$

式中：$f_\mathrm{cu,min}^\mathrm{c}$——构件中最小的测区混凝土强度换算值。

② 当该结构或构件测区强度值中出现小于 10.0 MPa 的值时

$$f_\mathrm{cu,min}^\mathrm{c} < 10 \text{ MPa} \tag{8-18}$$

③ 当该结构或构件测区数不少于 10 个时，应按下式计算：

$$f_\mathrm{cu,e} = m_{f_\mathrm{cu}^\mathrm{c}} - 1.645 s_{f_\mathrm{cu}^\mathrm{c}} \tag{8-19}$$

④ 当批量检测时,应按下式计算:

$$f_{\text{cu, e}} = m_{f_{\text{cu}}} - k s_{f_{\text{cu}}} \tag{8-20}$$

式中:k——推定系数,宜取 1.645,当需要推定强度区间时,可按国家现行有关标准的规定取值。

构件的混凝土强度推定值是指,相应于强度换算值总体分布中保证率不低于 95% 的构件混凝土抗压强度值。

⑤ 对按批量检测的构件,当该构件混凝土强度标准差出现下列情况之一时,则该批构件应全部按单个构件检测:

a. 该批构件混凝土强度平均值小于 25 MPa 且 $S_{f_{\text{cu}}} > 5.5$ MPa。

b. 该批构件混凝土强度平均值不小于 25 MPa 且不大于 60 MPa,$s_{f_{\text{cu}}} > 5.5$ MPa。

7. 回弹法测强的误差范围和减小误差的方法

回弹法测强的影响因素比较多,如水泥品种、粗集料品种、成型方法、模板种类、养护方法、湿度、保护层厚度、混凝土龄期、测试时的大气温度、测试技术等均有不同程度的影响。估计回弹法的测强误差时,一般采用在试验室内通过试块测试制定测强相关曲线,然后按试验值进行最小二乘法回归分析得到标准差及离散系数,作为测定误差,或以验证性实测试验误差作为测定误差。表 8-5 为部分国家的回弹法标准中,按这一估计方法所列出的回弹法测强误差范围。然而,结构混凝土强度的检测误差与试块混凝土强度的检测误差之间的差异,尚待进一步研究。

表 8-5　部分国家回弹法标准中的强度测定误差

国　家	误差/%	条　　件
英国	$\pm15\sim\pm25$	龄期 3 个月以内,校准曲线法
苏联	$>\pm15$	保证率 95%,校准曲线法
罗马尼亚	$\pm25\sim\pm35$	保证率 90%,已知配合比,有试块复核影响系数法
国际建议（ISO）	$>\pm15$	龄期 14~16 天,只有 1~2 个影响因素的变化,条件明确,校准曲线法
	$>\pm25$	条件同上,已知影响因素很少,校准曲线法

减小误差的方法是:可采用同条件试块或钻取混凝土芯样对测区混凝土换算值进行修正,试块或钻取芯样数目不应少于 6 个,钻取芯样时每个部位应钻取一个。测区混凝土强度修正量以及强度换算值按下列规定修正和计算。

(1) 修正量应按下列公式计算:

$$\Delta_{\text{tot}} = f_{\text{cor, m}} - f_{\text{cu, m0}}^{\text{c}} \tag{8-21}$$

$$\Delta_{\text{tot}} = f_{\text{cu, m}} - f_{\text{cu, m0}}^{\text{c}} \tag{8-22}$$

$$f_{\text{cor, m}} = \frac{1}{n}\sum_{i=1}^{n} f_{\text{cor, }i} \tag{8-23}$$

$$f_{\text{cu, m}} = \frac{1}{n}\sum_{i=1}^{n} f_{\text{cu, }i} \tag{8-24}$$

$$f_{\text{cu, m0}}^{\text{c}} = \frac{1}{n}\sum_{i=1}^{n} f_{\text{cu, }i}^{\text{c}} \tag{8-25}$$

式中：Δ_{tot} ——测区混凝土强度修正量（MPa），精确到 0.1 MPa；

$f_{cor, m}$ ——芯样试件混凝土强度平均值（MPa），精确到 0.1 MPa；

$f_{cu, m}$ ——150 mm 同条件立方体试块混凝土强度平均值（MPa），精确到 0.1 MPa；

$f_{cu, m0}^{c}$ ——对应于钻芯部位或同条件立方体试块回弹测区混凝土强度换算值的平均值（MPa），精确到 0.1 MPa；

$f_{cor, i}$ ——第 i 个混凝土芯样试件的抗压强度；

$f_{cu, i}$ ——第 i 个混凝土立方体试块的抗压强度；

$f_{cu, i}^{c}$ ——对应于第 i 个芯样部位或同条件立方体试块测区回弹值和碳化深度值的混凝土强度换算值，可按规程 JGJ/T 23‑2011 附录 A 或附录 B 取值；

n ——芯样或试块数量。

（2）测区混凝土强度换算值的修正应按下式计算：

$$f_{cu, i1}^{c} = f_{cu, i0}^{c} + \Delta_{tot} \qquad (8-26)$$

式中：$f_{cu, i0}^{c}$ ——第 i 个测区修正前的混凝土强度换算值（MPa），精确到 0.1 MPa；

$f_{cu, i1}^{c}$ ——第 i 个测区修正后的混凝土强度换算值（MPa），精确到 0.1 MPa。

8. 注意问题

（1）回弹法测强的误差比较大，因此对比较重要的构件或结构物必须慎重使用。

（2）符合下列条件的非泵送混凝土才能采用全国统一测强曲线进行测区混凝土强度换算。

① 混凝土采用的材料、拌和用水符合现行国家有关标准。

② 不掺外加剂或仅掺非引气型外加剂。

③ 采用普通成型工艺。

④ 采用符合现行国家标准《混凝土结构工程施工质量验收规范》（GB 50204‑2015）规定的钢模、木模及其他材料制作的模板。

⑤ 自然养护或蒸气养护出池后经自然养护 7 天以上，且混凝土表层为干燥状态。

⑥ 龄期为 14～1 000 天。

⑦ 抗压强度为 10～60 MPa。

（3）当有下列情况之一时，测区混凝土强度值不得按全国统一测强曲线进行测区混凝土强度换算，可制定专用测强曲线或通过试验进行修正，专用测强曲线的制定方法参考《回弹法检测混凝土抗压强度技术规程》（JGJ/T 23‑2011）。

① 粗集料最大粒径大于 60 mm。

② 特种成型工艺制作的混凝土。

③ 检测部位曲率半径小于 250 mm。

④ 潮湿或浸水混凝土。

（4）当构件混凝土抗压强度大于 60 MPa 时，可采用标准能量大于 2.207 J 的混凝土回弹仪，并应另行制订检测方法及专用测强曲线进行检测。

（5）批量检测的条件是：在相同的生产工艺条件下，混凝土强度等级相同，原材料、配合比、成型工艺、养护条件基本一致且龄期相近的同类结构或构件。按批进行检测的构件，抽检数量不得少于同批构件总数的 30%，且构件数量不得少于 10 件。抽检构件时，应随机抽取并使所选构件具有代表性。

三、超声回弹综合法检测结构混凝土强度

1. 概述

波动是自然界中普遍存在的一种物质运动形式,机械振动在物体中的传播即为机械波。当机械波的频率在人耳可闻的范围内(20～20 000 Hz)时,称为可闻声波,低于此范围的称为次声波,而超过 20 000 Hz 的称为超声波。超声波用于非破损检测,就是以其为媒介,获得物体内部信息的一种方法。目前超声波检测方法已应用于医疗诊断、钢材探访、混凝土检测的许多领域。混凝土超声波检测是混凝土非破损检测技术中的一个重要方面,其应用主要有两个方面,一是推定混凝土强度,二是测定混凝土内部缺陷。20 世纪 50 年代,我国开始研究这项技术,在 60 年代初即应用于工程检测,发展极为迅速,目前已应用于建筑、水电、铁道等各类工程的检测;从单一测强发展到测裂缝、测缺陷的全面检测等。随着计算机广泛应用于超声检测技术、仪器设备的发展,混凝土超声检测逐步实现了数据处理、分析自动化,提高了检测技术的准确性和可靠性,将在土木工程中发挥更大作用。

目前混凝土超声检测主要是采用穿透法,其基本原理是用一发射换能器重复发射一定频率的超声脉冲波,让超声波在所检测的混凝土中传播,然后由接收换能器将信号传递给超声仪,由超声仪测量接收到的超声波的波速、振幅、频率和波形等波动参数与所测混凝土的力学参数,如弹性模量、泊松比、剪切模量以及内部应力分布状态有直接的关系,也与混凝土内部缺陷,如断裂面、孔洞大小及形状的分部有关。可见,超声波在混凝土中传播时,携带了有关混凝土的材料性能、内部结构及其组成的信息,准确测定这些声学参数的大小及其变化,可以推断混凝土的强度和内部缺陷等情况。

超声仪是超声检测的基本装置。它的作用是产生重复的电脉冲去激励发射换能器,发射换能器发射的超声波在混凝土中传播后被接收换能器接收,并转换成电信号放大后显示在示波屏上。超声仪除了产生、接收、显示超声波外,还具有量测超声波有关参数的作用,如声传播时间、接受波振幅、频率等。超声仪可分为非金属超声波检测仪和金属超声波检测仪两大类。

应用超声波检测混凝土性能时,需要将电信号转换成发射探头的机械振动,再向被测介质发送超声波。常用换能器按波形不同分为纵波换能器与横波换能器,分别用于纵波与横波的测量。目前,一般检测中所用的多是纵波换能器,其中又分为平面换能器、径向换能器以及一发多收换能器。在混凝土超声波检测中,应根据结构的尺寸及检测目的来选择换能器。平面换能器用于一般结构的表面对测和平测。由于超声波在混凝土中衰减较大,为了使其传播距离较远,混凝土超声波检测时多使用频率在 200 kHz 以下的低频超声波。要使从换能器发出的超声波进入被测体,还必须解决换能器与测体之间声耦合的问题。采用平面换能器时,由于被测混凝土表面粗糙不平,不论压得多紧,在换能器与被测对象之间仍会有空气夹层存在。由于固体与空气的特性阻抗相差悬殊,当超声波由换能器传播到空气夹层时,超声能量绝大部分被反射而难以进入混凝土。对于接受换能器来说,情况也一样。为此,需要在换能器与混凝土之间加上耦合剂。耦合剂一般是液体或膏体,它们充填二者之间时,排掉了空气,形成耦合剂层,这样就会使大部分超声波进入混凝土。平面换能器的耦合剂一般采用膏体,如黄油、凡士林等。采用径向换能器在测试孔测量时,通常用水做耦合剂。一般钻好孔后,应进行孔的冲洗,然后注满水,将径向换能器置于孔中即可观测。注意孔中水应尽量不含悬浮物(如泥浆、砂等),因为悬浮物对超声波有较强的散射衰竭,影响振幅的测量。

2. 混凝土主要声学参数

目前在混凝土超声检测中常用的声学参数为声速、波形及振幅和频率。

1）声速

声速即超声波在混凝土中传播的速度。它是混凝土超声检测中一个主要参数。混凝土的声速与混凝土弹性性质有关，也与混凝土内部结构有关。一般来说，弹性模量越高，密实性越好，声速也越高。同时混凝土的强度与它的弹性模量和孔隙率有密切关系，因此，对于同种材料与配合比的混凝土，强度越高，声速也越高。当混凝土内部有缺陷时，则该处混凝土的声速将比正常部位低，如当超声波穿过裂缝传播时，所测得的声速将比无裂缝处的声速有所降低。

2）波形

波形是指在示波屏上显示的接收波波形，当超声波在传播过程中碰到混凝土内部缺陷、裂缝或异物时，由于超声波的绕射、反射和传播路径的复杂化，直达波、反射波和绕射波相继到达接收换能器，它们的频率和相位各不相同。这些波的叠加有时会使波形畸变。因此，对接收波波形的分析研究，有助于对混凝土内部质量及缺陷的判断。

3）频率和振幅

在超声检测中，由电脉冲激发出的声脉冲信号是复频超声脉冲波，它包含了一系列不同成分的余弦波分量。这种含有各种频率成分的超声波在传播过程中，高频成分首先衰减。因此，可以把混凝土看作是一种类似高频滤波器的介质，超声波越往前传播，其所包含的高频分量越少，则主频率也逐渐下降。主频率下降的量值除与传播距离有关外，主要取决于混凝土本身的性质和内部是否存在缺陷等。因此，测量超声波通过混凝土后频率的变化可以判断混凝土质量和内部缺陷裂缝等情况。

接收波振幅通常指首波，即第一个波前半周的幅值，接收波振幅值反映了接收到的声波的强弱。对于内部有缺陷或裂缝的混凝土，由于缺陷使超声波反射或绕射，振幅也将明显减小。因此，振幅值也是判断混凝土缺陷的重要指标。

由于接收波主频率和振幅值的大小不仅取决于被测混凝土的性质和内部情况，还取决于仪器设备性能、设备状态、耦合状态以及测距的大小，所以很难有统一的度量标准，目前只是作为同条件下对比用。

3. 超声回弹综合法测强的影响因素

超声波检测混凝土的强度的基本依据是超声波传播速度与混凝土弹性性质有密切关系，而混凝土弹性性质与其力学强度存在内在联系，因此，在实际检测中，可以建立超声声速与混凝土抗压强度相关关系并借以推定混凝土的强度。超声测强以混凝土立方体试块 28 天龄期抗压强度为基准，通过大量试验研究原材料品种规格、配合比、施工工艺等因素对超声检测参数的影响，建立超声测强的经验公式，这样，通过测量超声波声速便可得出混凝土的抗压强度。目前，国内外按统计方法建立的相关曲线基本上采用以下非线性的数学表达式：

$$f_{cu} = A e^{Be}$$

式中：f_{cu}——混凝土抗压强度；

A、B——经验系数。

混凝土强度的综合法检测，就是采用两种或两种以上的单一方法或参数（力学的、物理的或声学的）联合检测混凝土强度的方法。由于综合法比单一法测试误差小，适用范围广，因此在混凝土的质量控制与检测中的应用越来越多。目前已被采用的综合法有超声回弹综合法、超声钻芯综合法、超声衰减综合法等,最常用的测试方法是超声回弹综合法。

超声回弹综合法是指采用超声仪和回弹仪,在结构混凝土同一测区分别测量声时值和回弹值,然后利用已建立起来的测强公式推算该测区混凝土强度的一种方法。与单一的回弹法或超声法相比,综合法具有以下特点:

(1)减少混凝土龄期和含水率的影响。混凝土的龄期和含水率对超声波声速和回弹值的影响有着本质的不同:混凝土含水率越大,超声声速偏高而回弹值偏低,混凝土龄期长,超声声速的增长率下降,而回弹值则因混凝土碳化程度增大而提高。因此,二者综合起来测定混凝土强度就可以部分减少龄期和含水率的影响。

(2)可以弥补相互间的不足。一个物理参数只能从某一方面、在一定范围内反映混凝土的力学性能,超过一定范围,它可能不很敏感或不起作用。例如,回弹值 R 主要以表层的弹性性能来反映混凝土强度,当构件截面尺寸较大或内外质量有较大差异时,就很难反映混凝土的实际强度。超声声速主要反映材料的弹性性质,同时,由于超声波穿过材料,因而也反映材料内部的信息,但对于强度较高的混凝土(一般认为大于 35 MPa),其 $f_{cu}-v$ 相关性较差。因此,采用回弹法和超声法综合测定混凝土强度,既可内外结合,又能在较低或较高的强度区间弥补各自的不足,能够较准确地反映混凝土强度。

(3)提高测试精度。由于综合法能减少一些因素的影响程度,较全面地反映整体混凝土质量,所以对提高无损检测混凝土强度的精度,具有明显的效果。

1)影响因素

超声回弹综合法测定混凝土强度的影响因素,比单一的超声法或回弹法要小。现将各影响因素及其修正方法汇总列于表 8-6 中。

表 8-6　超声回弹综合法的影响因素

因　素	实验验证范围	影响程度	修 正 方 法
水泥品种及用量	普通水泥,矿渣水泥,粉煤灰水泥 250~450 kg/m³	不显著	不修正
细骨料品种及砂率	山砂,特细砂,中砂;28%~40%	不显著	不修正
粗骨料品种及用量	卵石,碎石,骨灰比为 1:4.6~1:5.5	显著	必须修正或制订不同的测强曲线
粗骨料粒径	0.6~2 cm, 0.6~3.2 cm, 0.6~4 cm	不显著	>4 cm 应修正
外加剂	木钙减水剂,硫酸钠,三乙醇胺	不显著	不修正
碳化深度		不显著	不修正
含水率		有影响	尽可能干燥状态
测试面	浇筑侧面与浇筑上表面混凝土及地面比较	有影响	对 v、R 分别进行修正

2)测强曲线

用混凝土试块的抗压强度与非破损参数之间建立起来的关系曲线即为测强曲线。对超声回弹综合法来说,即先对试块进行超声测试,然后进行回弹测试。当取得超声声速值 v、回弹值 R 和混凝土强度值 f_{cu} 之后,选择相应的数学模型来拟合它们之间的关系。综合法测强曲线按其适用范围分为以下 3 类。

(1)统一测强曲线(全国曲线)。统一测强曲线的建立是以全国许多地区曲线为基础,经过大量的分析研究和计算汇总而成。该曲线以全国经常使用的有代表性的混凝土原材料、成型养护工艺和龄期为基本条件,适用于无地区测强曲线和专用测强曲线的单位,对全国大多数地区来说,具有一定的现场适应性,因此使用范围广,但精度稍差。

(2)地区(部门)测强曲线。地区(部门)测强曲线是以本地区或本部门通常使用的有代表性的混凝土原材料、成型养护工艺和龄期作为基本条件,制作相当数量的试块进行试验建立的测强曲线。这类曲线适用于无专用测强曲线的工程测试,充分反映了我国地域辽阔、各地材料差别较大的特点,因此,对本地区或本部门来说,其现场适应性和测试精度均优于统一测强曲线。

(3)专用测强曲线。专用测强曲线是以某个具体工程为对象,采用与被测工程相同的原材料、配合比、成型养护工艺和龄期,制作一定数量的试块,通过非破损和破损试验建立的测强曲线。这类曲线针对性较强,测试精度较地区(部门)测强曲线高。

4.检测方法

1)超声法的仪器设备

超声脉冲检测技术用于结构混凝土的检测起源于 20 世纪 40 年代末。目前工程中应用的主要是智能型超声仪,其基本工作原理和总体组成如图 8-5 所示,主要由计算机(主机)、高压发射系统、程控放大系统、数据采集及传输系统、电源系统五大部分组成。其工作原理为:高压发射电路在主机控制下,产生高压脉冲,通过发射换能器转换为声波信号并传入被测介质,接收换能器接收通过被测介质的声波信号并转换为电信号,受主机控制的程控放大系统对接收的电信号作自动增益调整达到设定状态,经数据采集系统转换为数字信号,并将其高速送入主机系统,然后在主机系统控制下进行波形显示、声参量的判读和存储,或者对所存储的声参量进行分析处理等。

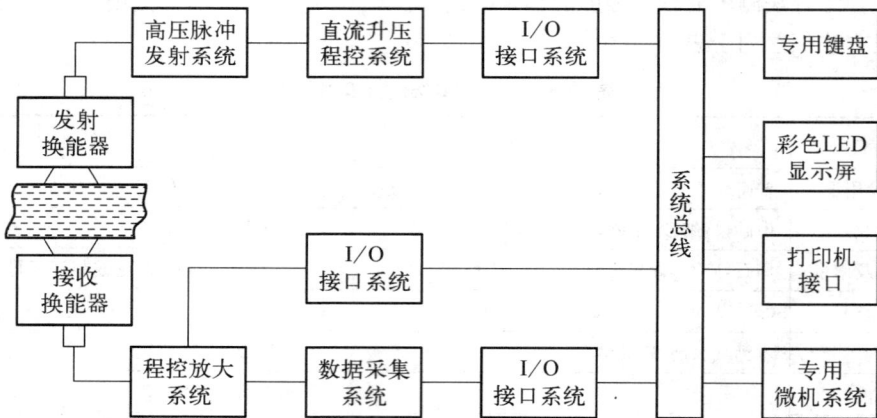

图 8-5 超声波仪总体组成

2)设备要求

超声回弹综合法检测混凝土强度技术,实质上就是超声法和回弹法两种单一测强的综合测试,有关回弹仪技术要求、检测方法及规定与前述基本相同,超声波仪器技术要求、检测方法及规定如下。

(1)一般规定:

① 所采用的混凝土超声检测仪应通过技术鉴定,必须具有产品合格证和检定证。

② 用于混凝土的超声波检测仪可分为两类,一类是模拟式,接收的信号为连续模拟量,可由时域波形信号测读声学参数;一类是数字式,接收的信号转化为离散数字量,具有采集、储存数字信号、测读声学参数和对数字信号处理的智能化功能。

③ 所采用的超声波检测仪应符合现行行业标准《混凝土超声波检测仪》（JG/T 5004 - 1992）的要求，并在计量检定有效期内使用。

④ 超声波检测仪应满足下列要求：具有波形清晰、显示稳定的示波装置；声时最小分度值为0.1；具有最小分度值为 1 dB 的信号幅度调整系数；接收放大器频响范围 10～500 kHz，总增益不小于 80 dB，接收灵敏度（信噪比 3∶1 时）不大于 50 μV；电源电压波动范围在标称值±10%情况下能正常工作；连续正常工作时间不少于 4 h。

⑤ 模拟式超声波检测仪还应满足下列要求：具有手动游标和自动整形两种声时测读功能；数字显示稳定，声时调节在 20～30 μs 范围内，连续静置 1 h 数字变化不超过±0.2 μs。

⑥ 数字式超声波检测仪还应满足下列要求：具有采集、储存数字信号并进行数据处理的功能；具有手动游标测读和自动测读两种方式，当自动测读时，在同一测试条件下，1 h 内每 5 min 测读一次声时值的差异不超过±0.2 μs，自动测读时，在显示器的接收波形上，应有光标指示声时的测读位置。

⑦ 超声波检测仪器使用时，环境温度应为 0～40℃。

（2）换能器技术要求：

① 换能器的工作频率宜在 50～100 kHz 范围内。

② 换能器的实测主频与标称频率相差不应超过±10%。

（3）校准和保养：

① 超声波检测仪的声时计量检验：

a. 空气中声速的测试步骤是：取常用平面换能器一对，接于超声波仪器上，开机预热 10 min，在空气中将两个换能器的辐射面对准，依次改变两个换能器辐射面之间的距离（如 50 mm、60 mm、70 mm、80 mm 等），在首波幅度一致的条件下，读取各间距所对应的声时值 t_1、t_2、t_3、…、t_n。同时测量空气温度 T_k，精确至 0.5℃。

测量时应注意下列事项：两个换能器辐射面的轴线始终保持在同一直线上；换能器辐射面间距的测量误差不应超过±1%，且测量精度为 0.5 mm；换能器辐射面宜悬空相对放置；若置于地板或桌面上，必须在换能器下面垫以吸声材料。

b. 空气中声速计算值

$$v_k = 331.4\sqrt{1 + 0.003\,67 T_k} \qquad (8 - 27)$$

式中：331.4——0℃时空气的声速值（m/s）；

v_k——温度为 T_k 时空气中声速计算值（m/s）；

T_k——测试时空气的温度（℃）。

c. 实测空气中声速可采用下列两种方法之一：

以换能器辐射面间距为纵坐标，声时读数为横坐标，将各组数据点绘在直角坐标图上。穿越各点形成一直线，算出该直线的斜率，即为空气中声速实测值。

以各测点的测距 l 和对应的声时 t 求回归直线方程 $l = a + bt$。回归系数 b 便是空气中声速实测值。

d. 误差计算。空气中声速值 v_k 与空气中声速实测值 v' 之间的相对误差 e_r，可按式（8 - 28）计算：

$$e_r = \frac{v_k - v'}{v_k} \times 100\% \qquad (8 - 28)$$

e_r 值不应超过 $\pm 0.5\%$，否则，应检查仪器各部位的连接处，重测或更换超声检测仪。

② 检测时，应根据测量需要在仪器上配置合适的换能器和高频缆线，并测定声时初读数 t_0。检测过程中如更换换能器或高频电缆线，应重新测定 t_0。

③ 超声波检测仪应定期保养。

5. 测区回弹值和声速值的测量及计算

1）一般规定

（1）测试前宜具备下列资料：

① 工程名称和设计、施工、建设、委托单位名称。

② 结构或构件名称、施工图纸和混凝土设计强度等级。

③ 水泥的品种、强度等级和用量，砂石的品种、粒径，外加剂或掺和料的品种、掺量和混凝土配合比等。

④ 模板类型，混凝土浇筑、养护情况和成型日期。

⑤ 结构或构件检测原因的说明。

（2）检测数量应符合下列规定：

① 按单个构件检测时，应在构件上均匀布置测区，每个构件上测区数量不应少于 10 个。

② 同批构件检测时，构件抽样数不应少于同批构件的 30%，且不应少于 10 件；对一般施工质量和结构功能的检测，可按照现行国家标准《建筑结构检测技术标准》（GB/T 50344-2004）的规定抽样。

③ 对某一方向尺寸不大于 4.5 m 且另一方向尺寸不大于 0.3 m 的构件，其测区数量可适当减少，但不应少于 5 个。

（3）按批抽样检测时，符合下列条件的构件可作为同批构件：

① 混凝土设计强度等级相同。

② 混凝土原材料、配合比、成型工艺、养护条件和龄期基本相同。

③ 构件种类相同。

④ 施工阶段所处状态基本相同。

（4）构件的测区布置宜满足下列规定：

① 在条件允许时，测区宜优先布置在构件混凝土浇筑方向的侧面。

② 测区可在构件的两个对应面、相邻面或同一面上布置。

③ 测区宜均匀布置，相邻两测区的间距不宜大于 2 m。

④ 测区应避开钢筋密集区和预埋件。

⑤ 测区尺寸宜为 200 mm×200 mm；采用平测时宜为 400 mm×400 mm。

⑥ 测试面应清洁、平整、干燥，不应有接缝、施工缝、饰面层、浮浆和油垢，并应避开蜂窝、麻面部位。必要时，可用砂轮片清除杂物和打磨平整，并擦净残留粉尘。

（5）对结构或构件上的测区编号，并记录测区位置和外观质量情况。

（6）对结构或构件的每一测区，应先进行回弹测试，后进行超声测试。

（7）计算混凝土抗压强度换算值时，非同一测区的回弹值和声速值不得混用。

2）计算

回弹测试及回弹值计算前文已详细讲解，这里讲解超声测试及声速值计算。

（1）超声测点应布置在回弹测试的同一测区内，每一测区布置 3 个测点。超声测试宜优先采用对测或角测，当被测构件不具备对测或角测条件时，可采用单面平测，具体如下：

① 超声波角测方法。

a. 当结构或构件被测部位只有两个相邻表面可供检测时,可采用角测方法测量混凝土中的声速。每个测区布置 3 个测点,换能器布置如图 8 - 6 所示。

b. 布置超声角测点时,换能器中心与构件边缘的距离 l_1、l_2 不宜小于 200 m。

c. 角测时超声测距应按下列公式计算:

$$l_i = \sqrt{l_{1i}^2 + l_{2i}^2} \qquad (8-29a)$$

式中:l_i——角测第 i 个测点换能器的超声测距(mm);

　　　　l_{1i}、l_{2i}——角测第 i 个测点换能器与构件边缘的距离(mm)。

d. 角测时,混凝土中声速代表值应按下列公式计算:

$$v = \frac{1}{3} \sum_{i=1}^{3} \frac{l_i}{t_i - t_0} \qquad (8-29b)$$

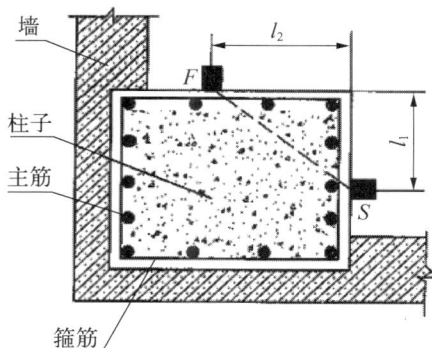

图 8 - 6　超声波

式中:v——角测时混凝土中声速代表值(km/s);

　　　　t_i——角测第 i 个测点的声时读数(μs);

　　　　t_0——声时初读数(μs)。

② 超声波平测方法。

a. 当结构或构件被测部位只有一个表面可供检测时,可采用平测方法测量混凝土中声速。每个测区布置 3 个测点。换能器布置如图 8 - 7 所示。

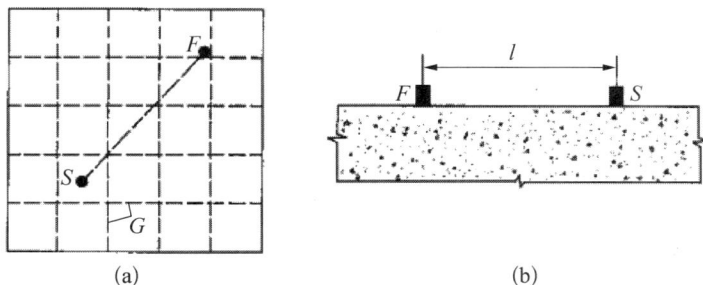

图 8 - 7　超声波平测示意

(a) 平面图　(b) 立面图

b. 布置超声平测点时,宜使发射和接收换能器的连线与附近钢筋轴线成 40°～50°,超声测距 50°宜采用 350～450 mm。

c. 宜采用同一构件的对测声速 v_d 与平测声速离 v_p 之比求得修正系数 $\lambda(\lambda = v_d/v_p)$,对平测声速进行修正。

d. 当被测结构或构件不具备对测与平测的对比条件时,宜选取有代表性的部位,以测距 $l = 200\ mm$、250 mm、300 mm、350 mm、400 mm、450 mm、500 mm,逐点测读相应声值 t,用回归分析方法求出直线方程 $l = a + bt$。以回归系数 b 代替对测声速 v_d,再按规定对各平测声速进行修正。

e. 平测时,修正后混凝土中的声速代表值应按下式计算:

$$v_a = \frac{\lambda}{3} \sum_{i=1}^{3} \frac{l_i}{t_i - t_0} \tag{8-30a}$$

式中：v_a——修正后平测时混凝土中的声速代表值(km/s)；

$\quad\quad l_i$——平测第 i 个测点的超声测距(mm)；

$\quad\quad t_i$——平测第 i 个测点的声时读数(μs)；

$\quad\quad \lambda$——平测声速修正系数。

f. 平测声速可采用直线方程 $l = a + bt$，根据混凝土浇筑的顶面或底面平测数据求得，修正后混凝土中声速代表值应按下式计算：

$$v = \frac{\lambda\beta}{3} \sum_{i=1}^{3} \frac{l_i}{t_i - t_0} \tag{8-30b}$$

式中：β——超声测试面的声速修正系数，顶面平测 $\beta = 1.05$，底面平测 $\beta = 0.95$。

（2）超声测试时，换能器发射面应通过耦合剂与混凝土测试面良好耦合。

（3）声时测量应精确至 $0.1~\mu$s，超声测距测量应精确至 1.0 mm，且测量误差不应超过 $\pm 1\%$。声速计算应精确至 0.01 km/s。

（4）当在混凝土浇筑方向的侧面对测时，测区混凝土中声速代表值应根据该测区中 3 个测点的混凝土声速值，按下式计算：

$$v = \frac{1}{3} \sum_{i=1}^{3} \frac{l_i}{t_i - t_0} \tag{8-31}$$

式中：v——测区混凝土中的声速代表值(km/s)；

$\quad\quad l_i$——第 i 个测点的超声测距(mm)，角测时测距按式(8-30a)计算；

$\quad\quad t_i$——第 i 个测点的声时读数(μs)；

$\quad\quad t_0$——声时初读数(μs)。

（5）当在混凝土浇筑的顶面或底面测试时，测区声速代表值应按下式修正：

$$v_a = \beta \cdot v \tag{8-32}$$

式中：v_a——修正后测区混凝土中的声速代表值(km/s)；

$\quad\quad \beta$——超声测试面的声速修正系数，在混凝土浇筑的顶面和底面对测或斜测时，$\beta = 1.034$；在混凝土浇筑的顶面或底面平测时，测区混凝土中声速代表值应按式(8-30)中相关规定进行修正。

3）结构混凝土强度推定

（1）超声回弹法强度换算方法适用范围：

① 混凝土用水泥应符合现行国家标准《通用硅酸盐水泥》(GB 175-2007)的要求。

② 混凝土用砂、石集料应符合现行行业标准《普通混凝土用砂、石质量及检验方法标准》(JGJ 52-2006)的要求。

③ 可掺或不掺矿物掺和料、外加剂、粉煤灰、泵送剂。

④ 人工或一般机械搅拌的混凝土或泵送混凝土。

⑤ 自然养护。

⑥ 龄期 7~2 000 天。

⑦ 混凝土强度 10～70 MPa。

（2）结构或构件中第 i 个测区的混凝土抗压强度换算值，可按式（8-11）或式（8-12）和式（8-29）、式（8-30）求得修正后的测区回弹代表值 R_{ai} 和声速代表值 v_{ai} 后，优先采用专用测强曲线或地区测强曲线换算而得。专用测强曲线或地区测强曲线应按《超声回弹综合法检测混凝土强度技术规程》（CECS 02-2005）的规定制定，并经工程质量监督主管部门组织审定和批准实施，专用或地区测强曲线的抗压强度相对误差 e_r，应按下式计算：

$$e_r = \sqrt{\frac{\sum_{i=1}^{n} \left[\frac{f_{cu,i}^0}{f_{cu,i}^c} - 1 \right]^2}{n}} \times 100\% \qquad (8-33)$$

式中：e_r——相对误差；

　　　$f_{cu,i}^0$——第 i 个立方体试件的抗压强度实测值（MPa）；

　　　$f_{cu,i}^c$——第 i 个立方体试件的抗压强度换算值（MPa）。

其中专用测强曲线相对误差 $e_r \leqslant 12\%$，地区测强曲线相对误差 $e_r \leqslant 14\%$。

（3）当无专用和地区测强曲线时，按综合法测定混凝土强度曲线的验证方法即，《超声回弹综合法检测混凝土强度技术规程》（CECS 02-2005）相关内容，通过验证后，可按规程规定的全国统一测区混凝土抗压强度换算表换算，也可按下列全国统一测区混凝土抗压强度换算公式计算。

① 当粗集料为卵石时：

$$f_{cu,i}^c = 0.005\ 6 v_{ai}^{1.439} R_{ai}^{1.769} \qquad (8-34a)$$

② 当粗集料为碎石时：

$$f_{cu,i}^c = 0.016 v_{ai}^{1.656} R_{ai}^{1.410} \qquad (8-34b)$$

式中：$f_{cu,i}^c$——结构或构件第 i 个测区混凝土抗压强度换算值（MPa），精确至 0.1 MPa。

（4）当结构或构件中的测区数不少于 10 个时，各测区混凝土抗压强度换算值的平均值和标准差应按下式计算：

$$m_{f_{cu}} = \frac{1}{n} \sum_{i=1}^{n} f_{cu,i}^c \qquad (8-35a)$$

$$s_{f_{cu}} = \sqrt{\frac{\sum_{i=1}^{n} (f_{cu,i}^c)^2 - n (m_{f_{cu,i}})^2}{n-1}} \qquad (8-35b)$$

式中：$f_{cu,i}^c$——结构或构件第 i 个测区的混凝土抗压强度换算值（MPa）；

　　　$m_{f_{cu,i}}$——结构或构件测区混凝土抗压强度换算值的平均值（MPa），精确到 0.01 MPa；

　　　$s_{f_{cu}}$——结构或构件测区混凝土抗压强度换算值的标准差（MPa），精确到 0.01 MPa；

　　　n——测区数，对单个检测的构件，取一个构件的测区数，对批量检测的构件，取被抽检构件测区数的总和。

（5）当结构或构件所采用的材料及其龄期与制定测强曲线所采用的材料及其龄期有较大差异时，应采用同条件立方体试件，试件数量不应少于 4 个，或对结构或构件测区中钻取的混凝土芯样试件的抗压强度进行修正，钻芯取样数量不应少于 6 个。此时，采用式（8-35a）及式（8-35b）计算测区混凝土抗压强度换算值应乘以下列修正系数 η。

① 采用同条件立方体试件修正时：

$$\eta = \frac{1}{n} \cdot \sum_{i=1}^{n} \frac{f_{cu,i}^{0}}{f_{cu,i}^{c}} \qquad (8-36a)$$

② 采用混凝土芯样试件修正时：

$$\eta = \frac{1}{n} \cdot \sum_{i=1}^{n} \frac{f_{cor,i}^{0}}{f_{cu,i}^{c}} \qquad (8-36b)$$

式中：η——修正系数，精确至小数点后两位；

$f_{cu,i}^{c}$——对应于第 i 个立方体试件或芯样试件的混凝土抗压强度换算值（MPa），精确至 0.1 MPa；

$f_{cu,i}^{0}$——第 i 个混凝土立方体试件（边长 150 mm）的抗压强度实测值（MPa），精确至 0.1 MPa；

$f_{cor,i}^{0}$——第 i 个混凝土芯样试件（100 mm×100 mm）的抗压强度实测值（MPa），精确至 0.1 MPa；

n——试件数。

（6）结构或构件混凝土抗压强度推定值 $f_{cu,e}$，应按下列规定确定：

① 当结构或构件的测区抗压强度换算值中出现小于 10.0 MPa 的值时，该构件的混凝土抗压强度推定值 $f_{cu,e}$ 应小于 10 MPa。

② 当结构或构件中测区少于 10 个时：

$$f_{cu,e} = f_{cu,min}^{c} \qquad (8-37a)$$

式中：$f_{cu,min}^{c}$——结构或构件最小的测区混凝土抗压强度换算值（MPa），精确至 0.1 MPa。

③ 当结构或构件中测区数不少于 10 个或按批量检测时：

$$f_{cu,e} = m_{f_{cu,min}} - 1.645 s_{f_{cu}} \qquad (8-37b)$$

（7）对按批量检测的构件，当一批构件的测区混凝土抗压强度标准差出现下列情况之一时，该批构件应全部按单个构件进行强度推定：

① 一批构件的混凝土抗压强度平均值 $m_{f_{cu}} < 250$ MPa，标准差 $s_{f_{cu}} > 4.50$ MPa。

② 一批构件的混凝土抗压强度平均值 $m_{f_{cu}} = 25.0 \sim 50.0$ MPa，标准差 $s_{f_{cu}} > 5.00$ MPa。

③ 一批构件的混凝土抗压强度平均值 $m_{f_{cu}} > 50$ MPa，标准差 $s_{f_{cu}} > 6.50$ MPa。

四、钻芯法检测结构混凝土强度

钻芯法检测混凝土强度是从混凝土结构物中钻取芯样来测定混凝土的抗压强度，是一种直观准确的方法。用钻芯法还可以检测混凝土的裂缝、接缝、分层、孔洞或离析等缺陷，具有直观、精度高等特点，因而广泛应用于土木工程中混凝土结构或构筑物的质量检测。

1. 适用情况

（1）对试块抗压强度的测试结果有怀疑时。

（2）因材料、施工或养护不良而发生混凝土质量问题时。

（3）混凝土遭受冻害、火灾、化学侵蚀或其他损害时。

（4）需检测经多年使用的建筑结构或构筑物中混凝土强度时。

2. 钻取芯样

1）钻前准备资料

（1）工程名称（或代号）及设计、施工、建设单位名称。

（2）结构或构件种类，外形尺寸及数量。

（3）设计采用的混凝土强度等级。

（4）成型日期，原材料（水泥品种、粗集料粒径等）和混凝土试块抗压强度试验报告。

（5）结构或构件质量状况和施工中存在问题的记录。

（6）有关的结构设计图和施工图等。

2）钻取芯样部位

（1）结构或构件受力较小的部位。

（2）混凝土强度质量具有代表性的部位。

（3）便于钻芯机安放与操作的部位。

（4）避开主筋、预埋件和管线的位置，并尽量避开其他钢筋。

3. 芯样要求

1）芯样数量

芯样试件的数量应根据检测批的容量确定。标准芯样试件的最小样本量不宜少于15个，小直径芯样试件的最小样本量应适当增加。芯样应从检测批的结构构件中随机抽取，每个芯样应取自一个构件或结构的局部部位，且取芯位置应符合上文提到的要求。

2）芯样直径

抗压试验的芯样试件宜使用标准芯样试件，其公称直径不宜小于集料最大粒径的3倍；也可采用小直径芯样试件，但其公称直径不应小于70 mm，且不得小于集料最大粒径的2倍。

3）芯样高度

芯样抗压试件的高度和直径之比（H/d）宜为1.00。

4）芯样外观检查

每个芯样应详细描述有关裂缝、分层、麻面或离析等情况，并估计集料的最大粒径、形状种类及粗细集料的比例与级配，检查并记录存在气孔的位置、尺寸与分布情况，必要时应进行拍照。

5）芯样测量

在试验前应按下列规定测量芯样试件的尺寸：

（1）平均直径用游标卡尺在芯样试件中部相互垂直的两个位置上测量，取测量的算术平均值作为芯样试件的直径，精确至0.5 mm。

（2）芯样试件高度用钢卷尺或钢板尺进行测量，精确至1 mm。

（3）垂直度用游标量角器测量芯样试件两个端面与母线的夹角，精确到0.10°。

（4）平整度用钢板尺或角尺紧靠在芯样试件端面上，一面转动钢板尺，一面用塞尺测量钢板尺与芯样试件端面之间的缝隙，也可采用其他专用设备量测。

6）芯样端面处理方法

锯切后的芯样应进行端面处理，宜采取在磨平机上磨平端面的处理方法。承受轴向压力芯样试件的端面，也可采取下列处理方法：

（1）用环氧胶泥或聚合物水泥砂浆补平。

(2) 抗压强度低于 40 MPa 的芯样试件,可采用水泥砂浆、水泥净浆或聚合物水泥砂浆补平,补平层厚度不宜大于 5 mm;也可采用硫黄胶泥补平,补平层厚度不宜大于 1.5 mm。

7) 芯样试件内不宜含有钢筋。当不能满足此项要求时,抗压试件应符合下列要求:

(1) 标准芯样试件,每个试件内最多只允许有 2 根直径小于 10 mm 的钢筋。

(2) 公称直径小于 100 mm 的芯样试件,每个试件内最多只允许有一根直径小于 10 mm 的钢筋。

(3) 芯样内的钢筋应与芯样试件的轴线基本垂直并离开端面 10 mm 以上。

8) 芯样试件尺寸偏差及外观质量超过下列数值时,相应的测试数据无效

(1) 芯样试件的实际高径比(H/d)小于要求高径比的 95% 或大于 105%。

(2) 沿芯样试件高度的任一直径与平均直径相差大于 2 mm。

(3) 抗压芯样试件端面的不平整度在 100 mm 长度内大于 0.1 mm。

(4) 芯样试件端面与轴线的不垂直度大于 1°。

(5) 芯样有裂缝或有其他较大缺陷。

4. 抗压强度试验

(1) 芯样试件宜在与被检测结构或构件混凝土湿度基本一致的条件下进行抗压试验。如结构工作条件比较干燥,芯样试件应以自然干燥状态进行试验;如结构工作条件比较潮湿,芯样试件应以潮湿状态进行试验。

(2) 按自然干燥状态进行试验时,芯样试件在受压前应在室内自然干燥 3 天,按潮湿状态进行试验时,芯样试件应在 20℃±5℃ 的清水中浸泡 40～48 h,从水中取出后应立即进行抗压试验。

5. 芯样强度计算

芯样试件的混凝土强度换算值,应按下式计算:

$$f_{cu,cor} = \frac{F_c}{A} \tag{8-38}$$

式中：$f_{cu,cor}$——芯样试件混凝土强度换算值(MPa);

F_c——芯样试件抗压试验测得的最大压力(N);

A——芯样试件抗压截面面积(mm^2)。

6. 钻芯确定混凝土强度推定值

1) 检测批混凝土强度推定值的确定

(1) 确定检测批的混凝土强度推定值应计算推定区间,推定区间的上限值和下限值按下式计算:

上限值 $$f_{cu,e1} = f_{cu,cor,m} - k_1 s_{cor} \tag{8-39a}$$

下限值 $$f_{cu,e2} = f_{cu,cor,m} - k_2 s_{cor} \tag{8-39b}$$

平均值 $$f_{cu,cor,m} = \frac{\sum_{i=1}^{n} f_{cu,cor,i}}{n} \tag{8-39c}$$

标准差 $$s_{cor} = \sqrt{\frac{\sum_{i=1}^{n}(f_{cu,cor,i} - f_{cu,cor,m})^2}{n-1}} \tag{8-39d}$$

式中：$f_{cu, cor, m}$——芯样试件的混凝土抗压强度平均值（MPa），精确至 0.1 MPa；

$\qquad f_{cu, cor, i}$——单个芯样试件的混凝土抗压强度值（MPa），精确至 0.1 MPa；

$\qquad f_{cu, e1}$——混凝土抗压强度推定上限值（MPa），精确至 0.1 MPa；

$\qquad f_{cu, e2}$——混凝土抗压强度推定下限值（MPa），精确至 0.1 MPa；

$\qquad k_1$、k_2——推定区间上限值系数和下限值系数，按表 8-7 查得；

$\qquad s_{cor}$——芯样试件抗压强度样本的标准差（MPa），精确至 0.1 MPa。

在置信度 0.85 条件下，试件数与上限值系数、下限值系数的关系如表 8-7 所示。

表 8-7 上、下限值系数

试件数 n	k_1 (0.10)	k_2 (0.05)	试件数 n	k_1 (0.10)	k_2 (0.05)
15	1.222	2.566	37	1.360	2.149
16	1.234	2.524	38	1.363	2.141
17	1.244	2.486	39	1.366	2.133
18	1.254	2.453	40	1.369	2.125
19	1.263	2.423	41	1.372	2.118
20	1.271	2.396	42	1.375	2.111
21	1.279	2.371	43	1.378	2.105
22	1.286	2.349	44	1.381	2.098
23	1.293	2.328	45	1.383	2.092
24	1.300	2.309	46	1.386	2.086
25	1.306	2.292	47	1.389	2.081
26	1.311	2.275	48	1.391	2.075
27	1.317	2.260	49	1.393	2.070
28	1.322	2.246	50	1.396	2.065
29	1.327	2.232	60	1.415	2.022
30	1.332	2.220	70	1.431	1.990
31	1.336	2.208	80	1.444	1.964
32	1.341	2.197	90	1.454	1.944
33	1.345	2.189	100	1.463	1.927
34	1.349	2.176	110	1.471	1.912
35	1.352	2.167	120	1.478	1.899
36	1.356	2.158	—	—	—

（2）$f_{cu, e1}$ 和 $f_{cu, e2}$ 所构成推定区间的置信度宜为 0.85，$f_{cu, e1}$ 与 $f_{cu, e2}$ 之间的差值不宜大于 5.0 MPa 和 $0.10 f_{cu, cor, m}$ 两者的较大值。

（3）宜以 $f_{cu, e1}$ 作为检测批混凝土强度的推定值。

（4）钻芯确定检测批混凝土强度推定值时，可剔除芯样试件抗压强度样本中的异常值。剔除规则应按现行国家标准《数据的统计处理和解释 正态样本离群值的判断和处理》（GB/T 4883 - 2008）的规定执行。当确有试验依据时，可对芯样试件抗压强度样本的标准差 s_{cor} 进行符合实际情况的修正或调整。

2）单个构件混凝土强度推定值的确定

（1）钻芯确定单个构件的混凝土强度推定值时，有效芯样试件的数量不应少于 3 个；对于较小构件，有效芯样试件的数量不得少于 2 个。

（2）单个构件的混凝土强度推定值不再进行数据的舍弃，而应按有效芯样试件混凝土抗压强度值中的最小值确定。

7. 钻芯修正方法

（1）对间接测强方法进行钻芯修正时，宜采用修正量的方法，也可采用其他形式的修正方法。

（2）当采用修正量的方法时，芯样试件的数量和取芯位置应符合下列要求：

① 标准芯样试件的数量不应少于 6 个，小直径芯样试件数量宜适当增加。

② 芯样应从采用间接检测方法的结构构件中随机抽取。

③ 当采用的间接检测方法为无损检测方法时，钻芯位置应与间接检测方法相应的测区重合。

④ 当采用的间接检测方法对结构构件有损伤时，钻芯位置应布置在相应测区的附近。

（3）钻芯修正后的换算强度可按下式计算：

$$f_{cu, i0}^{c} = f_{cu, i}^{c} + \Delta f \tag{8-40a}$$

$$\Delta f = f_{cu, cor, m} - f_{cu, mi}^{c} \tag{8-40b}$$

式中，$f_{cu, i0}^{c}$——修正后的换算强度；

　　　$f_{cu, i}^{c}$——修正前的换算强度；

　　　Δf——修正量；

　　　$f_{cu, mi}^{c}$——所用间接检测方法对应芯样测区的换算强度的算术平均值。

（4）由钻芯修正方法确定检测批的混凝土强度推定值时，应采用修正后的样本算术平均值和标准差，并按前面规定的方法确定。

五、桥梁结构混凝土材质强度检测的评定

桥梁结构混凝土材质强度检测结果的评定，应依据桥梁结构或构件实测强度推定值或测区平均换算强度值，按式（8-41a）、式（8-41b）计算其推定强度匀质系数 K_{bt} 或平均强度匀质系数 K_{bm}，并根据其值的范围按表 8-8 确定混凝土强度评定标度。

表 8-8　桥梁混凝土强度评定标准

K_{bt}	K_{bm}	强 度 状 况	评 定 标 度
≥0.95	≥1.00	良好	1
(0.95, 0.90]	(1.00, 0.95]	较好	2
(0.90, 0.80]	(0.95, 0.90]	较差	3
(0.80, 0.70]	(0.90, 0.85]	差	4
<0.70	<0.85	危险	5

（1）推定强度匀质系数：

$$K_{bt} = \frac{R_{it}}{R} \tag{8-41a}$$

式中：R_{it}——混凝土实测强度推定值；

　　　R——混凝土极限抗压强度设计值。

（2）平均强度匀质系数：

$$K_{bm} = \frac{R_{im}}{R}$$

(8－41b)

式中：R_{im}——混凝土测区平均换算强度值。

任务 8.3　钢筋锈蚀电位的检测与判定

一、概述

钢筋混凝土结构的耐久性问题越来越引起人们的重视，而钢筋锈蚀则是影响结构耐久性的主要因素之一，随着工业污染及建筑结构的老化，钢筋锈蚀问题越来越突出，直接影响到结构的安全使用。

我们知道，钢筋锈蚀是一个电化学过程，然而电化学过程的起始与发展还取决于许多复杂的因素，一些工程技术人员往往不重视或不甚了解这些因素的作用原理与钢筋锈蚀的密切关系，甚至在设计、施工及使用过程中增加一些不利的人为因素，使结构物过早出现腐蚀问题。此外，一切防护措施，均应在全面分析和了解影响钢筋锈蚀的各种因素的基础上制订和实施，才能得到预期的效果。

本任务以硅酸盐水泥为例，介绍一下混凝土中钢筋表面钝化膜的破坏与腐蚀半电池的形成机理。

硅酸盐水泥在水化过程中产生一定的碱，方程式如下：

$Ca(OH)_2$一部分溶解于混凝土的液相中，使混凝土 pH 值在 13～14 之间，另一部分则沉淀于混凝土的微孔中，处于强碱环境中的钢筋，其表面生成致密氧化膜，使钢筋处于钝化状态，同时混凝土对钢筋也起着物理保护作用。

但是从热力学的观点来看，钢筋的钝化是不稳定的，钝化状态的保持具有一定的条件，一旦条件改变，钢筋便由钝化状态向活化状态转变。

混凝土通常具有连续贯通的毛细孔隙，起初这些毛细孔隙被水泥水化过程中所产生的自由水和固体 $Ca(OH)_2$ 所填塞，但是，暴露在空气中的混凝土随着时间的推移，会逐渐释放一部分自由水，在干燥过程中，混凝土中的水分挥发，其原来占有的孔隙空间就会被空气所填补，通常空气中包含着大量的 CO_2 和酸性气体，它们能与混凝土中的碱性成分起反应，大气中的 CO_2、SO_2、SO_3 会和混凝土中的 $Ca(OH)_2$ 反应：

这就是通常所说的混凝土碳化。混凝土碳化会使得混凝土的 pH 值降低,当 pH 值小于 11 时,混凝土中钢筋表面的致密钝化膜就被破坏,不仅如此,$CaSO_3$、$CaSO_4$ 还会与水泥水化产物中的铝酸三钙反应,生成物体积增大,从而使混凝土胀裂,这就是硫酸盐侵蚀破坏。常说的碱性集料反应又叫做碱性反应破坏机理,也与此相似。当混凝土中的碱浓度超过一定临界值后,集料中如微晶和隐晶硅等活性矿料就会起化学反应而生成一种凝胶,这种凝胶吸水会膨胀,一旦混凝土遭受水的侵蚀,就使凝胶膨胀,从而产生过高的内应力,导致混凝土胀裂,这样一来就加快了混凝土的表面剥落。

一旦钢筋表面钝化膜局部破坏或变得致密度差,即不完整,则钝化膜处就会形成阳极,而周围钝化膜完好的部位构成阴极,从而形成了若干个微电池。虽然有些微电池处于抑制状态,但在一定条件下可以激化,从而使其处于活化状态发生氧化还原反应,这样就造成钢筋的锈蚀,宏观上混凝土和握裹其中的钢筋形成半电池,而我们也正是通过检测以上所述的处于活化状态的钢筋锈蚀半电池电位来判断当下混凝土内的钢筋锈蚀活化程度。

二、半电池电位法

半电池电位法是指利用混凝土中钢筋锈蚀的电化学反应引起的电位变化来测定钢筋锈蚀状态。通过测定钢筋(混凝土)半电池电极与在混凝土表面的铜(硫酸铜)参考电极之间电位差的大小,来评定混凝土中钢筋的锈蚀活化程度。此方法主要针对半电池电位法检测混凝土中钢筋锈蚀状况的原理,规定仪器的使用方法、检测方法和判定标准的应用方法。

钢筋锈蚀状况检测范围应为主要承重构件或承重构件的主要受力部位,或根据一般检查结果有迹象表明钢筋可能存在锈蚀的部位。用于估测在用的现场和试验室硬化混凝土中无镀层钢筋的半电池电位,测试与这些钢筋的尺寸和埋在混凝土中的深度无关,可以在混凝土构件使用寿命中的任何时期使用。此方法用于检测混凝土中钢筋的锈蚀活化程度。已经干燥到绝缘状态的混凝土或已发生脱空层离的混凝土表面,测试时不能提供稳定的电回路,不适用本方法。对特殊环境,如海水浪溅区、处于盐雾中的混凝土结构等,不具有普遍适用性。

电位的测量需由有经验的、从事结构检测的工程师或相关技术专家完成并解释,除了半电池电位测试之外,还有必要使用其他数据,如氯离子含量、碳化深度、层离状况、混凝土电阻率和所处环境调查等,以掌握钢筋腐蚀情况及其对结构使用寿命可能产生的影响。

三、测量装置

1. 参考电极(半电池)

(1) 本方法参考电极为铜(硫酸铜)半电池。它由一根不与铜或硫酸铜发生化学反应的刚性有机玻璃管、一只通过毛细作用保持湿润的多孔塞、一个处在刚性管里饱和硫酸铜溶液中的紫铜棒构成,如图 8-8 所示。

(2) 铜(硫酸铜)参考电极温度系数为 0.9 mV/℃。

2. 二次仪表的技术性能要求

(1) 测量范围大于 1 V。

(2) 准确度优于 $0.50\% \pm 1$ mV。

(3) 输入电阻大于 1 010 Ω。

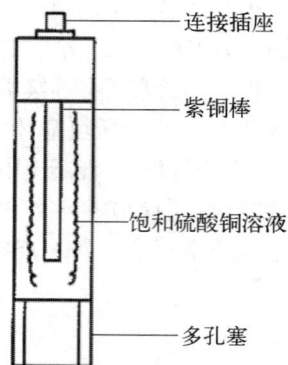

图 8-8 铜(硫酸铜)参考电极结构

连接插座
紫铜棒
饱和硫酸铜溶液
多孔塞

（4）仪器使用环境条件：环境温度 0~40℃；相对湿度≤95%。

3. 导线

导线总长不应超过 150 m，一般选择截面积大于 0.75 mm² 的导线，以使在测试回路中产生的电压降不超过 0.1 mV。

4. 接触液

为使铜（硫酸铜）电极与混凝土表面有较好的电接触，可在水中加适量的家用液态洗涤剂对被测表面进行润湿，减小接触电阻与电路电阻。

5. 使用情况

在使用接触液后仍然无法得到稳定的电位差时，应分析是否电回路的电阻过大或附近存在与桥梁连通的大地波动电流，在以上情况下，不应使用半电池电位法。

四、测试方法

1. 测区的选择与测点布置

（1）钢筋锈蚀状况检测范围应为主要承重构件或承重构件的主要受力部位，或根据一般检查结果有迹象表明钢筋可能存在锈蚀的部位。但测区不应有明显的锈蚀胀裂、脱空或层离现象。

（2）在测区上布置测试网格，网格节点为测点，网格间距可选 20 cm×20 cm、30 cm×30 cm、20 cm×10 cm 等，根据构件尺寸而定，测点位置距构件边缘应大于 5 cm，一般不宜少于 20 个测点。

（3）当一个测区内相邻测点的读数超过 150 mV 时，通常应减小测点的间距。

（4）测区应统一编号，注明位置，并描述外观情况。

2. 混凝土表面处理

用钢丝刷、砂纸打磨测区混凝土表面，去除涂料、浮浆、污迹、尘土等，并用接触液将表面润湿。

3. 二次仪表与钢筋的电连接

（1）现场检测时，铜（硫酸铜）电极一般接二次仪表的正输入端，钢筋接二次仪表的负输入端。

（2）局部打开混凝土或选择裸露的钢筋，在钢筋上钻一小孔并拧上自攻螺钉，用加压型鳄鱼夹夹住并润湿，采用如图 8-9 所示的测试系统连接，确保有良好的电连接。若在远离钢筋连接点的测区进行测量，必须用万用表检查内部钢筋的连续性，若不连续，应重新进行钢筋的连接。

（3）铜（硫酸铜）参考电极与测点的接触。测量前应预先将电极前端多孔塞充分浸湿，以保证良好的导电性，正式测读前应再次用喷雾器将混凝土表面润湿，但应注意被测表面不应存在游离水。

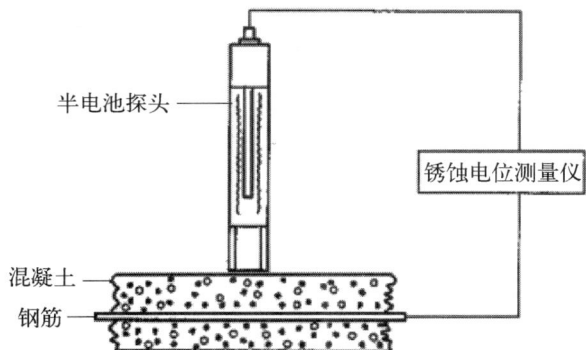

图 8-9　测试系统连接方法

4. 铜（硫酸铜）电极的准备

饱和硫酸铜溶液由硫酸铜晶体溶解在蒸馏水中制成。当有多余的未溶解硫酸铜结晶体沉积在溶液底部时，可以认为该溶液是饱和的。电极铜棒应清洁，无明显缺陷；否则，需用稀释盐酸溶液清洁铜棒，并用蒸馏水彻底冲净。硫酸铜溶液应注意更换，保持清洁，溶液应充满电极，以保证电连接。

5.测量值的采集

测点读数变动不超过 2 mV,可视为稳定。在同一测点,同一支参考电极重复测读的差异不应超过 10 mV;不同参考电极重复测读的差异不应超过 20 mV。若不符合读数稳定要求,应检查测试系统的各个环节。

五、影响测量准确度的因素及修正

混凝土含水率对测值的影响较大,测量时构件应处在自然干燥状态。为提高现场评定钢筋状态的可靠度,一般要进行现场比较性试验。现场比较性试验通常按已暴露钢筋的锈蚀程度不同,在它们的周围分别测出相应的锈蚀电位。比较这些钢筋的锈蚀程度和相应测值的对应关系,提高评判的可靠度,但不能与有明显锈蚀胀裂、脱空、层离现象的区域比较。若环境温度在 22℃±5℃ 范围之外,应对铜(硫酸铜)电极做温度修正。此外,各种外界因素产生的波动电流对测量值影响较大,特别是靠近地面的测区,应避免各种电、磁场的干扰。混凝土保护层电阻对测量值有一定影响,除测区表面处理要符合规定外,仪器的输入阻抗要符合技术要求。

六、钢筋锈蚀电位的一般判定标准

(1) 在对已处理的数据(已进行温度修正)进行判读之前,按惯例将这些数据加以负号,绘制等电位图,然后进行判读。

(2) 按照表 8-9 的规定判断混凝土中钢筋发生锈蚀的概率或钢筋正在发生锈蚀的锈蚀活化程度。

表 8-9　混凝土桥梁钢筋锈蚀电位评定标准

电位水平/mV	钢　筋　状　况	评定标度
≥-200	无锈蚀活动性或锈蚀活动性不确定	1
(-200,-300]	有锈蚀活动性,但锈蚀状态不确定,可能坑蚀	2
(-300,-400]	有锈蚀活动性,发生锈蚀概率大于90%	3
(-400,-500]	有锈蚀活动性,严重锈蚀可能性极大	4
<-500	构件存在锈蚀开裂区域	5

注:(1) 量测时,混凝土桥梁结构或构件应为自然状态。
(2) 表中电位水平为采用铜(硫酸铜)电极时的量测值。

任务 8.4　结构混凝土中氯离子含量的测定与评定

一、概述

有害物质侵入混凝土将会影响结构的耐久性。混凝土中氯离子可引起并加速钢筋的锈蚀;硫酸盐(SO_4^{2-})的侵入可使混凝土成为易碎松散状态,强度下降;碱(K^+、Na^+)的侵入在集料具有碱活性时,可能引起碱集料反应破坏。因此,在进行结构耐久性评定时,根据需要应对混凝土中 Cl^-、SO_4^{2-}、Na^+、K^+ 含量进行测定。目前,对混凝土中氯离子含量的测定方法比较成熟,已被普遍应用于现代结构中。

二、结构混凝土中氯离子含量的测定方法

(1) 比较简便的氯离子含量的测定方法有两种：试验室化学分析法和滴定条法(Quantab-strips),其中滴定条法可在现场完成氯离子含量的测定。

(2) 混凝土中的氯离子含量,在现场可按混凝土不同深度取样,测定结果需能反映氯离子在混凝土中随深度的分布,根据钢筋处混凝土氯离子含量判断引起钢筋锈蚀的危险性。

(3) 氯离子含量测定应根据构件的工作环境条件及构件本身的质量状况确定测区,测区应能代表不同工作条件及不同混凝土质量的部位,测区宜参考钢筋锈蚀电位测量结果确定。

三、取样

1. 混凝土粉末分析样品的取样部位和数量

(1) 分析样品的取样部位可参照钢筋锈蚀电位测试测区布置原则确定。

(2) 测区的数量应根据钢筋锈蚀电位检测结果以及结构的工作环境条件确定。在电位水平不同部位,工作环境条件、质量状况有明显差异的部位布置测区。

(3) 每一测区取粉的钻孔数量不宜少于 3 个,取粉孔可与碳化深度测量孔合并使用。

(4) 测区、测孔应统一编号。

2. 取样方法

(1) 使用直径 20 mm 以上的冲击钻在混凝土表面钻孔,钻孔前应先确定钢筋位置。

(2) 钻孔取粉应分层收集,一般深度间隔可取 3 mm、5 mm、10 mm、15 mm、20 mm、25 mm、50 mm 等。若需测定指定深度处的钢筋周围氯离子含量,取粉间隔可进行调整。

(3) 钻孔深度使用附在钻头侧面的标尺杆控制。

(4) 用一硬塑料管和塑料袋收集粉末,如图 8-10 所示,对每一深度应使用一个新的塑料袋收集粉末,每次采集后,钻头、硬塑料管及钻孔内都应用毛刷将残留粉末清理干净,以免不同深度的粉末混杂。

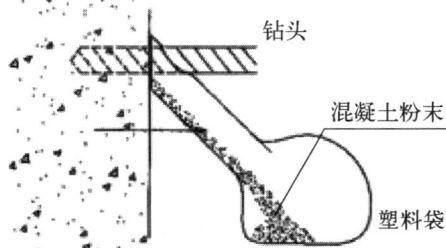

图 8-10　钻孔取混凝土粉末的方法

(5) 同一测区不同孔相同深度的粉末可收集在一个塑料袋内,质量应不少于 25 g,若不够可增加同一测区测孔数量。不同测区测孔相同深度的粉末不应混合在一起。

(6) 采集粉末后,塑料袋应立即封口保存,注明测区、测孔编号及深度。

四、滴定条法

滴定条法试验步骤如下：

(1) 将采回的样品过筛,去掉其中较大的颗粒。

(2) 将样品置于 105℃±5℃烘箱内烘 2 h 后,冷却至室温。

(3) 称取 5 g 样品粉末(准确度高于±0.1 g),放入烧杯中。

(4) 缓慢加入 50 mL(1.0 mol)HNO₃并彻底搅拌直至嘶嘶声停止。

(5) 用石蕊试纸检查溶液是否呈酸性(石蕊试纸变红),如果不呈酸性,再加入适量硝酸。

(6) 加入约 5 g 无水碳酸钠(Na_2CO_3)。

(7) 用石蕊试纸检查溶液是否呈中性(石蕊试纸不变色);否则,再加入少量无水碳酸钠直至溶液呈中性。

(8) 用过滤纸做一锥斗加入液体。

(9) 当纯净的溶液渗入锥斗后,把滴定条插入液体中。

(10) 待滴定条顶端水平黄色细条转变成蓝色,取出滴定条并顺着由上至下的方向将其擦干。

(11) 读取滴定条颜色变化处的最高值,然后,在该批滴定条表中查出对应的氯离子含量,此值是以百万分之几表示的。若分析过程取样 5 g,加硝酸 50 mL,则将查表所得的值除以 10 000 即为百分比含量。

(12) 如果使用样品质量不是 5 g 或使用过量的硝酸,则应按下式修正百分比含量:

$$氯离子百分比含量 = \frac{a \times b}{10\,000c} \tag{8-42}$$

式中：a——查表所得的值;

b——硝酸体积(mL);

c——样品质量(g)。

五、试验室化学分析法

1. 混凝土中游离氯离子含量的测定

1) 适用范围

测定硬化混凝土中砂浆的游离氯离子含量。

2) 所需化学药品

硫酸(相对密度 1.84)、酒精(95%)、硝酸银、铬酸钾、酚酞(以上均为化学纯)、氯化钠(分析纯)。

3) 试剂配制

(1) 配制浓度约 5%的铬酸钾指示剂:称取 5 g 铬酸钾溶于少量蒸馏水中,加入少量硝酸银溶液使之出现微红,摇匀后放置 12 h,过滤并移入 100 mL 容量瓶中,稀释至刻度。

(2) 配置浓度约 0.5%的酚酞溶液:称取 0.5 g 酚酞,溶于 75 mL 酒精和 25 mL 蒸馏水中。

(3) 配置稀硫酸溶液:以 1 份体积硫酸倒入 20 份蒸馏水中。

(4) 配置 0.02 N 氯化钠标准溶液:把分析纯氯化钠置于瓷坩埚中加热(以玻璃棒搅拌),一直到不再有盐的爆裂声为止。冷却后称取 1.2 g 左右(精确至 0.1 mg),用蒸馏水溶解后移入 1 000 mL 容量瓶,并稀释至刻度。氯化钠当量浓度按下式计算:

$$N = \frac{W}{58.45} \tag{8-43}$$

式中：N——氯化钠溶液的当量浓度;

W——氯化钠重(g)；

58.45——氯化钠的克当量。

(5)配置 0.02 N 硝酸银溶液(视所测的氯离子含量,也可配成浓度略高的硝酸银溶液)：称取硝酸银 3.4 g 左右溶于蒸馏水中并稀释至 1 000 mL,置于棕色瓶中保存。用移液管吸取氯化钠标准溶液 20 mL(V_1)于三角烧瓶中,加入 10～20 滴铬酸钾指示剂,用于配制的硝酸银溶液滴定至刚呈砖红色。记录所消耗的硝酸银毫升数(V_2)。

$$N_2 = \frac{N_1 V_1}{V_2} \tag{8-44}$$

式中：N_2——硝酸银溶液的当量浓度；

$\quad\quad N_1$——氯化钠标准溶液的当量浓度；

$\quad\quad V_1$——氯化钠标准溶液的毫升数；

$\quad\quad V_2$——消耗硝酸银溶液的毫升数。

4)试验步骤

(1)样品处理。取混凝土中的砂浆约 30 g,研磨至全部通过 0.63 mm 筛,然后置于 105℃±5℃烘箱中加热 2 h,取出后放入干燥器冷却至室温。称取 20 g(精确至 0.01 g),质量为 G,置于三角烧瓶中并加入 200 mL(V_3)蒸馏水,塞紧瓶塞,剧烈振荡 1～2 min,浸泡 24 h。

(2)将上述试样过滤。用移液管分别吸取滤液 20 mL(V_4),置于 2 个三角烧瓶中,各加 2 滴酚酞,使溶液呈微红色,再用稀硫酸中和至无色后,加铬酸钾指示剂 10～20 滴,立即用硝酸银溶液滴定至呈砖红色。记录所消耗的硝酸银毫升数(V_5)。

5)试验结果计算

游离氯离子含量按下式计算：

$$P = \frac{N_2 V_5 \times 0.035\,45}{G \frac{V_4}{V_3}} \times 100\% \tag{8-45}$$

式中：P——砂浆样品游离氯离子含量(%)；

$\quad\quad N_2$——硝酸银标准溶液的当量浓度；

$\quad\quad G$——砂浆样品重(g)；

$\quad\quad V_3$——浸样品的水量(mL)；

$\quad\quad V_4$——每次滴定时提取的滤液量(mL)；

$\quad\quad V_5$——每次滴定时消耗的硝酸银溶液(mL)；

$\quad\quad 0.035\,45$——氯离子的毫克当量。

2. 混凝土中氯离子总含量的测定

1)适用范围

测定混凝土中砂浆的氯离子总含量,其中包括已和水泥结合的氯离子量。

2)基本原理

用硝酸将含有氯化物的水泥全部溶解,然后在硝酸溶液中,用佛尔哈德法来测定氯化物含量。佛尔哈德法是在硝酸溶液中加入过量的 $AgNO_3$ 标准溶液,使氯离子完全沉淀在上述溶液中,用铁矾作指示剂；将过量的硝酸银用 KCNS 标准溶液滴定。滴定时 CNS^- 首先与 Ag^+ 生成白色的

AgCNS 沉淀，CNS^- 略有多余时，即与 Fe^{3+} 形成 $Fe(CNS)^{2+}$ 络离子使溶液显红色，当滴至红色能维持 5～10 s 不褪，即为终点，反应式为

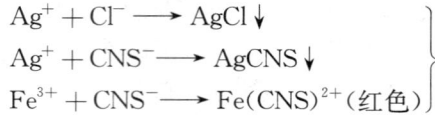

$$Ag^+ + Cl^- \longrightarrow AgCl\downarrow$$
$$Ag^+ + CNS^- \longrightarrow AgCNS\downarrow$$
$$Fe^{3+} + CNS^- \longrightarrow Fe(CNS)^{2+}（红色）$$

3）化学试剂

氯化钠、硝酸银、硫氰酸钾、硝酸、铁矾、铬酸钾（以上均为化学纯）。

4）试验步骤

（1）试剂配置：

① 0.02 N 氯化钠标准溶液的配制。

② 0.02 N 硝酸银溶液的配制与标定。

③ 6 N 硝酸溶液：取含量 65%～68% 的 25.8 mL 化学纯浓硝酸（HNO_3）置于容量瓶中，用蒸馏水稀释至刻度。

④ 10% 铁矾溶液：用 10 g 化学纯铁矾溶于 90 g 蒸馏水配成。

⑤ 0.02 N 硫氰酸钾标准溶液：用天平称取化学纯硫氰酸钾晶体约 1.95 g，溶于 100 mL 蒸馏水，充分摇匀，装在瓶内配成硫氰酸钾溶液，并用硝酸银标准溶液进行标定。将硝酸银标准溶液装入滴定管，从滴定管放出硝酸银标准溶液约 25 mL，加 6 N 硝酸 5 mL 和 10% 铁矾溶液 4 mL，然后用硫氰酸钾标准溶液滴定。滴定时，激烈摇动溶液，当滴至红色维持 5～10 s 不褪时，即为终点。

硫氰酸钾标准溶液的当量浓度按下式计算：

$$N_1 = \frac{N_2 V_2}{V_1} \tag{8-46}$$

式中：N_1——硫氰酸钾标准溶液的当量浓度；

V_1——滴定时消耗的硫氰酸钾标准溶液（mL）；

N_2——硝酸银标准溶液的当量浓度；

V_2——硝酸银标准溶液量（mL）。

（2）混凝土试样处理和氯离子测定步骤：

① 取适量的混凝土试样（约 40 g），用小锤仔细除去混凝土试样中的石子部分，保存砂浆，把砂浆研碎成粉状，置于 105℃±50℃ 烘箱中烘 2 h。取出放入干燥器内冷却至室温，用感量为 0.01 g 天平称取 10～20 g 砂浆试样倒入三角锥瓶。

② 用容量瓶盛 100 mL 稀硝酸（按体积比为浓硝酸：蒸馏水＝15：85）倒入盛有砂浆试样的三角锥瓶内，盖上瓶塞，防止蒸发。

③ 砂浆试样浸泡 24 h 左右（以水泥全部溶解为度），其间应摇动三角锥瓶，然后用滤纸过滤，除去沉淀。

④ 用移液管准确量取滤液 20 mL 两份，置于三角锥瓶，每份由滴定管加入硝酸银溶液约 20 mL（可估算氯离子含量的多少而酌量增减），分别用硫氰酸钾溶液滴定。滴定时激烈摇动溶液，当滴至红色能维持 5～10 s 不褪色时，即为终点。

注意，必要时加入 3～5 滴 10% 铁矾溶液以增加水泥含有的 Fe^{3+}。

5）试验结果计算

氯离子总含量按下式计算：

$$P = \frac{0.035\,45(NV - N_1V_1)}{\dfrac{GV_2}{V_3}} \times 100\% \qquad (8-47)$$

式中：P——砂浆样品中氯离子总含量(%)；

N——硝酸银标准溶液的当量浓度；

V——加入滤液试样中的硝酸银标准溶液(mL)；

N_1——硫氰酸钾标准溶液的当量浓度；

V_1——加入滤液试样中的硫氰酸钾标准溶液(mL)；

V_2——每次滴定时提取的滤液量(mL)；

V_3——浸样品的水量(mL)；

G——砂浆样品重(g)；

0.035 45——氯离子的毫克当量。

六、氯离子含量的评判标准

(1) 氯化物浸入混凝土可引起钢筋的锈蚀，其锈蚀危险性受到多种因素的影响，如碳化深度、混凝土含水率、混凝土质量等，因此应进行综合分析。

(2) 根据每一取样层氯离子含量的测定值，做出氯离子含量的深度分布曲线，判断氯化物是混凝土生成时已有的，还是结构使用过程中由外界渗入或浸入的。

(3) 可按表8-10的评判经验值确定混凝土中的氯离子引起钢筋锈蚀的可能性。

表8-10　混凝土中氯离子含量评定标准

氯离子含量 （占水泥含量的百分比）	诱发钢筋锈蚀的可能性	评定标度
<0.15	很小	1
[0.15，0.40)	不确定	2
[0.40，0.70)	有可能诱发钢筋锈蚀	3
[0.70，1.00)	会诱发钢筋锈蚀	4
≥1.00	钢筋锈蚀活化	5

任务 8.5　混凝土中钢筋分布及保护层厚度的检测

一、应用范围

混凝土中钢筋分布及保护层厚度的检测主要针对承重构件或承重构件的主要受力部位，或钢筋锈蚀电位测试结果表明钢筋可能锈蚀活化的部位，以及根据结构检算及其他检测需要确定的部位。在下列情况下需进行检测：

(1) 用于估测混凝土中钢筋的位置、深度和尺寸。

(2) 在无资料或其他原因需要对结构进行调查的情况下。

(3) 进行其他测试之前需要避开钢筋进行的测试。

二、检测方法及原理

(1) 检测方法：采用电磁无损检测方法确定钢筋位置，辅以现场修正确定保护层厚度，估测钢筋直径，量测值精确至毫米。

(2) 检测原理：仪器探头产生一个电磁场，当某条钢筋或其他金属物体位于这个电磁场内时，会引起这个电磁场磁力线的改变，造成局部电磁场强度的变化。电磁场强度的变化和金属物大小与探头距离存在一定的对应关系。如果把特定尺寸的钢筋和所要调查的材料进行适当标定，通过探头测量并由仪表显示出来这种对应关系，即可估测混凝土中钢筋的位置、深度和尺寸。

三、仪器技术要求

1. 检测仪器的技术要求

检测仪器一般包含探头、仪表和连接导线，仪表可进行模拟或数字的指示输出，较先进的仪表还具有图形显示功能，仪器可用电池或外接电源供电。

2. 钢筋保护层测试仪的技术要求

(1) 钢筋保护层测试仪应通过技术鉴定，必须具有产品合格证。

(2) 仪器的保护层测量范围应大于 120 mm。

(3) 仪器的准确度应满足：0～60 mm，±1 mm；60～120 mm，±3 mm；＞120 mm，±10%。

(4) 适用的钢筋直径范围应为 6～50 mm，并不少于有关钢筋直径系列规定的 12 个档次。

(5) 仪器应具有在未知保护层厚度的情况下，测量钢筋直径的功能。

(6) 仪器应能适用于温度 0～40℃、相对湿度≤85%、无强磁场干扰的环境条件。

(7) 仪器工作时应为直流供电，连续正常工作时间不小于 6 h。

四、仪器的标定

(1) 钢筋保护层测试仪使用期间的标定校准应使用专用的标定块。当测量标定块所给定保护层厚度时，测读值应在仪器说明书所给定的准确度范围之内。

(2) 标定块为一根 $\varphi16$ 的普通碳素钢筋垂直浇铸在长方体无磁性的塑料块内，钢筋距四个侧面分别为 15 mm、30 mm、60 mm、90 mm，如图 8-11 所示。

(3) 标定应在无外界磁场干扰的环境中进行。

(4) 每次试验检测前均应对仪器进行标定，若达不到应有的准确度，应送专业机构维修检验。

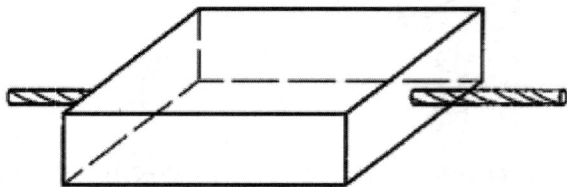

图 8-11　标定块

五、操作程序

1. 测区布置原则

（1）按单个构件检测时，应根据尺寸大小，在构件上均匀布置测区，每个构件上的测区数不应少于 3 个。

（2）对于最大尺寸大于 5 m 的构件，应适当增加测区数量。

（3）测区应均匀分布，相邻两测区的间距不宜小于 2 m。

（4）测区表面应清洁、平整，避开接缝、蜂窝、麻面、预埋件等部位。

（5）测区应注明编号，并记录测区位置和外观情况。

（6）测点数量及要求：构件上每一测区应不少于 10 个测点；测点间距应小于保护层测试仪传感器长度。

（7）对某一类构件的检测，可采取抽样的方法，抽样数不少于同类构件数的 30%，且不少于 3 件，每个构件测区布置按单个构件要求进行。

（8）对结构整体的检测，可先按构件类型分类，再按类型进行检测。

2. 测量步骤

（1）测试前应了解有关图纸资料，以确定钢筋的种类和直径。

（2）进行保护层厚度测读前，应先在测区内确定钢筋的位置与走向，做法如下：

① 将保护层测试仪传感器在构件表面平行移动，当仪器显示值为最小时，传感器正下方即是所测钢筋的位置。

② 找到钢筋位置后，将传感器在原处左右转动一定角度，仪器显示最小值时传感器长轴线的方向即为钢筋的走向。

③ 在构件测区表面画出钢筋位置与走向。

（3）保护层厚度的测读。

① 将传感器置于钢筋所在位置正上方，并左右稍稍移动，读取仪器显示的最小值，即为该处保护层厚度。

② 每一测点宜读取 2~3 次稳定读数，取其平均值，精确至 1 mm。

③ 应避免在钢筋交叉位置进行测量。

（4）对于缺少资料、无法确定钢筋直径的构件，应首先测量钢筋直径。对钢筋直径的测量宜采用测读 5~10 次、剔除异常数据、求其平均值的方法。

六、影响测量准确度的因素及修正

1. 影响测量准确度的因素

（1）应避免外加磁场的影响。

（2）混凝土若具有磁性，测量值需加以修正。

（3）钢筋品种对测量值有一定影响，主要是高强钢筋，需加以修正。

（4）布筋状况、钢筋间距影响测量值，当 $D/S < 3$ 时需修正测量值，D 为钢筋净间距（mm），即钢筋边缘至边缘的间距；S 为保护层厚度（mm），即钢筋边缘至保护层表面的最小距离。

2. 保护层测量值的修正

当钢筋直径、材质、布筋状况、混凝土性质都已知时,才能准确测量保护层厚度,而实际测量时,往往这些因素都是未知的。

(1) 仪器测量直径的选择:

两根钢筋横向并在一起(见图 8-12),等效直径 $d_{等效}=d_1+d_2$;

两根钢筋竖向并在一起(见图 8-13),等效直径 $d_{等效}=3(d_1+d_2)/4$。

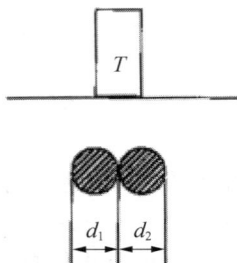

图 8-12　两根钢筋横向并在一起　　　　图 8-13　两根钢筋竖向并在一起

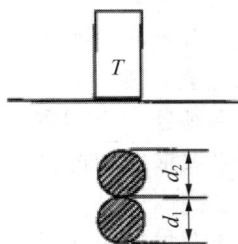

(2) 用标准垫块进行综合修正,这种方法适用于现场检测。标准垫块用硬质无磁性材料制成,如工程塑料或电工用绝缘板。平面尺寸与仪器传感器底面相同,厚度 S_b 为 10 mm 或 20 mm。修正系数 K 计算方法如下:

① 将传感器直接置于混凝土表面已标好的钢筋位置正上方,读取测量值 S_{m1}。

② 将标准垫块置于传感器原混凝土表面位置,并把传感器放于标准垫块之上,读取测量值 S_{m2},则修正系数 K 为:

$$K=\frac{S_{m2}-S_{m1}}{S_b} \qquad (8-48)$$

③ 对于不同钢筋种类和直径的试块,应确定各自的修正系数,每一修正系数应采用 3 次平均值求得。

(3) 用校准孔进行综合修正,也是现场校准测量值的有效方法。

① 用 6 mm 钻头在钢筋位置正上方,垂直于构件表面打孔,感觉碰到钢筋立即停止,用深度卡尺量测钻孔深度,即为实际的保护层厚度 S_r,则修正系数 K 为

$$K=\frac{S_m}{S_r} \qquad (8-49)$$

式中:S_m——仪器读数值。

② 对于不同钢筋种类和直径的试块应打各自的校准孔,一般应不少于 2 个,求其平均值。

(4) 现场检测的准确度。经过修正后确定的保护层厚度值,精确度可在 10% 以内,因混凝土表面的平整度及各种影响因素的存在仍会给测量带来误差。

(5) 用图示方式注明检测部位及测区位置,将各个测区的钢筋分布、走向绘制成图,并在图上标注间距、保护层厚度及钢筋直径等数据。

七、钢筋分布及保护层厚度的评定

1. 数据处理

(1) 首先根据某一测量部位各测点混凝土厚度实测值,按下式求出混凝土保护层厚度平均值

$\overline{D_n}$（精确至 0.1 mm）：

$$\overline{D_n} = \frac{\sum\limits_{i=1}^{n} D_{ni}}{n} \tag{8-50}$$

式中：D_{ni}——结构或构件测量部位测点混凝土保护层厚度，精确至 0.1 mm；

　　n——检测构件或部位的测点数。

（2）按下式计算确定测量部位混凝土保护层厚度特征值 D_{ne}（精确至 0.1 mm）：

$$D_{ne} = \overline{D_n} - K_p S_D \tag{8-51}$$

式中：S_D——测量部位测点保护层厚度的标准差，精确至 0.1 mm；

　　K_p——合格判定系数值，按表 8-11 取用。

$$S_D = \sqrt{\frac{\sum\limits_{i=1}^{n}(D_{ni})^2 - n(\overline{D_n})^2}{n-1}}$$

表 8-11　混凝土保护层厚度合格判定系数值

n	10~15	16~24	≥25
K_p	1.695	1.645	1.595

2. 结果评定

根据测量部位实测保护层厚度特征值 D_{ne} 与其设计值 D_{nd} 的比值，混凝土保护层厚度对结构钢筋耐久性的影响评判可参考表 8-12 中的经验值。

表 8-12　钢筋保护层厚度评定标准

D_{ne}/D_{nd}	对结构钢筋耐久性的影响	评定标度
>0.95	影响不显著	1
(0.85，0.95]	有轻度影响	2
(0.70，0.85]	有影响	3
(0.55，0.70]	有较大影响	4
≤0.55	钢筋易失去碱性保护，发生锈蚀	5

任务 8.6　混凝土碳化深度的检测与评定

一、检测方法

钢筋锈蚀电位测试结果表明，应对可能存在钢筋锈蚀活动的区域（钢筋锈蚀电位评定标度值为 3、4、5）进行混凝土碳化深度测量。另外，碳化深度的检测也是混凝土强度检测中需要进行的一项工作。

混凝土碳化状况的检测通常采用在混凝土新鲜断面喷洒酸碱指示剂,通过观察酸碱指示剂颜色变化来确定混凝土碳化深度的方法。

二、检测步骤

碳化深度检测时,测区位置的选择原则可参照钢筋锈蚀自然电位测试的要求,若在同一测区,应先进行保护层和锈蚀电位、电阻率的测量,再进行碳化深度及氯离子含量的测量,具体检测步骤如下。

1. 测区及测孔布置

(1) 测区应包括锈蚀电位测量结果有代表性的区域,同时能反映不同条件及不同混凝土质量的部位,结构外侧面应布置测区。

(2) 测区数不应小于 3 个,测区应均匀布置。

(3) 每一测区应布置 3 个测孔,3 个测孔应呈"品"字排列,孔距根据构件大小确定,但应大于 2 倍孔径。

(4) 测孔距构件边角的距离应大于 2.5 倍保护层厚度。

2. 形成测孔

(1) 用装有 20 mm 直径钻头的冲击钻在测点位置钻孔。

(2) 成孔后用圆形毛刷将孔中碎屑、粉末清除,露出混凝土新茬。

(3) 将测区测孔统一编号,并绘出示意图。

3. 碳化深度的测量

(1) 检测前配制好指示剂(酚酞试剂):75% 的酒精溶液与白色酚酞粉末配置成酚酞浓度为 1%～3% 的酚酞溶剂,装入喷雾器备用,溶剂应为无色透明的液体。

(2) 将酚酞指示剂喷到测孔壁上。

(3) 待酚酞指示剂变色后,用测深卡尺测量混凝土表面至酚酞变色交界处的深度,准确至 1 mm。酚酞指示剂从无色变为紫色表示混凝土未碳化,酚酞指示剂未改变颜色处的混凝土已经碳化。

4. 数据整理

(1) 将测量结果标注在测区、测孔布置图上。

(2) 将测量值整理列表,应列出最大值、最小值和平均值。

三、碳化深度检测结果的评定

混凝土碳化深度对钢筋锈蚀影响的评定,可取构件的碳化深度平均值与该类构件保护层厚度平均值之比 K_c,并考虑其离散情况,参考表 8-13 对单个构件进行评定。

表 8-13　混凝土碳化评定标准

K_c	评定标度	K_c	评定标度
<0.5	1	[1.5, 2.0)	4
[0.5, 1.0)	2	≥2.0	5
[1.0, 1.5)	3		

任务 8.7　混凝土电阻率的检测与评定

一、混凝土电阻率的检测方法

混凝土的电阻率反映其导电性。混凝土电阻率大,若钢筋发生锈蚀,则发展速度慢,扩散能力弱;混凝土电阻率小,锈蚀发展速度快,扩散能力强。因此,测量混凝土的电阻率是对钢筋状况进行检测评定的一项重要内容。

混凝土电阻率检测测区,应根据钢筋锈蚀电位测量结果确定,对经钢筋锈蚀电位测试结果表明钢筋可能锈蚀活化的区域,应进行混凝土电阻率测量。

混凝土电阻率可采用四电极阻抗测量法测定,即使混凝土表面等间距接触四支电极,两外侧电极为电流电极,两内侧电极为电压电极,通过检测两电压电极间的混凝土阻抗获得混凝土电阻率 ρ,见图 8-14。即

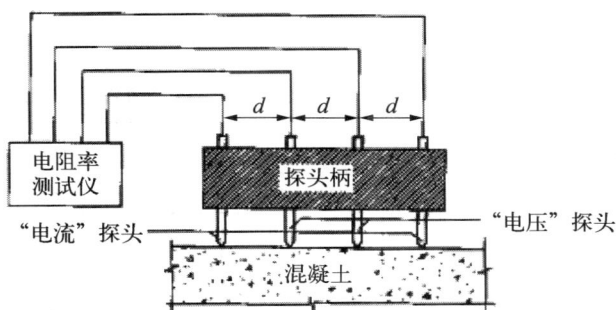

$$\rho = \frac{2\pi dV}{I} \qquad (8-52)$$

式中:V ——电压电极间所测电压;

　　　I ——电流电极通过的电流;

　　　d ——电极间距。

图 8-14　混凝土电阻率测试技术示意

二、电阻率测试仪及技术要求

混凝土电阻率测试仪应通过技术鉴定,具有产品合格证,并定期进行计量标准检定。电阻率测试仪由四电极探头与电阻率仪表组成,采用交流测量系统。

(1)探头四电极间距可调,调节范围 10 cm,每一电极内均装有压力弹簧,从而保证可测不同深度的电阻率且电极与混凝土表面接触良好。

(2)电压电极间的输入阻抗大于 1 MΩ。

(3)电极端部直径尺寸不得大于 5 mm。

(4)显示方式:数字显示电阻率值。

(5)电源:直流供电,连续正常工作时间不小于 6 h。

(6)仪器使用环境条件:环境温度 0~40℃,相对湿度≤85%。

三、仪器的检查

在四个电极上分别接三支电阻,则仪器的显示值为相应的电阻率值。例如,电阻值为 1 kΩ,相

应电阻率值为：$2\pi d \times 1\ \text{k}\Omega \cdot \text{cm}$。

四、混凝土电阻率的测量

测区与测位布置可参照钢筋锈蚀自然电位测量的要求，在电位测量网格间进行，并做好编号工作。

混凝土表面应清洁、无尘、无油脂。为了提高量测的准确性，必要时可去掉表面碳化层。

调节好仪器电极的间距，一般采用的间距为50 mm。为了保证电极与混凝土表面有良好、连续的电接触，应在电极前端涂上耦合剂，特别是当读数不稳定时。测量时探头应垂直置于混凝土表面，并施加适当的压力。

五、混凝土电阻率的评定标准

混凝土电阻率的评定标准如表8-14所示。

表 8-14　混凝土电阻率评定标准

电阻率/Ω·cm	可能的锈蚀速率	评 定 标 度
≥20 000	很慢	1
[15 000, 20 000)	慢	2
[10 000, 15 000)	一般	3
[5 000, 10 000)	快	4
<5 000	很快	5

注：量测时混凝土桥梁结构或构件应为自然状态。

任务 8.8　超声法检测混凝土结构内部缺陷与表层损伤

超声法适用于常见公路桥梁混凝土结构内部缺陷与表层损伤的检测。涉及的检测内容主要包括：混凝土内部空洞和不密实区的位置与范围、裂缝深度、表层损伤厚度，以及不同时间浇筑的混凝土结合面的质量和钢管混凝土中的缺陷等。

一、超声法检测混凝土缺陷的基本依据与方法

1. 超声法检测混凝土缺陷的基本依据

（1）根据超声波在混凝土中传播时遇到缺陷的绕射现象，按声时和声程的变化来判别和计算缺陷的大小。

（2）依据超声波在缺陷界面上的反射及抵达接收探头时能量显著衰减的现象，来判别缺陷的存在和大小。

（3）依据超声波脉冲各频率成分在遇到缺陷时不同程度地衰减，从而造成接收频率明显降低，或接收波频谱与反射波频谱产生差异，来判别内部缺陷。

（4）根据超声波在缺陷处波形转换和叠加，造成波形畸变的现象来判别缺陷。

2. 声法检测混凝土结构内部缺陷与表层损伤方法

用超声法检测混凝土缺陷时，发射和接收换能器与测试面之间应具备良好的耦合状态，发射和接收换能器的连线必须离开钢筋一定距离或与钢筋轴线形成一定夹角，并力求混凝土处于自然干燥状态。

超声法检测混凝土内部缺陷与表层损伤的方法总体上可分为两类：第一类为用厚度振动式换能器进行平面测试，第二类为采用径向振动式换能器进行钻孔测试。

1）平面测试方法

（1）对测法：一对发射和接收换能器分别置于被测结构相互平行的两个表面，且两个换能器的轴线位于同一直线上。

（2）斜测法：一对发射和接收换能器分别置于被测结构的两个表面，但两个换能器的轴线不在同一直线上。

（3）单面平测法：一对发射和接收换能器置于被测结构物的同一表面上进行测试。

2）钻孔测试方法

（1）孔中对测：一对换能器分别置于两个对应的钻孔中，位于同一高度进行测试。

（2）孔中斜测：一对换能器分别置于两个对应的钻孔中，但不在同一高度，而是在保持一定高程差的条件下进行测试。

（3）孔中平测：一对换能器置于同一钻孔中，以一定高程差同步移动进行测试。

二、声学参数测量

1. 一般规定

（1）检测前应取得有关资料：工程名称、检测目的与要求、混凝土原材料品种和规格、混凝土浇筑和养护情况、构件尺寸和配筋施工图或钢筋隐蔽图，以及构件外观质量及存在的问题。

（2）依据检测要求和测试操作条件，确定缺陷测试的部位（简称"测位"）。测位混凝土表面应清洁、平整，必要时可用砂轮磨平或用高强度的快凝砂浆抹平，抹平砂浆必须与混凝土黏结良好。

（3）在满足首波幅度测读精度的条件下，应选用较高频率的换能器。换能器应通过耦合剂与混凝土测试表面保持紧密结合，耦合层不得夹杂泥沙或空气。

（4）检测时应避免超声传播路径与附近钢筋轴线平行，如无法避免，应使两个换能器连线与该钢筋的最短距离不小于超声测距的 1/6。

（5）检测中出现可疑数据时，应及时查找原因，必要时进行复测校核或加密测点补测。

2. 声学参数测量

1）模拟式超声检测仪测量

（1）检测之前应根据测距大小将仪器的发射电压调在某一挡，并以扫描基线不产生明显噪声干扰为前提，将仪器"增益"调至较大位置保持不动。

（2）声时测量。应将发射换能器（简称"T 换能器"）和接收换能器（简称"R 换能器"）分别耦合在测位中的对应测点上。当首波幅度过低时，可用"衰减器"调节至便于测读，再调节游标脉冲或扫描延时，使首波前沿基线弯曲的起始点对准游标脉冲前沿，读取声时值 t_1，精确至 $0.1\ \mu s$。

（3）波幅测量。在保持换能器良好耦合状态时采用下列两种方法之一进行读取。

① 刻度法：将衰减器固定在某一衰减位置，在仪器荧光屏上读取首波幅度的格数。

② 衰减值法：采用衰减器将首波调至一定高度，读取衰减器上的值。

（4）主频测量。应先将游标脉冲调至首波前半个周期的波谷（或波峰），读取声时值 t_1（μs），再将游标脉冲调至相邻的波谷（或波峰），读取声时值 t_2（μs），按式（8-53）计算出该点（第 i 点）第一个周期波的主频 f_i（精确至 0.1 kHz）。

$$f_i = \frac{1\,000}{t_1 - t_2} \tag{8-53}$$

（5）在进行声学参数测量的同时，应注意观察接收信号的波形或包络线的形状，必要时进行描绘或拍照。

2）数字式超声检测仪测量

（1）检测之前根据测距大小和混凝土外观质量情况，将仪器的发射电压、采样频率等参数设置在某一挡并保持不变。换能器与混凝土测试表面应始终保持良好的耦合状态。

（2）声学参数自动测读：停止采样后即可自动读取声时、波幅、主频值。当声时自动测读光标所对应的位置与首波前沿基线弯曲的起始点有差异或者波幅自动测读光标所对应的位置与首波峰顶（或谷底）有差异时，应重新采样或改为手动游标读数。

（3）声学参数手动测量：先将仪器设置为手动判读状态，停止采样后调节手动声时游标至首波前沿基线弯曲的起始位置，同时调节幅度游标使其与首波峰顶（或谷底）相切，读取声时和波幅值；再将声时光标分别调至首波及其相邻的波谷（或波峰），读取声时差值 Δt（μs），$1\,000/\Delta t$ 即为首波的主频（kHz）。

（4）波形记录：对于有分析价值的波形，应予以储存。

3）混凝土声时值计算

混凝土声时值的计算式为

$$t_{ci} = t_i - t_0 \tag{8-54}$$

或

$$t_{ci} = t_i - t_{00}$$

式中：t_{ci}——第 i 点混凝土声时值（μs）；

t_i——第 i 点测读声时值（μs）；

t_0、t_{00}——声时初读数（μs）。

当采用厚度振动式换能器时，t_0 应参照仪器使用说明书的方法测得；当采用径向振动式换能器时，t_{00} 可按下述的时距法测得。

使两个径向振动式换能器保持轴线相互平行，置于清水中同一水平高度，两个换能器内边缘间距先后调节在 l_1（如 200 mm）、l_2（如 100 mm），分别读取相应声时值 t_1、t_2。由仪器、换能器及其高频电缆所产生的声时初读数 t_0 应按下式计算：

$$t_0 = \frac{l_1 t_1 - l_2 t_2}{l_1 - l_2} \tag{8-55}$$

用径向振动式换能器在钻孔中进行对测时，声时初读数 t_{00} 应按下式计算：

$$t_{00} = t_0 + \frac{d_2 - d}{v_w} \qquad (8-56)$$

用径向振动式换能器在预埋声测管中检测时,声时初读数 t_{00} 应按下式计算:

$$t_{00} = t_0 + \frac{d_2 - d_1}{v_g} + \frac{d_1 - d}{v_w} \qquad (8-57)$$

式中: t_{00} ——钻孔或声测管中测试的声时初读数(μs);

t_0 ——仪器设备的声时初读数(μs);

d ——径向振动式换能器直径(mm);

d_1 ——声测孔直径或预埋声测管的内径(mm);

d_2 ——声测管的外径(mm);

v_w ——水的声速(km/s),按表 8-15 取值;

v_g ——预埋声测管所用材料的声速(km/s),用钢管时, $v_g = 5.80$,用 PVC 管时, $v_g = 2.35$;

l_1 ——第一次调节换能器内边缘间距;

l_2 ——第二次调节换能器内边缘间距。

表 8-15 水声速取值

水温度/℃	5	10	15	20	25	30
水声速/km·s^{-1}	1.45	1.46	1.47	1.48	1.49	1.50

当采用一只厚度振动式换能器和一只径向振动式换能器进行检测时,声时初读数可取两换能器初读数的平均值。

4)超声传播距离(简称测距)的测量

当采用厚度振动式换能器对测时,宜用钢卷尺测量 T、R 换能器辐射面之间的距离;当采用厚度振动式换能器平测时,宜用钢卷尺测量 T、R 换能器内边缘之间的距离;当采用径向振动式换能器在钻孔或预埋管中检测时,宜用钢卷尺测量放置 T、R 换能器的钻孔或预埋管内边缘之间的距离;测距的测量误差应不大于 $\pm 1\%$ 。

三、混凝土不密实区和空洞的检测

混凝土结构在施工过程中,因漏振、漏浆或石子架空在钢筋骨架上,会导致混凝土内部形成蜂窝状不密实或空洞等隐蔽缺陷。检测时,宜先根据现场施工记录和外观质量情况,或者在结构的使用过程中出现了质量问题后,初步判定混凝土内部缺陷的大致位置,或采用大范围的粗测定位方法(大面积扫测)确定隐蔽缺陷的大致位置,然后再根据粗测情况对可疑区域进行细测。检测不密实区和空洞时,构件的被测部位应具有一对或两对相互平行的测试面,测试范围原则上应大于有怀疑的区域,同时应在同条件的正常混凝土区域进行对比测试。一般地,对比测点数不宜少于20个。

采用平面测试法和钻孔或预埋管测法时,需注意以下内容:

(1)当结构被测部位具有两对平行表面时,可采用一对换能器,分别在两对互相平行的表面上进行对测。如图 8-15 所示,先在测区的两对平行表面上分别画出间距为 200~300 mm 的网格,并逐点编号,定出对应测点的位置,然后将 T、R 换能器经耦合剂分别置于对应测点上,逐点读取相应的声时 t_i、波幅 A_i 和频率 f_i,并量取测试距离 l_i。

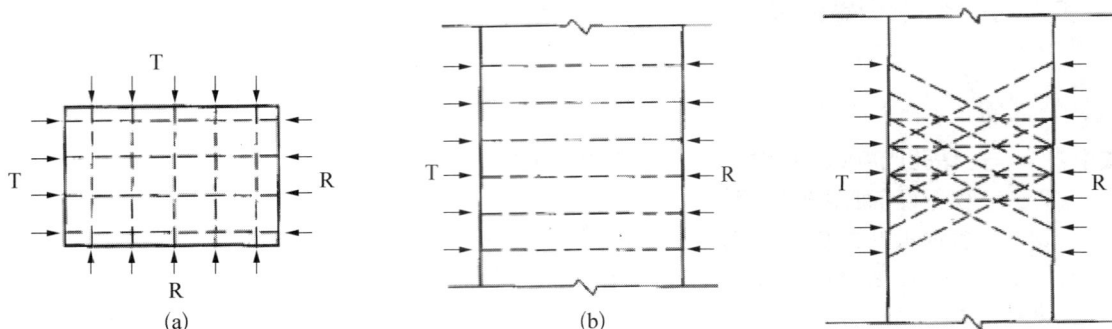

图 8 - 15　对测法换能器布置

(a) 平面图　(b) 立面图

图 8 - 16　斜测法测点布置

(2) 当结构物的被测部位只有一对平行表面可供测试,或被测部位处于结构的特殊位置时,可采用对测和斜测相结合的方法,换能器在对测的基础上进行交叉斜测,测点布置如图 8 - 16 所示。

(3) 对于大体积混凝土结构,由于其断面尺寸较大,如直接进行平面对测,接收到的脉冲信号微弱,甚至无法识别首波的起始位置,不利于声学参数的读取和分析。为了缩短测试距离,提高检测灵敏度,可采用钻孔或预埋管测法。如图 8 - 17 所示,在测位预埋声测管或钻出竖向测试孔,预埋管内径或钻孔直径宜比换能器直径大 5~10 mm,预埋管或钻孔间距宜为 2~3 m,其深度可根据测试需要确定。检测时可用两个径向振动式换能器分别置于两测孔中进行测试,或用一个径向振动式与一个厚度振动式换能器,分别置于测孔中和平行于测孔的侧面进行测试。根据需要,可以将两个换能器置于同一高度,也可以将二者保持一定的高度差,同步上下移动,逐点读取声时、波幅和频率值,并记下孔中换能器的位置。

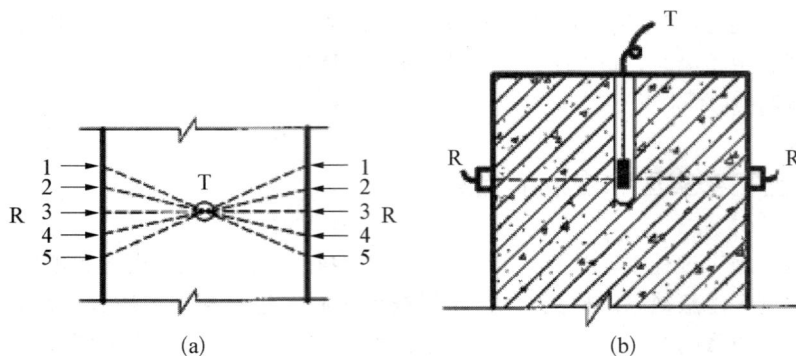

图 8 - 17　钻孔或预埋管测法换能器布置

(a) 平面图　(b) 立面图

(4) 每一测点的声时、波幅、主频和测距,应按任务所述方法进行测量。

(5) 由于混凝土本身的不均匀性,以及混凝土的原材料品种、用量及混凝土的湿度和测距等因素对声学参数值的影响,一般宜采用统计方法进行不密实区和空洞的测定。

(6) 测位混凝土声时(或声速)、波幅及频率等声学参数的平均值 m_x 和标准差 s_x 可按下列公式计算:

$$m_{x} = \frac{1}{n}\sum_{i=1}^{n} x_i \tag{8-58}$$

$$s_{x} = \sqrt{\frac{\sum_{i=1}^{n} x_i^2 - n \times m_x^2}{n-1}} \tag{8-59}$$

式中：x_i——第 i 点某一声学参数的测量值；

n——参与统计的测点数。

（7）声学参数观测值中异常值的判别。当测位混凝土中某些测点的声学参数被判为异常值时，可结合异常测点的分布及波形状况，确定混凝土内部不密实区和空洞的位置和范围。

四、混凝土结合面质量的检测

用超声法检测两次浇筑混凝土结合面的质量时，应先查明结合面的位置及走向，明确被测部位及范围。若构件的被测部位具有声波垂直或斜穿结合面的测试条件，可采用对测法与斜测法进行检测。换能器的具体布置方法如图 8-18 所示。

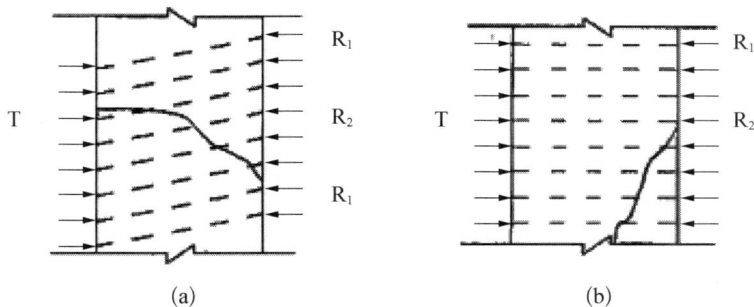

图 8-18　混凝土结合面质量检测示意

（a）斜测法　（b）对测法

1. 测点布置

（1）使测试范围覆盖全部结合面或有怀疑的部位。

（2）各对 T-R_1（声波传播不经过结合面）和 T-R_2（声波传播经过结合面）换能器连线的倾斜角测距应相等。

（3）测点间距应根据被测结构尺寸和结合面的外观质量情况确定，一般为 $100\sim300$ mm，间距过大易造成缺陷漏检。

2. 声时、波幅和主频率测量

按布置好的测点分别测出各点的声时、波幅和主频率。

3. 数据处理及判定

（1）将同一测位各点声速、波幅和主频道分别按式（8-58）和式（8-59）进行统计计算。

（2）当测点数无法满足统计法判断时，可将 T-R_2 的声速、波幅等声学参数与 T-R_1 进行比较，若 T-R_2 声学参数比 T-R_1 显著低，则该点可判为异常测点。

（3）当通过结合面的某些测点的数据被列为异常，并查明无其他因素影响时，可判定混凝土结合面在该部位结合不良。

五、混凝土表面损伤层的检测

冻害、高温或化学腐蚀会引起混凝土表面层损伤。检测表面损伤层厚度时,被测部位和测点的确定应满足下列要求:

(1)根据构件的损伤情况和外观质量选取有代表性的部位布置测位。

(2)构件被测部位表面应平整并处于自然干燥状态,且无接缝和饰面层。

(3)检测时,为保证检测结果的可靠性,宜做局部破损验证。

1.测试方法

用超声法检测混凝土表面损伤层厚度的方法大致有两种:一是单面平测法,二是逐层穿透法。

(1)单面平测法。此法可应用于仅有一个可测表面的结构,也可应用于损伤层位于两个对应面上的结构或构件。如图 8-19 所示,将发射换能器 T 置于测试面某一点保持不动,再将接收换能器 R 以测距 $l_i = 30\ mm$、$60\ mm$、$90\ mm$ 等依次置于各点,读取相应的声时值 t_i。每一测位的测点数不得少于 6 个,当损伤厚度较厚时,应适当增加测点数,当构件的损伤层厚度不均匀时,应适当增加测位数量。表层损伤层平测法检测时,

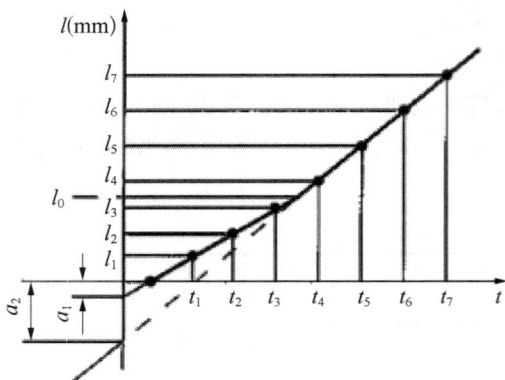

图 8-19 采用平测法检测损伤层厚度

宜选用 30~50 kHz 的低频厚度振动式换能器。

(2)逐层穿透法。在损伤结构的一对平行表面上,分别钻出一对不同深度的测试孔,孔径为 50 mm 左右,然后用直径小于 50 mm 的平面式换能器,分别在不同深度的一对测孔中进行测试,读取声时值和测试距离,并计算其声速值,或者在结构同一位置先测一次声速,然后凿开一定深度的测孔,在孔中测一次声速,再将测孔增加一定深度,再测声速,直至两次测得的声速之差小于 2% 或接近最大值时为止,如图 8-20 所示。

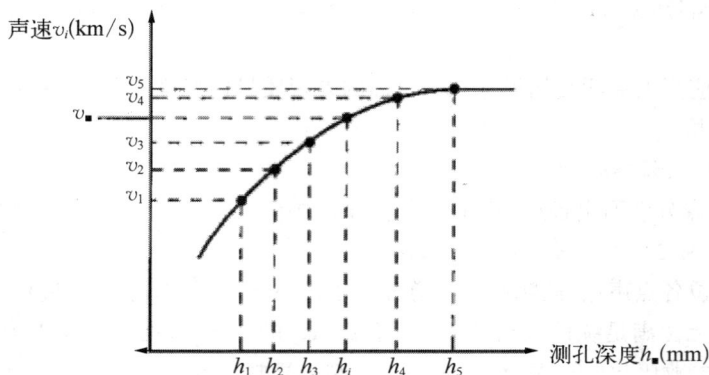

图 8-20 采用逐层穿透法检测损伤厚度的 v-h 曲线

2. 数据处理及判断

(1) 当采用单面平测时,将各测点的声时测值 t_i 和相应的测距值 l_i 绘制时距坐标图。如图 8-19 所示,由图可求得声速改变所形成的转折点,该点前、后分别表示损伤和未损伤混凝土的 l 与 t 相关直线。用回归分析方法分别求出损伤、未损伤混凝土 l 与 t 的回归直线方程。

损伤混凝土

$$l_f = a_1 + b_1 t_f \qquad (8-60)$$

未损伤混凝土

$$l_a = a_2 + b_2 t_a \qquad (8-61)$$

式中: l_f ——损伤前各测点的测距(mm),对应于图 8-19 中的 l_1、l_2 和 l_3;

　　　t_f ——对应于图 8-19 中的 l_1、l_2 和 l_3 的声时 t_1、t_2 和 t_3(μs);

　　　l_a ——损伤后各测点的测距(mm),对应于图 8-19 中的 l_4、l_5、l_6 和 l_7;

　　　t_a ——对应于测距 l_4、l_5、l_6 和 l_7 的声时 t_4、t_5、t_6 和 t_7(μs);

　　　a_1、a_2、b_1、b_2 ——直线的回归系数,分别为图 8-19 中损伤和未损伤混凝土直线的截距和斜率。

(2) 采用单面平测法检测的损伤层厚度 h_f(mm)可按下式计算:

$$l_0 = \frac{a_1 b_2 - a_2 b_1}{b_2 - b_1} \qquad (8-62)$$

$$h_f = \frac{l_0 (b_2 - b_1)}{2(b_2 + b_1)} \qquad (8-63)$$

(3) 当采用逐层穿透法检测时,可以每次测量的声速值 (v_i) 和测孔深度值 (h_i) 绘制 $v-h$ 曲线,如图 8-20 所示,当声速趋于基本稳定的测孔深度,便是混凝土损伤层的厚度 h_f。

六、混凝土裂缝深度的检测

超声法可用于检测混凝土裂缝的深度。检测时,裂缝中应没有积水和其他能够传声的夹杂物,且裂缝附近混凝土应相当匀质。

开口垂直裂缝检测分为两种情况,一是构件断面不大且可对测,二是构件断面很大不可对测。

1. 构件断面不大且可对测

(1) 在两个测面上等距离布置测点,用对测法逐点测出声时值,如图 8-21(a)所示。

(2) 绘制测点声时与距离的关系曲线,如图 8-21(b)所示。曲线 A 段的末端与 B 段的首端的相交位置即为裂缝所到达的区域,对这一区域再采用加密测点的方法即可准确地确定裂缝深度 H_L。

(3) 当两探头连线与裂缝平面相交时,随探头的移动,声时逐渐由长变短,未相交时声时不变。实际测量时只要有三个不变声时点,即认为声时稳定。

2. 构件断面很大不可对测

只有一个可测面,无法在测面用对测法检测时,可用平测法检测裂缝的深度。

(1) 当估计裂缝深度不大于 500 mm 时,宜采用单面平测法进行检测。检测时应在裂缝的被测

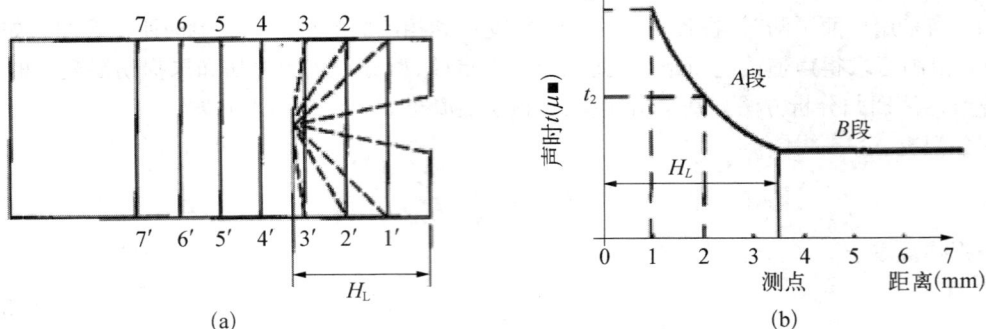

图 8-21 开口垂直裂缝的穿透法探测

部位以不同的测距,按跨缝和不跨缝布置测点。测点布置应避开钢筋。

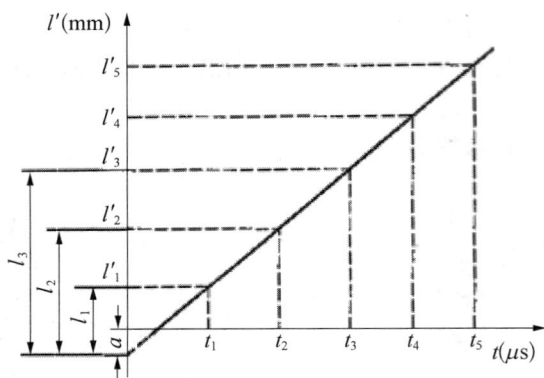

图 8-22 平测时距坐标

① 进行不跨缝的声时测量:将发射换能器 T 和接收换能器 R 置于裂缝附近同一侧,并将 T 耦合好保持不动,以 T、R 两个换能器内边缘间距 l_i' 为 100 mm、150 mm、200 mm 等,依次移动 R 并读取相应的声时值 t_i。以 l' 为纵轴、t 为横轴绘制时距图(见图 8-22),或用回归分析的方法求声时与测距之间的回归直线方程。

$$l_i' = a + b t_i \qquad (8-64)$$

每一个测点的超声实际传播距离 l_i 为

$$l_i = l_i' + |a| \qquad (8-65)$$

式中:l_i——第 i 点的超声波实际传播距离(mm);

l_i'——第 i 点的 R、T 换能器边缘间距(mm);

a——时距图中 l' 轴的截距或回归直线方程的常数项(mm)。

不跨裂缝平测的混凝土声速值 v(km/s)为:

$$v = \frac{l_n' - l_1'}{t_n - t_1} \qquad (8-66)$$

或

$$v = b \qquad (8-67)$$

式中:l_n'、l_1'——第 n 点和第 1 点的测距(mm);

t_n、t_1——第 n 点和第 1 点读取的声时值(μs);

b——时距直线的斜率。

② 进行跨缝的声时测量:如图 8-23 所示,将 T、R 换能器分别置于以裂缝为对称轴的两侧,l_1' 取 100 mm、150 mm、200 mm 等,分别读取声时值 t_{ci},同时观察首波相位的变化。

③ 裂缝深度按下式计算:

$$h_i = \frac{l_i}{2} \sqrt{\left(\frac{t_{ci} v}{l_i}\right)^2 - 1} \qquad (8-68)$$

$$h_{m}=\frac{1}{n}\sum_{i=1}^{n}h_{i} \qquad\qquad (8-69)$$

式中：l_i——不跨缝平测时第 i 点的超声波实际传播距离(mm)；

　　　h_i——以第 i 点计算的裂缝深度(mm)；

　　　t_{ci}——第 i 点跨缝平测时的声时值(μs)；

　　　h_m——各测点计算裂缝深度的平均值(mm)；

　　　n——测点数。

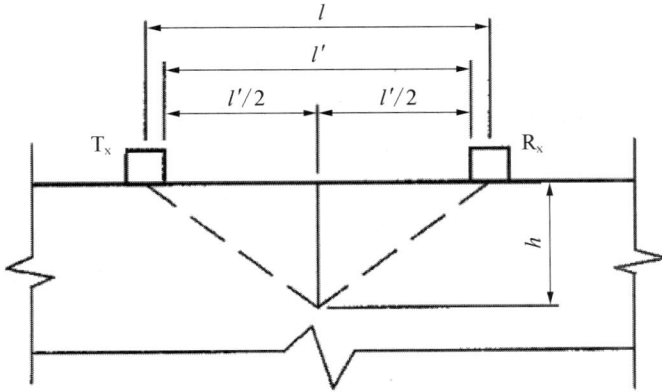

图 8-23　单面平测浅裂缝(深度不大于 500 mm)

④ 裂缝深度的确定方法：

a. 跨缝测量中,当在某测距发现首波反相时,可用该测距及两个相邻测距的测量值按式(8-68)计算 h_i 值,取此三点 h_i 的平均值作为该裂缝的深度值 h。

b. 跨缝测量中,如难于发现首波反相,则以不同测距按式(8-68)、式(8-69)计算 h_i 及其平均值 h_m。 将各测距 l_i' 与 h_m 作比较,剔除测距 l_i' 小于 h_m 和大于 $3h_m$ 的数据组,然后取余下 h_i 的平均值,作为该裂缝的深度值 h。

（2）对于裂缝深度超过 500 mm,被检测混凝土允许在裂缝两侧钻测试孔的情形,可采用钻孔对测法检测裂缝深度,如图 8-24 所示。

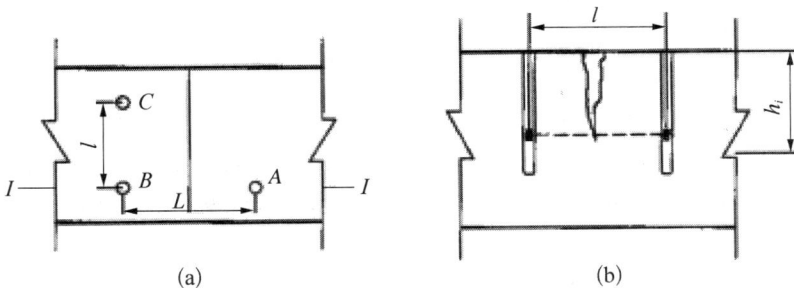

图 8-24　钻孔测裂缝深度

(a) 平面图(C 为比较孔)　(b) Ⅰ-Ⅰ剖面图

① 所钻测试孔应满足下列技术要求：

a. 孔径应比所用换能器的直径大 5～10 mm。

b. 孔深应比被测裂缝的预计深度深 70 mm,经测试,如浅于裂缝深度,则应加深钻孔。

c. 对应的两个测孔应始终位于裂缝两侧,且其轴线保持平行。

d. 两个对应测试孔的间距宜为 2 m,同一检测对象各对应测孔间距应保持相同。

e. 孔中的粉尘碎屑应清理干净。

f. 如图 8-24(a)所示,宜在裂缝一侧多钻一个孔距相同但较浅的孔(C),通过 B、C 两孔测试无裂缝混凝土的声学参数。

g. 横向测孔的轴线应具有一定倾斜角。

② 裂缝深度检测应选用频率为 20~60 kHz 的径向振动式换能器。

③ 测试前首先向测孔内注满清水,并检查是否有漏水现象,如果漏水较快,说明该测孔与裂缝相交,此孔不能用于测试。经检查测孔不漏水,可将 T、R 换能器分别置于裂缝同侧的 B、C 孔中,以相同高度等间距地同步向下移动,并读取相应的声时和波幅值。再将两个换能器分别置于裂缝两侧对应的 A、B 测孔中,以同样方法同步移动两个换能器,逐点读取声时、波幅和换能器所处的深度。换能器每次移动的间距一般为 100~300 mm,当初步查明裂缝的大致深度时,为便于准确判定裂缝深度,当换能器位于裂缝末端附近时,移动的间距应减小,如图 8-24(b)所示。

④ 若需确定裂缝末端的具体位置,可按图 8-25 所示的方法,将 T、R 换能器相差一个固定高度,然后上下同步移动,在保持每一个测点的测距相等、测线倾角一致的条件下,读取相应声时的波幅值及两个换能器的位置。

⑤ 裂缝深度及末端位置判定。

a. 裂缝深度判定主要以波幅测值作为依据。具体对测孔所测得的波幅值和相应的孔深,用图 8-25 进行判别。其方法如下:换能器所处深度 h 为纵坐标,对应的波幅值 A 为横坐标,绘制 $h-A$ 坐标图,如图 8-26 所示。随着换能器位置的下移,波幅逐渐增大,当换能器下移至某一位置后,波幅达到最大并基本保持稳定,该位置对应的深度,便是该裂缝的深度 h。

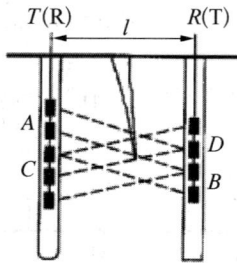

图 8-25 孔中交叉斜测   图 8-26 $h-A$ 坐标

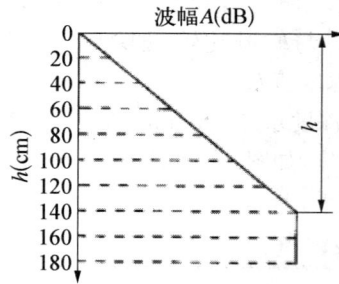

b. 裂缝末端位置判定,如图 8-25 所示。当两个换能器的连线(测线)超过裂缝末端后,波幅测值将保持最大值,根据这种情况可以确定达到裂缝末端的两条测线 AB 和 CD 的位置,该两测线的交点便是裂缝末端的位置。

⑥ 采用钻孔对测时,应注意混凝土不均匀性的影响,温度和外力的影响,以及钢筋的影响。

七、混凝土匀质性检验

(1) 结构混凝土的均匀性一般宜采用平面式换能器进行穿透对测法检测。检测时,要求被测结构应具备一对相互平行的测试表面,并保持平整、干净。先在两个测试面上分别画出等间距的网格,并编上对应的测点序号,网格的间距大小取决于结构的种类和测试要求,一般为 200～300 mm。对于测距较小、质量要求较高的结构,测点间距宜小些,而对于大体积结构,测点间距可适当取大些。

(2)应使 T、R 换能器在对应的一对测点上保持良好的耦合状态,逐点读取声时值 t_i。超声测距的测量方法可根据构件的实际情况确定,如果各测点的测距完全一致,便可在构件的不同部位抽测几次,取其平均值作为该构件的超声测距值 l。当各测点的测距不尽相同(相差≥1％)时,应分别进行测量,有条件时最好采用专用工具逐点测量 l_i 值。

(3)根据被测结构混凝土的 v-R 关系曲线,先计算出被测构件测位处测点换算强度值 R_i,再计算测位处测点换算强度的平均值 m_R、标准差 s_R 和离差系数(变异系数)c_R。

项目九　桥梁静载试验

项目导读

　　桥梁是一项大型工程,决定其质量的因素有多方面,在桥梁建设过程中人们采取相应和依靠试验材料、模型试验、结构试验、施工监控、成桥后的动、静载试验等手段,了解和控制工程质量,在这些工程质量控制手段中,期中静载试验和相关试验技术起着至关重要作用。

学习目标

　　1. 掌握桥梁静载试验组织与方案设计。
　　2. 掌握桥梁静载试验理论分析与计算。
　　3. 理解静载试验数据整理分析。

　　美国一位专家曾经说过:"无论多么高新的结构分析技术都不能取代公路大桥性能的现场测试。当建筑物承受工作荷载时,记录下应变测试结果,根据测试结果工程师就能更好地了解桥梁的真实结构响应。"

任务 9.1　静载试验概述

一、静载试验的目的

　　桥梁静载试验是按照预定的试验目的与试验方案,将静止的荷载作用在桥梁指定位置上,观测桥梁结构的静力位移、静力应变、裂缝、沉降等参量的试验项目,然后根据有关规范和规程的评价指标,判断桥梁结构的承载能力及使用性能。

　　1. 静载试验要解决的问题

　　桥梁静载试验可以是生产鉴定性试验或科学研究性试验;可以是组成桥梁的主要结构试验或全桥整体试验;可以是实桥现场检测或是桥梁结构模型的室内试验。桥梁一般分为梁桥、拱桥、刚构桥、斜拉桥、悬索桥等结构形式。根据各种结构形式的受力特点,结合病害特征或静载试验的主要目的,按照技术上可行、经济上合理、测试上可靠的原则,来设计桥梁静载试验的加载方案与测试方式。为了能够较为客观地反映桥梁结构的工作性能,桥梁检测多采用原位现场检测。一般桥梁静载试验主要解决以下问题。

（1）检验桥梁结构的设计与施工质量，验证结构的安全性与可靠性。对于大、中跨度桥梁，相关规范规程都要求在竣工之后，通过试验来具体地、综合地鉴定其工程质量的可靠性，并将试验报告作为评定工程质量优劣的主要依据之一。此外，既有桥梁在运营若干年后或遭受各种突发灾害后，必须通过静载试验来确定其承载能力与使用性能，并以此作为继续运营或加固改造的主要依据。

（2）验证桥梁结构的设计理论与计算方法，充实与完善桥梁结构的计算理论与结构构造，积累工程技术资料。随着交通技术的不断发展，采用新结构、新材料、新工艺的桥梁结构日益增多，这些桥梁在设计、施工中必然会遇到一些新问题，其设计计算理论或设计参数需要通过桥梁试验予以验证或确定，在大量试验检测数据积累的基础上，就可以逐步建立或完善这类桥梁的设计理论与计算方法。

（3）掌握桥梁结构的工作性能，判断桥梁结构的实际承载能力。目前，我国已建成了60多万座各种形式的公路桥梁，在使用过程中，有些桥梁已不能满足当前通行荷载的要求，有些桥梁由于各种自然原因而产生不同程度的损伤与破坏，有些桥梁由于设计或施工差错而产生各种缺陷。对于这些桥梁，常采用静载试验的办法，来判定其承载能力和使用性能，并由此确定限载方案或加固改造方案，特别是对于那些原始设计施工资料不全的既有桥梁，通过静载试验确定其承载能力与使用性能就显得非常必要。

2. 静载试验前的准备

随着我国桥梁建设事业的飞速发展，新结构、新材料、新工艺日益增多，带来了许多桥梁结构的理论、设计、施工等问题，成为桥梁检测的新课题，而桥梁结构检测的成果又进一步验证、发展和完善了桥梁设计计算理论、施工技术及其他工程实践问题。另一方面，桥梁检测也为既有桥梁结构承载能力、使用性能和残余寿命的评估提供了科学依据。可以说，随着生产实践的发展，既有桥梁数量的日益增大，使桥梁检测日益重要，同时，桥梁建设的不断发展也对桥梁检测提出了更高的要求。实践证明，要搞好一次桥梁检测，为设计、施工、理论研究或加固改造提供可靠和完整的试验资料和科学依据，并不是一件容易的事情，必须明确试验目的，遵循一定的程序，采用科学先进的量测手段，进行严密的准备和组织工作才可能达到预期的目标。为此，根据静载试验对象的实际情况，必须把握住以下三个主要环节。

（1）明确试验目的，抓住主要问题。桥梁静载试验设计理论计算、测点布置、加载测试、数据分析整理等多个方面，因此在进行试验之前一定要明确试验目的，预测试验桥梁的结构行为。这样才能有的放矢，合理地选择仪器、仪表，准确地确定加载设备及加载程序，科学地布置测点及测试元件，充分地利用有限的人力、物力及其他条件，采取各种必要的手段，以达到预期的试验效果。

（2）精心准备、严密组织。桥梁静载试验观测项目多、测点多、仪器仪表多，这就要求试验工作必须有严格的组织，统一的指挥，并能够紧密配合，协同作战。在正式试验之前，要做好充分的准备工作，对一些关键性的测试项目和测点要考虑备用的测试方法，注意防止和消除意外事故。大量试验证明，如果试验工作的某些环节考虑不周，轻者会使试验工作不能顺利进行，严重的会导致整个试验工作的失败。

（3）加强测试人员培训、提高测试水平。参加试验检测的工作人员，必须在试验之前，熟练地掌握仪器的性能、操作要领以及故障排除技术和技巧，了解试验的目的、试验程序及测试要求，及时发现、反映试验过程中的问题。

二、静载试验的程序

一般情况下,桥梁静载试验可分为三个阶段,即桥梁结构的考察与试验工作准备阶段,加载试验与观测阶段,以及测试结果的分析总结阶段。

(1) 桥梁结构的考察与试验方案设计阶段是桥梁检测顺利进行的必要条件。桥梁检测与桥梁设计计算、桥梁施工状况的分析十分密切。准备工作包括技术资料的收集、桥梁现状检查、理论分析计算、试验方案制定、现场实施准备等一系列工作,因此,这一阶段工作是大量而细致的。实践证明,检测工作的顺利与否很大程度上取决于检测的准备工作。一般来说,桥梁结构的考察与试验工作准备阶段的具体工作内容如下。

① 技术资料的收集。桥梁技术资料包括桥梁设计文件、施工记录、监理记录、验收文件、既有试验资料、桥梁养护与维修加固记录、环境因素的影响及其变化、现有交通量及重载车辆的情况等方面,掌握了这些资料,能使我们对于试验对象的技术状况有一个全面的了解。

② 桥梁现状检查。桥梁检查是指按照有关养护规范的要求,对桥梁的外观进行系统而细致的检查评价,具体包括桥面平整度、排水情况、纵横坡的检查,承重结构开裂与否及裂缝分布情况、有无露筋现象及钢筋锈蚀程度、混凝土碳化剥落程度等情况的检查,支座知否老化、河流冲刷情况、基础病害等方面的检查。通过桥梁检查,能使我们对试验桥梁的现状做出宏观的判断,对试验桥梁的结构反应做到心中有数。

③ 理论分析计算。理论分析计算包括设计内力计算和试验荷载效应计算两个方面。设计内力计算是按照试验桥梁的设计图纸与设计荷载等级,根据有关设计规范,采用专用桥梁计算软件或通用分析软件,计算出结构的设计内力;试验荷载效应计算是根据实际加载等级、加载位置及加载重量,计算出各级试验荷载作用下桥梁结构各测点的反应,如位移、应变等,以便与实测值进行比较。

④ 试验方案制订。试验方案制订包括测试内容的确定、加载方案设计、观测方案设计、仪器仪表选用等,试验方案是整个检测工作技术纲领性文件,因此,必须具备全面、详实、可操作性强等特点。

⑤ 现场实施准备。现场准备工作包括搭设工作脚手架、设置测量仪表支架、测点放样及表面处理、测试元件布置、测量仪器仪表安装调试、通讯照明安排等,现场准备阶段工作量大,工作条件复杂,是整个检测工作比较重要的一个环节。

(2) 加载与观测阶段是整个检测工作的中心环节。这一阶段的工作是在各项准备工作就绪的基础上,按照预定的试验方案与试验程序,利用适宜的加载设备进行加载,运用各种测试仪器观测试验结构受力后的各项性能指标,如挠度、应变、裂缝宽度等,并采用人工记录或仪器自动记录各种观测数据和资料。需要强调的是,对于静载试验,应根据当前所测得的各种指标与理论计算结果进行现场分析比较,以判断受力后结构行为是否正常,是否可以进行下一级加载,以确保试验结构、仪器设备及试验人员的安全,这对于病害比较严重的既有桥梁尤为重要。

(3) 分析总结阶段是对原始测试资料进行综合分析的过程。原始测试资料包括大量的观测数据、文字记载和图片记录等材料,受各种因素的影响,原始测试数据一般显得缺乏条理性与规律性,未必能直接揭示试验结构的内在行为。因此,应对它们进行科学地分析与处理,去伪存真、去粗存精、由表及里,进行综合分析比较,从中提取有价值的资料,表示结构受力特征。对于一些数据或信号,有时还需按照数理统计或其他方法进行分析,或依靠专门的分析仪器和分析软件进行分析处理,或按照有关规程的方法进行计算。这一阶段的工作,直接反映整个检测工作的质量。测试数据经分析处理后,按照检测的目的要求,依据相关规范规程,对检测对象做出科学准确的判断与评价。

目前,桥梁静载试验应按照我国现行的《公路桥梁加固设计规范》(JTG/T J22-2008)、《公路桥梁承载能力检测评定规程》(JTG/T J21-2011)、《大跨径悬索桥和斜拉桥养护规范》(DB32/T 1648-2010)、《城市桥梁养护技术标准》(CJJ 99-2017)等规范规程进行,必要时,可参考借鉴国内外相关或相近技术规范规程进行评价。最后,综合上述三个阶段的内容,形成桥梁静载试验报告。

任务 9.2　桥梁结构静载试验的方案设计

试验方案设计是桥梁静载试验的重要环节,是对整个试验的全过程进行全面规划和系统安排。一般说来,试验方案的制订应根据试验目的,在充分考察和研究试验对象的基础上,分析与掌握各种有利条件与不利因素,进行理论分析计算后,对试验的方式、方法、具体操作等方面做出全面地规划。试验方案设计包括试验对象的选择、理论分析计算、加载方案设计、观测内容确定、测点布置及测试仪器选择等方面。

一、试验对象的选择

桥梁静载试验既要能够客观全面地评定结构的承载能力与使用性能,又要兼顾试验费用、试验时间的制约,因此,要进行必要的简化,科学合理地从全桥中选择具体的试验对象。

一般说来,对于结构形式与跨度相同的多孔桥跨结构,可选择具有代表性的一孔或几孔加载试验量测;对于结构形式不相同的多孔桥跨结构,应按不同的结构形式分别选取最大的一孔或几孔进行试验;对于结构形式相同但跨度不同的多孔桥跨结构,应选取跨度最大的一孔或几孔进行试验;对于预制梁,应根据不同跨度及制梁工艺,按照一定的比例进行随机抽查试验。

除了以上几点之外,试验对象的选择还应考虑以下条件:① 试验孔或试验墩台的受力状态;② 试验孔或试验墩台的病害或缺陷情况;③ 试验孔或试验墩台便于搭设脚手支架,布置测点及加载。

二、理论分析计算

确定了试验对象之后,要进行试验桥跨的理论分析计算,理论分析计算是加载方案、观测方案及试验桥跨性能评价的基础与依据。因此,理论分析计算应采用先进可靠的计算手段和工具,以使计算结果准确可靠。要进行试验桥跨的理论分析计算,一般的理论分析计算包括试验桥跨的设计内力计算和试验荷载效应计算两个方面。设计内力计算是指可变作用下的内力计算,即按照《公路桥梁加固设计规范》,计算由汽车、人群荷载或挂车荷载所产生的各控制截面最不利活载内力。对于常见桥型,控制截面数量的多少取决于准确地绘制出内力包络图的需要,控制截面最不利活载内力计算的一般方法是先求出该截面的各类影响线,然后进行影响线加载,再按照车道数、冲击系数及车道折减系数计算出该截面的最不利活载内力。此外,对于存在病害或缺陷的桥梁,还应计算其恒载内力,按照《公路桥梁加固设计规范》进行内力组合,验算控制截面强度,以确保试验荷载达到或接近活载内力时,桥梁结构的安全。

1. 常见桥型控制截面的设计内力及观测内容

控制截面不仅会出现设计内力峰值,也是进行观测量测的主要部位,把握住控制截面,就可以较为宏观全面地反映试验桥梁承载能力和工作性能。在进行静载试验时,常见桥型控制截面的设计内力及观测内容可大致归纳如下:

(1)简支梁桥:控制截面的设计内力包括跨中校面的弯矩与支点截面的剪力,对于曲线梁还包括支点截面的扭矩。应变观测内容为跨中截面应变,必要时可增加 $L/4$ 截面、$L3/4$ 的应变;变形观测内容为支点沉降以及 $L/4$、跨中、$L3/4$ 截面的挠度,对于曲线梁还包括跨中截面的扭转角。

(2)连续梁桥(连续刚构桥):控制截面的设计内力包括中跨跨中截面、中跨 $L/4$ 截面、中跨 $L3/4$ 截面、中支点截面,边跨(次边跨)跨中截面的弯矩、剪力。应变观测内容为跨中截面、中支点截面、近中支点的边跨跨中截面的应变,必要时可增加中跨 $L/4$ 截面、中跨 $L3/4$ 截面的应变;变形观测内容为各跨支点沉降、各跨 $L/4$、跨中、$L3/4$ 截面的挠度,对于曲线连续梁还应包括各跨支点、$L/4$、跨中、$L3/4$ 截面的扭转角。

(3)T 型刚构:控制截面的设计内力包括固端根部截面的弯矩与剪力、墩身控制截面的弯矩与轴力,相应的观测内容为固端根部截面、墩身控制截面的应变,悬臂端部的挠度、墩顶截面的水平位移与转角。

(4)拱桥:控制截面的设计内力包括拱肋或拱圈控制截面(拱顶、$L/4$、拱脚)的轴力、弯矩,对于中承式、下承式拱桥还包括吊杆的轴力,对于上承式拱桥还包括立柱的轴力,对于系杆拱桥还应包括系杆的轴力。与此相对应,观测内容为拱脚、$L/4$、跨中、$3L/4$ 处拱肋或拱圈截面的应变和挠度,墩台顶的挠度,墩台顶的挠度与水平位移,必要时还可增加 $L/8$,$3L/8$、$5L/8$、$7L/8$ 截面的挠度,对于中承式或下承式拱桥,还应测试吊杆的应变或伸长量;对于系杆拱,还应测试系杆的内力变化。

(5)斜拉桥:控制截面的设计内力包括加劲梁控制的弯矩、扭矩与轴力,索塔控制截面的弯矩与轴力,控制拉锁的轴力,桥面系的局部弯曲应力等,相应的观测内容为各跨支点、$L/4$、跨中、$3L/4$ 截面的挠度,必要时还要观测上述部位的扭转角和横桥向位移,加劲梁控制截面及索塔控制截面的应变,索塔塔顶的水平位移,控制拉索的索力,桥面系的工作性能等。

(6)悬索桥:控制截面的设计内力包括主缆的轴力,索塔控制截面的轴力、弯矩,吊杆的轴力,加劲梁控制截面的弯矩与剪力,桥面系的局部应力等,相应的观测内容为各跨支点、$L/8$、$L/4$、$3L/8$、跨中、$5L/8$、$3L/4$、$7L/8$ 截面的挠度以及上述测点在偏载情况下的扭转角和横桥向位移,加劲梁跨中截面、$L/8$ 截面、索塔控制截面的应变,索塔塔顶的水平位移,控制吊杆的轴力,最大索股索力,主缆的表面温度,桥面系的工作性能等。

2. 静载试验效率的计算

试验荷载效应计算是在设计内力计算结果的基础上,确定加载位置、加载等级以及在试验荷载作用下结构反应大小的过程,也是个反复试算的过程。由于桥梁静载试验为鉴定荷载试验,试验荷载原则上应尽量采用与设计标准荷载相同的荷载,但由于客观条件的限制,实际采用的试验荷载往往很难与设计标准荷载一致,在不影响主要试验目的的前提下,一般采用内力(应力)或变形等效的加载方式,即计算出设计标准荷载对控制截面产生的最不利内力,以此作为控制值,然后调整试验荷载使该截面内力逐级达到此控制值,从而实现检验鉴定的目的。为保证试验效果,在选择试验荷载大小及加载位置时应采用静载试验效率 η 进行调控,即

$$\eta = \frac{S_t}{S_d(1+\mu)} \tag{9-1}$$

式中：S_t——试验荷载作用下,检测部位变形或内力的计算值;

$\quad\quad S_d$——设计标准荷载作用下,检测部位变形或内力的计算值;

$\quad\quad 1+\mu$——设计取用的冲击系数。

η 取值宜在 0.8～1.05 之间。根据最大试验荷载量及试验目的的不同,可以分为：

(1) 基本荷载试验,最大试验荷载为设计标准规定的荷载,即 $1.0 \geqslant \eta > 0.8$,包括设计标准规定的动力系数或荷载增大系数等因素的作用。

(2) 重荷载试验,最大试验荷载小于基本荷载,即 $\eta > 1.0$,一般只在特殊情况下才进行重荷载试验,其上限根据检验要求确定。

(3) 轻荷载试验：最大试验荷载小于基本荷载,即 $0.8 \geqslant \eta > 0.5$,为了充分反映结构的整体工作和减少量测的误差,要求试验荷载不小于基本荷载的 0.5 倍。

根据上述两点,在计算试验荷载效应时,首先要根据控制截面的设计内力及加载设备的种类,初步确定加载位置、加载等级,以使试验荷载逐级达到该截面的设计内力,实现预定的加载效率,同时应计算其他控制截面在试验荷载作用下的内力,如未超过其设计内力,说明试验荷载的加载位置、加载等级有效且安全,如超过其设计内力,则应重新调整试验荷载的加载位置、加载等级,直至找到既可使控制截面达到其加载效率、又能确保其他截面在试验荷载作用下不超过其设计内力的加载方式为止。其次,根据最终确定的加载等级、加载位置及加载重量,计算出试验桥梁各级试验荷载作用下的结构行为,包括试验桥梁各应力测试截面的应力应变,各挠度测点的挠度,必要时还要根据试验桥梁的受力特点,计算出各测点的扭角、水平位移等结构反应,以便于与实测值进行比较,评价桥梁的工作性能。最后,在上述工作的基础上,结合现场实际情况,形成严密可行的加载程序,以便试验时实施。

三、加载方案设计

加载是桥梁静载试验的重要环节之一,包括加载设备的选用,加载卸载程序的确定以及加载持续时间三个方面。实践证明,合理地选择加载设备及加载方法,对于顺利完成试验工作和保证试验质量,非常重要。

1. 加载设备

桥梁静载试验的加载设备应根据试验目的要求、现场条件、加载量大小和经济方便的原则选用。对于现场静载试验,常用的加载设备主要有三种,即利用车辆荷载加载,利用重物加载,利用专门的加力架加载。

(1) 采用车辆荷载进行加载具有便于运输、加载卸载方便迅速等优点,是桥梁静载试验较常用的一种方法。通常可选用重载汽车或利用施工机械车辆进行加载。利用车辆荷载加载需注意两点,一是对于加载车辆应严格称重,保证试验车辆的重量、轴距与理论计算的取用值相差不超过 5%;二是尽可能采用与标准车相近的加载车辆,同时,应准确测量车轴之间的距离,如轴距与标准车辆差异较大时、则应按照实际轴距与重量重新计算试验荷载所产生的结构内力与结构

反应。

(2) 重物加载是将重物(如铸铁块、预制块、沙包、水箱等)施加在桥面或构件上,通过重物逐级增加以实现控制截面的设计内力,达到加载效率。采用重物加载时要进行重量检查,如重物数量较大时可进行随机抽查,以保证加载重量的准确性。采用重物直接加载的准备工作量较大,加载卸载时间较长,实际应用受到一定限制,重物加载一般用于现场单片梁试验、人行桥梁静载试验等场合。

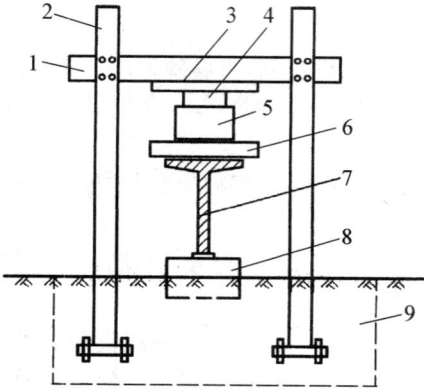

图 9-1 加力架的构成

1—上横梁;2—拉杆;3—垫板;4—测力计;
5—千斤顶;6—分配梁;7—试验梁;
8—试验梁支承;9—地锚

(3) 专用加力架一般由地锚、千斤顶、加力架、测力计(力传感器)、支承等组成,如图 9-1 所示。千斤顶一端作用于加力架上并通过加力架传递给地锚,另一端作用在试验梁上,力的大小由测力计进行监控。一般说来,专用加力架临时工程量大,经济性差,仅适用于单片梁或桥梁局部构件的现场检测。

2. 加载卸载程序

为使试验工作顺利进行,获得结构应变和变形随荷载增加的连续关系曲线,防止意外破坏,桥梁静载试验应采用科学严密的加载卸载程序。加载卸载程序就是试验进行期间荷载与时间的关系,如加载速度的快慢、分级荷载量值的大小、加载卸载的流程等。对于短期试验,加载卸载程序确定的基本原则如下所述。

(1) 加载卸载应该是分级递加和递减,不宜一次完成,分级加载可以较全面地掌握试验桥梁实测变形、应变与荷载的相互关系,了解桥梁结构各阶段的工作性能,且便于观测操作。因此,根据要求,静载试验荷载一般情况下应不少于四级加载,当使用较重车辆或达到设计内力所需的车辆较少时,应不少于三级加载,逐级使控制截面由试验所产生的内力逼近设计内力。采用分级加载方法,每级加载量值的大小和分级数量的多少要根据试验目的、观测项目与试验桥梁的具体情况来确定,必要时减小荷载增量幅度,加密荷载等级。

(2) 正式加载前,要对试验桥梁进行预加载。预加载的目的是消除结构的非弹性变形,并起到演习作用,发现试验组织观测等方面的问题,以便在正式加载试验前予以解决。如检查试验仪器仪表的工作状态,检验试验设备可靠性,检查现场组织工作与试验人员分工协作方面存在的问题。此外,对于新建结构,通过预加载可以使结构进入正常工作状态,消除支点沉降、支座压缩等非弹性变形。预加载的荷载大小一般宜取最大试验荷载的 1/3~1/2,对钢筋混凝土结构还应小于其开裂荷载。

(3) 当所检测的桥梁状况较差或存在缺陷时,应尽可能增加加载分级,并在试验过程中密切监测结构的反应,以便在试验过程中根据实测数据对加载程序进行必要的调整或及时终止试验,确保试验桥梁、量测设备和人员的安全。

(4) 一般情况下,加载车辆全部到位、达到设计内力后方可进行卸载,卸载可分 2~3 级卸载,并尽量使卸载的部分工况与加载的部分工况相对应,以便进行校核。

(5) 加载车辆位置应尽可能靠近测试截面内力影响线的峰值处,以便用较少的车辆产生较大的试验荷载效应,从而节省试验费用与测试时间。同时,加载车辆位置还应尽可能兼顾不同测试截面的试验荷载效应,以减少加载工况与测试工作量,如三跨连续梁中跨中截面的加载与跨中支点截面的加载可以互相兼顾。此外,对于直线桥跨每级荷载应尽可能对称于桥轴线,以便利用对称性校核测试数据,减少测试工作量。

在上述工作的基础上,根据所确定的加载设备、加载等级、加载顺序与加载位置,就可以形成一个比较严密的、操作性较强的加载程序,作为正式试验时加载实施的纲领。

3.加载持续时间

为减少温度变化对测试结果的影响,加载时间宜选在温度较为稳定的 22 时至次日凌晨 6 时之间进行,尤其是对于加载工况较多、加载时间较长的试验。如夜间加载或量测存在困难而必须在白天进行时,一方面要严格采取良好的温度补偿措施,另一方面应采取加载-卸载-加载的对策,同时保证每一加卸载周期不超过 20 min 为宜。

每次加载、卸载持续一定时间,使结构的反应能够充分地表现出来,方可进行观测,如加载后持续的时间较短,则测得的应变、变形值有可能偏小。通常要根据观测仪表所指示的变化来确定加载持续时间,当结构应力、变形基本稳定时方可进行各观测点读数。对于卸载后残余变形的观测,零载持续时间则应适当延长,因为结构的残余变形与其承载历史有关,对于新建结构在第一次荷载作用下,常有较大的残余变形,以后再受力,残余变形增加得很少。一般情况下,试验时每级荷载持续时间应不少于 15 min,方可进行观测,卸载后观测残余变形、残余应变的时间间隔应不少于 30 min。

四、观测内容确定

桥梁结构在荷载作用下所产生的变形可以分为两大类,一类变形是反映结构整体工作性能的,如梁的挠度、转角,索塔的水平变位等,称之为整体变形;另一类变形是反映结构局部工作状况的,如裂缝宽度、相对错位、结构应变等,称之为局部变形。在确定桥梁静载试验的观测项目时,首先应考虑结构的整体变形,以概括结构受力的宏观行为,其次要针对结构的特点及存在的主要问题,抓住重点,有的放矢,不宜过分庞杂,以能够全面地反映加载后结构的工作状态,解决桥梁的主要技术问题为宜。

一般来说,桥梁静载试验观测内容可以分为应变、变形两大类,主要观测内容如下:

(1)桥梁结构控制截面最大应力(应变)的数值及其随荷载的变化规律,包括混凝土表面应变及外缘受力主筋的应力。通常,应力测试以混凝土表面正应力测试为主,一方面测试应变沿截面高度的分布,借以检验中心轴高度计算值是否可信、推断结构的极限强度;另一方面测试应变随试验荷载的变化规律,由此判断结构是否处于弹性工作状态。对于受力较为复杂的情况,还要测试最大应力值和方向及其随荷载的变化规律。

此外,为了能够全面地反映结构应力分布,常常在结构内部布设应力测点,如钢筋应力测点、混凝土内部应力测点,这类测点须在施工阶段就预埋相应的测试元件。

(2)一般情况下,要观测桥梁结构在各级试验荷载作用下的最大竖向挠度,并据此做出挠度沿桥轴线分布曲线。对于一些桥梁结构形式,如拱桥、斜拉桥、悬索桥,还要观测拱肋或索塔控制点在试验荷载作用下顺桥向或横桥向的水平位移;对于采用偏载加载方式或曲线桥梁,还要观测试验结构变形控制点的水平位移和扭转变形。

(3)要观测裂缝的出现和扩展,包括初始裂缝所处的位置,裂缝的长度、宽度、间距与方向的变化,以及卸载后裂缝的闭合情况。

(4)要观测在试验荷载作用下,支座的压缩或支点的沉降,墩台的位移与转角。

(5)要观测一些桥梁结构如斜拉桥、悬索桥、系杆拱的吊索(拉索)的索力,以及主缆(拉索)的表面温度。

五、测点布置

测点布置应遵循必要、适量、方便观测的基本原则,并使观测数据尽可能地准确、可靠。测点布置可按照以下几点进行。

(1)测点的位置应具有较强的代表性,以便进行测试数据分析。桥梁结构的最大挠度与最大应变,通常是最能反映结构性能的,也是试验者最感兴趣的,掌握了这些数据就可以比较宏观地了解结构的工作性能及强度储备。例如,简支梁桥跨中截面的挠度最大,该截面上下缘混凝土的应力也最大,这种很有代表性的测点必须设法予以量测。

(2)测点的设置一定要有目的性,避免盲目设置测点。在满足试验要求的前提下,测点不宜设置过多,以使试验工作重点突出,提高效率,保证质量。

(3)测点的布置要有利于仪表的安装与观测读数,并便于试验操作。为了便于测试读数,测点布置宜适当集中;对于测试读数比较困难危险的部位,应有妥善的安全措施或采用无线传输设备。

(4)为了保证测试数据的可靠性,尚应布置一定数量的校核性测点。在现场检测过程中,由于偶然因素或外界干扰,会有部分测试元件、测试仪器不能正常工作或发生故障,影响量测数据的可靠性。因此,在量测部位应布置一定数量的校核性测点。如一个对称截面,在同一截面的同一高度应变测点不应少于 2 个,同一截面应变测点不应少于 6 个,以判别量测数据的可靠程度,舍去可疑数据。

(5)在试验时,有时可以利用结构对称互等原理进行数据分析校核,适当减少测点数量。例如,简支梁在对称荷载作用下,$L/4$、$3L/4$ 截面的挠度相等,两截面对应位置的应变也相等,利用这一点可适当布置一些测点,进行测试数据校核。

六、测试仪器选择

根据测试项目的需要,在选择仪器仪表时,要注意以下几点。

(1)选择仪器仪表必须从试验的实际情况出发,选用的仪器仪表应满足测试精度的要求,一般情况下要求测量结果的最大相对误差不超过 5%。

(2)在选用仪器仪表时,既要注意环境适用条件,又要避免盲目追求精度。因为精密量测仪器仪表的使用,常常要求有比较良好的环境条件。

(3)为了简化测试工作,避免出现差错,量测仪器仪表的型号、规格,在同一次试验中种类愈少愈好,尽可能选用同一类型或规格的仪器仪表。

(4)仪器仪表应当有足够的量程,以满足测试的要求,试验中途的调试,会增加试验的误差。

(5)由于现场检测的测试条件较差,受外部环境因素的影响较大,一般来说,电测仪器的适应性不如机械式仪器仪表,而机械式仪器仪表的适应性不如光学仪器,因此,应根据实际情况,采用既简便可靠又符合要求的仪器仪表。例如,当桥下净空较大、测点较多、挠度较大时,桥梁挠度观测宜选用光学仪器如精密水准仪,而单片梁静载试验挠度的量测宜采用百分表。

任务 9.3　试验现场组织实施

静载试验现场组织是实现预定的试验方案的重要保证,其内容包括试验前现场准备工作、加载测试工作及现场清理工作。试验组织就是把上述内容按先后顺序互相衔接,形成一个有机、完整、高效率的组织计划,并在试验中按照这个计划进行,只有遇到特殊情况或发现异常情况时,才按照加载控制及加载终止的条件予以调整。

一、现场准备及测试工作安排

静载试验现场准备及测试工作安排包括试验前准备工作、加载测试及试验后现场清理工作。一般说来,试验前准备工作比较庞杂,试验方案的大部分工作都要在加载试验前具体化,要占用全部试验工作的大部分时间。

1. 试验前准备工作

试验前准备工作内容比较多,主要包括以下几点:

(1)为了能够较方便地布置测点、安装仪表或进行读数,必要时要搭设脚手架、使用升降设备或桥梁检测车,搭设的支架应牢固可靠,便于使用,同时注意所搭设的支架不能影响试验对象的自由变形。此外,要在距离测试部位适当的地方搭设棚帐,以供操作仪器使用,还要接通电源或自备发电设备、安装照明设备。

(2)进行仪器仪表、加载设备的检查标定工作。试验出发前应对所携带的仪器仪表、设备进行全面的检查与标定,确保仪器仪表状态良好,并注意无遗漏,同时准备好各类人工记录仪器的记录表格。如采用加力架进行加载,要对加力架强度、刚度、稳定性等方面进行预算,避免加载设备先于试验结构破坏的现象,并进行千斤顶的校验。如使用汽车或重物加载,要采用地磅进行严格地称重,测量加载车辆轴距。

(3)按照试验方案设计的应变测点位置,进行应变测点的放样定位。对于结构表面测点,要进行表面打磨处理或局部改造,如在测点位置局部铲除桥面铺装;对于结构内部测点如钢筋计,则要在施工过程中预埋测试元件。然后,进行应变测试元件的粘贴、编号、防潮与防护处理,连接应变测试元件与数据采集仪,采取温度补偿措施,进行数据采集仪的预调平。对于要进行裂缝观测的试验桥梁,要提前安装裂缝监测仪,必要时用石灰浆溶液进行表面粉刷分格,表面分格可采用铅笔或木工墨斗,分格大小以 20~30 cm 见方为宜,以便观察和查找新出现的裂缝。

(4)按照试验方案设计的变形测点位置,进行变形测点的定位布置。对于采用精密水准仪进行挠度测量,要进行测点标志埋设,测站、测量路线的布设;对于采用全站仪等光学仪器进行水平位移测量,要进行控制基准网、站牌、反光棱镜、测量路线的布设;测量测点的布置要牢靠、醒目,防止在试验过程中移位或破坏;对于采用百分表、千分表或位移计进行变形测量的,根据理论挠度计算值的大小和方向,安装测表并进行初读数调整及测读。

(5)根据预定的加载方案与加载程序,进行加载位置的放样定位,采用油漆或粉笔明确地划出加载的位置、加载等级,以便正式试验时指挥加载车辆或加载重物准确就位。

(6)对于处于运营状态的桥梁,试验准备工作要注意测试元件、测试导线的防护,试验开始前应封闭交通,禁止闲杂人员和非试验车辆进入。

（7）建立试验领导组织，进行人员分工安排。根据试验实际情况，设指挥长一人，其下可根据使用的仪器型号、测试项目的情况划分小组，每组由经验丰富的人员担任组长，配备相应的通信联络工具或明确联络方式，以便统一指挥，统一行动。正式开始试验前，指挥长根据试验程序向全体工作人员进行技术交底，交底的内容包括试验测试内容、试验程序、注意事项等，明确所有测试人员的职责，做到人人心中有数。

（8）正式加载前，要进行预加载，以检查仪器的工作状态，消除非弹性变形。预加荷载卸载后，进行零荷载测量，读取各测点零荷载的读数。

2. 试验工作

试验开始前，应注意收集天气变化资料，估计试验过程中温度变化情况、落实交通封闭疏解措施，尽可能保证试验在干扰较小的情况下顺利进行。具体试验工作如下所述。

（1）加载的位置、顺序、重量要准确无误，利用汽车加载时，要有专人指挥汽车行驶到指定位置。

（2）试验时，每台仪器应配备一个以上的观测人员进行观测记录，每级荷载作用下的实测值应与对应的理论计算值进行比较，如有异常情况应立即检查、分析原因，并立即向试验指挥人员汇报，以便其做出正确的判断。

（3）在每级荷载作用下，待结构反应稳定后，不同类别的测试项目（应变、变形、裂缝）应在同一时间进行读数。如某些项目观测时间较长，则应将观测时间较短的项目的读数时间安排在中间进行，以使各测试项目的读数基本同步。

（4）试验进行过程中，注意不要触动测试元件及测量导线，以免引动读数的波动。

3. 现场清理

试验完成后，应核查测试数据的完备性，如无遗漏，就可清理现场。现场清理主要包括以下工作：

（1）清理仪器仪表及可重复利用的测试软件，回收测试导线。

（2）拆除脚手架和棚帐，清理现场，以便开放交通。

（3）对于进行了打磨和局部改造的应变测点，要用混凝土或环氧砂浆进行修补。此外，还要拆除变形测量时所埋设的测点标志或临时站点设施。

二、加载控制及终止条件

在静载试验过程中，试验指挥人员应及时掌握各方面的情况，对加载进行控制，既要取得良好的试验效果，又要确保人员、仪器设备、试验桥梁的安全，避免不应有的损失。此外，应注意以下几点：

（1）严格按照预定试验方案的加载程序进行加载，试验荷载和测试截面内力的大小都应由小到大，逐步增加，并随时做好停止加载和卸载的准备。

（2）对于变形、应变控制点应随时观测、随时计算，必要时应对变形、应变控制点的量值变化进行在线实时监控观测，并将测试结果及时报告试验指挥人员。如实测值超过理论计算值较多、裂缝宽度急剧增大或听到异常的声响，则应暂停加载，待查明原因后再决定是否继续加载。

（3）加载过程中应指定专人注意观察结构的薄弱部位是否有新裂缝出现，组合结构的结合面是否出现错位或相对滑移现象，结构是否出现不正常的响声，加载时墩台是否发生摇晃现象等。如发生这些情况应及时报告试验指挥人员，以便采取相应的措施。

（4）试验过程中发生下列情况应中途终止加载：

① 在某一级试验荷载作用下，控制点的应变急剧增大，或某些测点应变处于继续增大的不稳定状态。

② 在某一级试验荷载作用下，控制测点的应变或挠度超过规范允许值。

③ 加载过程中，结构原有的裂缝的长度、宽度急剧增大，或超过规范限值的裂缝迅速增多，对结构的使用寿命造成极大影响。

④ 发生其他损坏，影响桥梁结构的正常使用或承载能力。

项目十 桥梁动载试验

项目导读

车辆以一定速度在桥上通过时,由于发动机的抖动,桥面的不平顺等原因会导致桥梁结构产生振动。动力荷载试验是利用某种激振方法激起桥梁结构的振动,然后用测振仪器测试和记录,通过分析记录的振动信号得到桥梁的动力特性和响应,从而判断桥梁结构的整体刚度和行车性能。

学习目标

1. 掌握桥梁振动的基本理论。
2. 掌握桥梁动载试验组织与方案设计。
3. 了解桥梁动载试验的激振方法和振动特性分析。

任务 10.1 动载试验的方法与程序

桥梁结构是承受恒载、车辆荷载、人群荷载等主要荷载的结构物,让车辆以一定速度在桥上通过时,由于发动机的抖动,桥面的不平顺等原因会导致桥梁结构产生振动。此外,人群荷载、风动力、地震力等环境因素的作用也会引起桥梁发生振动,随着交通运输事业的不断发展,车辆的数量、载重量有了迅速的增长,车辆的速度也有了很大的提高;随着新结构、新材料、新工艺的推广应用,桥梁结构逐渐转向轻型性,而对于大跨度、超大跨度桥梁结构,地震响应、风致振动响应、车桥耦合振动是设计施工的控制因素,因此,车辆荷载或其他动力荷载对桥梁结构的冲击和振动影响,已成为桥梁结构设计、计算、施工、运营、维修养护过程中的重要问题之一。

桥梁结构的振动问题,影响因素比较多,涉及的理论比较复杂,紧靠理论或计算分析并不能够满足工程实践的要求,一般多采用理论分析模拟与现场实测相结合的研究方法,因此,振动测试是解决工程结构振动问题必不可少的方法。近二十年来,随着电子计算机的普及与自动化技术的发展,振动测试技术取得了极大进步:一方面表现在风动试验、模拟地震的振动台试验、拟动力试验逐步成为解决工程动力问题主要手段之一;另一方面表现为工程结构在风荷载、车辆荷载、地震荷载作用下,动力反应的现场测试方法也得到了很大的改进。

1. 动载试验的内容

桥梁结构的动载试验是利用某种激振方法激起桥梁结构的振动,测定桥梁结构的固有频率、阻尼比、震型、动力冲击系数、动力响应(加速度、动挠度)等参量的试验数目,从而宏观的判断桥梁结构的整体刚度与试验性能。桥梁结构的动载试验与静载试验虽然在试验目的、测试内容等方面有所不同,但可以互相补充,相互印证,对于全面分析掌握桥梁结构的工作性能是同等重要的。就试验步骤而言,基本上与静载试验相同,动载试验也要经过准备、试验、分析总结三个阶段;就试验性质而言,动载试验也可分为生产鉴定性和科学研究性试验。一般情况下,动载试验多在现场实际结构上进行测试,也可根据桥梁结构的特点和实际需要在室内进行结构模型的动载试验,如在风洞内进行大跨度桥梁风致振动试验,在模拟地震振动台上进行桥梁结构的地震响应试验研究等。桥梁结构的动载试验的基本任务大体可归纳为以下几个方面。

(1)测定结构的动力特性,如测定桥梁结构或构件的自振频率、阻尼特性、振型等。

(2)测定结构在动荷载作用下的强迫振动响应,如测定桥梁结构或构件在车辆荷载、风荷载作用下的振幅、动应力、加速度等。

(3)测定动荷载的动力特性,如测定引起结构振动作用力的大小、方向、频率与作用规律等。

2. 动载试验的数据和信号

桥梁结构的动载试验中,常有大量的物理量如位移、应变、振幅、加速度等,需要进行量测、记录和分析。在静载试验中,可以通过仪器仪表观测而直接获得数据序列。在动载试验中,可通过仪器仪表将振动过程中大量的物理量进行测量并记录下来,这些随时间变化的物理量,一般称为信号,而测得的结果称为数据。根据这些实测数据,可以进行有关振动量之间相互关系的分析。一般说来,动载试验的数据和信号是比较复杂的,具体表现在以下三个方面:

(1)引起结构产生振动的振源(如车辆、人群、阵风或地震力等)和结构的振动响应都是随时间而变化的,是随机的、不确定的。例如,汽车在不平整的桥面上行驶所引起的桥梁振动就是随机的,两次条件完全相同的试验不会量测到相同的动力响应。这种信号虽然可以检测,并得到时间历程曲线,但却不能预测。这类信号服从统计规律,一般用概率统计的方法研究。

(2)桥梁结构在动荷载作用下的响应不仅与激振源的特性相关,也与结构本身的动力特性密切相关。对于桥梁结构而言,本身就具有无限多个自由度,加上车辆与桥梁结构之间的耦合,其动力特性就更为复杂。

(3)在动载试验所记录的信号和数据中,常常会夹杂一些干扰因素。干扰信号不同于量测误差,没有一定的规律。因此,必须对动载试验所测得的信号和数据进行科学的分析与处理,从中提取尽可能多的反映桥梁结构振动内在规律的有用信息。信号的特征可用信号的幅值随时间而变化的数学式、图形或表格来表达,这类表达方式我们称之为信号的时域描述,如加速度时程曲线、位移时程曲线等。信号的时域描述比较简单、直观。通过多个测点的时程曲线,可以分析出结构的振幅、振型、阻尼特性、动力冲击系数等参量,但不能明确揭示信号的频率成分和振动系统的传递特性。为此,常对信号进行频谱分析。研究其频率结构及其对应的幅值大小,即采用频域描述,这时,需要把时域信号通过傅立叶变换的数学处理变换为频域信号。时域信号的博立叶变换就是把确定的或随机的波形分解为一系列简谐波的叠加,以得到振动能量按频率的分布情况,从而确定结构的频率和频率分布特性。

桥梁动载试验是在桥梁处于振动状态下,利用振动测试仪器对振动系统各种振动量进行测定、记录并加以分析的过程。因此,在进行动载试验时,首先应通过激振方法使桥梁处于一种特定的振动状态中。以便进行相应项目的测试。其次,合理选取测试仪器仪表组成振动测试系统。振动测试系统一般由拾振部分、放大部分和分析部分组成,如图 10-1 所示,这三部分可以由专门仪器配套集成使用,也可以组配使用,因此,要根据试验的环境条件和试验的要求,选择组配合理的振动测试系统。仪器组配时除应考虑频带范围外,还要注意仪器间的阻抗匹配问题。再次,要根据测试桥梁的特点,制定测试内容、测点布置和测试方法,例如,对于混凝土简支梁桥的动载试验,一般的观测项目有跨中截面的动挠度、跨中截面钢筋或混凝土的动应变等。又例如,要测定某一固有频率的振型时,应将传感器设置在振幅较大的各部位,并注意各测点的相位关系。最后,利用相应的专业软件对采集的数据或信号进行分析,即可得出桥梁结构的频率、振型、阻尼比、冲击系数等振动参量。在以下各任务中,将详细介绍桥梁动载试验的相关问题,主要包括激振方法选取、传感器布置、动力响应测试,动力响应分析与评价方法等。

振动测试系统

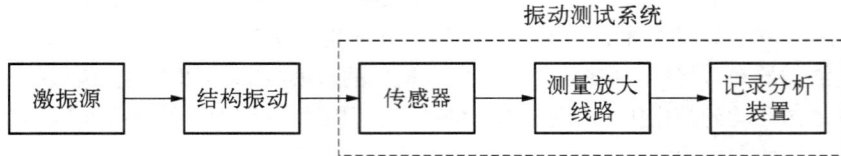

激振源 → 结构振动 → 传感器 → 测量放大线路 → 记录分析装置

图 10 - 1 桥梁结构振动测试系统的原理

任务 10.2　桥梁结构动力响应的测试

一般来说,根据测试任务及测试对象的不同,动力响应的测试大致可分为两种类型:一种是仅测量测试对象的输出响应,从而求出其相关函数或功率谱密度函数来确定测试对象的动态特性,另一种是同时测量输入和输出,从而求出测试对象的动态特性。不管是哪种类型的测试,一般都包括桥梁振动激发、传感器选型与布置、振动响应测试与分析、试验组织等几个方面。

一、激振方法

桥梁动载试验的激振方法很多,如自振法、强迫振动法、脉动法等,选用时应根据桥梁的类型、刚度和现场条件进行选择,以简单易行、便于测试为原则。通常,多将上述一种或两种方法结合起来,以便激发桥梁结构的振动,全面把握桥梁结构的动力特性。

1. 自振法

自振法是使桥梁产生有阻尼的自由衰减振动,记录到的振动图形为桥梁的衰减振动曲线。为使桥梁产生自由振动,一般常用突然加载和突然卸载两种方法。

突然加载法是在被测结构上急速施加一个冲击作用力,由于施加冲击作用的时间短促,因此,施加于结构的作用实际上是一个脉冲作用。根据振动理论可知,冲击脉冲的动能传递到结构振动系统的时间,要小于振动系统的自振周期,且冲击脉冲一般都包含了零频以上所有频率的能量,它的频谱是连续的。只有被测结构的固有频率与之相同或很接近时,冲击脉冲的频率分量才对结构起作用,从而激起结构以其固有频率作自由振动。采用突然加载法时,应注意冲击荷载的大小及其作用位置,如果要激起桥梁结构的整体振动,则必须在桥梁的主要受力构件上施加足够大的冲击力,冲击荷载的作用位置可按所需结构的振型来确定,如为了获得简支梁的第一振型,则冲击荷载应作用于跨中部位,测第二振型时冲击荷载应施加在跨度的 1/4 处。在现场测试中,当测试桥梁结构整体振动时,常常采用试验车辆的后轮从三角跳车垫块上突然下落对桥梁产生冲击作用,激起桥梁的竖向振动,简称跳车试验,跳车装置及其产生的典型波形如图 10 - 2 所示。当测试某一构件(如拉索)的振动时,常常采用锤击方法产生冲击作用。

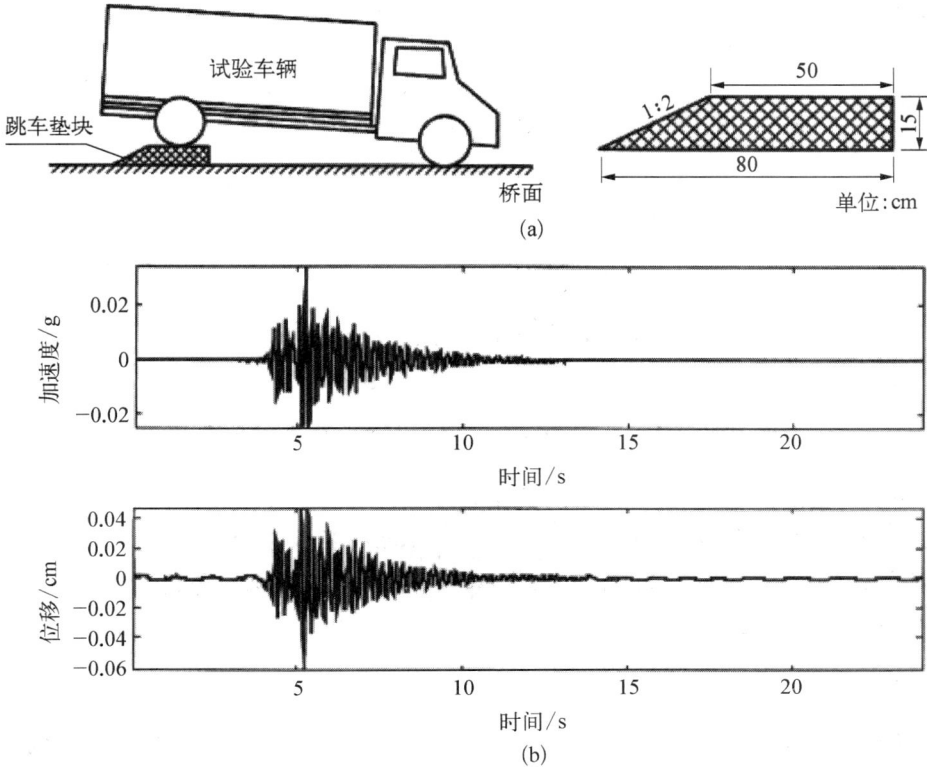

图 10 - 2　跳车试验及其产生的典型振动波形

（a）跳车试验及跳车垫块　（b）跳车试验产生的典型波形

突然卸载法是在结构上预先施加一个荷载作用,使结构产生一个初位移,然后突然卸去荷载,使其产生自由振动。为卸落荷载,可通过自动脱钩装置或剪断绳索等方法,有时也专门设计断裂装置,即当预施加力达到定数值时,在绳索中间的断裂装置便突然断裂,由此激发结构的振动。一般说来,突然卸载法的荷载大小要根据振动测试系统所需的最小振幅计算求出。图 10 - 3 为突然卸载法的激振装置。

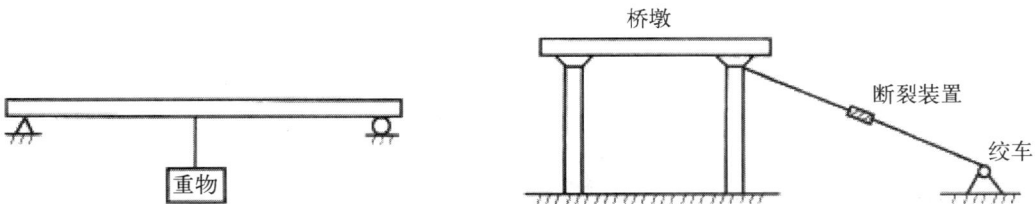

图 10 - 3　突然卸载法的试验装置

2. 强迫振动法

强迫振动法是利用专门的激振装置,对桥梁结构施加激振力,使结构产生强迫振动。然后逐渐改变激振力的频率而使结构产生共振现象,借助于共振现象来确定结构的动力特性。对于模型结构而言,常常采用激振设备来激发模型振动,常见的激振设备有机械式激振器、电动式激振器。使用时将激振器底座固定在模型上,由底座将激振器产生的交变激振力传递给模型结构。激振器在模型结构上的安装位置、激振频率和激振方向可以根据试验的要求和频率来确定。试验时,连续改变激振器的频率,进行频率扫描,当激振器的频率模型与固有频率一致时,模型就会出现第一次共振、第二次共振现象等,由此即可得到模型的第一阶频率、第二阶频率等。

对于原型桥梁结构,常常采用试验车辆以不同的行驶速度通过桥梁,使桥梁产生不同程度的强迫振动,简称跑车试验。由于桥面的平整度具有一定的随机性,所以由此引起的振动也是随机的,当试验车辆以某一速度通过时,所产生的激振力频率可能会与桥梁结构的某阶固有频率比较接近,桥梁结构便产生共振现象,此时桥梁各部位的振动响应达到最大值。在车辆驶离桥跨后,桥梁作自由衰减运动。这样,就可以从记录到的波形曲线中分析得出桥梁的动力特性。在试验时,根据桥梁结构的设计行车速度,常采用 10 t 重的试验车辆以 20 km/h、40 km/h、60 km/h、80 km/h 的速度进行跑车试验。图 10-4 所示即为一辆 10 t 重的试验车辆以 40 km/h 的速度驶过跨度为 30 m 混凝土连续梁桥时,跨中截面加速度的时程曲线。

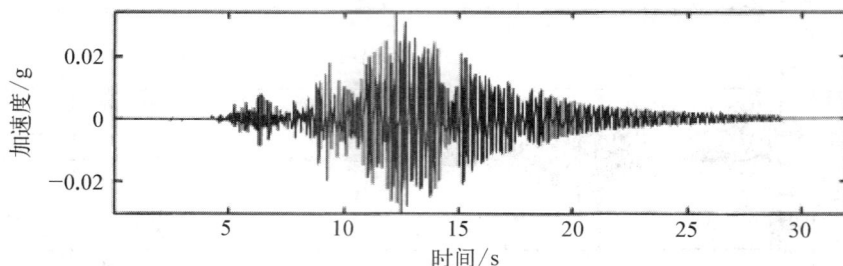

图 10-4　车速为 40 km/h 时某连续梁跨中截面加速度时程曲线

3. 脉动法

脉动法是利用被测桥梁结构所处环境的微小而不规则的振动来确定桥梁结构的动力特性的方法,这种微振动通常称之为地脉动,它是由附近地壳的微小破裂和远处地震传来的脉动所产生的,或由附近的车辆、机器的振动所引发的。结构的脉动具有一个重要的特性,就是能够明显地反映出结构的固有频率。因为,结构的脉动是因外界不规则的干扰所引起的,具有各种频率成分,而结构的固有频率是脉动主要成分,在脉动图上可以较为明显地反映出来。图 10-5 所示的波形为某桥结构脉动记录曲线,振幅呈有规律的增减,通过频谱分析,即可得出该桥的一阶频率为6.057 Hz。

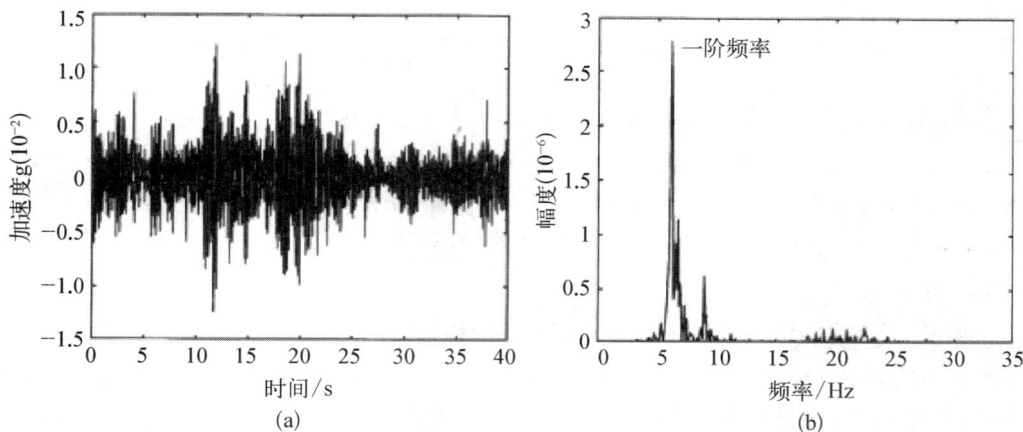

图 10-5　某桥结构脉动所产生的加速度时程曲线及其频谱

(a)地脉动所引起的桥梁加速度时程曲线　(b)自功率谱

二、传感器选取与布置

在桥梁结构的动载试验中,人们关心的振动测试参量主要有三个,即结构的动应变、结构振动的幅度和结构振动的加速度。结构的动应变与静应变的测量元件、测量方法基本相同,可以利用静载试验所布置的应变片,不同之处在于需要采用动态应变进行测量。桥梁结构振动的幅度宏观反映了荷载的动力作用,动位移与相应的静位移相比较,便可得出桥梁动力冲击系数,它是衡量桥梁结构整体刚度与行车性能的主要指标。加速度则反映了桥梁动力影响对司机、乘客舒适性的影响,过大的加速度影响会导致司机、乘客的不适。因此,在桥梁动载试验中,通常选用的传感器是加速度传感器和位移传感器,通过位移传感器直接测量桥梁结构的位移时程曲线,进行分析之后可以得出其固有频率,冲击系数和阻尼比。通过加速度传感器直接测量桥梁结构的加速度时程曲线,进行频谱分析后可以得出其固有频率,进行数值积分后可以得到位移时程曲线等。然而,需要说明的是,位移传感器的安装一般需要有固定不动的支架,这对于桥梁,尤其是跨越江河的桥梁是难以实现的。为了能够方便准确地测得桥梁结构的动位移,可以采用激光挠度仪或红外挠度仪。

传感器的布置要根据结构形式而定,一般要根据动力特性的理论分析结果,按照理论计算得出的振型,在振幅较大的部位布置传感器,以能够测得桥梁结构最大反应,如主跨跨中截面、边跨跨中截面振幅,并较好地勾画出振型曲线为宜。桥梁结构动力特性的计算,目前多利用各种专用桥梁计算软件或通用分析软件进行。

桥梁结构的振型是结构相应于各阶固有频率的振动形式,一个振动系统的振型数目与其自由度数相等。桥梁结构是具有连续分布质量的体系,也是一个无限多自由度体系,因此其固有频率及相应的振型也有无限多个。但是,对于一般桥梁结构,第一固有频率即基频,对结构动力分析才是最重要的;对于较复杂的动力分析问题,也仅需要前几阶固有频率,因而在实际测试中,一些低阶振型才有实际意义,图 10-6 为常见梁式桥的前三阶振型。振型的测试一般是在结构上同时布置许多传感器,传感器的布设位置可根据理论计算结果来确定,这时需保证所有传感器的灵敏度相同,所有放大器的特性相同。表 10-1 为某 5 跨连续梁动力特性理论计算值,根据理论分析结果,该桥动载试验的传感器的布置方式如图 10-7 所示。测出各测点的振动曲线后,比较各测点的振幅、相位便可绘制出振型曲线。

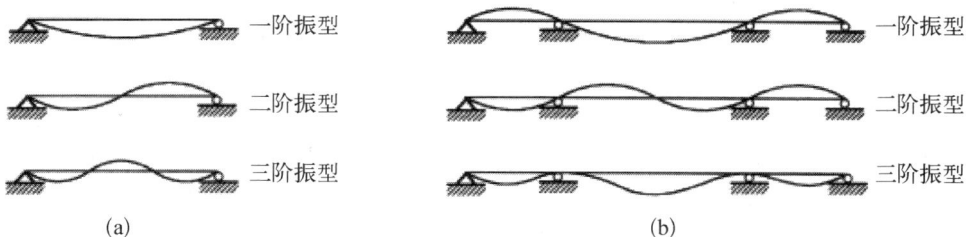

图 10-6　简支梁、连续梁的前三阶竖向振型

(a) 简支梁的主要振型　(b) 连续梁的主要振型

表 10-1　某 5 跨连续梁动力特性理论计算值

阶　　次	频率/Hz	周期/s	振　　型
1	4.39E+00	2.28E-01	竖向正对称
2	6.47E+00	1.55E-01	竖向反对称
3	7.57E+00	1.32E-01	面外水平振动

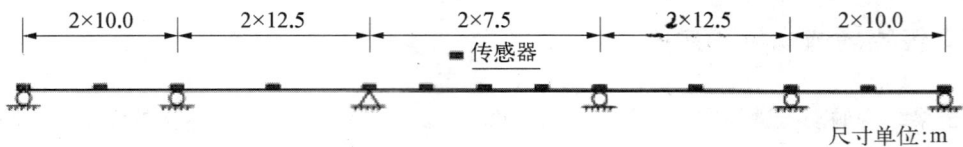

图 10 - 7　某 5 跨连续梁动载试验传感器布置

三、振动测试系统组成

一般来说,振动测试系统主要由两大部分组成,即振传感器与数据采集分析系统。

1. 拾振传感器

该部分由传感器(加速度传感器、速度传感器或位移传感器)、导线等组成。振动测试系统中,传感器的选用十分重要,应根据测试对象的振动频率和需要检测的物理量来选用不同种类的传感器。

2. 数据采集分析系统

该部分的作用是将传感器信号放大、转换为模拟信号和数字信号,然后进行记录及分析。大多数的数据采集分析系统都有模拟信号和数字信号的放大、滤波等功能。典型的数据采集分析系统由采样/保持、模拟量/数字量转换和数据采集记录三部分组成。

1) 采样/保持器

时间信号采用的电路称为采样器,由开关元件及控制电路组成。对时间连续的信号进行采样是通过周期脉冲序列的调制来完成的,实际的采样脉冲,有一定宽度,通常远小于采样周期。在采样时间内完成幅值从连续的模拟量到数字量的转换,会要求模拟量/数学量转换器有非常高的转换速度。因此,在实际采样时,是将所得到的时间离散信号通过记忆装置即保持器保持起来,在信号保持期间,再进行模拟量/数字量的转换。

2) 模拟量/数字量转换器

A/D 转换器(Analog-Digital Converter)又叫模拟量/数字量转换器,它是将模拟信号(电压或电流形式)转换成数字信号的器件。通常,A/D 转换器中的模拟量多为直流电压信号,A/D 转换器将此直流电压转换为二进制数字量,以便于进行记录与进一步的分析。

3) 数据采集记录

常用数据采集分析系统的构成模式为:将具有单片机控制的数据分析数据采集和微型计算机采用通讯的方式联机,组成一套数据采集与分析系统。由于采集部分独立于计算机系统,因此各项性能指标和功能可以设计得很理想。同时,可以通过计算机通信接口的采集部分进行控制、传送数据,具有较好的互换性,再配以不同的软件,可使整套仪器同时具有多种功能。

四、数据采集

1. 采样定理与采样频率

所谓采样,就是将连续变化的信号转变为时间域的离散信号。采样的核心问题是,信号在时域离散化后不会丢失信息,即如何选取采样的频率,从而保证采样后的离散信号能够准确,不失真地代表原有连续信号。

如图 10-8 所示,设模拟信号为 $x_a(t)$,采样周期为 t_n,则采样频率为 $f=1/t_n$。 采样后的时间离散信号为:

$$x(t)=x_a(nt_n)\ (n=-\infty\cdots-1,\ 0,\ 1\cdots\infty) \tag{10-1}$$

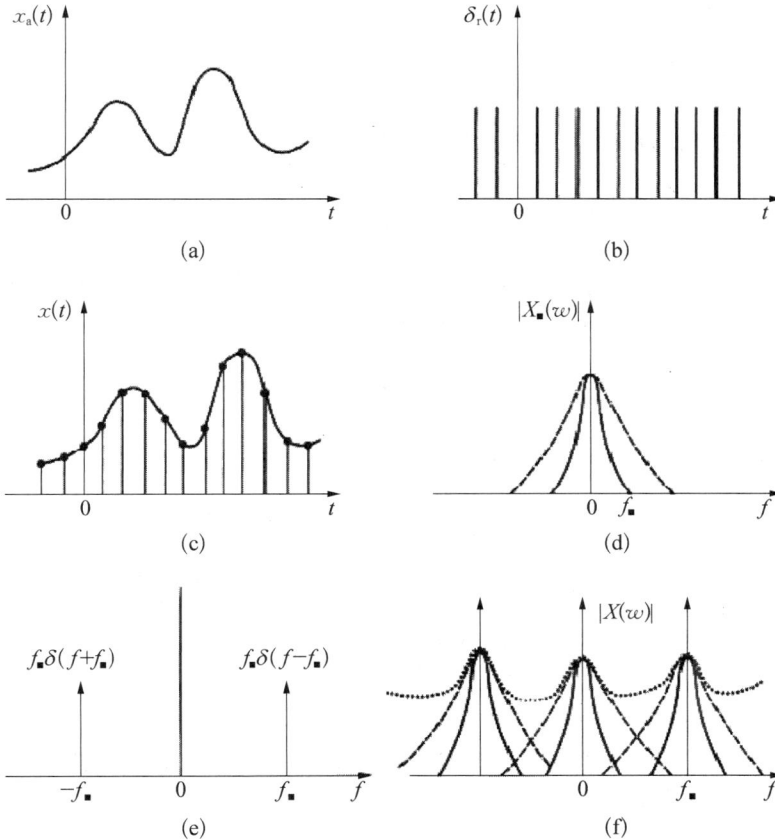

图 10-8 连续信号的离散
(a) 连续信号 (b) 梳状信号 (c) 采样信号 (d) 连续信号 (e) 梳状信号 (f) 采用信号

下面分析信号 $x(t)$ 的频谱 $x(\omega)$ 能复现原模拟量信号 $x_a(t)$ 的频谱 $x_a(\omega)$ 的条件。 物理上,采样过程可以看成是周期为 t_a 的采样脉冲信号的调制。 周期性单位脉冲序列记为 $\delta_s(t)$:

$$\delta_s(t)=\sum_{n=-\infty}^{+\infty}\delta(t-nt_s) \tag{10-2}$$

单位脉冲序列形同梳子,又称梳状函数。 当原始连续信号 $x_a(t)$ 按采样频率 f 采样后,采样信号 $x(t)$ 可以视为 $x_a(t)$ 和脉冲序列 $\delta_s(t)$ 的乘积,即

$$x(t)=x_a(t)\cdot\delta_s(t)=x_a(t)\cdot\sum_{n=-\infty}^{+\infty}\delta(t-nt_s) \tag{10-3}$$

单位脉冲序列 $\delta_\xi(t)$ 为周期函数,可按傅里叶级数展开,其傅里叶系数 C_n 为

$$C_n=\frac{1}{t_s}\int_{-\frac{t_s}{2}}^{\frac{t_s}{2}}\delta_s(t)e^{-j n\omega ft}dt=\frac{1}{t_s}\int_{-\frac{t_s}{2}}^{\frac{t_s}{2}}\sum_{n=-\infty}^{+\infty}\delta(t-nt_s) \tag{10-4}$$

259

在 $|t| \leqslant t_s/2$ 积分区间,只有一个脉冲 $\delta(t)$,故

$$C_n = \frac{1}{t_s} \int_{-\frac{t_s}{2}}^{\frac{t_s}{2}} \delta(t) \mathrm{e}^{-j2\pi n f_x^c} \mathrm{d}t = \frac{1}{t_s} = f_s \tag{10-5}$$

由此可得 $\delta(t)$ 的傅氏级数的指数形式为

$$\delta_s(t) = f_s \sum_{n=-\infty}^{+\infty} \mathrm{e}^{j2\pi n f_s} \tag{10-6}$$

根据傅里叶变换的时移定理,可得 $\delta_s(t)$ 的频谱为

$$F[\delta_s(t)] = f_s x_a \sum_{n=-\infty}^{+\infty} \delta(f - nf_s) \tag{10-7}$$

很明显,只有当 $f = nf_s$ 时,$\delta(0)$ 才取值为 1,即频谱的谱线是离散的,谱线间距为 f_s,如图 10-8(e)所示。将式(10-6)代入式(10-3),采样信号可表示为

$$x(t) = \sum_{n=-\infty}^{+\infty} f_s x_a(t) \mathrm{e}^{j2\pi n f_s t} \tag{10-8}$$

其傅氏变换为

$$X(\omega) = F[x(t)] = F\Big[\sum_{n=-\infty}^{+\infty} f_a x_s \mathrm{e}^{j2\pi n f_s t}\Big] = \sum_{n=-\infty}^{+\infty} f_s F[x_a(t) \mathrm{e}^{j2\pi n f_s t}] \tag{10-9}$$

根据傅氏变换的频移定理,注意自变量由 ω 换成 $f = \omega/2\pi$,上式可写成:

$$X(f) = \sum_{n=-\infty}^{+\infty} f_s X_a(f - nf_s) \tag{10-10}$$

式中:$x_a(f)$ ——原始连续信号的频谱,如图 10-8(d)所示。

采样信号的频谱 $x(f)$ 如图 10-8(f)所示。由此可见,采样信号的频谱包含着原信号频谱及无限个经过频移的原信号频谱,频谱的幅值均乘以常数 f_s,平移量等于采样频率 f_s 及其各次倍频 nf_s。

当连续信号频谱的最大频率 $f_m \leqslant f_s/2$,即 $f_s \geqslant 2f_m$ 时,在 $0 \leqslant f_m$ 频率范围内,采样信号的频谱 $x(f)$ 与原信号频谱完全一样,即采样信号无失真。但是,当 $f_m \geqslant f_s/2$ 或 $f_s \leqslant 2f_m$ 时,平移谱将与原信号重叠,使某些频带的幅值与原始频谱不同,这种现象称为频率混叠,如图 10-8(d)所示。频率混叠使采样信号产生失真,造成误差。其物理概念是,采样频率太低,采样点太少,以致不能复现原信号。

不难看出,为了使采样过程不失掉信息,就要求能从采样信号的频谱中取出原信号频谱,以保证能够基本无失真地恢复原信号。这时,采样频率 f_s 与原信号最大频率 f_m 之间必须满足如下关系:

$$f_s \geqslant 2f_m$$

这就是采样定律。满足临界条件 $f_s = 2f_m$ 的信号最大频率 f_m 称为折叠频率,记为 f_c,当信号频谱超过 $f_c/2$ 时,将会以此为镜像对称轴折叠回来,造成频谱重叠。

实际采样时,在采样前并不知道信号的最大频率 f_m,这时如何确定采样频率 f_s,就成为问题的关键。虽然可以假设 f_m 很大,从而确定 f_s,但是,由于采样频率太高而产生大量的离散数据,增

加所需内存容量,或是在进一步进行数字频谱分析时,由于频线数有限,造成频率分辨率不足。因此,可以根据动力相应测试任务的需要确定频率范围 f_c,然后对原信号进行低通滤波限制信号带宽,并由此按采样定律确定采样频率。

2. 量测噪声的抑制

在试验中,测量信号常受到各种电噪声的干扰,导致测试精度降低。电噪声可分为静电噪声、电感噪声、射频噪声、电流噪声、接地回路电流噪声等。电噪声的抑制是数据采集系统设计及使用过程中均应注意的问题,虽然我们不可能完全消除电噪声干扰,但可以尽可能地减少它的影响。一个好的测试系统在设计时就会考虑了噪声的抑制与消除问题。以下仅从现场测试的环节来简要介绍抑制电噪声的方法。

(1) 加接交流稳压电源,减少电源电压波动引起的噪声。各测试仪器电源都要尽量直接从总电源(稳压电源)的输出端接出,且功率大的电源接入端口应安排在功率小的仪器的电源接入端口之后,这样可以减少共电源仪器之间由于电流波动造成的相互影响。

(2) 测试系统单点接地。单点接地是一个很重要的抑制噪声的措施,有串联和并联两种接法。并连接法是将所有仪器的接地线都并联地接到同一接地点,这种方法是比较理想的接地方法(高频电路除外),但由于需要连很多根接地线,布线复杂,在实际测试中不常用。串联接法是将所有仪器的接地线串联到一起,然后再接到接地点,它布线简单,当各电路电平相差不大时经常采用此方法。

(3) 所有电源线的信号传输线应尽可能采用屏蔽线。注意不要让信号传输线与电源线平行,且应尽可能使他们相互远离隔开。

(4) 测试记录或分析时,注意不要变动测试系统中任何仪器的任何开关,否则将产生高频的噪声或出现瞬时过载的现象,甚至损坏仪器。

(5) 应尽量使仪器间的阻抗相互匹配,并使振动测试仪器接地电阻不大于 4 Ω。

五、试验组织

桥梁动载试验组织包括试验前现场准备、试验测试、实时分析及现场清理四个方面的工作。试验组织就是把上述工作内容相互衔接,形成一个有机的完整的高效率的组织计划,并在试验中按照这个计划进行。动载试验组织虽然内容较少,但仍是试验成功的重要保证。

1. 试验前现场准备工作

(1) 出发前应对所携带的仪器仪表、传感器等进行全面的检查与标定,确保仪器仪表状态良好。此外要在距离测试部位适当的地方搭设棚帐,以供操作仪器使用,还要接通电源,安装照明设备,检查通信设备的状态。

(2) 按照试验方案所定的传感器布置位置,进行放样定位,布置测试导线,采用合适的方法将传感器固定到被测对象上。此外,根据被测结构的动力特性,确定跳车试验进行的位置,并做出标记。

(3) 对于运营中的桥梁,试验准备工作要注意传感器、测试导线的防护,试验开始前应封闭交通,禁止闲杂人员和非试验用车辆进入。

(4) 建立试验领导组织,进行人员分工安排。根据试验实际情况,一般设指挥一人,试验车辆导引员一人,测试人员数名,配备相应的通信联络工具或明确联络方式,以便统一指挥统一行动。

(5) 正式试验前,要进行预测试,以检查仪器仪表、测量线路的工作状态,确定测量放大器的放大系数。

2. 试验工作

(1) 动载试验测试内容一般包括地脉动测试、跑车测试、跳车测试三项,试验时宜从动力响应小的测试项目做起,即先进行地脉动测试,再进行 20 km/h、40 km/h、60 km/h 跑车试验,最后进行跳车试验,以便根据动力响应大小及时调整测量放大器的放大系数,避免量测数据溢出。

(2) 进行跑车试验时,要较准确地控制试验车辆的车速,并根据测试传感器的布置,确定试验车辆行驶途中进行数据采集的起止位置,以免测试数据产生遗漏。

(3) 每次测试后,要在现场进行数据回放和频谱分析,并与测试桥梁动力特性的理论计算值进行比较,检查测试数据是否正常,试测频率是否与理论计算值接近。如果有异常情况应立即检查、分析原因,必要时重新测试。

(4) 试验进行过程中,注意不要触动测试元件及测量导线,以免引起读数的波动。

(5) 试验完成后,清理仪器仪表、传感器,回收测试导线,拆除棚帐,清理现场,以便开放交通。

任务 10.3　动测数据分析与评价

桥梁结构的动力特征如固有频率、阻尼系数和振型等,只与结构本身的固有性质如结构的组成形式、刚度、质量分布、支承情况和材料性质等有关,而与荷载等其他条件无关,结构的动力特性是结构振动系统的基本特征,是进行结构动力分析所必需的参数。桥梁结构在实际的动荷载作用下,结构各部位的动力响应如振幅、应力、位移、加速度等,不仅反映了桥梁结构在动荷载作用下受力状态,也反映了动力响应对司机、乘客舒适性的影响。桥梁结构的动载试验,就是要从大量的实测数据信号中,揭示桥梁结构振动的内在规律,综合评价桥梁结构的动力性能。

在动载试验中,可获取各种振动量如位移、应力、加速度等的时间历程曲线,由于实际桥梁结构的振动很复杂,且一般都是随机的,所以直接根据这样的信号或数据来分析判断结构振动的性质和规律有困难,一般需对实测振动波形进行分析与处理,以便对结构的动态性能做进一步分析。常用的分析处理方法有时域分析和频域分析两种。时域分析是直接对时程曲线进行分析,得出振幅、阻尼比、振型、冲击系数等参数;频域分析是把时域信号通过傅里叶变换的数学处理变换为频域信号,揭示信号的频率成分和振动系统的传递特性,以得到振动能量在频率域的分布情况,从而确定结构的频率和频率分布特性。得出这些振动参量后,就可以根据有关指标综合评价桥梁结构的动力性能。

一、时域分析

在时域分析中,桥梁结构的一些动力参数可以直接从相应的时程曲线上得出,例如,可以在加速度时程曲线上得到各测点加速度振幅,在位移时程曲线上将最大动挠度减去最大静挠度即可得出位移振幅,通过比较各测点的振幅、相位就得出振型。另外一些参数,如结构阻尼特性、冲击系数则需要对时程曲线进行一些数据分析处理。

1. 结构阻尼特性的测定

桥梁结构的阻尼特性,一般用对数衰减率 δ 或阻尼比 D 来表示。实测的自由振动衰减曲线如图 10-9 所示,由振动理论可知,对数衰减率为:

$$\delta = \ln \frac{A_i}{A_{i+n}}$$

(10-11)

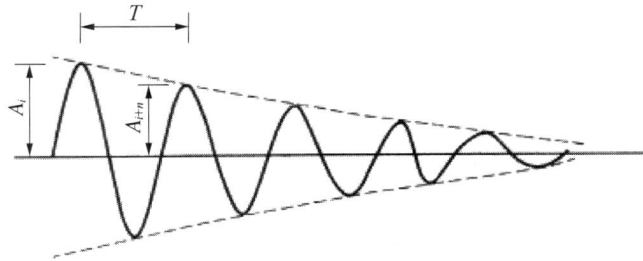

图 10-9　由振动衰减曲线求阻尼特性

式中：A_i 和 A_{i+n} ——分别为相邻两个波的振幅值,可以直接从衰减曲线上量取。即

$$\delta_a = \frac{1}{n}\ln\frac{A_i}{A_{i+n}} \tag{10-12}$$

根据振动理论,对数衰减率 δ 与阻尼比 D 的关系为

$$\delta = \frac{2\pi D}{\sqrt{1-D^2}} \tag{10-13}$$

由于一般材料的阻尼比都比较小,因此,式(10-13)可近似表述为

$$D = \frac{\delta}{2\pi} \tag{10-14}$$

图 10-10 所示为跳车试验所产生的自由振动衰减曲线,通过对实测数据的分析,可知该桥的阻尼比为 0.021 8。通常,桥梁结构的阻尼比在 0.01～0.08 之间,阻尼比越大,说明桥梁结构耗散外部能量输入的能力越强,振动衰减得越快,反之亦然。

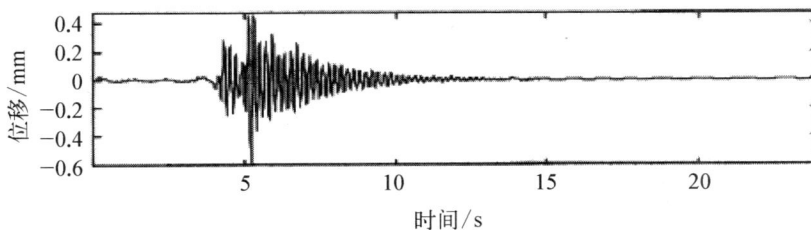

图 10-10　跳车试验产生的结构竖向振动典型波形

2.冲击系数的确定

动力载荷作用与桥梁结构上产生的动挠度,一般较同样的静荷载所产生的相应的静挠度要大。动挠度与相应的静挠度的比值称为活荷载的冲击系数。由于挠度反映了桥梁结构的整体性能,是衡量结构刚度的主要指标,因此活载冲击系数综合反映了动力荷载对桥梁结构的动力作用。活载冲击系数与桥梁的结构形式、车辆行驶速度、桥面的平整度等因素有关。为了测定桥梁结构的冲击系数,应使车辆以不同的速度驶过桥梁,逐次记录跨中截面的挠度时程曲线,如图 10-11 所示,根据冲击系数的定义有

$$1+\mu = \frac{Y_{dmax}}{Y_{smax}} \tag{10-15}$$

式中：Y_{dmax} ——最大动挠度值。

Y_{smax} ——最大静挠度值。

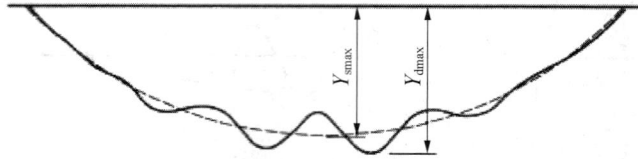

图 10 - 11 移动荷载作用下简支梁的挠度曲线

图 10 - 12(a)所示为 1 辆 10 t 重的试验车辆以 20 km/h 的速度通过某预应力混凝土 T 型刚构桥时，T 构牛腿处的动挠度时程曲线，根据实测数据，可得该桥的冲击系数 $1 + \mu$ 为：

$$1 + \mu = \frac{Y_{dmax}}{Y_{smax}} = \frac{5.576}{5.089} = 1.096$$

对动挠度进行频谱分析，如图 10 - 12(b)所示，从频谱图中可得出该桥第一阶频率为 1.08 Hz。

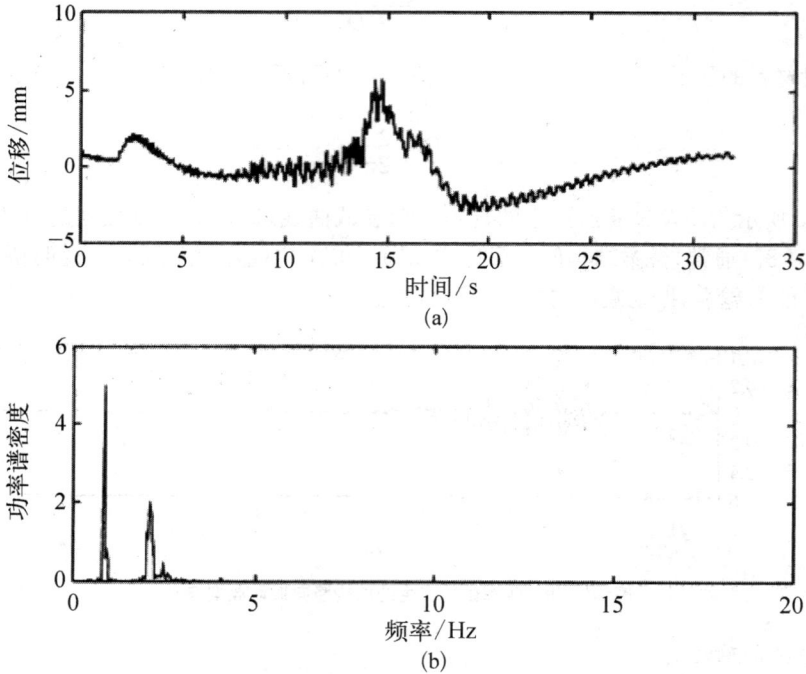

(a)

(b)

图 10 - 12 试验动挠度时程曲线及其频谱

（a）动挠度时程曲线 （b）频谱

二、频域分析

桥梁结构在风荷载、地震荷载、车辆荷载作用下所产生的振动，都是包含多个频率成分的随机振动，它的规律不能用一个确定的函数来描述，这种不确定性、不规则性是随机数据共有的特点。随机变量的单个试验称为样本，每次单个试验的时间历程曲线称为样本记录，同一试验的多个试验的集合称为样本集合或总体,它代表一个随机过程。随机数据的不确定性、不规则性是对单个观测样本而言的,大量的同一随机振动试验的集合都存在一定的统计规律。桥梁结构的振动,一般都属于平稳的、各态历经的随机过程,即随机过程的统计特征与时间无关,且可以用单个样本来替代整个过程的研究。随机数据可以用以下几种统计函数来描述。

1. 均值、均方值和均方差

随机数据的均值、均方值和均方差是样本函数时间历程的一种简单平均,它们从不同方面反映了随机振动信号的强度,其表达式分别为

$$u_x = E[x(t)] = \lim_{T \to +\infty} \int_0^T x(t) dt \tag{10-16}$$

$$\varphi_x^2 = E[x^2(t)] = \lim_{T \to +\infty} \frac{1}{T} \int_0^T x^2(t) dt \tag{10-17}$$

$$\sigma_x^2 = E[x(t) - u_x^2] = \lim_{T \to +\infty} \frac{1}{T} \int_0^T x(t) - u_x^2 dt \tag{10-18}$$

均值反映了随机过程的静态强度,是时间历程的简单算术平均;均方值反映了总强度,是时间历程平方值的平均;均方差反映了动态强度,是零均值信号的均方值。均值 u_x、均方值 φ_x^2、均方差 σ_x^2,三者之间的关系为

$$\varphi_x^2 = u_x^2 + \sigma_x^2 \tag{10-19}$$

2. 概率密度函数

各态历经随机振动过程的概率密度函数表示在样本记录中,瞬时数据 $x(t)$ 的值落在某一指定范围 $(x, x+\Delta x)$ 内的概率,如图 10-13 所示,其定义为

$$p(x) = \lim_{\Delta x \to 0} \frac{pro[x < (t) < x + \Delta x]}{\Delta x} \lim_{\Delta x \to 0} \frac{1}{\Delta x} \left[\lim_{T \to +\infty} \frac{T_x}{T} \right] \tag{10-20}$$

式中：T ——总观测时间;

T_x ——在总观测时间 T 内,$x(t)$ 落在 $(x, x+\Delta x)$ 区间内的时间总和。

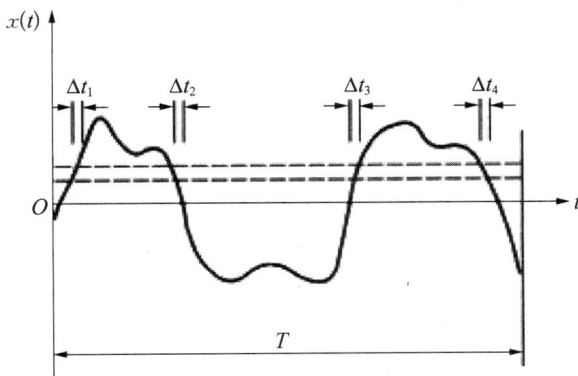

图 10-13 概率密度函数

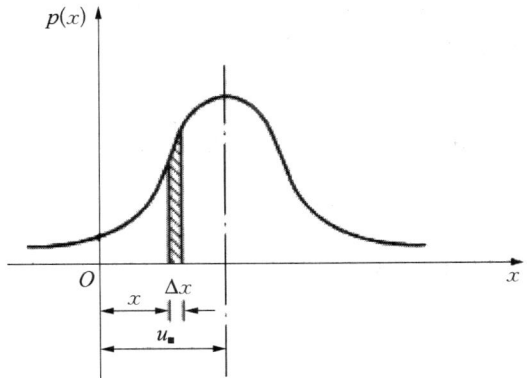

图 10-14 概率密度曲线与均值的关系

根据上述定义可知,概率密度曲线 $p(x)$ 下的面积总和等于 1,它标志着随机数据落在全部范围内的必然性。概率密度函数与均值、均方值有内在的联系。均值 u_x 等于概率密度曲线下的面积

形心的坐标,如图 10-14 所示,它可以由一次矩来计算:

$$u_x = \int_{-\infty}^{+\infty} x p(x) \mathrm{d}(x) \tag{10-21}$$

均方值 φ_x^2 可以由二次矩来计算:

$$\varphi_x^2 = \int_{-\infty}^{+\infty} x^2 p(x) \mathrm{d}x \tag{10-22}$$

3. 自相关函数

随机变量的自相关函数是描述一个时刻的变量与另一个时刻变量数值之间的依赖关系,对于各态历经随机过程的变量 $x(t)$ 的自相关函数 $R_x(\tau)$ 可以定义为 $x(t)$ 与它的延时 $x(t+\tau)$ 乘积的时间平均,即

$$R_x(T) = \lim_{T \to +\infty} \frac{1}{T} \int_0^T x(t) x(t+\tau) \mathrm{d}t \tag{10-23}$$

自相关函数主要用来确定任一时刻的随机数据对于它以后数据的影响程度, $R_x(\tau)$ 的数值大小说明影响程度的大小。因此,可以利用自相关函数来鉴别混淆在随机数据中的周期成分,因为当随机数据在时间间隔很大时,自相关程度趋于零,而周期成分不管时间间隔多大,其自相关函数都变化不大。

4. 功率谱密度函数

对于平稳随机过程,随机变量 $x(t)$ 的功率谱密度定义为样本函数在 $(f, f+\Delta f)$ 频率范围内均方值的谱密度,即

$$G(f) = \lim_{\Delta f \to +\infty} \frac{\varphi_x^2(f, f+\Delta f)}{\Delta f} \tag{10-24}$$

由式(10-24)得到的功率谱称为单边功率谱。在实际分析时,常采用自相关函数 $R_x(\tau)$ 的傅里叶变换来求得功率谱密度函数,其表达式为:

$$S(f) = \int_{-\infty}^{+\infty} R_x(\tau) \mathrm{e}^{-i2\pi f z} \mathrm{d}\tau \tag{10-25}$$

由式(10-25)得到的功率谱称为双边功率谱密度函数,也称为自功率谱密度, $S(f)$ 与 $G(f)$ 的关系为:

$$S(f) = G(f) \tag{10-26}$$

由式(10-26)的逆变换可得:

$$R_x(\tau) = \int_{-\infty}^{+\infty} S(f) \mathrm{e}^{-i\pi/z} \mathrm{d}f \tag{10-27}$$

当 $\tau = 0$ 时,上式可表示为:

$$R_x(0) = \varphi_x^2 = \int_{-\infty}^{+\infty} S(f) \mathrm{d}f \tag{10-28}$$

上式表明,自功率谱密度 $S(f)$ 在整个频率域上的积分就是随机变量的均方值。一般振动的能量或功率与其振幅的平方或均方值成比例,所以功率谱密度反映了随机数据在频率域内能量的分布情况,某个频率对应的功率谱值大,说明该频率在振动过程中占主导地位,由此即可在量测数据中分析出结构的固有频率,如图 10-15 所示。因而,在分析随机数据的频率构成时,我们常常利

用其自功率谱的分布图形来判断桥梁结构的固有频率,在实际测试中,随机数据的自功率谱计算常采用快速傅里叶变换来实现。图 10 - 16(a)所示为某桥跨中截面跳车试验加速度时程曲线,图 10 - 16(b)所示为根据加速度时程曲线进行傅里叶变换所得出的加速度自功率谱图,从图上可以看出该桥的第一固有频率是 1.888 Hz。

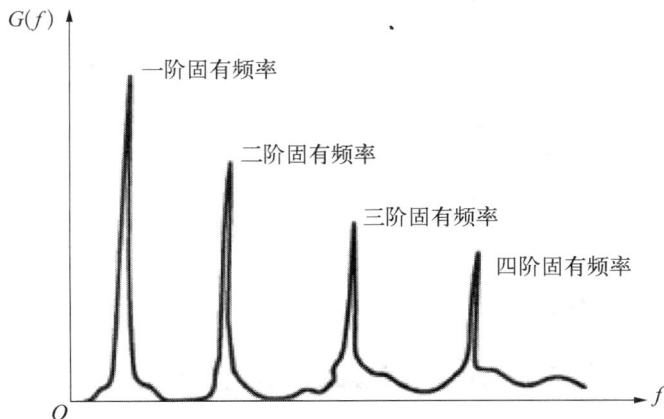

图 10 - 15　自功率谱图与结构的固有频率

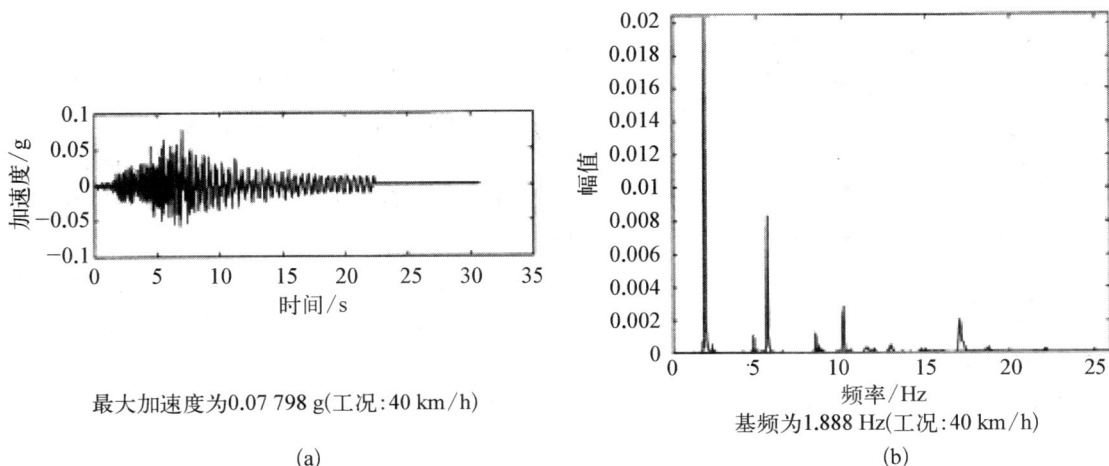

最大加速度为0.07 798 g(工况:40 km/h)

(a)

基频为1.888 Hz(工况:40 km/h)

(b)

图 10 - 16　某桥 40 km/h 跑车试验跨中截面加速度时程曲线及其自功率谱

(a) 加速度时程曲线　(b) 加速度自功率谱

目前,在实际测试中,相当一部分动态数据采集仪都具有直接进行频域分析的功能,这样就极大地方便了现场测试分析。图 10 - 17 所示为某桥在跳车试验的实测加速度时程曲线,动态数据采集仪可直接由时域信号分析得出加速度自功率谱图,得出结构的固有频率为 9.96 Hz,这样,就可以比较方便地在现场进行分析与评价。

三、桥梁结构动力性能的分析评价

桥梁结构动力性能的一些参量如固有频率、阻尼比、振型、动力冲击系数以及响应的大小,是宏观评价桥梁结构的整体刚度、运营性能的重要指标,也是一些规范评价桥梁安全舒适运营性能

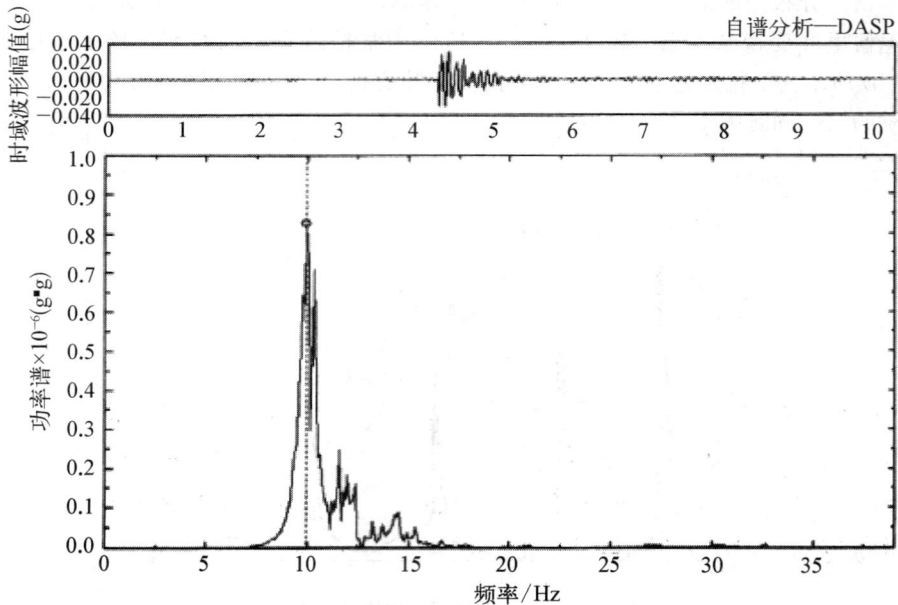

图 10-17 某桥跳车试验跨中加速度时程曲线及其频谱

的主要参数。然而,由于桥梁结构动力特性、动力响应的复杂性,加上结构振动对结构疲劳损伤的影响规律尚不够清楚,结构振动响应对使用者(司机、乘客)的舒适性的影响也十分复杂,因此,对于动载试验所测得的加速度、振幅、动位移等参量,目前国内外规范尚无比较系统、全面、可操作的评价指标体系,仅有一些零星的评价指标,如我国规定铁路桥梁的振幅不得大于 $L/2.5B$ mm(L 为跨度,B 为桥宽),也有一些研究者采用英国 Sperling 指标、德国 Diekmann 指标或国际标准化组织 ISO2631 指标来评价桥梁结构振动对司机乘客舒适性的影响。

一般认为,桥梁结构的动力特性反映了结构的整体刚度、桥面的平整程度及耗散外部振动能量的能力,过大的动力响应会影响车辆安全行驶,会导致桥梁结构产生疲劳损伤,会引起司机、乘客的不适,应设法避免。同时,由于在计算分析中常常会做出一些假设,忽略了一些次要因素,故桥梁结构的实际刚度大于计算取值、实测频率应大于计算频率。在实际测试中,通常通过以下几个方面来评价桥梁结构的动力性能。

(1)比较桥梁结构的频率理论计算值与实测值,如果实测值大于理论计算值,说明桥梁结构的实际刚度较大,整体性能较好;反之则说明桥梁结构的刚度偏小,可能存在开裂或其他不正常现象。

(2)根据动力冲击系数的实测值来评价桥梁结构的行车性能,实测冲击系数较大则说明桥梁结构的行车性能差,桥面的平整程度不良,反之亦然。

(3)根据实测加速度量值的大小,评价桥梁结构行车的舒适性。根据国际标准化组织 ISO 的研究资料,车辆在桥梁结构行驶时最大竖向加速度不宜超过 0.065 g(g 为重力加速度),否则就可能会引起司乘人员的不适。

(4)实测阻尼比的大小反映了桥梁结构耗散外部能量输入的能力,阻尼比大,说明桥梁结构耗散外部能量输入的能力强,振动衰减地快;阻尼比小说明桥梁结构外部能量输入的能力差,振动衰减地慢;过大的阻尼比则说明桥梁结构可能存在开裂或支座工作状况不正常的现象。

项目十一　桥梁结构缺陷的修复技术

项目导读

本项目主要对桥梁表层缺陷和裂缝的修补方法进行了详细阐述。

学习目标

掌握桥梁表层缺陷和裂缝的修补方法。

任务 11.1　桥梁表层缺陷的修补方法

对于混凝土构件的表层缺陷,一般进行正常的养护管理或针对性的修补即可。混凝土桥梁表层修补的常用方法主要有水泥砂浆修补法、混凝土修补法和混凝土黏结剂修补法等。

一、水泥砂浆修补法

水泥砂浆人工涂抹法主要应用于小面积的缺陷,特别是损坏深度较浅时的修补。该法修补工艺简单,修补前,应将构件中的缺陷部分尽可能凿除,还应对混凝土修补部位进行凿毛处理,并使老混凝土表面保持湿润、清洁、不沾尘土。其后最好在钢筋和其周围的混凝土上涂抹一层水泥浆液或其他胶结剂,浆液应仔细地刷进混凝土内并均匀地刷到钢筋上,在浆液尚未凝固时,将拌和好的砂浆用铁抹子抹到修补部位,反复加强压实,必须用抹子施加较大的压力,才能使砂浆经过养护硬化和干燥后不致出现凹陷,最后按养护普通混凝土的要求进行养护。在修补工作完成后一个月左右,常会发现在新补砂浆四周产生细丝状的收缩裂缝,需视具体情况采取封闭措施:可在新补区域周围再涂上两层如前所述的环氧树脂胶液等胶粘剂。

喷浆修补法主要应用于混凝土表面大面积缺损的修补及重要混凝土结构物的修补。该方法将水泥、砂和水的混合料,经高压通过喷射到修补部位。该方法主要特点有:用较小的水灰比,较多的水泥,获得较高的强度和密实度;喷射的砂浆层与收喷面之间,具有较高的黏结度和耐久性;工艺简单,功效较高;材料消耗较大,当喷浆层较薄或不均匀时,干缩率大,易发生裂缝。

二、混凝土修补法

混凝土修补法主要应用于混凝土桥梁结构中出现的蜂窝、空洞及较大范围破损等缺陷,一般可采用级配良好的新鲜混凝土进行修补。修补前,应将构件中的蜂窝或空洞缺陷部分尽可能凿除,还应对混凝土修补部位进行凿毛处理,并使老混凝土表面保持湿润、清洁、不沾尘土。混凝土结构修补时,可采用与原强度等级相同的混凝土,也可采用比原强度等级高一级的细石混凝土。修补用混凝土的技术指标不得低于原混凝土,水泥强度等级不得低于原混凝土的水泥,水灰比应选用小值,必要时可加入适量减水剂,以提高修补混凝土的和易性。

混凝土修补法主要有直接浇筑法、喷射法和压浆法等。对于面积较大的修补工作,在浇筑混凝土前还应立上模板,以保证修补的外观质量。混凝土浇筑后应尽可能地捣实。修补完成后,应在尽可能晚的时候封闭新老工程间的周边接缝。在新老混凝土接缝表面各 15 cm 宽的范围内,必须用钢丝刷除去所有软弱的浮浆,再刷净尘土,涂抹两层封闭浆液,如环氧树脂胶液。第二层的涂抹方法应与第一层垂直。这样可在钢筋周围形成强碱性环境,增强新老混凝土间的黏结。最后在浆液尚未凝固时,可立即浇筑上新的混凝土。

三、混凝土黏结剂修补法

1. 修补方法

混凝土黏结剂修补法有人工表面封涂修补法和浇筑涂层修补法两种。

人工表面封涂修补法主要用于混凝土桥梁结构表面的风化、剥落、露筋等小面积的破损,该方法利用混凝土胶粘剂表面封涂修补。封涂时,应按由低向高,由外向内的方向进行,应使封涂缺陷的周围有 2 cm 的黏附面,封涂层厚度应大于 2.5 cm。

浇筑涂层修补法主要用于混凝土结构较大且较深的缺损,该方法是利用混凝土胶粘剂浇筑涂层对缺损进行修补。浇筑涂层修补时,应特别注意以下两点:

(1)施工时,应避免荷载或重力震动等干扰,必要时可半开放交通。主梁等重要部位的修补,必须待修补部位强度达到原结构强度的 100%时,方可承受荷载、震动。

(2)该方法在早期、中期都应避免高温(60℃以上)影响,注意防火、防雨。

2. 环氧树脂材料

由于环氧树脂材料具有较高的强度和抗腐蚀、抗渗能力,可与混凝土等材料牢固地黏结,是一种较好的修补材料,但由于其费用较高且工艺复杂,故一般只在特别情况和特别部位使用。环氧树脂材料修补时,要求混凝土表面无水、无油渍、无灰尘、无污物、无软弱带;要求混凝土凿毛面平整、干燥、坚固、密实。混凝土表面先人工凿毛,再用高压水或压缩空气吹净,或用喷砂枪喷砂除净。

用环氧树脂材料修补施工的过程如下:

(1)涂抹环氧树脂基液:在涂抹环氧砂浆或浇灌环氧混凝土时,应先在表面涂一层环氧基液,以使老混凝土表面被环氧树脂浆液充分湿润,保持良好的黏结力;涂刷时,可用人工涂刷或喷枪喷射,应力求薄而均匀,在钢筋和凹凸不平的部位,应反复多刷几次但厚度不能超过 1 mm;已涂刷基液的表面,应注意保护,以防杂物、灰尘落上;涂刷基液后,须等待 30~60 min,待基液中的气泡清除后,再进行下一步的操作。

(2)涂抹环氧砂浆:平面涂抹时应摊铺均匀,用铁抹子反复压抹,使表面翻出浆液,刺破气泡并压紧,每层厚度不宜超过 1.0～1.5 cm,底层厚度应为 0.5～1.0 cm;斜面、立面涂抹时,应用铁抹子不断地压抹流淌的砂浆,并适当增加砂浆内的填料,增大其稠度。环氧砂浆厚度以 0.5～1.0 cm 为宜,若过厚应分层涂抹,超过 4 cm 应立模浇筑;顶面涂抹时因砂浆极易脱落、故应涂刷黏度较大的底层基液,并力求均匀。环氧砂浆厚度以 0.5 cm 为宜,若过厚(大于 0.5 cm)应分层涂抹,每层厚度控制在 0.3～0.5 cm。

(3) 浇筑混凝土:与普通混凝土的浇筑基本相同;施工时应避免扰动已涂刷的环氧基液;注意充分插捣,可辅以铁抹压抹,侧面、顶面浇筑时应立模。

(4) 养护:夏季一般需养护 2 天,冬季一般需养护 7 天以上;温度控制是养护工作的重点,养护温度以 20℃±5℃为宜,夏季可设凉棚避免阳光直射,冬季可加温保暖;养护期间应注意防水。

(5) 安全事宜:施工现场注意通风,以防技术人员呼吸中毒;施工人员应佩戴口罩、橡胶手套;身体接触到环氧树脂材料时不可用有机溶剂清洗,应用工业酒精和肥皂水清洗;施工现场严禁明火;施工器械可用丙酮、甲苯等溶剂或热水清洗;注意器械与残液的回收,以防污染环境。

任务 11.2　桥梁裂缝的修补方法

修补裂缝的目的在于使结构恢复因开裂而降低的功能,保证结构的耐久性。一般较细较短的裂缝,对梁的强度影响不大;当裂缝较多且宽度较大时,会使梁的刚度降低,同时钢筋受有害介质的侵蚀,结构物的寿命也会缩短。修补破损混凝土是提高混凝土结构耐久性的基本方法,裂缝产生后一般有两种维修措施,即裂缝修补和加固。

(1) 对浅而细,且条数较多的裂缝,裂缝宽度不大于 15 mm 时,一般认为此时的裂缝可以自行愈合,不影响结构的正常使用和承载能力,对产生裂缝的构件进行良好的养护管理即可。

(2) 宽度为 0.15～0.2 mm 的裂缝,可采用可灌性好的水泥砂浆液进行表面修补,此时裂缝宽度未超出规定的规范,不影响结构的承载力性能,进行一定的修补即可。对裂缝宽度为 0.2～0.3 m,且未处在主体受力位置上时,可采用收缩小的环氧树脂浆液灌注补强。

(3) 当裂缝宽度为 0.2～0.3 mm,且处在主体受力位置上,截面承载力降低,体系的耐久性可能即将达到极限状态,裂缝处于三级病害的状态时,宜采用水泥浆液灌浆修补或在裂缝表面黏贴纤维玻璃布或钢板等。

(4) 当裂缝宽度大于 0.3 mm,且处在主体受力位置上,结构受力断面减小,承载能力降低,钢筋即将发生锈蚀时,结构的使用寿命即将终止,必须对其加固,使其恢复原设计状态。

修补桥梁结构裂缝的主要材料为环氧树脂和水泥砂浆等,修补材料及其配合比也在不断地变化和改进。修补的常用方法是表面封闭修补法、压力灌浆修补法和表面粘贴修补法,下面对上述方法作简要介绍。

一、表面封闭修补法

桥梁结构裂缝的表面封闭修补常用方法有填缝法、表面喷浆法、凿槽嵌补法和加箍封闭法等。

(1) 填缝法常用于砖石砌体轻微裂缝的简单修理。首先将缝隙清理干净,根据裂缝宽度选择相应的勾缝刀、抹子、刮刀等工具。填缝所用水泥砂浆(1:2.5 或 1:3)强度不得低于原灰浆。现以环氧胶泥封闭为例,介绍封闭处理裂缝的施工工艺。

① 扩缝：为取得较好的封闭效果,先将细小的裂缝凿成 V 形槽。V 形槽顶宽 20～25 mm,槽深 15～20 mm,槽面应尽量平整。

② 清渣、吹风：用钢丝刷清除槽内及其周边的松脱物,凿除浮渣,再用高压空气将 V 形槽吹干净,使槽内混凝土面无灰尘、油污。

③ 涂刷清胶(环氧胶液)：为了提高环氧胶泥与混凝土之间的黏结力,在封闭裂缝之前,用毛刷蘸上配制好的补缝清胶,在 V 形槽口内均匀地涂刷一层清胶,在垂直方向灌注,使部分清胶灌入裂缝中。

(2) 表面喷浆法的操作步骤为：先对需要喷浆的结构表层仔细敲击,敲碎并除去剥离的部分;若为钢筋混凝土,还须清除露筋部分钢筋上的铁锈;接着将裂缝表面凿毛,并用水冲洗结构物表面,在开始喷浆前将基层湿润一下;最后喷射一层密实、高强的水泥砂浆保护层,以封闭裂缝,根据裂缝的部位与性质及修理的要求与条件,该方法可分为无筋素喷法、拉网喷浆法等。

(3) 凿槽嵌补法的操作步骤为：先沿混凝土裂缝凿一条深槽,槽形根据裂缝位置和填补材料而定,多采用 V 形槽;再将槽两边混凝土修理整平,将槽内清洗干净;最后在槽内嵌补黏结材料。

(4) 加箍封闭法主要用于钢筋混凝土梁的主应力裂缝,加箍以封闭裂缝。选用的直箍或斜箍可由扁钢焊成或圆钢制成,设箍方向应与裂缝方向垂直;箍、梁上下面接触处可垫以角钢或钢板。

二、压力灌浆修补法

压力灌浆是以一定的压力,将某种浆液(一般是树脂浆液和水泥浆液)灌至裂缝深部,达到恢复结构的整体性、耐久性及防水性的目的。适用于宽度较大(大于 0.2～0.25 mm)、深度亦较大的裂缝的修补。压力灌浆施工应按以下工艺流程进行：

(1) 裂缝处理：用刮刀、扁铲沿裂缝将黏附在混凝土表面上的灰浆、尘土铲去,并沿缝开凿 V 形槽,继而用高压空气吹干净。若有油污,则用丙酮清洗。

(2) 粘压浆嘴：将压浆嘴粘贴面用砂纸擦亮,清洗干净,并检查开关是否完好,然后在裂缝表面每隔 20 cm 左右骑缝粘贴压浆嘴。原则上,缝窄应密,缝宽可稀,但每条裂缝至少要有一个进浆孔和一个排气孔。

(3) 封闭裂缝：用环氧胶泥(或水泥砂浆)将压浆嘴及裂缝表面封闭密实,使裂缝形成一个密闭的空缝。

(4) 密封检查：为保证空缝的密闭性及能够承受灌浆压力作用,应检查封缝的密封效果。办法是待封缝的环氧胶泥或水泥砂浆固化后,沿缝涂一层肥皂水,并从压浆嘴向缝中通入压缩空气,若无冒泡现象,表示密封效果良好,否则应予修补。

(5) 配制浆液：灌浆材料应当黏结力强,可靠性好。因此,树脂类材料(特别是环氧树脂)较水泥类材料应用的普遍。水泥类材料一般仅用于宽度大于 2 mm 的裂缝灌浆。环氧树脂黏结强度高,在现场根据气温和裂缝的部位、宽度、走向选用合适的浆液配方,配制压力灌浆液。

(6) 压力灌浆：将浆液倒入压浆罐,用扳手拧紧螺栓,不得漏气。打开空气压缩机送气阀,待压浆罐内压力达到要求时,打开出浆阀门进行灌浆,直到把裂缝压满,持压一段时间后,方可对下一条裂缝压浆。

(7) 压浆后的封口处理：压浆完成后,关上压浆嘴的阀门,待缝内浆液初凝而不外流时,可拆下压浆嘴,清除其上的浆液,以备重复使用。待浆液固化后,再用环氧胶泥将压浆口封闭,并抹平。

(8) 压浆质量检查：可用超声波法测定灌浆前后声波速度的变化,并结合进浆量,确定灌浆的密实程度,也可向缝中通入压缩空气或压力水检验。如没有达到预期效果,还需钻孔埋管进行补灌。

三、表面粘贴修补法

表面粘贴修补法是用胶粘剂将玻璃布或钢板等材料粘贴在裂缝部位的混凝土面上,现将粘贴玻璃布与粘贴钢板分别加以介绍。

1. 粘贴玻璃布

粘贴玻璃布所用的玻璃布由无碱玻璃纤维织成,耐水性好,强度高。它又可分为无捻粗纱布、平纹布、斜纹布、缎纹布、单向布等,其中无捻粗纱布因强度高、气泡易排除、施工方便,最为常用。

玻璃布在制作过程中加入了含油脂和蜡的浸润剂,因此使用前必须除去油蜡,以提高粘贴效果。玻璃布除油蜡的方法有两种:一是将其在碱水中煮沸 30～60 min,再用清水洗净;二是将其放在烘烤炉上加热到 190～250℃,使油蜡燃烧,会产生很多灰尘,烘烤后将玻璃布在浓度为 2%～3% 的水中煮沸 30 min,取出用清水洗净并晾干。后一种方法效果较好。

粘贴前先将混凝土面凿毛,并冲洗干净,使表面无油污灰尘,若表面不平整,可先用环氧砂浆抹平,粘贴时,先在粘贴面上均匀刷一层环氧基液且不能有气泡,接着展开、拉直玻璃布,放置并抹平使之紧贴在混凝土表面,用刷子或其他工具在玻璃布面上刷一遍,使环氧基液浸透玻璃布并溢出,再在该玻璃布上刷环氧基液。按同样方法粘贴第二层玻璃布,为了压边,上层玻璃布应比下层宽 1～2 cm。

2. 粘贴钢板

粘贴钢板的方法:首先按所需尺寸切好钢板,用打磨机研磨,使其表面露出钢的本色;修凿裂缝附近混凝土表面,使其平整;用丙酮或二甲苯擦洗修补部位的混凝土表面及钢板面,去除黏结面的油脂和灰尘;在钢板和混凝面上均匀地涂刷环氧基液黏结剂;用方木、角钢和固定螺栓等均匀地压贴钢板;待养生到所需时间,拆除方木、角钢等材料,并在钢板表面再涂刷一层养护涂料(如防锈油漆)。

参 考 文 献

［1］JTG D60-2015,公路桥涵设计通用规范［S］.北京：人民交通出版社,2015.

［2］JTG H11-2004,公路桥涵养护规范［S］.北京：人民交通出版社,2004.

［3］JTG/T J22-2008,公路桥梁加固设计规范.北京：人民交通出版社,2008.

［4］CJJ 99-2017,城市桥梁养护技术标准.北京：中国建筑工业出版社,2017.

［5］姚玲森.桥梁工程［M］.北京：人民交通出版社,2008.

［6］刘夏平.桥梁工程［M］.北京：科学出版社,2005.

［7］张印阁,冯玉平,张宏祥.桥梁结构现场检测技术［M］.哈尔滨：东北林业大学出版社,2003.

［8］唐益群,叶为民.土木工程测试技术手册［M］.上海：同济大学出版社,1999.

［9］姚谦峰.土木工程结构试验［M］.北京：中国建筑工业出版社,2008.

［10］胡大琳.桥涵工程试验检测技术［M］.北京：人民交通出版社,2004.

［11］林维,张宏建,乐嘉华.过程检测技术及仪表［M］.北京：化学工业出版社,1999.

［12］徐君兰.大跨度桥梁施工控制［M］.北京：人民交通出版社,2000.

［13］国家建筑工程质量监督检验中心.混凝土无损检测技术［M］.北京：中国建材工业出版社,1996.

［14］余红发.混凝土非破损测强技术研究［M］.北京：中国建材工业出版社,1999.

［15］JGJ/T 23-2011,回弹法检测混凝土抗压强度技术规程［S］.北京：中国建筑工业出版社,2011.

［16］CECS 21-2000,超声法检测混凝土缺陷技术规程［S］.北京：中国计划出版社,2000.

［17］CECS 02-2005,超声回弹综合法检测混凝土强度技术规程［S］.北京：中国计划出版社,2005.

［18］CECS 03-2007,钻芯法检测混凝土强度技术规程［S］.北京：中国计划出版社,2008.

［19］CECS 69-2011,拔出法检测混凝土强度技术规程［S］.北京：中国计划出版社,2011.

［20］交通部第二公路勘察设计院.公路旧桥承载能力鉴定方法［M］.北京：人民交通出版社,1989.

［21］蒙云.桥梁加固与改造［M］.北京：人民交通出版社,2004.

［22］徐启友.桥梁修理与技术改造［M］.北京：人民交通出版社,1992.

［23］王有志等.桥梁的可靠性评估与加固［M］.北京：中国水利水电出版社,2002.

［24］单成林.旧桥加固设计原理及计算示例［M］.北京：人民交通出版社,2007.